Mathias Wais

Biografiearbeit Lebensberatung

Mathias Wais

BiografieArbeit LebensBeratung

Krisen und Entwicklungschancen des Erwachsenen

- Wer bin ich?
- Zwischen Familie und Beruf
- Wenn die Kinder größer werden
- Erwachsene und ihre Eltern
- Ehe heute · Sexualität · Trennung
- Krankheiten · Unfälle
- Zur biografischen Situation der Frau heute
- Zukunft der Familie
- Schöpferische Lebensführung

Urachhaus

Der Autor:

Mathias Wais (*1948) studierte Psychologie, Judaistik und Tibetologie; Diplom-Psychologe. Danach psychoanalytische Ausbildung. Forschungen zunächst auf dem Gebiet der Neuro-Psychologie, später in Biografik. Langjähriger Leiter einer Erziehungsberatungsstelle in Dortmund. Veröffentlichungen und Vortragstätigkeit zu den Arbeitsschwerpunkten Biografieberatung, Begabtenförderung, Missbrauch, Notfallpsychologie. Mathias Wais lebt in Worpswede. Er ist verheiratet und hat zwei Kinder.

ISBN 978-3-8251-7758-4

2. Auflage 2015
Erschienen im Verlag Urachhaus
www.urachhaus.com

Umschlagabbildungen:
© F1online (oben rechts / unten links)
© Westend61 (unten rechts)
© Reinhard Eisele / project photos (Buchrücken)
Gesamtherstellung: CPI – Clausen & Bosse, Leck

Inhalt

Gesetzmässigkeiten der Entwicklung

Wege des Frauseins – Wege des Mannseins

Ehe

Individuum und Familie

Fragen über die Grenzen des Lebens hinaus

Einleitung

Auch der Erwachsene kann sich entwickeln. Aber im Gegensatz zum Kind wird er sich nicht von allein entwickeln, günstige Umgebungsbedingungen vorausgesetzt, sondern nur, wenn er sich aktiv und initiativ in seinen Lebenszusammenhang stellt.

In diesem Buch ist, ganz aus der praktischen Arbeit der Biografie- und Lebensberatung heraus, zusammengetragen, was für diese Eigenentwicklung des Erwachsenen in Betracht kommen kann.

Die dargelegten Gesichtspunkte sind als Hinweise, Anregungen und Fragen zu nehmen. Es handelt sich in keiner Weise um etwas Fertiges oder Endgültiges. Auch werden keine Rezepte zur Lösung von biografischen oder Lebensproblemen gegeben. Vielmehr soll der Leser angeregt werden, ausgehend von seinen eigenen Fragen, neue zu stellen und einen Blick dafür zu bekommen, wie Lebensfragen, Schicksalsereignisse und Krisen im Gesamtzusammenhang der eigenen Biografie stehen.

Hervorgegangen ist das hier Dargelegte aus zahlreichen Gesprächen und Begegnungen im Rahmen der Biografieberatung. Zu solcher Biografieberatung, die man auch »Entwicklungsberatung« nennen könnte, kommen Erwachsene in Lebenskrisen – Menschen, die vor einer Trennung stehen; chronisch Kranke, die den Sinn ihres Krankseins suchen; Menschen, die ihren eigenen Weg suchen, in der Partnerschaft, im Berufsleben; Menschen, die dunkle Seiten an sich erleben, die sie verstehen und derer sie Herr werden wollen.

Das Buch greift auf, was in solchen Beratungsgesprächen entstanden ist. Es geht dabei immer um die Belange des Erwachsenen. Die einzelnen Kapitel befassen sich nicht mit pädagogischen Fragen. Zum Beispiel wird unter »Trennung« nichts darüber ausgesagt, was Kinder erleben, wenn Eltern sich trennen, und wie sie in einer solchen Situation zu führen sind (vgl. zu solchen Fragen z.B. die »Elternsprechstunde« von M. Glöckler).

Das Buch ist aus Gesprächen entstanden, und es sucht das Gespräch: Zuschriften, Fragen, ja auch Einwände sind willkommen. Viele der hier ausgeführten Gesichtspunkte haben sich in Gesprächen mit meiner Kollegin Rosi Buschulte entwickelt, die so die Entstehung des Manuskriptes engagiert und liebevoll begleitet hat. Andere Aspekte wurden in der Auseinandersetzung mit ihr geprüft und geformt. Sie hat auch die verschiedenen Entwürfe geduldig mitverfolgt. Ich danke ihr herzlich.

Der Aufgabe des Erstlesens hat sich meine Frau Helga Köster-Wais unterzogen. Das über viele Jahre hin lebendige, ständige Gespräch mit ihr gehört zu dem Hintergrund, auf dem das Buch geschrieben werden konnte. Ihr danke ich herzlich für ihre Ermutigung und Unterstützung.

Das Lebenselement, in dem die beratenden Gespräche des Autors sich bewegen, ist das anthroposophische Menschenbild, wie es durch Rudolf Steiner dargelegt wurde. Die Texte sind aus der praktischen Arbeit heraus entstanden. An keiner Stelle wird referiert, was ein anderer Autor sagt. Wohl aber geht die Auseinandersetzung mit den Werken von Rudolf Frieling, Hans-Werner Schroeder und Viktor E. Frankl in die Beratungsarbeit ein und spiegelt sich deshalb auch in den Texten.

Zur Handhabung des Buches: Es ist nicht so gemeint, dass man das Werk von vorn bis hinten durchliest. Der Leser hat mehr davon, wenn er mit den Fragen, die ihn derzeit bewegen, an das Inhaltsverzeichnis und das Stichwortverzeichnis herangeht und sich dann in das in Betracht Kommende einliest. Querverweise auf andere Kapitel sowie gegebenenfalls Vorschläge zur vertiefenden Lektüre sollen helfen, eine gewisse Breite der Reflexion zu finden. Verschiedene Kapitel enthalten konkrete, in der praktischen Biografieberatung erprobte Vorschläge zur Selbsterziehung und zu einer aktiven Haltung dem eigenen Schicksal gegenüber.

Ich danke den Rat suchenden und fragenden Menschen, denen ich im Rahmen der Biografieberatung begegnen durfte.

Mathias Wais

Der Erwachsene in der Entwicklung

Wir bringen wohl Fertigkeiten mit, aber unsere Entwicklung verdanken wir tausend Einwirkungen einer großen Welt, aus der wir uns aneignen, was wir können und was uns gemäß ist. Die Hauptsache ist, dass man eine Seele habe, die das Wahre liebt, und die es aufnimmt, wo sie es findet.

J. W. v. Goethe

Der geschichtliche Ursprung des biografischen Bewusstseins

Das Menschenschicksal wurde von außen geführt

Schauen wir in die Geschichtsschreibung alter Völker und Kulturen, so finden wir immer schon Lebensbeschreibungen. Aber wir müssen fragen, aus welchem Impuls dort Lebensläufe dargestellt werden. Dabei werden wir feststellen, dass sich zum Beispiel im Buddhismus idealtypische Lebensläufe finden. Buddhas Leben wird schon im Bewusstsein seiner exemplarischen Bedeutung geschildert. Es geht hier nicht um die Geschichte eines persönlichen Ichs, sondern um eine normative Erzählung. Auch die Lebensläufe buddhistischer Heiliger geben ein Idealschema wieder. Der individuelle »normale« Lebenslauf wird demgegenüber als Abweichung von einer idealen Entwicklung aufgefasst.

In ganz anderer Weise finden wir dann den Entwicklungsgedanken im Judentum. Das Alte Testament erzählt die Biografie eines Volkes, die Entwicklung des Gottesvolkes. Die einzelnen Lebensläufe, die innerhalb des Alten Testamentes zur Sprache kommen, werden ganz unter der Perspektive des Dienstes an der Gesamtentwicklung des Volkes gesehen. Das persönliche, individuelle Schicksal ist hier nicht Gegenstand des Interesses. Natürlich werden im Alten Testament auch Biografien dargestellt – denken wir nur an Josef, dessen Lebensgang sich in Abhebung vom Schicksal seiner Brüder aufrollt. Aber es geht dabei nicht darum, eine persönliche Entwicklung darzustellen, sondern bei Josef wird – wie zum Beispiel auch bei Esther, Saul, den Makkabäern – gezeigt, wie ein Mensch von Gott zu einer bestimmten Aufgabe und zu einem bestimmten Ziel geführt wird, und damit von oben her, *von außen.* Schicksalsmächte, die die Entwicklung des

Volkes im Auge haben, führen einen Menschen von außen her auf seinem Weg. Der Mensch des Alten Testamentes empfindet seinem Schicksal gegenüber wie einem Vater: Da ist etwas, das stärker ist als ich, und dies führt mich nach seinen Zwecken.

Das ist nun überhaupt nicht die Situation, wie wir sie im Neuen Testament finden. Hier hören wir viel von Menschenschicksalen. Dargestellt wird dabei meist nicht eine zusammenhängende Entwicklung, und es geht auch nicht darum, dass jemand *von außen* zu einem bestimmten Ziel hingeführt wird. Vielmehr geschieht die schicksalsentscheidende Wendung zum Ergreifen des eigenen Lebens *von innen*, aus dem Ich heraus. Die Begegnungen der Menschen mit dem Christus haben ihren Sinn darin, dass sie durch seine Aufrichtekraft zu ihrem Ich, zu ihrer innersten und ureigensten Kraft und Initiative aufgerufen werden.

In den Heilungen zum Beispiel können wir erleben, wie Menschen zu sich selbst gebracht werden. Wie oft spricht der Christus hier: »Steh auf!« Steh auf – das ist das Wort, das das Ich aufrichtet, das zuvor darniederlag, gelähmt war, mit Blindheit geschlagen war. Wo im Alten Testament das einzelne Schicksal ausschließlich Spur der Wege und Ziele Gottes ist, also von außen geleitet wird, da entsteht den Menschen des Neuen Testaments durch die Begegnung mit dem Christus das *Schicksal von innen*. Steh auf – das befreit von allem Traditionellen, Konventionellen und Typenhaften und ruft den Einzelnen in seine Einmaligkeit. Nirgends wird berichtet, der Christus habe die Volksmengen pauschal aufgefordert »Steht auf!« Der Plural wäre hier auch ein Widerspruch in sich. Das »Steh auf«, ergreife dich aus deinem Ich, kann immer nur zu einem Einzelnen gesprochen sein.

Nicht jeder, der den Christus trifft und ihm aus der Menge heraus zuhört, begegnet ihm auch. Zur aufrichtenden Begegnung kommt es erst, wenn eine seelische Aktivität des Betreffenden da ist, die das Neue Testament »Glaube« nennt. »Dein Glaube hat dich geheilt«, heißt es immer wieder. Indem du mich suchst, kannst du in deinem Ich aufgerichtet werden – so dürfen wir in diesem Zusammenhang dieses Wort verstehen. Das auf den Menschenplan gekommene Göttliche führt nicht mehr von außen, sondern lässt jeden Einzelnen teilhaben an der aus den Weiten des Weltalls gekommenen Aufrichtekraft, *wenn* er sich ihr suchend und öffnend zuwendet. Der so Berührte steht dann vor der erstmaligen Aufgabe, sein Schicksal aus sich selbst heraus und in Freiheit gestalten zu können. Das ist der Wendepunkt in der Geschichte der Menschheit, von dem aus der individuelle Lebensgang möglich wird, wie wir ihn heute verstehen.

Nun gibt es natürlich Ausnahmen, Übergänge und Verzögerungen. So finden wir auch im Alten Testament schon in Menschen wie David, dessen Schicksals- und Verwandtschaftsfolge schließlich zu dem Jesus hinführt, eine keimhafte individuelle Bewusstseinskraft. Und doch geht auch er ganz auf in seiner Menschheitsaufgabe.

Auf der anderen Seite geht es auch im Neuen Testament vielfach darum, dass Menschen zu einem überpersönlichen Ziel beitragen. Denken wir nur an die Jüngerberufungen. Dennoch wird der entscheidende Unterschied deutlich. Im Alten Testament wird der Mensch durch die Gottheit zu seiner Aufgabe hingeführt, während er im Neuen Testament von Christus aufgerufen und dann aber freigelassen wird, damit er aus sich selbst heraus zu seiner Aufgabe finde. Das »Folge mir nach« der Jüngerberufung ist eigentlich ein Befehl. Ist der Betreffende dadurch in seinem Innersten angerührt, kommt das ganz andere: »Wenn du willst ...« So schafft der Christus hier eine enorme Schicksalsspannung, in der alles aufgefaltet ist, was menschliche Freiheit ist. In diesem Spannungsfeld zwischen »Folge mir nach« und »Wenn du willst ...« findet das Ich zu sich und ergreift sein Schicksal.

Das Bewusstsein für das eigene Schicksal

Lange, bis in unsere Zeit, hat die alte Typisierung der Lebensgänge nachgewirkt; lange waren Schicksale getragen und gesteuert von einem Gruppenbewusstsein. Zwar hat es in der Geschichte des Christentums immer schon einzelne herausragende Gestalten mit ganz individuellem Schicksal gegeben – dies waren aber immer wenige, Heilige, Kirchenfürsten, Könige, Ketzer, später auch Künstler, Dichter und Philosophen. Angekommen auf der Ebene des heutigen Menschen, *jedes* Menschen, ist der Ich-aufrichtende Impuls des Christus erst jetzt, in der neuesten Zeit. Erst in den letzten Jahrzehnten gibt es ein Bewusstsein davon, dass jeder Mensch sein eigenes und einmaliges Schicksal haben kann, dass jeder Mensch zu sich selbst und damit erst in Freiheit zum anderen finden kann.

Zum übenden Umgang mit diesen Gesichtspunkten kann man sich besonders mit den Frauenbiografien im Neuen Testament befassen und sie mit den Frauenschicksalen im Alten Testament vergleichen.*

* Zum Weiterlesen: Diether Lauenstein, *Der Lebenslauf und seine Gesetze.*

Was ist heute eine Biografie?

Der neue Einschlag am Wendepunkt

Frau M. ist seit achtzehn Jahren verheiratet; sie hat drei Kinder, 16, 11 und 6 Jahre alt. Durch eine Erbschaft konnten sie und ihr Mann vor zwölf Jahren ein Haus bauen; es ist großzügig angelegt, mit einem schönen Obstgarten, in ruhiger Gegend. Ihr Mann ist Beamter, Ingenieur beim Straßenbau. Sie selbst hat keinen Beruf erlernt, hat sich aber in der Kirche engagiert und dort viel Zeit aufgewendet für die Organisation der Kinderfreizeiten. Als ihre Hauptaufgabe betrachtet sie aber ihren Haushalt und ihre Kinder, deren Aufwachsen ihr viel Freude bereitet. Sie hat einen kleinen Freundeskreis, Frauen aus der Kirche vor allem. – Sie ist mit ihrer Ehe zufrieden, ihr Mann ist häuslich, man streitet sich kaum, auch in Erziehungsfragen ist man sich im Wesentlichen einig.

In ihrem 37. Lebensjahr wird sie durch einen Unfall für einige Zeit ans Bett gefesselt. Beim Fensterputzen stürzte sie von einem Hocker und brach sich das Fußgelenk. Mit der Krankengymnastin, die mit ihr das Gehen wieder erübt, versteht sie sich sehr gut. Sie kommen ins Gespräch, bald auch über Persönliches, über das Frausein, über den Rollenkonflikt von Mutter-Sein und Berufstätig-Sein.

In dieser herausgehobenen Situation – im Krankenhaus, fern vom Getriebe ihres Alltags und fern von den üblichen Verpflichtungen – kommt Frau M. manches zum Bewusstsein, was schon lange unter der Oberfläche ihres täglichen Funktionierens in ihr gearbeitet haben muss. Ihr wird klar, dass die ganze familiäre Harmonie für sie zunehmend zu einem goldenen Käfig geworden ist. Sie hat sich meisterlich eingefügt in ihre vielfältige Rolle, aber sie hat nicht mehr das Gefühl, ihr Leben selbst in der Hand zu haben. Sie empfindet eher, dass sie nur noch von Erwartungen gelebt wird, hauptsächlich von Erwartungen ihrer Familie. Ihre eigenen Ziele, so erlebt sie es jetzt, hat sie zunehmend aus den Augen verloren. – Aber was sind die eigenen Ziele?

Unzufrieden gerät sie eines Sonntags mit ihrem Mann, der sie im Krankenhaus besucht, in einen heftigen Streit wegen einer Kleinigkeit. Unversöhnt geht man auseinander. Als ihr Mann anderntags wiederkommt, versöhnlich gestimmt und Versöhnungsbereitschaft erwartend, konfrontiert sie ihn ruhig und unbeirrt mit Forderungen: Sie habe in den letzten Tagen im Krankenhaus nachgedacht über ihr gemeinsames Leben. Sie habe empfunden, dass sie sich in all der familiären Harmonie wie von außen gelebt vorkomme. Auch entwickle sich nichts Neues mehr – Ehe, Freundeskreis, Alltag, alles zehre vom Alten, von Erinnerungen. Der gemeinsame Alltag sei nur noch ein Abspulen von Gewohnheiten, die früher einmal aus den damaligen Bedürfnissen entstanden seien. Als das Haus gebaut wurde, habe sie kein eigenes Zimmer gebraucht, nun aber fehle ihr ein eigener Platz im Haus sehr. Früher habe sie ganz für die Kinder da sein wollen, nun vermisse sie eine Berufsausbildung.

So wolle sie nun wenigstens einen neuen Einschlag in das Zusammenleben und in ihr Leben bringen, indem sie arbeiten gehe.

Ihr Mann ist erschrocken und hilflos angesichts der Heftigkeit, die er bei seiner Frau gar nicht kennt. Sie streiten sich erneut.

Wie wird Frau Müllers Leben nach dieser Krise weitergehen? Wird es ihr gelingen, ihrem Alltag eine neue Wendung zu geben, ihre eigene Wendung? Wird sie Mutter- und Berufsrolle verbinden können, und wie wird sich ihr Mann dazu stellen?

Oder wird es angesichts dieser neuen Gedanken im Leben der Familie Müller zur Entfremdung zwischen den Ehepartnern kommen? Werden sie sich trennen, wie es heute in den Großstädten bei jeder zweiten und auf dem Land bei jeder dritten Ehe der Fall ist? Und welchen Weg wird dann Frau Müllers Biografie nehmen? – Es sind persönliche, individuelle, sehr verantwortungsvolle Entscheidungen gefordert.

Individuelles Schicksal

Biografie, individuelles Schicksal ist etwas ganz Neues. Der Mensch ist heute in der Situation, dass er sein Leben selbst ergreifen muss. Es sind biografische Entscheidungen von ihm gefordert, wo früher Ereignisse sich »von selbst« eingestellt haben. Der moderne Mensch sieht sich in Situationen gestellt, in denen es *Möglichkeiten* gibt, wo früher Zwang, moralischer Druck oder die schiere Selbstverständlichkeit den Ereignisablauf bestimmten.

Der moderne Mensch findet sich aber auch zunehmend in Situationen wieder, die er gar nicht als die seinen erkennen kann. Er kann ganze Lebensabschnitte oder auch einzelne Ereignisse erleben und dabei das Gefühl haben, »neben sich zu stehen« – nicht wirklich in Kontakt zu sein mit den gegebenen Umständen.

So wird Biografie heute Gegenstand des allgemeinen Bewusstseins. Dass jeder Mensch seine ureigenste Biografie haben kann, das wurde noch vor 100 Jahren nicht gedacht. Noch bis in die Mitte des letzten Jahrhunderts hinein waren die meisten Lebensläufe *von außen* her bestimmt: Der Handwerker ging seinen Weg von der Lehre über die Meisterprüfung zum eigenen Betrieb, zum eigenen Häuschen. Die junge Frau lernte einen Beruf und gab ihn auf, wenn die Familie entstand. Lebensläufe waren geprägt von Rollenerwartungen; ob ein Mensch Mann oder Frau war, welchen Beruf er hatte, welcher Herkunft er war – das beinhaltete jeweils vorgezeichnete Verhaltens- und Ereignismuster für den Lebensgang. Und der einzelne Mensch ging auf im Netz solcher vorgefertigter Muster. Dieses Netz trug ihn durch sein ganzes Leben, und selbst der Lebensabend war vorgefertigt: Der ehemalige Handwerker schuftete weiter, jetzt im Schrebergarten; die pensionierte Lehrerin ging auf Bildungsreisen.

Nur in der Literatur, auf der Bühne und bei Künstlern kannte man individualisierende Lebensläufe.

Nun ist in den letzten Jahrzehnten diese Situation ganz offen geworden. In den Siebzigerjahren des 20. Jahrhunderts wurden die klassischen biografischen Muster hinterfragt und in ihrer Allgemeingültigkeit bezweifelt. Man probierte neue Lebensformen aus, man hinterfragte die Geschlechterrolle. Die herkömmliche Familie wurde von vielen nur noch als muffig empfunden. Und es entstand ein neuer Wert: unabhängig von Rollenerwartungen und Traditionen ein eigenes Wesen zu sein.

Dieses eigene Wesen wollte man freisetzen in den verschiedensten »Selbsterfahrungsgruppen«. Psychologische Nabelschau wurde kultiviert, die Psychoanalyse und davon abgeleitete Methoden hatten Hochkonjunktur. Man wollte sich selbst verstehen und sich dadurch aus allen Bindungen und Konventionen befreien.

Dieser Selbsterfahrungskult stand immer in Gefahr, sich in folgenden Irrtum zu verrennen: Man konfrontiert sich im Rahmen derartiger Methoden ausschließlich mit *Vergangenem*, mit vergangenen Gefühlen, Traumata, Kindheitserinnerungen. Somit wurde das Ich als Summe dieser vergangenen inneren und äußeren Lebensereignisse definiert. Ich bin das, was war. – Viele von denen, die an dieser Selbsterfahrungswelle teilgenommen haben, erlebten am Ende die Trostlosigkeit dieses vergangenheitsorientierten Menschenbildes. Sie erlebten, dass das Aufarbeiten der Vergangenheit eben nicht die eigene Biografie, den neuen Einschlag im eigenen Lebensweg entstehen ließ, sondern dass die ständige Beschäftigung mit der Vergangenheit sogar schwächen kann. Es führt kein Weg daran vorbei, dass die eigene Biografie heute nur entsteht, wenn sie *aktiv* entworfen und entwickelt wird.

Wie ist das zu verstehen?

Zur Beantwortung dieser Frage wollen wir uns zunächst klarmachen, was überhaupt eine Biografie ist. Schauen wir kurz auf das Tier: Ein Tier hat keine Biografie. Tiere haben ein Art-Schicksal, aber kein individuelles. Ihr Leben ist gewissermaßen immer schon fertig, ist durch Instinkte in seinem Ablauf festgelegt. Das einzelne Tier *braucht* keine Biografie, weil es sich nicht zu entwickeln braucht. Sein Leben ist geregelt, ein für allemal. Auch wenn die Hauskatze Peter andere Ereignisse erlebt als die Hauskatze Ernie, so handelt es sich nicht um zwei verschiedene Katzenbiografien, denn die Ereignisse lösen keine Entwicklung bei Peter oder Ernie aus.

Ganz anders der Mensch: Er hat sein Wesen darin, dass er Ereignisse und Situationen aufgreift, dass er reagiert und dass er vor allem selbst Entwicklung-auslösende Ereignisse herbeiführen kann. Er ist offen, unfertig und besonders heute entlassen aus vorgegebenen Handlungsmustern, sodass er nun herausgefordert ist, ganz persönlich zu reagieren und zu handeln. Und das ermöglicht Entwicklung. Wo schöne und unschöne Ereignisse aufgegriffen werden, wo nicht rein emotional und damit für den Augenblick, sondern wo mit Bewusstheit und Wachheit reagiert und entschieden wird; wo Widerstände und Hindernisse auftauchen und wo an ihrer Überwindung gearbeitet wird; wo Misserfolge und Enttäuschungen letztlich Anlass sind für neue Anstrengungen; wo Hindernisse, die im eigenen Temperament, in eigenen Gewohnheiten und Denkmustern liegen mögen, in jahrelanger Kleinarbeit aufgelöst werden; wo jemand mit sich und seinen Möglichkeiten ringt: da ist biografische Entwicklung, da findet ein individualisierender Lebensgang statt.

So wie durch Kinderkrankheiten der vorgegebene Leib umgeschmolzen und zu eigen gemacht wird, so bedarf es der biografischen Hindernisse, Misserfolge und Grenzerfahrungen, damit der Lebensgang aus dem Konventionellen, Allgemeinen, Typenhaften herausindividualisiert wird.

Und das ist das Neue: das Bewusstsein, *dass auch der Erwachsene sich entwickeln kann und dass dies ein Ringen ist.* Wo kein Ringen ist, ist keine Entwicklung.

So sind heutige Biografien gekennzeichnet durch *Brüche*, Krisen und Erschütterungen und durch Widerstände, die vor allem im Einzelnen selbst liegen. Und wenn es nur das Festklammern an Vergangenem ist, das die 40-jährige Frau und Mutter am Wiedereinstieg ins Berufsleben hindert, oder der materielle Wohlstand, der mich daran hindert, auf einen schlechter bezahlten, aber mich begeisternden Beruf umzusatteln. Eigene Schwächen, aber auch eigene Begabungen können Entwicklungshindernisse für den Erwachsenen sein. Der redegewandte Manager wird durch seine Sprachbegabung vielleicht daran gehindert, die nicht-sprachliche Seite der Kommunikation wahrzunehmen und dadurch seine Mitarbeiter wirklich kennenzulernen.

Das Arbeiten an der Überwindung, dem Beweglich-Machen solcher Hindernisse schafft eine Lebendigkeit, eine Steigerung des Bewusstseins und der Wachheit und schafft einen zunehmenden Einklang mit dem Entwicklungsstrom unserer Zeit überhaupt, denn der Einzelne ist in seinem persönlich-biografischen Ringen hineingenommen in die Arbeit der Menschheit als Ganzer an ihrer sozialen Zukunft. Indem ich mit mir selbst ringe, tragen immer auch Weltenkräfte ihren Kampf aus. Eine Biografie, eine individuelle Entwicklung steht so stets auch in Zusammenhang mit dem Entwicklungsstadium des menschlichen Bewusstseins überhaupt. So ist die bewusste Gestaltung des eigenen Lebensganges, die Auseinandersetzung mit allem, was die Entwicklung des Erwachsenen hemmt und fördert, was geistig-seelische Kräfte schwächt oder steigert, ein Weg zum Überpersönlichen. Das ist das Paradox unserer Zeit: Der Weg zum Ich ist ein Weg zum Überpersönlichen und kann Anschluss schaffen an das Wirken der geistigen Welt. Der Weg zum Ich ist ein Weg über das Ich hinaus.

Worin besteht also meine Biografie? – Biografie ist nicht eine Addition von Ereignissen und schon gar nicht die Summe dessen, was war. Denn dann wäre sie ja immer schon abgeschlossen; Entwicklung gäbe es dann nicht.

Natürlich setzt die Biografie Ereignisse, Erfahrungen, Begegnungen, Misserfolge, Erfolge, Trennungen, Krankheiten und Höhepunkte voraus. Aber indem ich solches aufzähle, habe ich meine Biografie noch nicht. Diese liegt vielmehr verborgen in dem *inneren Zusammenhang aller Ereignisse*. Die innere Dynamik der Ereigniszusammenhänge, zu der auch nicht verwirklichte Möglichkeiten, Wendepunkte, Zukunftsentwürfe ebenso wie Vergangenes gehören, lässt bei vertiefender Betrachtung einen *Gestaltungswillen* erkennen. Biografie ist eine sich in der Zeit entfaltende Gestalt. Und in dieser

Ereignis-Gestalt, in dem prozesshaften, allmählichen Heraustreten dieser Gestalt, liegt das Individuelle eines Menschen. »Ich« – das ist ein Gestaltungswille, der sich in der Zeiterstreckung zu verwirklichen sucht. Das Ich ist eine Zeitgestalt, die immer auf die Zukunft angelegt ist. Sie ist nie fertig. »Ich« bin nicht so sehr in den einzelnen Ereignissen, die mir widerfahren – zum Beispiel Trennung von einem Partner –, sondern »ich« bin in dem, was dadurch an Entwicklungsmöglichkeiten entsteht. So sollte weniger das einzelne biografische Ereignis im Zentrum des Orientierung suchenden Interesses stehen, sondern die Frage, inwieweit das Ereignis Zukünftiges freisetzen kann.

Zum übenden Umgang mit den hier dargestellten Gesichtspunkten empfiehlt es sich, Biografien durchzuarbeiten, und zwar nicht nur Biografien von herausragenden Menschen der Vergangenheit, denen »das Schicksal« große Aufgaben entgegengetragen hat, sondern vor allem Biografien von Menschen, die suchen – und das sind heute in erster Linie Frauenbiografien. Unter den zahlreichen Beispielen seien einige herausgegriffen: Clara Rilke-Westhoff; Bettina von Arnim; Marilyn Monroe; Paula Modersohn-Becker; Charlotte von Kalb; Franziska von Reventlow; aber auch Männerbiografien können hier genannt werden: Heinrich Mann, Adrien Turel.

Ferner ist hier an Biografien moderner Künstler zu denken (Joseph Beuys; Béla Bartók; Arvo Pärt; Alexej Jawlensky; Gabriele Münter usw.); dann an biografische Berichte von »normalen« Menschen, deren Leben durch Krankheit oder durch einen anderen Einbruch neue Horizonte bekommen hat (z.B. Berichte vom Leben mit einem behinderten Kind, Berichte von krebskranken Menschen ...). Es hat sich als hilfreich herausgestellt, wenn man solche Biografien zu zweit oder zu mehreren liest und darüber untereinander ins Gespräch kommen kann.

Fragen zum Thema

Frage: Ist man tatsächlich berechtigt, die eigene Biografie aktiv zu gestalten?

Antwort: Diese Frage ist sehr bedeutsam und wird vor allem auch von Biografieberatern sehr sorgfältig bewegt. Sie zielt ab auf eine demutsvolle oder doch wenigstens gelassene Haltung dem eigenen Schicksal gegenüber.

Eine solche ruhige, abwartende Haltung dem eigenen Schicksal gegenüber ist unbedingt zu befürworten. Tatsächlich ergibt sich dann oft das Richtige, wenn man innerlich loslässt und wirklich frei von dem Gedanken wird, dieses herbei- oder jenes wegzuwünschen. Aber selbst dieses innere Loslassen ist für den heutigen westlichen Menschen bereits ein Ringen. Wie oft meint man, einen biografischen Schritt bewusst tun zu müssen, und verliert sich dann in die verschiedenen Entscheidungsmöglichkeiten oder beginnt intellektuell abzuwägen. Das ist nicht gemeint mit »aktiver Schicksalsgestaltung«. Das Schicksal geht nur seinen guten Gang weiter, wenn man das intellektuelle Abwägen und Beurteilen der biografischen Alternativen vermeidet und stattdessen zu seinen Gemüts- und Willensimpulsen vorstößt oder sich innerlich vertrauensvoll in die Hände der Schicksalskräfte gibt. Dann kann das Richtige sichtbar werden.

So ist mit aktiver Schicksalsgestaltung das Aufgreifen von Aufforderungen gemeint, die in jeder Schicksalssituation enthalten sind. Etwas machen aus dem, was da ist – aus dem, was in meiner äußeren Lebenssituation da ist, und aus dem, was innerlich meine seelisch-geistige Situation ausmacht. Daraus bildet man seelisch-geistige Kraft. Diese Kraft bewegt das eigene Leben weiter und stellt es zugleich in den großen Zeitenstrom hinein.

Frage: Welche Bedeutung für eine Biografie haben *äußere* Widerstände und Erschütterungen?

Antwort: Diese Frage sucht ein Gegengewicht zu der starken Betonung des *inneren* Ringens im vorangegangenen Kapitel. Sie sucht es zu Recht. Äußere Widerstände, Erschütterungen, Schicksalsschläge können für eine biografische Entwicklung die gleiche impulsgebende Wirkung haben wie die inneren Widerstände und Krisen. In der Auseinandersetzung mit äußeren Schwierigkeiten entsteht ebenso geistig-seelische Kraft wie im inneren Ringen.

Aber einen Unterschied gibt es doch: Äußere Schwierigkeiten können heute oft technisch-organisatorisch gelöst werden. Das erfordert Scharfsinn, Organisationstalent und meistens Geld. Der seelisch-geistige Kraftaufwand kann dagegen minimal sein. Bei einer Autopanne auf der Autobahn rufe ich den nächsten Pannenhilfsdienst an, in einer Stunde ist er da, ein Mechaniker löst das Problem, und wenn ich Mitglied im betreffenden Automobilclub bin, kostet mich die Lösung der aufgetretenen Schwierigkeit nicht einmal etwas.

Wenn ich aber auf der Autobahn mit meiner Frau in einen Streit gerate über meine chronische Unzuverlässigkeit, dann komme ich aus dieser Krise nur durch einen inneren seelischen Aufwand heraus. – Im großen Maßstab gilt das Gleiche. Gegen ein Phänomen wie Umweltverschmutzung kann man technische Mittel einsetzen. Dass aber meine Ehe am Absterben ist, das zu ändern erfordert ein *inneres* Bemühen, das mir durch keine technische Verrichtung abgenommen werden kann. So führen die äußeren Widerstände oft zu dem naheliegenden Gedanken, sie mit technisch-organisatorischen Mitteln zu bekämpfen. Dann aber ist für die menschliche Entwicklung nichts gewonnen.

Wer bin ich? – Wann bin ich ich?

Wer »schreibt« meine Biografie?

Wer »schreibt« eigentlich meine Biografie? Wer bestimmt meinen Lebensgang? Oder bewege ich mich von der einen Zufälligkeit in die andere? Bestimmen meine Herkunft, mein Elternhaus meine Biografie? Oder meine Lehrer? Oder mein »Karma«? Oder vielleicht mein Schutzengel?

Früher waren es in der Tat die soziale Herkunft, der berufliche Zusammenhang, die Religionszugehörigkeit, die Geschlechterrolle, die eine Biografie zumindest mitbestimmt haben. Heute kann man aber empfinden, dass dies nicht mehr trägt.

Immer mehr Menschen geraten in krisenhafte Schicksals- und Entscheidungssituationen, in denen sie ausschließlich auf sich selbst, auf ihr Ich verwiesen sind.

Also läge es nahe, die eingangs gestellte Frage so zu beantworten: *Ich* »schreibe« meine Biografie. – Aber damit entstehen gleich neue Fragen: Wer bin ich eigentlich? Was gehört zu meinem Ich? Gehören die Widrigkeiten und Krisen, denen ich doch gern aus dem Weg gegangen wäre, auch zu meinem Ich?

Wer bin ich? Das könnte man ganz einfach beantworten: Ich erlebe mich doch tagtäglich selbst. So weiß ich doch unmittelbar, wer ich bin. Ich bin derjenige, dem dies sympathisch und jenes unsympathisch ist. Ich bin derjenige, der aus jener Gegend in Norddeutschland kommt, der den dortigen Dialekt spricht. Ich bin derjenige, der diese und jene Vorlieben und Gewohnheiten hat. Ich kenne mich gut: Ich weiß, dass ich mich in bestimmten Situationen schnell aufrege. Ich weiß, was mir Sicherheit gibt und was mich verunsichert. Ich habe eine politische Überzeugung ...

Hier muss man aber einwenden: Sind es denn wirklich deine Gewohnheiten, deine Herkunft, deine Sicherheiten und deine Überzeugungen, die deine Biografie voranbringen? Ist es nicht eher so, dass deine Biografie gerade da in Bewegung kommt, wo du mit Ereignissen konfrontiert wirst, die dich aus deinen Gewohnheiten, Sicherheiten und Denkmustern herausreißen? Entwickelst du dich nicht gerade da weiter, wo du plötzlich ganz anders denkst als bisher, wo auf einmal alles infrage gestellt ist? Entwickelst du dich nicht gerade da, wo du über den Horizont deiner Herkunft hinausblickst?

Und tatsächlich kann man ja spüren, dass in der eigenen Person noch etwas ganz anderes lebt als das, was man tagtäglich an sich erlebt. Gerade wenn solche Entwicklungsschritte anstehen, kann man das empfinden – in Krisen also, in Zeiten schwerer Krankheit, aber auch in der Situation der Liebe, wo man plötzlich spüren kann, dass man vielleicht noch zu etwas ganz anderem aufgerufen ist, als was man tagtäglich so lebt.

Und ein Gesprächspartner des Ich wird darauf hinweisen, dass die »Person« – aus dem Lateinischen »persona« – ursprünglich dasjenige ist, wo etwas hindurchtönt: per-sonare – durch-tönen. Somit ist Persona zunächst die Maske, das Typenhafte, Un-Individuelle und eben gerade nicht das individuelle, unverwechselbare Ich. Die Persona ist ein Äußeres, eine Art Gewand, durch welches hindurch das eigentlich individuelle Ich »tönt«. Dieses äußere Gewand können wir das Alltags-Ich nennen. Es bestimmt sich *aus der Vergangenheit.* Das Alltags-Ich kennt sich nur aus der Erinnerung. So wie ich heute reagiere, habe ich schon hundertmal reagiert. Diese Art zu reagieren gehört zu meinen Gewohnheiten. Und das bin ich eben. So erlebt sich das Alltags-Ich. Das Alltags-Ich definiert sich selbst als das, was war, eben aus der Herkunft, den früher einmal gebildeten und bis heute bestehenden Gewohnheiten und Eigenschaften, dem Erlebten, an das es sich erinnert.

Wenn wir das konsequent durchschauen, sagt das Alltags-Ich also von sich: Ich bin das, was war. Ich bin die Summe dessen, was mit und an und in mir geschehen ist.

Also kann das Alltags-Ich logischerweise nicht dasjenige sein, was meine Biografie »schreibt«. Denn meine Biografie ist eben nicht die ständige Fortschreibung der Vergangenheit. Und wie sollte ein so verstandener »Biografie-Schreiber« denn anfangen? Ist denn das erste Lebensjahr eine Fortschreibung des Lebens im Bauch der Mutter? Ist das zweite Lebensjahr eine bloße Fortschreibung des ersten Lebensjahres? Ist das 21. Lebensjahr, zum Beispiel, eine Fortschreibung der Jugendzeit? Ist die Lebensmitte eine Fortschreibung der frühen Erwachsenenjahre? – Natürlich nicht. Das Entscheidende ist vielmehr, dass immer *etwas Neues* hinzukommt, dass das Vergangene einen neuen Einschlag bekommt und sich wandelt zu etwas Neuem. Gerade das ist das Merkmal biografischer Entwicklung (vgl. S. 50 ff.: »Wege zum Ich«).

Aber wo kommt denn dieses Neue her?, so wird das Ich jetzt fragen. – Der Gesprächspartner des Ich wird nun auf das Impulsierende hinweisen, das in jedem Menschen lebt. Das Neue entsteht dadurch, *dass man sich auf den Weg macht*. Da wo das Vergangene, Gewohnte, Vertraute hinterfragt, wo die Sicherheiten zumindest vorübergehend ausgesetzt werden; wo man auf lieb gewordene Meinungen und Neigungen auch einmal verzichtet, wo man das ganz andere aufgreift, einmal etwas ganz anderes ausprobiert; wo man zum Beispiel zu einem Nachbarn, der einem schon immer unsympathisch war, einmal ein freundliches Wort sagt, da entsteht das Neue. Da, in der aufgelassenen Situation, in der Offenheit, tauchen neue Impulse in meinem Bewusstsein auf, neue Anstöße, neue Fragen. Da, wo nicht von vornherein alles klar ist, wo man sich erfüllen lässt durch staunende Fragen, da entsteht Neues, da entstehen zukünftige Möglichkeiten, Entwicklungschancen. Da komme ich über mich hinaus. – In dieser offenen Situation tönt mein individuelles Ich im Inneren meiner »Person« und bringt die »Maske« in Schwingung. Wenn ich über das Alltags-Ich hinausgehe, wo ich das Vergangene nicht festhalte, da erst bin ich ganz bei meinem eigentlichen Ich, bei meinem Urbild. Da habe ich mein Ich, wo ich es nicht festhalte.

Wer schreibt nun also eigentlich meine Biografie? Die eigentlich schreibende, den Hergang des Lebens impulsierende, meinem Leben Form und Zusammenhang gebende Instanz ist dieses innere Ich, dieses Urbild. Wir können es das »Höhere Ich« nennen.

Und wenn das Höhere Ich der *Biografie-Schreiber* ist, dann ist das Alltags-Ich das *Geschriebene*. Denn dasjenige, was sich im Alltag als Ich erlebt, das ist das Gewordene, bestimmt sich aus der Vergangenheit. Das Höhere Ich aber ist immer auf Zukunft angelegt. Es ist nicht so da, wie das Alltags-Ich als Gewordenes da ist. Das Höhere Ich ist immer Impuls.

Das Höhere Ich

So sind wir dem Höheren Ich dort am nächsten, wo wir im Werden begriffen sind. Deshalb taucht es besonders in Krisen auf. Besteht die Krise ja doch eben darin, dass Vertrautes und Gewohntes plötzlich nicht mehr gilt. Die Krise ist eine aufgelassene, offene Situation, für die man in seinem in der Vergangenheit gebildeten Repertoire keine geeignete Verhaltensweise findet. Aber gerade in diese Offenheit und Unsicherheit hinein kann das Höhere Ich wirken, Neues impulsierend. So entsteht Entwicklung. Anscheinend brauchen wir solche Krisen, um immer wieder Anschluss zu haben an unser Höheres Ich. – Eine andere Möglichkeit, ins Werden zu kommen ist: zu lieben.

Das Höhere Ich kann also als der Gestaltungswille betrachtet werden, der die innere Dynamik unseres Lebensganges prägt. Aus diesem Gestaltungswillen heraus werden wir in Krisen geführt, kommt es zu Begegnungen, Gelegenheiten, Chancen, erwachsen Hindernisse. Gemeint ist immer Zukunft. Dieser Gestaltungswille kann sich auch in dem aussprechen, was andere Menschen mich fragen, worum sie mich bitten – besonders dann, wenn sie mich um etwas bitten, das mir eigentlich gar nicht so liegt. Solche Fragen, Bitten, Begegnungen und Krisen haben dies gemeinsam: Sie wollen mich über mich selbst hinausführen, mir über die Begrenzungen meines Alltags-Ichs hinweghelfen.

So ist mein Höheres Ich meiner direkten Wahrnehmung meist gar nicht zugänglich. Man erlebt sein Höheres Ich nicht so unmittelbar und selbstverständlich, wie man sein Alltags-Ich erlebt. Nur in Grenzsituationen, in Momenten der Bemühung, der Selbstüberwindung, da, wo man über eine Schwelle geht, wo man mit sich ringt, da kann es wie ein Blitz für das eigene Erleben da sein. Plötzlich kann man dann ein Bild seines gesamten Lebenszusammenhangs vor sich haben, des oder vielmehr der roten Fäden im eigenen Leben. Unmittelbar erlebt man dabei den Impuls des eigenen Urbildes. – Das ist nur ein Moment, und hinterher kommt es einem ganz unwirklich vor.

Es kommt also darauf an, dass wir uns nicht gegen die Ereignisse stellen, in denen Zukunftskeime liegen. Krankheiten, Trennungen, Grenzsituationen, Schicksalsschläge enthalten immer auch einen Zukunftskeim, einen Impuls zur Weiterentwicklung.

Deshalb kann es heute sinnvoll sein, sich diesem impulsgebenden Höheren Ich systematisch anzunähern durch eine Selbstschulung, die mich öffnet für das Neue und Ungewohnte (S. 50 ff.: »Wege zum Ich«). Dann braucht man gar nicht auf die schlimmen Schicksalsschläge zu warten, sondern kann aus Souveränität die eigene Entwicklung bewusst in die Hand nehmen!

Die nun noch weitergehende Frage, woher eigentlich das Höhere Ich kommt oder woher es seinerseits die Impulse nimmt, wird in den Kapiteln »Gesichtspunkte zu Karma und Wiedergeburt« und »Karma und Begegnung« weiter verfolgt (S. 347 ff. und S. 351 ff.).

Fragen zum Thema

Frage: Die Frage »Wer bin ich?« scheinen sich heute schon ganz junge Erwachsene zu stellen. Was hat es damit auf sich?

Antwort: Es ist in der Lebensmitte (s. S. 194 ff.) etwas sehr Richtiges, sich diese Frage vorzulegen. Wenn sie jedoch der 20- oder der 25-Jährige stellt, weist dies zunächst auf einen Mangel an Sicherheitsgefühl hin. Unsere Zeit, die so viele äußere Sicherheiten und Versicherungen gebracht hat, ist fast durchzittert von einer enormen seelischen Unsicherheit. Was hat es mit meiner eigenen Existenz eigentlich auf sich? Eine solche Frage stellt man, außerhalb der Lebensmitte, eigentlich nur in Zusammenhang mit Schicksalsschlägen, mit Verlusten, Krankheit und Ähnlichem. Der junge Mensch, der nach seinem Ich fragt, ist heute aber immer häufiger anzutreffen. Diese Tatsache muss akzeptiert werden, und es hilft nicht, wenn die Älteren diesen Zustand an der Jugend beklagen. Sie sollten vielmehr die Frage stellen, welche Art Sicherheit eigentlich gesucht wird.

Von da aus kommt man schnell wieder zu unserem Ausgangspunkt – der Frage nach dem Urheber der eigenen Biografie. Wir erleben heute, dass die äußeren Sicherheiten eben keine Sicherheiten geben. – Herr N. meint, sich nun endlich, nach vielen Entbehrungen und Schicksalsschlägen in seinem Leben, sicher eingerichtet zu haben, indem er nun ein eigenes Häuschen gebaut hat. Als er im neuen Besitzerstolz und in dem sicheren Gefühl, dies sei nun seine uneinnehmbare Burg, bald nach dem Einzug eines Abends auf die Schwelle zwischen Wohnzimmer und Garten tritt, die Hände in den Hosentaschen, eröffnet ihm seine Frau, dass sie ihn verlassen will ...

Sicherheit kommt heute woanders her: aus dem inneren Sich-Aufraffen, aus der inneren Tat. Sicherheit erwächst mir daraus, wie offen ich mich zum Leben stelle. Wenn ich schon alles weiß und alles besitze, ist meine Sicherheit geborgt. Sie kann mir entzogen werden. Und daraus entsteht dann die Frage: Wer bin ich? – Wer schreibt eigentlich meine Biografie? Es ist die Frage nach dem Ursprung der Sicherheit.

So wird sie zu Recht heute auch von jungen Menschen gestellt. Denn diese spüren schnell, noch in frühen Jahren, das Trügerische der äußeren, materiellen Sicherheiten. Es liegt in der Zeit, dass wir nach dem Ich fragen. Indem wir nach dem Ich fragen, sind wir bereit, Verantwortung zu übernehmen.

Frage: Sollte man das Alltags-Ich nicht »abzuschaffen« versuchen?

Antwort: Das sollte man nicht, und wie könnte das auch geschehen? Das Alltags-Ich ist ebenso notwendig wie unser Körper. Er mag manchmal lästig sein, aber ohne ihn wären wir nicht auf Erden. Das Alltags-Ich ist die logische und notwendige Folge davon, dass das Höhere Ich auf die Erde kommt. Das Alltags-Ich ist die verkrustete Schale von etwas, das sehr bewegt und fließend und ständig impulsiert ist. Ohne diese verkrustete Schale hätte das, was in ihr ist, auf der Erde keinen Ort, wo es sich bewegen könnte.

Andererseits muss diese verkrustete Außenhaut immer wieder in Bewegung gebracht werden, weil sonst die Verkrustung nach innen fortschreitet und das bewegte Innere sich dann zurückziehen muss. Die Folge davon wäre, dass das bewegte Innere – das Höhere Ich – immer schlechter nach außen, zur Welt hin, wirken könnte. Es würde eine dicke Mauer entstehen, durch die kaum mehr etwas hindurchtönen kann.

Aber damit es eben überhaupt »tönt«, bedarf es der Außenhaut. Sie muss vibrieren können, dann tönt das Höhere Ich.

Biografiearbeit oder Psychotherapie?

Selbsterziehung – Selbsterfahrung

Herr X. ist Prokurist in einer großen Druckerei. Privat lebt er allein, er ist mit 27 Jahren, nach nur zweijähriger Ehe, geschieden worden und lebt seitdem mit häufig wechselnden Partnerinnen jeweils kurze Zeit zusammen. In seinem 38. Lebensjahr wird ihm bewusst, dass er es nicht »geschafft« hat – wie er es einem Freund gegenüber ausdrückt –, eine stabile Partnerschaft aufzubauen und zu leben. Während er bis dahin das Kommen und Gehen verschiedener Frauen, das Sich-Verbinden und Sich-Lösen als irgendwie zu seinem Leben selbstverständlich gehörend betrachtet hatte und diese Situation eigentlich auch nicht beklagenswert fand, fängt er nun an, in dieser Lebensweise etwas Grundsätzliches zu vermissen, eben die Kontinuität. Und er betrachtet es als persönliches Versagen, was er vorher als Lebensstil praktiziert hat.

Herr X. ist also in einer Situation, in der er von sich selbst eine Entwicklung in seinem Lebensgang verlangt; er möchte lernen, im Hinblick auf Partnerschaften anders zu leben als zuvor. So ist es sinnvoll, dass Herr X. eine Biografieberatung aufsucht. Denn solche grundsätzlichen Änderungen in der eigenen Lebensführung kann man ganz aus sich selbst heraus nur schwer auf den Weg bringen.

Was erwartet ihn in der Biografieberatung? – Er wird in einigen ersten Gesprächen mit dem Biografieberater zunächst einmal seine aktuelle Lebenssituation darstellen: Wie lebt er? Wie sieht sein Alltag aus? Aber auch welche Gedanken, Erfahrungen, Empfindungen sind zur Zeit vorherrschend? Durch welche Hoffnungen, Sehnsüchte, aber auch Ängste ist seine Gegenwart gekennzeichnet?

Am Ende dieses ersten Überblicks über die aktuelle Lebenswirklichkeit werden Berater und Klient zusammen eine Art Arbeitsbündnis schließen, in dem sie eine gemeinsame Feststellung der Frage treffen, an der man in den nächsten Monaten miteinander arbeiten möchte. Eine solche Frage könnte bei Herrn X. zum Beispiel lauten: Wie muss ich mit mir selbst umgehen, damit ich zu stabilen Partnerschaften komme? Welche Lernschritte sind da notwendig? Und was bedeuten mir stabile Partnerschaften? Welche Möglichkeiten sind in meiner jetzigen Lebenswirklichkeit gegeben?

In einem zweiten Schritt wird Herr X. eine Übersicht über seinen bisherigen Lebensgang geben. Das kann so geschehen, dass er einfach erzählt, was ihm zugestoßen ist, was er erlebt hat und welches die Stationen seiner inneren Entwicklung waren. Das kann aber auch so geschehen, dass der Klient aufgefordert wird, in einer mehr systematischen Weise innere oder äußere Ereignisse zu schildern, die zum Beispiel zu den einzelnen Jahrsiebten oder zu bestimmten typischen Entwicklungsschritten gehören wie die Einschulung, der Weggang vom Elternhaus, aber auch die Lebensmitte. Hier könnte man zum Beispiel auch so verfahren, dass Herr X. das Entsprechende mit den Mitteln des Aquarellmalens darstellt. So könnte er versuchen, die Lebenshaltung und -stimmung, die zu einigen markanten Abschnitten gehört, als Farbenspiel wiederzugeben. Oder er könnte dies durch eine entsprechende, in Ton plastizierte Geste ausdrücken.

In einem dritten Schritt ist der Berater recht aktiv: Es ist nun seine Aufgabe, in dem dargestellten Lebensüberblick den roten Faden oder besser die roten Fäden zu finden. Er tut dies einerseits aus einer Kenntnis biografischer Gesetzmäßigkeiten heraus, andererseits aber auch in einer Haltung größter Offenheit gegenüber der einzigartigen Individualität, die sich in diesem konkreten Lebensgang darzuleben versucht.

Der Berater wird dem Klienten dabei nicht einfach »mitteilen«, welches die roten Fäden seines Lebens sind; vielmehr wird er versuchen, durch geeignete Fragen das Gespräch so zu führen, dass der Klient die entsprechenden Erkenntnis- oder Verständnisschritte selbst vollziehen kann.

Der Akzent der Zukünftigkeit

Die Gespräche in dieser Phase der Arbeit richten sich darauf, das *Urbild* des Klienten, seinen eigensten Wesenskern, wie er sich in den roten Fäden seiner Biografie und auf dem Hintergrund der rhythmischen Gesetzmäßigkeiten darlebt, ins gemeinsame Bewusstsein zu bringen. Der Akzent liegt also, auch wenn man zuerst einmal einen Blick in die Vergangenheit des Klienten getan hat, ganz auf seiner »Zukünftigkeit«: Was steckt in ihm? Welche Möglichkeiten hat er, sich zu entwickeln? Was können seine Lebensziele sein? Was sind seine Kraftquellen?

Damit ist die nächste Phase der Arbeit schon eingeleitet, die für den Klienten die anstrengendste und zäheste ist: Jetzt gilt es, die eigene Entwicklung ganz konkret im Alltag anzupacken. Dazu werden ihm von Woche zu Woche Übungen mitgegeben, die er als eine Art Hausaufgabe auffassen soll und die ihn gewissermaßen durch Selbsterziehung auf den Weg bringen sollen. Das sind zunächst oft einfache Beobachtungsübungen: Im Fall von Herrn X. kann eine solche Übung beispielsweise darin bestehen, dass er folgenden Auftrag bekommt: Wenn er in den nächsten Wochen mit einer Frau essen geht, soll er sich am Abend in einer kurzen Tagesrückschau (fünf Minuten) diese Situation noch einmal genau vor das innere Auge stellen und sich dabei Fragen vorlegen wie: Wie hatte er selbst am Tisch gesessen? Wie saß die Partnerin da? Hatte man ein Bein seitlich am Tisch vorbeigestreckt, so als ob man gleich wieder aufstehen wollte? – Herrn X. ist in solcher Art Rückschau aufgefallen, dass er im Restaurant immer seinen Seidenschal locker um den Hals hängen hatte, als ob er sagen wollte: Ich muss aber gleich wieder gehen.

Im Weiteren wird man dem Klienten Übungen geben, mit denen er – probeweise zunächst und nur vorübergehend – bestimmte Gewohnheiten ändern soll. So sollte Herr X., der mit Frauen am liebsten über ganz objektive Sachverhalte sprach, einmal versuchen, im Gespräch mit einer bestimmten Frau, die er schon etwas näher kannte, etwas aus seiner Lebensgeschichte zu erzählen.

In einer anderen Übungsserie ging es darum, dass Herr X. versuchen sollte, sich ein möglichst genaues Bild zu machen von der Wohnung, in der seine neue Bekanntschaft lebte. Dann sollte er dieses Bild vergleichen mit seiner eigenen Wohnung. Das Ergebnis dieser Übungsreihe war, dass er seine eigene Wohnung als »Bahnhofskiosk« empfand, wie er sich ausdrückte: als eine Durchgangsstation, in der man eben kurz versorgt wird, die aber nicht zum Bleiben einlädt – ihn selbst nicht und seine Bekanntschaft auch nicht.

So entstand im Lauf von vielen Monaten bei Herrn X. eine Art Öffnung: Er konnte sich zunehmend in innerer Ruhe und ausführlich mit *einer* Person beschäftigen, konnte sich einlassen auf eine Person. Damit hatte er Anschluss gewonnen an einen roten Faden seines bisherigen Lebensganges, den wir im gemeinsamen Gespräch als einen Geburtsimpuls bezeichnet hatten: Es war hier nämlich am Anfang der Arbeit schon aufgefallen, dass Herr X. bereits als Kind immer wieder in Situationen gekommen war, die ihn zwangen, von etwas wegzugehen (z.B. waren seine Eltern sehr oft umgezogen; als junger Mann verlor er die Großeltern, mit denen er sehr enge Verbindung gehabt hatte; zweimal verlor er durch ein Unglück seine gesamte persönliche Habe). Und wir hatten es als Lebensziel bezeichnet, zu lernen, bei einer Sache zu bleiben, standzuhalten, Stetigkeit zu erwerben.

In einem weiteren Schritt schien es erforderlich, dass Herr X. Willensübungen machte. Diese müssen über lange Zeit und sehr konsequent durchgeführt und immer wieder aufgegriffen werden, auch wenn man sie anfangs gern »vergisst«. Im Fall von Herrn X. wurden folgende Übungen vorgeschlagen (an jeder Übung sollte etwa vier Wochen lang gearbeitet werden; einige Übungen hat Herr X. sich jeweils gleichzeitig vorgenommen):

1. Vorübung – Eine Woche lang täglich abends ein kurzes Stichwortprotokoll anfertigen darüber, was er an diesem Tag alles aus Ge-

wohnheit getan hat. Nach einer Woche war dann eine Gewohnheit auszuwählen. Übung: Diese eine Gewohnheit drei Wochen lang *nicht* durchführen. Danach kann die Gewohnheit wieder aufgegriffen werden.
2. Vier Wochen lang sich jeden Abend für den nächsten Tag etwas ganz Einfaches und Banales vornehmen: zum Beispiel die beiden Blumenvasen auf Fensterbank und Tisch vertauschen, die Brille einmal an eine andere Stelle legen, im Flur ein anderes Bild aufhängen oder Ähnliches.
3. Vier Wochen lang donnerstagabends einen Plan machen für den kommenden Sonntagvormittag und diesen dann auch genauso ausführen (Schwimmen gehen, die Post beantworten, Fahrradfahren, dann in die Sauna etc.).
4. Herr X. sollte vier Wochen lang abends eine Tätigkeit noch fünf Minuten fortsetzen, wenn er sie wegen Müdigkeit oder Lustlosigkeit eigentlich beenden möchte (noch fünf Minuten lesen, fünf Minuten länger in der Badewanne bleiben …).
5. Zu den Willensübungen gehört ein Protokoll der Ablenkungen. Jeden Abend kann man ein kleines Stichwortprotokoll darüber anfertigen, was heute bei der Durchführung der Willensübungen gestört hat. Das wird dann in den Gesprächen mit dem Biografieberater aufgegriffen.

Dies ist ein kleines Beispiel für eine Biografiearbeit. Sie zielt immer auf die Zukunft, auch wenn sie sich zunächst mit der Vergangenheit befasst, und sie zielt immer darauf hin, das Urbild des Klienten herauszuarbeiten, also das, was positiv in ihm steckt. Sie zielt weiterhin darauf ab, dem Klienten durch ganz konkrete Übungen und Vorschläge zu helfen, sein Urbild wenigstens teilweise in seinen Alltag hineinbauen zu können.

Ein Beispiel für eine etwas andere Art der Biografiearbeit wäre folgendes: Frau X. hat seit einigen Jahren das Lebensgefühl, dass eigentlich alles nur Zufall ist. Sie fühlt sich in ihrem Alltag von einer Zufälligkeit in die nächste gezogen oder gestoßen. So etwas wie einen roten Faden in den vielen ganz unterschiedlichen Ereignissen ihres Lebens kann sie einfach nicht erkennen. Sie ist nun ratlos, wie sie in ihrer jetzigen Situation, da ihre Kinder aus dem Haus sind, ihr Leben gestalten soll.

Für Frau X. mag es sinnvoll sein, einen Biografie-Kurs zu besuchen. Solche Kurse dauern meist ein Wochenende oder eine Woche. Hier kommen mehrere Menschen in einer aus dem Alltag herausgehobenen Situation zusammen und werden nun von einem oder zwei Kursleitern in die systematische Betrachtung von Biografien überhaupt eingeführt. Sinn solcher Kurse ist nicht die konkrete Biografiearbeit am einzelnen Klienten, die Teilnehmer sollen vielmehr Gesichtspunkte an die Hand bekommen, mit denen sie ihre eigene, aber auch die Biografien anderer Menschen anschauen können. In künstlerischen Übungen und Gesprächen wird das gemeinsam Erarbeitete dann vertieft.

In beiden Fällen betont die Biografiearbeit die Möglichkeit des Menschen, sich aktiv zu seiner Biografie, zum eigenen Lebenszusammenhang zu stellen, also sich selbst Gestalt zu geben im Vollzug des eigenen Lebens.

Es bestehen zur klassischen Psychotherapie einige wesentliche Unterschiede, wenngleich in der Praxis nicht in jedem Einzelfall und nicht zu jeder Zeit scharf getrennt werden kann, ob man jetzt gerade in der Biografiearbeit steckt oder ob man im Moment psychotherapeutisch arbeitet.

Der Unterschied zur Psychotherapie

Trotzdem gibt es grundsätzlich unterschiedliche Orientierungen: Die Psychotherapien, die sich aus der Psychoanalyse heraus entwickelt haben (und das sind die meisten), legen den Hauptakzent auf das Durcharbeiten der persönlichen Vergangenheit des Klienten.

Hintergrund ist Freuds Auffassung, dass man sich durch ein Durchschauen vergangener, meist schlimmer Erlebnisse von jenen Verhaltensmustern lösen könne, die dem Erwachsenen hinderlich sind und die ihn einengen. Man kann diese Psychotherapien einzeln oder in Gruppen durchführen. Beides wird auf jeden Fall auf eine »Selbsterfahrung« hinauslaufen. Man erfährt in vertiefter Weise, wer man ist, zu welchen Gefühlsreaktionen man neigt, mit welchen irrationalen Befürchtungen, welchen Selbsttäuschungen man sich immer wieder befasst. Und man erlebt, woher sie kommen – meistens eben aus schlimmen Kindheitserlebnissen.

Hier liegt nun ein weiterer Unterschied zur Biografiearbeit: Die klassische Psychotherapie beschäftigt sich, jedenfalls über weite Strecken, mit negativen Inhalten des Lebens des Klienten, seinen schlimmen Erlebnissen, finsteren Träumen, schlechten Gewohnheiten, dunklen Bedürfnissen, kurz: mit dem »Schatten«, der in jedem von uns steckt. Der Klient erlebt die bedrückenden Ereignisse seines Lebens noch einmal und soll sich auf diese Weise von ihrem Einfluss befreien.

In der Biografiearbeit liegt der Akzent dagegen auf dem Urbild, auf dem, was positiv, in die Zukunft weisend, was an konstruktiven Kräften in dem Klienten steckt, und sie will ihm helfen, dies Wirklichkeit werden zu lassen. Das Negative, Problematische kommt dabei auch zur Sprache, aber nicht als Hauptgegenstand der Arbeit, sondern als ein Hinweis auf Entwicklungsnotwendigkeiten. Da, wo ich etwas nicht kann, wo ich mich zum Beispiel irgendwie unkontrolliert verhalte, wo ich mich vielleicht dunklen Kräften hingebe, da ist immer eine Möglichkeit zur Eigenentwicklung. Die Frage der Biografiearbeit ist also nicht: Wie ist es nur dazu gekommen, dass es mir schlecht geht? – sondern: Wie ist durch mich selbst eine Wandlung möglich?

Damit ist ein weiterer Unterschied zur Psychotherapie angesprochen. Dort hat der Therapeut eine sehr aktive, führende, streckenweise auch sehr fürsorgliche Haltung dem Klienten gegenüber. In der Biografiearbeit hingegen ist der Berater viel zurückhaltender. Er versucht eher Fragen zu stellen, als zu raten; er deckt keine unbewussten Fantasien oder unbewusste Haltungen des Klienten auf. Seine Haupttätigkeit liegt vielmehr darin, neue Fragen zu stellen, die dem Klienten die Haltung der Aktivität gegenüber dem eigenen Leben vermitteln können. Der Klient ist völlig frei darin, was er mit den Fragen und Hinweisen oder auch den Übungsvorschlägen des Beraters macht. Durch diese Freiheit aber ist er in seinem Ich angesprochen. Die Maßnahmen des Psychotherapeuten dagegen führen den Klienten mit einer gewissen Zwangsläufigkeit zum Wiederdurchleben früherer Ereignisse oder verdrängter Gefühle. Die Psychotherapie ist somit der Medizin nahe: Der Therapeut »macht« etwas »mit« oder »an« dem Klienten, damit dieser gesund »wird«. Biografiearbeit gibt Anregungen im freien und partnerschaftlichen Arbeitsgespräch. Der Klient ist völlig frei darin gelassen, ob er daraus etwas machen will und was er daraus machen will.

Die Nähe zur Medizin legt auch den Personenkreis fest, der die Hilfe einer Psychotherapie in Anspruch nehmen sollte. Menschen, die sich selbst als seelisch krank erleben oder die von Fachleuten als seelisch krank bezeichnet werden; Menschen also zum Beispiel mit Depressionen, mit Süchten, mit Zwangsgedanken, mit unbeherrschbaren destruktiven Verhaltensmustern, Menschen mit unüberwindbaren Ängsten sollten sich einer Psychotherapie unterziehen. Oft kann es sinnvoll sein, daran eine Biografiearbeit anzuschließen.

Wenn man den Unterschied auf eine Formel bringen möchte (die natürlich immer vereinfacht), so könnte man sagen: Die Psychotherapie befreit *von* etwas (sie befreit von der Vergangenheit), die Biografiearbeit befreit *zu* etwas (sie befreit zur eigenen Zukunft hin).

Neuerdings gibt es vielversprechende Versuche, auf der Grundlage des anthroposophischen Menschenbildes eine Synthese zwischen Biografiearbeit und Psychotherapie zu finden: Das ist sehr sinnvoll, weil man in der Praxis ohnehin nicht so scharf – oder jedenfalls nicht in jeder Phase der Arbeit – unterscheiden kann, ob man sich jetzt eher in einem psychotherapeutischen Prozess oder in einem Vorgang der Biografieberatung befindet. In bestimmten Phasen kann das eine notwendig sein, in anderen Phasen geht es mehr um das andere.

Trotzdem ist es sinnvoll, die Biografiearbeit von den klassischen Formen der Psychotherapie zu unterscheiden, weil es hier um zwei ganz verschiedene Menschenbilder geht. Jeder, der fachliche Hilfe aufsucht, sollte sich darüber klar werden können, unter welchem Menschenbild er angeschaut wird.

Viele Psychotherapieformen und -schulrichtungen basieren ausgesprochen oder unausgesprochen auf einem mechanischen oder materialistischen Menschenbild; die Biografiearbeit, die in den letzten Jahren in anthroposophischen Zusammenhängen entstanden ist, handelt aus einem geistorientierten Menschenbild.

Natürlich darf man auch hier nicht so scharf polarisieren: Psychotherapieformen wie zum Beispiel die »Logotherapie« von Victor E. Frankl gehen weit über ein materialistisches Menschenbild hinaus. Auf C. G. Jung oder etwa auf Graf Dürckheim gehen Psychotherapieformen zurück, die sich in eine solche Gegenüberstellung von klassischer Psychotherapie und Biografiearbeit nicht einfügen. Biografiearbeit sollte jedenfalls nicht als eine »neue« Psychotherapieform verstanden werden. Sie ist ein eigenständiger Weg der geleiteten Selbsterziehung. Sie ist keine alternative Behandlungsmethode für seelische Erkrankungen. Methodisch greift sie z.T. durchaus zurück auf das, was in verschiedenen Psychotherapieformen erarbeitet wurde (Logotherapie, Gestalttherapie, Verhaltenstherapie), setzt dies aber anders ein. Umgekehrt arbeiten anthroposophisch orientierte Psychotherapeuten durchaus auch mit Elementen aus der Biografiearbeit.*

* Zur weiteren Orientierung: *Flensburger Heft* Nr. 31, »Biografiearbeit«, sowie Sonderheft Nr. 10, »Biografiearbeit II«.

Fragen zum Thema

Frage: Greift Biografiearbeit möglicherweise zu sehr ein in den natürlichen Lebensgang?

Antwort: Diese Gefahr besteht. Vor allem ist Biografiearbeit kein Bildhauern an einem Werkstoff und keine Architektur am Bau eines Lebenshauses. Man hat hier ja nicht Material vor sich, mit dem man unter Kenntnis einiger Gesetzlichkeiten und ansonsten nach eigenem Wunsch etwas gestalten könnte.

Bei einer Biografie handelt es sich vielmehr darum, dass ein Geistiges auf die Erde kommen möchte. Ein Stückchen Geist, das Ich, möchte sich in die irdischen Verhältnisse hineinarbeiten. Dieses Erscheinen des Höheren Ichs kann man natürlich durch verschiedenste Eingriffe befördern oder erschweren, unter anderem auch durch Biografiearbeit, aber es kann mit seinen Impulsen keinerlei Gestaltung von außen unterliegen. Daran gibt es nichts zu tun. Daran ist in verflossenen Erdengängen gearbeitet worden und auch der jetzige wird wieder dazu beitragen (s. S. 347 ff.). Das Geistige, das in einer Biografie als deren Gestaltung, als ihre innere Signatur erscheint, ist nicht tangierbar durch willkürliche Manipulationen an den Lebensumständen und Ereignisfolgen.

Die Gefahr unziemlicher Eingriffe kann also nur darin bestehen, dass Lebensbedingungen geschaffen werden, die die Erscheinung des Ichs und seiner Impulse auf Erden erschweren.

In der Tat ist die Biografiearbeit in gewisser Weise in Gefahr, solche erschwerenden Bedingungen zu schaffen – so wie sie andererseits die Chance hat, förderlich für das Sich-Herauskristallisieren des Ichs zu wirken. Aber dieser Art von Eingriffen sind wir im Grunde ständig ausgesetzt. Sie gehören einfach zum Leben dazu. Eine Predigt in der Kirche, eine Fernsehsendung, ein zufällig aufgeschnapptes Wort können mich ebenso in meinem Tun und in meinen Entscheidungen beeinflussen wie die Biografiearbeit.

Andererseits hat Biografiearbeit solch beiläufigen Beeinflussungen gegenüber den Vorzug, dass sie übergreifende Zusammenhänge deutlich macht und dem Betreffenden Fragen, Hinweise und gegebenenfalls Ratschläge zu Bewusstsein bringt. Insofern ist der Mensch der Biografiearbeit gegenüber freier als gegenüber der Fernsehsendung oder dem zufällig aufgeschnappten Wort.

Damit ist auch etwas gesagt zu der in der Frage mitschwingenden Sorge, ob nicht gerade in dem Element des Bewusstmachens schon der fragwürdige Eingriff liege. Tatsächlich muss man hier abwägen. Es wäre ganz ungesund, wenn jemand ständig und in allen Lebenslagen den Biografieberater zu Rate zöge. Das spontane Verhältnis zum eigenen Leben würde verloren gehen, und hierin würde man ganz bestimmt eine die Erscheinung des Ichs erschwerende Bedingung sehen müssen.

Auf der anderen Seite wird Biografieberatung normalerweise nur in Anspruch genommen, wenn einem in bestimmten Situationen Erkenntnis- und Verständnismöglichkeiten für das eigene Leben fehlen und man dadurch handlungsgelähmt zu werden droht. Dann kommt man eben allein nicht mehr zurecht, und warum sollte man jetzt nicht fremde Hilfe suchen? Das tut man ja auch in Situationen körperlicher Erkrankung und betrachtet es nicht als unnatürlichen Eingriff, sich vom Arzt eine Behandlung verordnen zu lassen. Sofern die Biografiearbeit ähnlich wie die medizinische Behandlung darauf aus ist, die Selbstheilungskräfte zu aktivieren, dürfte sie ebenso berechtigt sein wie medizinische Maßnahmen.

Allerdings kann es nicht Aufgabe der Biografieberatung sein, konkrete Verhaltensratschläge zu geben. Die Ratschläge, die hier angemessen sind, beziehen sich auf den übenden Umgang mit Lebensthemen, auf Fragen der Selbsterziehung und auf mögliche Wege der Besinnung auf sich selbst.

Wege zum Ich

Selbsterziehung zur Offenheit

Das Höhere Ich als die eigentlich »schreibende«, impulsgebende Instanz meiner Biografie (s. S. 32 ff.: »Wer bin ich ... ?«) ist dasjenige, was mir selbst, meinem Leben immer genauere Gestalt gibt. Es wirkt gestaltend, zunächst in Krisen und Schwellensituationen, in Verunsicherungen und aufgelassenen, unstrukturierten Situationen. Es wirkt aber auch gestaltend, wenn ich es selbst in seine Wirksamkeit rufe. Das Höhere Ich kann nicht durch angestrengtes Nachdenken und auch nicht durch psychologische Nabelschau gefunden oder »verwirklicht« werden, sondern nur durch Aufbruchstimmung, durch die zur Offenheit erziehende Eigenschulung und durch die wagende Tat.

Wie im vorausgehenden Kapitel bereits dargestellt wurde, führt die psychologische »Selbsterfahrung« nicht zum Höheren Ich. Sie bewegt sich vielmehr auf der Ebene des Alltags-Ichs, in den Grenzen der Vergangenheit. Dies hat dann seine Berechtigung, wenn es darauf ankommt, durch Aufarbeiten der Vergangenheit den unbefangenen Zugang zur Gegenwart zu finden. Das Freisetzen des Zukünftigen aber setzt voraus, dass man über die Grenzen des Alltags-Ichs, über die Grenzen der Gewohnheiten, der Fähigkeiten, der Sicherheiten und Meinungen hinausgelangt. Solches kann in der Krise gelingen und eben in der systematischen Selbsterziehung. Von dieser soll hier die Rede sein.

Die systematische Selbsterziehung lässt sich einfach beschreiben. Diesen Weg zur Offenheit aber zu *gehen*, bedeutet ein jahrelanges Ringen, und oft kommen wir in einem Erdenleben gar nicht bis zum Ende dieses Weges.

Übungsfelder

Das erste und wichtigste Gebot muss sein: immer auf dem Weg zu bleiben. Dafür reicht ein heldenhafter Entschluss nicht aus. Hilfreich ist es zum Beispiel, sich einige Wochen lang jeden Morgen als Wandernden zu imaginieren. Man schließe in einem ruhigen Moment, vielleicht nach dem Waschen, kurz die Augen und stelle sich sich selbst vor, ganz konkret, in Wanderkluft, *auf einem Weg gehend* – nicht auf einer Straße und auch nicht in einer Einkaufspassage, sondern auf einem richtigen Weg, an Feldern vorbei, durch einen Wald vielleicht oder an einem Bach entlang. Dieses innere Bild rufe man jeden Morgen auf. Vielleicht geht der Wandernde mit der Zeit tatsächlich immer etwas weiter. Wesentlich ist dabei, stets auch die Stimmung des Aufbruchs und des Auf-dem-Wege-Seins in sich zu erzeugen.

Man kann dann mit der Zeit auch tagsüber, während der normalen Reibungspunkte des Alltags, bei einer kleinen Auseinandersetzung mit dem Ehepartner zum Beispiel, dieses Bild innerlich vor sich hinstellen. Damit wird man den fruchtbaren Keim eher finden, der auch in der kleinsten krisenhaften Situation liegt.

Eine zweite wichtige Regel ist die folgende: Man verachte nicht den Ort, an dem man steht! Man verachte nicht seinen Alltag, nicht das Alltags-Ich, verachte nicht die eigenen Gewohnheiten. Das Alltägliche, vielleicht Festgefahrene kann man nur wandeln, wenn man es annimmt. Es lässt sich nicht durch Beschluss abschaffen. Verachtet man es, weil man zu »Höherem« und »Neuem« strebt, klebt man nur umso fester daran fest.

Man sollte sich immer wieder darin üben, den Gegenpol zu dem zu entwickeln, was Gewordenes ist. Nehmen wir an, Frau F. ist sehr sparsam, andere sagen vielleicht, sie sei geizig. Es würde nichts nützen, wenn Frau F. eines Tages beschließen würde, künftig nicht mehr sparsam zu sein. Sie würde sich damit überfordern; denn eine Eigenschaft wie diese ist lange schon von der Vergangenheit her gewachsen. Ein solcher Beschluss würde nicht nur zu nichts führen, sondern sogar eine Verunsicherung bewirken und möglicherweise eine Beängstigung darüber wecken, dass man sich selbst gegenüber scheinbar so hilflos dastehen kann. In dieser Lage würde man erst recht wieder zu den alten Gewohnheiten greifen.

Stattdessen könnte Frau F. ihre Eigenschaft der Sparsamkeit positiv annehmen, darüber hinaus aber auch einmal das Gegenteil der Sparsamkeit an einer harmlosen Stelle ausprobieren und spielerisch mit einer gewissen Großzügigkeit experimentieren – nicht anstelle, sondern neben der Sparsamkeit. Sie könnte sich zum Beispiel vornehmen, einmal in der Woche einen kleinen Betrag an eine gemeinnützige Organisation zu spenden. Es wäre ein kleines Experiment: Wie fühlt sich Großzügigkeit eigentlich an? – Und es kann ja nichts passieren. Damit wäre aber ein ganz kleines, harmloses und überschaubares Übungsfeld abgesteckt, und Frau F. braucht dabei nicht zu befürchten, finanziell auszubluten. – Hat sie so etwas ein paar Monate ausprobiert und eingeübt – während sie in allen anderen Bereichen so sparsam ist wie bisher –, dann entsteht das Dritte: der sichere Blick dafür, wann es angebracht ist, sparsam zu sein, und wann man auch einmal großzügig sein kann. So ist Frau F. wenigstens in diesem Punkt ihrem Alltags-Ich gegenüber frei geworden. Sie hat es nicht abgeschafft (was auch gar nicht gelänge), sondern sie ist einer Alltags-Eigenschaft gegenüber souverän geworden.

So könnte auch der Sanguiniker, der gern von einer Faszination zur nächsten springt, damit experimentieren, bei einer Sache zu verweilen und sich in ein Interessengebiet zu vertiefen. Der Phlegmatiker könnte sich ein Übungsfeld suchen, wo das rasche Zupacken und Zustoßen erforderlich ist: Er könnte zum Beispiel fechten lernen. Und der ängstliche Mensch könnte sich in eine Freizeitbeschäftigung einleben, bei der in begrenztem Rahmen Mut gefragt ist wie Wildwasser-Kanufahren, Bergsteigen oder Ähnliches.

Ein drittes Übungsfeld ist das »Dürsten nach Neuem und Ungewohntem«. In einem ersten Schritt kann man jeden Abend etwa zehn Minuten lang alle Begegnungen des Tages mit anderen Menschen vor dem inneren Auge vorüberziehen lassen und sich dabei fragen: Was war heute an diesen Menschen neu und unerwartet? Dabei wird man überrascht feststellen, wieviel Neues jeden Tag geschieht, das man aber gar nicht unmittelbar registriert hat: Kollege L. hat heute zum ersten Mal einen bunten Pullover angehabt, sonst trägt er immer nur grau und braun. – Mein Mann hat heute morgen beim Frühstück gar nicht Zeitung gelesen, wie er das sonst immer tut, und sich stattdessen mit den Kindern unterhalten ...

Und dann kommt der zweite Übungsabschnitt. Der kann ein bisschen ungemütlich werden. Jetzt geht es darum, auch wieder am Abend den Tag vor dem inneren Auge vorüberziehen zu lassen, sich nun aber zu fragen: Was habe *ich* denn heute Neues getan, gesagt, gedacht oder empfunden, was ich bisher noch nie getan, gesagt, gedacht oder empfunden habe? – Viel fällt einem zunächst nicht ein. Stattdessen ärgert man sich. Es kann sogar sein, dass einem gar nichts einfällt. Wenn man nun trotzdem diese Übung aufrechterhält und sich weiterhin jeden Abend fragt, was man heute Neues getan hat, dann entsteht irgendwann im konkreten Alltag das *Bedürfnis*, einmal etwas anders zu machen als sonst, einmal etwas Neues zu tun. Da kommt man dann vielleicht auf die Idee, den Nachbarn zum Abendessen einzuladen, den man sonst immer nur im Treppenhaus trifft. Oder man könnte zum Sonntagsspaziergang doch mal in einen anderen Wald gehen. Oder man könnte eigentlich mal die Tante V. anrufen, die sonst immer nur ganz einseitig von sich aus den Kontakt aufrechterhalten hat ...

Jetzt kann man sich in der abendlichen Rückschau sagen: Heute habe ich das und das anders gemacht als sonst.

Wo ich etwas von mir opfere, da komme ich zu mir. Dies ist ein weiterer Ansatzpunkt für eine Reihe von Übungen zur Selbsterziehung. Hier ist jetzt nicht das Care-Paket nach Rumänien gemeint, in das ich abgetragene Kleider und ein paar Süßigkeiten aus dem Supermarkt gepackt habe. Sondern mit Opfer ist hier der wenigstens probeweise Verzicht auf lieb gewordene Meinungen und Urteile gemeint. Der Verzicht darauf, beleidigt zu sein, wenn mir mein Mann in einer Diskussion widerspricht. Der Verzicht auf ein Urteil über einen Menschen, den ich nur beiläufig kenne. Statt zu urteilen, sollte man sich fragen: Wer ist er, aus welchen Motiven handelt er? Statt beleidigt zu sein, fragen: Hat mein Mann recht, mir zu widersprechen, oder welche Gegenargumente gibt es? Statt auf der eigenen Meinung zu beharren, sich auch in die Gegenmeinung hineinzufühlen und zu erfassen versuchen, ob sie nicht ebenso berechtigt erscheinen kann.

Der Fragende ist sich näher als der Wissende. Dies beinhaltet einen weiteren Übungsweg: Wo ich etwas zu wissen meine, kann ich versuchen – ohne zunächst auf das Wissen zu verzichten –, es in eine Frage umzuwandeln. Man kann lernen, gerade das zu hinterfragen, was einem schon immer klar ist. Der Kollege M. ist reizbar und abweisend geworden, seit ihn seine Frau verlassen hat. Der Zusammenhang ist doch klar. – Ja, vielleicht. Trotzdem tun sich neue Gesichtspunkte auf, wenn man diese »Erkenntnis« in eine Frage umwandelt: Wieso reagiert Kollege M. auf den Weggang seiner Frau so, dass er mich abweist? Warum spricht er mich eigentlich in seiner Traurigkeit nicht um ein helfendes Gespräch an? Habe ich ihn vielleicht nicht genügend dazu ermutigt? Ach, da fällt mir ein, ich habe ihn damals vor den anderen abgekanzelt wegen eines Buchungsfehlers, der ihm unterlaufen war. Das war gerade einen Tag nach der Trennung gewesen. Da war er vermutlich unkonzentriert. Es war ungerecht von mir, ihn in dieser Situation zu kritisieren. Ich möchte das wieder gutmachen. Ich werde ihn trotz seines abweisenden Gesichtsausdrucks jetzt fragen, ob ich ihn zum Essen einladen darf. Damit wir wieder ins Gespräch kommen.

So kann aus dem Hinterfragen des scheinbar so Offensichtlichen die wagende Tat entstehen.

Wir nähern uns unserem Höheren Ich und damit unseren Entwicklungsmöglichkeiten weiterhin dadurch, dass wir gezielt unser Augenmerk auf dasjenige richten, was uns schwerfällt, was wir nicht so gut können, was wir am liebsten umgehen möchten. Man registriere dies einfach nur, möglichst ohne Kommentare wie: »Ich bin eben unfähig (feige, dumm)« oder auch: »Eigentlich sind die anderen schuld« oder Ähnliches. Vielmehr würde es darauf ankommen, ganz »trocken« festzustellen, welches die Lebens- und Arbeitsbereiche sind, in denen man immer wieder Fehlschläge erleidet, systematisch an seine Grenzen kommt. Eine solche »Inventur« betreibe man einige Wochen lang. Dann greife man nur einen einzigen Bereich heraus und frage sich, wie man ihn besser meistern könnte, nur einen.

Beschäftigung mit fremden Biografien

Außer solchen gezielten Übungen, die gut in den Alltag eingebaut werden können, ohne dass man gleich alles ändern müsste, ist es im Rahmen einer entwicklungsorientierten Selbsterziehung sehr sinnvoll, sich mit fremden Biografien auseinanderzusetzen. Das Wesentliche ist, dass man dabei zu einem Erlebnis der Sinnhaftigkeit menschlicher Lebensgänge kommt.

Natürlich bieten sich zunächst Biografien von Künstlern an. Daraus spricht meist ein starker und deutlicher Gestaltungswille, der nicht nur das Werk formt, sondern auch den Lebensgang selbst. Was sich in diesem Zusammenhang weniger empfiehlt, sind Autobiografien. Sie sind häufig nicht von den Betreffenden selbst verfasst, sondern von »Ghost-Writern«, und sind oft einfach Selbstrechtfertigungen. Zumindest ergänzend sollte man dann auch eine Biografie *über* den Betreffenden lesen.

Sodann sollte man Biografien von Menschen lesen, für die man sich spontan nicht interessieren würde. Man lese zum Beispiel über das Leben von Stalin oder auch von Filmstars, für die man sich eigentlich gar nicht erwärmen kann. Man nehme sie so kommentarlos wie möglich auf und suche den inneren Zusammenhang, den roten Faden, der sich durch diesen Lebenslauf zieht.

Schließlich ist es eine schöne Übung, jeweils auf ein paar Seiten in erzählender Weise die Biografie der eigenen Mutter, der eigenen

Schwester oder eines Schulkameraden, mit dem man immer noch Kontakt hat, aufzuschreiben.

Wer sich auch meditativ in den hier besprochenen Weg einleben möchte, mag die sieben Ich-bin-Worte des Christus bewegen, wie sie im Johannes-Evangelium niedergelegt sind (Kap. 6, Vers 35; 8; 12; 10,9; 10,11; 11,25; 14,6; 15,11) Vielleicht kann man in diese Worte hineinlauschen mit der Frage: Welcher Impuls für meine Lebensführung liegt darin, wenn der Christus von sich zum Beispiel sagt: »Ich bin die Tür« (10,9) oder »Ich bin der Weg« (54,6)?

Der Dichter Hermann Hesse hat empfunden und gestaltet, was in diesem Kapitel gemeint ist:

Stufen

Wie jede Blüte welkt, und jede Jugend
Dem Alter weicht, blüht jede Lebensstufe,
Blüht jede Weisheit auch und jede Tugend
Zu ihrer Zeit und darf nicht ewig dauern.
Es muss das Herz bei jedem Lebensrufe
Bereit zum Abschied sein und Neubeginne,
Um sich in Tapferkeit und ohne Trauern
In andere, neue Bindungen zu geben.
Und jedem Anfang wohnt ein Zauber inne,
Der uns beschützt und der uns hilft, zu leben.

Wir sollen heiter Raum um Raum durchschreiten,
An keinem wie an einer Heimat hängen,
Der Weltgeist will nicht fesseln uns und engen,

Er will uns Stuf' um Stufe heben, weiten.
Kaum sind wir heimisch einem Lebenskreise
und traulich eingewohnt, so droht Erschlaffen;
Nur wer bereit zu Aufbruch ist und Reise,
Mag lähmender Gewöhnung sich entraffen.

Es wird vielleicht auch noch die Todesstunde
uns neuen Räumen jung entgegensenden,
Des Lebens Ruf an uns wird niemals enden ...
Wohlan denn, Herz, nimm Abschied und gesunde!

Fragen zum Thema

Frage: Wie bringt man die Willenskraft auf, sich ständig mit solchen Übungen zu beschäftigen?

Antwort: Hier sei zunächst eine Gegenfrage erlaubt: Wie bringt man denn die Energie auf, ständig an solchen Herausforderungen, wie sie in den Übungen beschrieben sind, vorbeizugehen? Kann es nicht eigentlich sehr ermüdend sein, ja einschläfernd, solche Übungsmöglichkeiten zu übersehen? Der Mensch ist autonom, wenn er sich gegen seine Gewohnheiten und gegen die (Denk-)Gewohnheiten der anderen aufrafft und seine Selbsterziehung in die Hand nimmt. Man mache die Gegenprobe: Verwandelt man die beschriebenen Übungen zurück in Nicht-Übungen, dann kann man erschrecken darüber, wie unselbstständig man zuweilen durchs Leben geht. Hätte man sich von dem Kollegen M. abgewandt, so hätte man einen Impuls auf die Seite geschoben. Es wäre nichts Neues entstanden.

Im Grunde muss keine immense Willenskraft aufgebracht werden, um sich auf die genannten Herausforderungen des Alltags einzulassen. Vielmehr kommt es auf ein Hinhören an. Ich muss in die Situation hineinhören: Was will sie von mir? – und dann in mich hineinhören: Was suche ich jetzt in dieser Situation? Nicht abrufen: Was weiß ich noch von gestern und vorgestern über den Kollegen? Sondern hinhören: Was suche ich jetzt? Was ist jetzt von mir gefragt? – Das kann man üben. Dann hört man den Impuls. Ihm braucht man dann nur stattzugeben. Es handelt sich dann nicht um einen aufwendigen Willensakt. Vielmehr gibt man einer Bewegung Raum.

Frage: »Nimm Abschied und gesunde« – Wann darf man bleiben?

Antwort: Der Wanderer soll Rast machen.

Zwei Wanderer, die den Weg gemeinsam suchen, sollen in ihrer Gemeinsamkeit bleiben.

Bleiben ist richtig, wenn es ein erneutes Aufbrechen gibt.

Bleiben ist richtig, wenn es Opfer ist. Wenn mir, der ich Sanguiniker bin, der Sinn danach steht, mindestens einmal im Jahr die Wohnung zu wechseln, dann ist es ein Opfer, wenn ich wegen meiner Kinder einmal für einige Jahre in einer Wohnung bleibe. Die Kinder brauchen die örtliche Sicherheit. Mir liegt sie nicht. Mich engt sie ein. Wenn ich mich nun darum bemühe, für meine Kinder zu bleiben, so habe ich mich, als Sanguiniker, eben dadurch auf den Weg gemacht. Es ist in meinem Fall der Weg des Bleibens. Dann ist es gut, zu bleiben.

Bleiben ist richtig, wenn es suchend geschieht. Ich bleibe hier, bei dieser Arbeit, diesem Partner, in dieser Stadt, weil ich mein Verhältnis zu ihr (ihm) immer weiter vertiefen und um immer neue Aspekte bereichern möchte. Ich suche das Neue in dem, was ich kenne. Das ist ein sehr gesundes Bleiben.

Bleiben ist richtig, wenn es Beharrlichkeit und Konsequenz ist.

Bleiben muss nicht Erstarrung heißen, es kann ein sehr bewegter Vorgang sein.

Der »Sinn« des Lebens

Die Suche nach dem Ansatzpunkt

Man kann sich der Frage nach dem »Sinn des Lebens« eines Menschen durch philosophische und weltanschauliche Überlegungen nähern. Das ist hier nicht unsere Aufgabe. Man kann nämlich auch versuchen, im täglichen Lebensvollzug Anschluss an diese Frage zu gewinnen. Dazu sollen hier ein paar Hinweise gegeben werden. Falls es nämlich überhaupt so etwas wie eine bündige Antwort auf diese Frage gibt, dann *entwickelt* sie sich im Laufe des Lebens. Langsam und oft erst ungehört mag sich über Jahre und Jahrzehnte eine Antwort auf diese Frage bilden, die jeder Mensch kurz nach der Pubertät zum ersten Mal stellt.

Diese Frage fruchtbar zu bewegen, erfordert eine bestimmte Hygiene. Es besteht nämlich die Gefahr, dass man sich angesichts der Suche nach *dem* Sinn des eigenen Lebens mit seinen Mutmaßungen übernimmt. Jeder Mensch trägt in sich ungelebte Möglichkeiten, und sei es nur in der Gestalt von Sehnsüchten. Aber auch Ideale, die nicht verwirklicht wurden, Lebensformen, zu denen man sich imstande fühlt, die man aber eben nicht leben kann – verwandtschaftliche Empfindungen gegenüber bestimmten Menschengruppen, zum Beispiel Künstlern, zu denen man aber eben nicht gehört –, sind ungelebte Möglichkeiten, deren wir uns mehr oder weniger bewusst sind. Wenn man sich nun unter den Stress setzt, *den* Sinn des Lebens finden zu wollen, so sieht man sich vor eine Art Wahl gestellt zwischen mehreren Möglichkeiten, von denen die meisten ohnehin unrealistisch sind. Und nach welchem Kriterium soll man da nun *den* Sinn, den tatsächlichen Sinn des eigenen Lebens finden?

Wir empfinden, dass unser wahres, inneres Wesen in diesem *einen* Erdenleben unmöglich zur Gänze verwirklicht werden kann. Zu widersprüchlich sind die Möglichkeiten, zu denen wir uns imstande fühlen. Man kann sie in einem Erdenleben nicht alle ergreifen. Wie aber findet man einen Ansatzpunkt zu einem sinnerfüllten Leben?

Da empfiehlt es sich zunächst, die Frage nach dem Sinn des eigenen Lebens etwas zu entschärfen: Es ist doch einfach möglich, dass es *mehrere* »Sinne« meines Lebens gibt. Wie kommt man auf die Idee, es könnte nur einen Sinn geben? Man denkt an herausragende Menschen, Erfinder, Künstler, Könige, deren Lebenssinn offenbar darin lag, für die Menschheit etwas zu bewegen. Aber es muss ja nicht bei jedem so sein, dass man eine große und für andere Menschen so sichtbare Aufgabe im Leben hat. Und, wer weiß, vielleicht haben auch die Könige und Erfinder viele ihrer Möglichkeiten nicht wahrgenommen und sind an anderen Aufgaben vorbeigegangen, weil sie eben nur dies eine im Auge hatten.

Wir können tatsächlich davon ausgehen, dass jeder Mensch mehrere Aufgaben hat, *sich gestellt hat,* wenn er auf die Welt kommt. Und die entscheidende Frage ist: Wie kommt er an diese Aufgaben heran, und kann er wenigstens einige davon ergreifen?

Situationen im täglichen Leben

In Folgendem sollten einige Beispiele aus dem täglichen Lebenszusammenhang gebracht werden, in denen etwas aufscheinen kann von demjenigen, was Aufgabe des eigenen Lebens ist.

1. In Krisensituationen, die man natürlich schnellstmöglich hinter sich bringen möchte oder die man sich überhaupt eigentlich ganz wegwünscht, kann man oft so etwas wie eine Frage erkennen, vor die man gestellt ist. Wenn man es schafft, sich der Krise zu stellen, kann man etwas von dem empfinden, was man als Aufgabe vor sich hat. Ein einfaches Beispiel ist eine Ehekrise bei der Ankunft des ersten

Kindes: Der Ehemann mag sich zurückgesetzt fühlen; er spürt, dass seine Frau gar keine Aufmerksamkeit mehr für ihn hat. Und es fallen ihm manche Situationen aus der Jugendzeit ein, als er sich immer wieder als fünftes Rad am Wagen vorkam. Er wendet sich nun seinerseits von seiner Frau ab, bleibt abends öfter länger bei der Arbeit, geht nach dem Dienst manchmal in eine Gaststätte und beklagt sich über sein Los, aus der häuslichen Geborgenheit abgeschoben zu sein.

Sieht man in einer solchen Krise – als Außenstehender hat man es natürlich leicht, das zu sehen – nicht das ganz andere aufscheinen? Die Möglichkeit, auf andere zuzugehen, sich anderen zuzuwenden, auch wenn man nicht von vornherein weiß, was man ihnen wert ist? Man würde also in der Biografieberatung den Betreffenden durch Fragen dahin zu führen suchen, dass er die Aufgabe sieht, die in der Krise steckt, und die man etwa so formulieren könnte: Anstatt sich zurückgesetzt zu fühlen, auf den anderen zuzugehen.

Solche Aufgaben werden während des ganzen Lebens immer wieder an einen herangetragen. Man hat sie eigentlich nie restlos erledigt. Aber sie werden uns auch gar nicht gegeben, damit wir sie – wie früher die Hausaufgaben in der Schule – einfach abhaken können. Gerade das Ringen mit der Tatsache, immer wieder genau an das herangehen zu müssen, was einem nicht leichtfällt, das lässt eine erste Gewissheit von sinnerfülltem Leben aufkommen. Dabei kommen vielleicht mit einem Mal ganz andere Dinge auf einen zu, als man vermutet hatte. Der Ehemann, der die Aufmerksamkeit seiner Frau wegen des Kindes verloren hatte, war zur Biografieberatung gekommen mit der Frage, ob es vielleicht seine Aufgabe sei, mit einer ganz anderen Frau eine Ehe zu führen als mit seiner Frau, die sich ja nun beim ersten Kind gleich abgewendet habe. – Man denkt meist an etwas Dramatisches, irgendwie Sensationelles, wenn man von Lebensaufgaben oder dem Lebenssinn spricht. Aber wie nun, wenn ein Aspekt dieses Lebenssinnes darin läge, an den eigenen Unvollkommenheiten zu arbeiten? Wie nun, wenn es in einer solchen Krise darum ginge, unserem Wesen immer vollständigere Gestalt zu geben – da, wo wir stehen?

Auch in biografischen »Brüchen«, plötzlichem Neubeginn oder

biografischen Wendepunkten kann man Hinweise finden darauf, was wohl zum Sinn des eigenen Lebens gehört.

Herr C. erhält ganz unerwartet das interessante Angebot einer Firma in einer anderen Stadt. Er greift die Anfrage auf, bewirbt sich, man wird sich schnell einig; er kann auch Frau und Kinder für eine Umsiedlung in die andere Stadt begeistern. Das klappt auch alles. Man lebt sich gut ein. – Ein halbes Jahr später bekommt Herr C., eine Kapazität in seinem Fach, bereits ein neues Angebot, wiederum aus einer anderen Stadt. Die Aufgabe, die hier aufleuchtet, liegt nicht darin, auf der Karriereleiter immer höher zu steigen, immer mehr zu verdienen. Es geht um etwas ganz anderes: Herr C. kann interessanten und reizvollen Angeboten nicht widerstehen. Auch in anderen Lebensbereichen ist es so, dass er allen erdenklichen Versuchungen ausgesetzt ist, weil er sich von neuen Eindrücken nicht freimachen kann. Er kann ihnen nicht in Ruhe gegenübertreten. Er wird geradezu gezogen von einem Eindruck zum anderen, sodass er immer in Gefahr ist, dass etwas Unstetes in sein Leben kommt.

Also liegt die Aufgabe darin, den eigenen Willen gegenüber Eindrücken zu schulen, ihnen eigene Ziele entgegenzusetzen. Der dramatische biografische Bruch – urplötzlich aus einer Arbeitsstelle, wo er gut angewachsen war, wegzugehen und die ganze Familie in neue Lebensverhältnisse zu bringen – war also ziemlich unergiebig, was die Frage der Sinnfindung anbelangt.

2. Es müssen aber nicht nur Krisen sein oder Umbrüche, die uns aufrütteln. Auch die fühlende Selbstbesinnung, die sich vom kausalgedanklichen Element freihält und in die eigene Erfahrung noch einmal hineinempfindet, kann uns dasjenige vor Augen führen, was uns immer schwerfällt, was wir immer wieder nicht können, wo wir gegen eigene Widerstände ankämpfen müssen. Wenn wir diese Unvollkommenheiten herausfinden, sind wir schon sehr nahe am Sinn unseres Lebens. Nehmen wir uns dann auch noch etwas davon als Lernfeld vor, dann ist die Chance groß, zu der Empfindung eines sinnerfüllten Lebens zu kommen.

3. Eine weitverbreitete Annahme lautet, der Sinn des Lebens zeige sich darin, was einer kann. Wenn einer gut reden und verhandeln könne, dann sei es zum Beispiel seine Aufgabe, Politiker zu werden; wenn einer gut schauspielern könne, müsse er Schauspieler werden; und der begabte Koch und Feinschmecker müsse eben ein Restaurant aufmachen. Das sei der Sinn des jeweiligen Lebens, dass man seine Fähigkeiten verwirklicht.

Das kann aber nicht so ganz richtig sein, denn wir können erleben, wie sich das merkwürdig schnell erschöpft, wenn man nur einfach seine Fähigkeiten auslebt: Das Verhandlungsgenie fängt zu taktieren an und gerät zwischen alle Fronten. Der begnadete Schauspieler schauspielert auch in seinem Privatleben, wird dadurch unecht und vereinsamt. Der Feinschmecker hat Fleisch aus dunklen Quellen verwendet und muss sein Restaurant wieder schließen.

Wenn man seine Fähigkeiten einfach nur auslebt, dann ist das so, als würde man vom Gesparten leben. Eine Zeit lang geht das gut, aber es ist eigentlich sehr egozentrisch, denn es wird ja nichts mehr für das Sparbuch getan. Und dann ist es bald ausgeschöpft. »Für das Sparbuch etwas tun« – das wäre dagegen jenes Ringen, mit dem wir an unseren Unfertigkeiten arbeiten. Um meine Fähigkeiten brauche ich nicht mehr zu ringen, und so leert sich das Sparbuch bald.

Was in diesem Zusammenhang Lebenssinn, Lebensaufgabe sein kann, ist etwas anderes. Wenn ich meine Fähigkeiten nicht für mich, sondern für andere, für einen übergeordneten Zweck einsetze, wenn ich aus dem Alten, Fertigen, aus den mitgebrachten Fähigkeiten etwas Neues mache, indem ich sie in einen überpersönlichen Zusammenhang stelle, dann habe ich auch hier eine Chance auf ein sinnerfülltes Lebens.

Wenn der geschickte Verhandler als Unterhändler in zwischenstaatlichen Streitigkeiten eingesetzt wird; wenn der Schauspieler sich in seinem Privatleben um Echtheit bemüht; wenn der Feinschmecker eine biologisch rein geführte Gärtnerei aufbaut – dann sind das Menschen, die einen Sinn ihres Lebens ergriffen haben auf der Grundlage ihrer mitgebrachten Fähigkeiten.

4. Ein vierter Bereich, der uns auf unsere Lebensaufgaben hinweisen kann, sind die Fragen, die auf uns zukommen. Sicher enthält nicht jede Frage gleich eine Lebensaufgabe. Aber besonders in Zeiten, da wir selbst voller Fragen sind, werden wir feststellen können, wie viele tief empfundene Fragen uns durch andere Menschen gestellt werden.

Ein Beispiel: Frau X. hat durch einen Unfall ihren Sohn verloren; zeitlebens, längst bevor er geboren war, hatte sie ihre Lebensaufgabe darin gesehen, Mutter zu sein. Und als das Kind da war, war sie erfüllt von dieser Aufgabe, klagte nie und wünschte sich nie etwas anderes. Aber nun war das Kind gestorben, und der Kopf schwirrte ihr von den vielen Fragen, mit denen sie nie gerechnet hätte: Wer war sie, wenn sie nicht Mutter sein konnte? War es falsch gewesen, so ausschließlich Mutter sein zu wollen; oder hätte sie noch mehr Kinder haben sollen? – In dieser Zeit kam sie auf dem Friedhof oft ins Gespräch mit alten Menschen. Sie lernte etwas kennen von der Einsamkeit und der stillen Suche nach Begegnung bei alten Menschen. Eines Tages fiel ihr auf, dass diese alten Menschen eigentlich immer die gleiche Frage an sie herantrugen: Wie können alte Menschen den Kontakt zu jüngeren finden? Und im selben Moment stand es vor ihren Augen: Sie wollte ihre Lebensaufgabe darin finden, alte Menschen mit jüngeren zusammenzuführen. Nach ein paar schlaflosen Nächten hatte sie den Ansatzpunkt gefunden: Sie baute einen Babysitter-Dienst auf, durch den ältere Menschen abends, manchmal auch sonntags, auf Kinder ihrer Enkelgeneration aufpassen sollten. Die Gegenleistung sollte nun nicht Geld sein, sondern darin liegen, dass man einen Abend in der Woche gemeinsam verbrachte: Der ältere Mensch als Gast im Haushalt jüngerer Menschen, gemeinsam kartenspielend, Festtage vorbereitend, in gegenseitiger Hilfe und ruhigem Gespräch. – Dies aufzubauen hatte Frau X. als neuen Sinn ihres Lebens *erwählt.*

Wie wird der Sinn des Lebens verwirklicht?

Dieses letzte Beispiel bringt uns auf den entscheidenden Punkt: Der Sinn des Lebens ist nicht etwas, das einfach da ist und das man nur zu finden braucht und dann »hat« man ihn. Den Sinn des Lebens gibt es nicht so, wie es Äpfel, Tomaten und Strafzettel gibt. Er wird vielmehr erst Wirklichkeit, wenn ich ihn ergreife. Wo ich etwas anpacke an mir selbst, Unvollkommenes an mir oder an der Welt, das in die Zukunft hinein entwickelt werden muss – da ist Lebenssinn.

Es kommt somit alles darauf an, was man aus dem macht, das man mitgebracht hat an Fähigkeiten und Unfähigkeiten, was man aus dem macht, das einem als Gelegenheit, Möglichkeit und Frage begegnet.

Hugo von Hofmannsthal hat dieses Thema ebenso deutlich wie einfühlsam gestaltet in dem kleinen Theaterstück *Das Große Welttheater*. Es geht hierbei um die Rolle, die man vor der Geburt im Himmel zugewiesen bekommt. Der eine bekommt die Rolle des Königs, der andere die des Bettlers. Der künftige Bettler wehrt sich vehement gegen diese Zuteilung, sie erscheint ihm ungerecht. Warum soll ihm so eine schlimme Erdenexistenz vorgezeichnet sein, während der andere König werden darf und in seidenem Bett schlafen wird? Er nimmt sein Los schließlich doch an und begibt sich auf den schweren Weg durch die Demütigungen und Entbehrungen der Armut. Eine Stimmung der Auflehnung entsteht in ihm. In dem Moment aber, als er dieser Auflehnung durch Gewalt Ausdruck verleihen will, nimmt er wahr, dass für ihn gebetet wird. Da verzichtet er auf jedes Aufbegehren und nimmt nun seine Rolle innerlich an; er führt fortan ein bescheidenes Dasein und wird ein weiser alter Mann.

Der König aber lebt eben wie ein König, er kostet aus, was ihm diese Rolle bietet. Als beide, König und Bettler, gestorben sind, ist es der Bettler, der nun im Himmel die Anerkennung der höheren Wesen findet, denn er hat aus seiner Rolle etwas gemacht, hat eigene Substanz daran entwickelt. Der König aber geht leer aus.

Hofmannsthal hat hier eine tiefe Wahrheit ausgesprochen: Es kommt nicht darauf an, dass wir im Leben an herausragender Stelle stehen und nur unsere Vorteile nutzen. Worauf es ankommt, das ist der innere Aufwand. Da, wo ich mit innerer Anstrengung an etwas herangehe, eigene Entwicklungsnotwendigkeiten erkenne und daran arbeite oder Aufgaben für die Welt ergreife, da mache ich etwas zu meiner Lebensaufgabe. Sie liegt nicht fertig zubereitet da, sondern sie will errungen werden. Auf die Aktivität des Ergreifens kommt es an.

So gesehen hält jeder Tag, jede Begegnung, jeder Ort, an dem ich stehe, etwas bereit, das ich zu einem Sinn meines Lebens machen kann. Jede Situation enthält eine Aufgabe. Ob es meine Aufgabe wird, das liegt ganz in meiner Hand! Erkenne ich dies, ergibt sich der Sinn des Lebens.

Nun stehen wir mit unserem persönlichen Schicksal immer auch in übergreifenden Zusammenhängen. Die Menschheit als Ganzes entwickelt sich, und das geht oft auch nicht ohne Krisen. So gibt es immer auch noch einen überindividuellen Sinn meines Lebens. Diese Tatsache wird deutlich, wenn man versucht, geschichtliche Zusammenhänge zu sehen. Da kann man zuweilen klar erkennen, wie beispielsweise ein bestimmter Politiker offensichtlich die Aufgabe hatte, einen Krieg zu verhindern oder den gesellschaftlichen Fortschritt in die Wege zu leiten oder Ähnliches. Man findet aber auch Anschluss an diesen überpersönlichen Lebenssinn, wenn man an scheinbar unscheinbarem Ort nur mit sich selbst ringt. Wenn man nur ringt. »Der Mensch, der nicht zu ringen hat, ist unterfordert« (Frankl). In diesem Ringen entsteht eine geistige Substanz, von der wir annehmen dürfen, dass sie einbezogen wird in das Wirken der höheren Wesen am Schicksal der Menschheit. So kann der Mensch in seiner Suche nach dem Sinn des eigenen Lebens Anschluss an die geistige Welt finden.

Um sich darin zu üben, auf den richtigen Weg zu kommen, empfiehlt es sich, entsprechend den vier oben genannten Situationsbereichen eine Zeit lang einmal ganz systematisch und möglichst wertungsfrei aufzuschreiben, welchen Fragen man begegnet ist. Des

Weiteren sollte man sich klarmachen, was man eigentlich immer wieder nicht kann, obwohl man ständig neu damit konfrontiert wird. Schließlich kann man sich ebenso sachlich auch seine Fähigkeiten vor Augen führen mit dem Blick darauf, was man eigentlich daraus machen könnte. Eine vierte Übung kann darin liegen, vergangene Lebenskrisen auf die Aufgaben hin zu befragen, die möglicherweise darin gelegen haben.

Fragen zum Thema

Frage: Warum hat man überhaupt mehrere Möglichkeiten, wenn man doch nur einige wenige verwirklichen kann?

Antwort: Wir können diese Frage einmal im Blick auf die Vergangenheit anschauen und dann im Blick auf die Zukunft.

Aus den vorangegangenen Erdenleben, aus dem Erbstrom, in den man sich durch seine Geburt gestellt hat, aus dem Temperament, das man mitbringt, ergeben sich ganz unterschiedliche Lebensmöglichkeiten. Der Sanguiniker hat zum Beispiel die Möglichkeit, sich auf eine überschauende, impulsgebende Tätigkeit hinzuentwickeln. Kommt noch eine cholerische Komponente hinzu, kann er Führungsaufgaben übernehmen.

Im Sanguiniker liegt aber auch die Möglichkeit, von einem Interesse zum nächsten zu hüpfen, oberflächlich und unstet zu werden und sich zu verzetteln, vieles anzufangen und nichts zu Ende zu führen und sich in diesem Antippen verschiedenster Tätigkeit zu erschöpfen. Ob das Erste oder das Zweite eintritt, hängt zunächst von den Lebensumständen ab, in denen er aufwächst. Wenn ihm eine Erziehung entgegenkommt, die sehr das Rhythmische, Stabile und Verlässliche pflegt, werden die positiven Seiten seiner Temperamente gefördert, sodass er Chancen hat, später tatsächlich zu einer Tätigkeit zu finden, in der er impulsgebend führt.

So liegen in den Fähigkeiten und Unfähigkeiten, die wir mitbringen, die verschiedensten Entfaltungsmöglichkeiten. Man ist immer mehr als das, was man geworden ist.

Im Blick auf die Zukunft entsteht noch eine andere Perspektive bezüglich der Frage, warum wir mehr Lebensmöglichkeiten in uns tragen, als wir verwirklichen können. Eine Fähigkeit, auch eine Sehnsucht, die man mitbringt oder früh entfaltet, aber dann nicht ausleben kann, mag der Vertiefung und Festigung bedürfen, bevor sie leb-bar ist.

Wir haben es hier mit einem Stauungsphänomen zu tun. Nehmen wir noch einmal das Beispiel einer Sanguinikerin. Sie mag von früh an die Sehnsucht gehabt haben, zu tanzen. Sie sah das stets als ihren Lebensinhalt und verband große Hoffnungen damit. Sie darf dann auch wirklich zum Ballettunterricht gehen. Als Sanguinikerin könnte sie nun aber Schwierigkeiten haben, regelmäßig und konsequent ihre Körperbeherrschung zu üben. Tatsächlich mag sie bereits nach der dritten Stunde nicht mehr hingehen. Es sei langweilig, und außerdem habe die Ballettlehrerin an ihr »herumgenörgelt«. Die Eltern machen ein paar Versuche, sie zum Weitermachen zu bewegen, aber die nächsten Ballettstunden werden zur Qual. Sie gibt es auf. Das Thema Tanzen verschwindet aus ihrem Leben.

Als Erwachsene gerät sie zunächst auf ganz andere Lebenswege. Sie heiratet einen Kaufmann, der nach wenigen Jahren mit seinem kleinen Betrieb in Konkurs geht. In der Folge muss sie für den Familienunterhalt arbeiten gehen. Aus der Not heraus erlangt sie die Fähigkeit, regelmäßig einer einfachen und wenig anregenden Anlerntätigkeit in einer kleinen Fabrik nachzugehen. Ein verantwortliches Gefühl entsteht für regelmäßige »Knochenarbeit«. Durch diese Tätigkeit kommt in ihr Leben ein sehr stark strukturierendes Element, das zuvor eher vom Lustprinzip geleitet war. Ein Beispiel sind die Mahlzeiten. Früher wurde gekocht, wenn man Hunger hatte. Jetzt gibt es regelmäßig um 13 Uhr eine Mittagsmahlzeit, wenn sie von der Arbeit nach Hause kommt.

Nach Jahren, sie ist inzwischen in den Dreißigern, wird ihre Mutter chronisch krank und muss längere Zeit in einer Rehabilitationsklinik behandelt werden. Frau S., unsere Sanguinikerin, kommt ins Gespräch mit einer Bewegungstherapeutin dieser Klinik. Und plötzlich ist das Thema wieder da: Bewegen – Tanzen! Jetzt aber in Zusammenhang mit einer konkreten Anwendung. Sie erkundigt sich nach Möglichkeiten der Ausbildung, findet auch einen Weg, die Ausbildung vom Arbeitsamt finanziert zu bekommen. Und jetzt kann sie sich ganz systematisch, mit einer gewissen Strenge sogar und mit einem klaren Ziel vor Augen – »Ich will Tanztherapeutin werden« – und zurückgreifend auf die neu entstandene Fähigkeit zur »Knochenarbeit« in die Ausbildung hineinbegeben. Unter vielen Widerständen und finanziellen Opfern schafft sie das Abschlussdiplom und findet dann auch eine Stelle als Tanztherapeutin in einer Kurklinik.

Man sieht hier, wie die Lebensmöglichkeit »Tanzen« erst gestaut und gehindert werden musste, bis konkrete Fähigkeiten herangebildet waren. Damit erst ist die zunächst nur schwebende Sehnsucht, zu tanzen, geerdet worden. Jetzt kann Wirklichkeit werden, was in ihr als Lebensmöglichkeit schon immer veranlagt war.

Wir können dieses Bild der Stauung eines mitgebrachten Impulses bis zu seiner Erdbarkeit auch in den zukünftigen Lebensgang hinein erweitern. Wir dürfen annehmen, dass manche Impulse erst in einem späteren Leben verwirklicht werden können. Der diesmalige Lebensgang kann dann unter anderem den Sinn haben, die zur Erdung einer zunächst nur unkonkreten Sehnsucht notwendigen Fähigkeiten hinzuzubilden.

Können Krankheiten und Unfälle einen biografischen Sinn haben?

Entwicklungsschritte und Entwicklungsstaus

Für gewöhnlich betrachten wir Krankheiten und Unfälle als Hindernisse und Störungen in unserem Alltag. Ist es keine schlimme Krankheit, sehen wir die erzwungene Unterbrechung vielleicht auch als willkommene Arbeitspause.

So verhalten wir uns also passiv der Krankheit gegenüber. Wir erleben sie als von außen kommende Störung, die wir möglichst schnell wieder loswerden wollen.

Wir können aber auch noch zwei ganz andere Standpunkte einnehmen, die den Vorzug haben, uns der Krankheit gegenüber in eine aktive Haltung zu bringen.

Der Ansatzpunkt hierfür lässt sich durch eigene Beobachtung finden. Dazu fragen wir: In welchen biografischen Situationen tritt eigentlich eine Krankheit auf? Dabei werden wir feststellen, dass Krankheiten im Wesentlichen dann auftreten, *wenn wir an eine Grenze gekommen sind* – wenn wir uns zu lang zu etwas gezwungen haben, das wir jetzt einfach nicht mehr leisten können, wenn wir uns überfordert haben, wenn wir Kränkungen hinnehmen mussten, Zurücksetzungen erfuhren, wenn wir auf Schwächen, Unfähigkeiten und auf persönliche Tabuthemen verwiesen sind; wenn wir uns eigentlich mit Dingen auseinandersetzen sollten, mit denen wir uns nicht auseinandersetzen wollen.

Man wird also meistens krank in einer Situation, in der eigentlich eine tiefer gehende seelische Wandlung anstehen würde, die entweder versäumt wurde oder die jedenfalls überreif ist. Ein notwendiger Entwicklungsschritt wurde zu lange hinausgeschoben, und da wird man krank. Vielleicht hat jemand jahrelang an einer eigentlich längst vergangenen Partnerschaft innerlich festgehalten und sich dadurch verschlossen oder blockiert für neue Begegnungen. Die zunächst versäumte Wandlung würde in diesem Falle darin bestehen, die Trennung anzunehmen und autonom zu werden gegenüber dem ehemaligen Partner. Die Krankheit, hier vielleicht eine schmerzhafte und langwierige Gelenkentzündung in den Beinen, hat dann den Charakter einer Frage oder Aufforderung.

Indem man versucht, die Krankheit und die auslösende Lebenssituation danach zu befragen, welcher Entwicklungsschritt jetzt ansteht, gewinnt man eine aktive Haltung der Krankheit gegenüber. Krankheiten können also biografische Hilfen sein, Katalysatoren der Entwicklung. Wenn wir genau und ruhig auf die Krankheitssituation hinschauen, können wir die Hinweise finden, die wir brauchen, um zu erkennen, welche Wandlung hier vollzogen werden soll. Bei der Gelenkentzündung in den Beinen wird beispielsweise das Gehen, das Weiter-Gehen, das Weg-Gehen erschwert oder schmerzhaft sein. Dies ist daraufhin zu befragen, welche biografische Situation sich darin ausdrückt. So kommt die Not des Nicht-weiter-gehen-Könnens, des Nicht-weggehen-Könnens ins Bewusstsein und setzt nun den Entwicklungsimpuls frei: Ich will wieder gehen, weitergehen können! Ich will oder muss wieder beweglich werden, weiterkommen, möchte nicht mehr auf der Stelle treten. – Durch solche Art von Besinnung entsteht ein Entwicklungs*bedürfnis*, und damit ist alles gewonnen. Die versäumte Wandlung kann nachgeholt werden.

So können wir Krankheiten als Ausdruck eines seelischen Entwicklungsstaus sehen. Das eigentlich Heilende liegt in der Rückverwandlung des körperlichen Krankheitsvorganges in eine seelische Bewegung, in einen seelischen Wandlungsimpuls.

So wollen uns die Krankheiten hinausführen über uns selbst, über unsere derzeitigen Grenzen, wollen unsere Bewusstseinsmöglichkeiten erweitern und damit die biografische Entfaltung befördern.

Die Notwendigkeit elementarer Wandlung

Eine Steigerung dieses Wandlungsthemas können wir erleben, wenn der Mensch stirbt. Ohne dass man es hätte voraussagen können, lassen sich viele plötzliche Todesfälle gleichsam als Versuch eines extremen, äußersten Entwicklungsschrittes oder Wandlungsschrittes auffassen. Besonders scheinbar zufällige Tode wie Unfälle mit Todesfolge geschehen oft in einem biografischen Moment, in dem eine elementare Wandlung nötig wäre. Diese geschieht dann auf die radikalste Weise, die überhaupt denkbar ist – es ist die Wandlung des Schwellenübertritts. Im Schicksal des Betreffenden ist eine Wandlung herbeigeführt, indem die Ebene des Lebens selbst gewechselt wird. Thornton Wilder hat dieses Thema des sinnhaften Todeszeitpunktes literarisch gestaltet in der Erzählung *Die Brücke von San Luis Rey*.

Auch Unfälle, die nicht zum Tode führen, aber einen tiefen Einschnitt für die Biografie bedeuten, sind oft als sinnhaft zu erkennen. Sie ereignen sich häufig in biografischen Situationen, in denen eine Wandlung ansteht. So ist man zum Beispiel unfallgefährdet in besonderen biografischen Übergangssituationen, also etwa beim Wechsel von der Schule zur Ausbildung, im Umfeld eines Umzuges, während einer Trennung, beim Übergang vom Berufsleben in die Berentung.

Der zum Unfall führende gestaute Wandlungsimpuls kann auch folgende Form annehmen: Ein 17-jähriges Mädchen, Einzelkind, ist sehr behütet aufgewachsen. Die Eltern haben sie von allen hässlichen Dingen und allen Unbilden ferngehalten und erlebten ihre Tochter stets als überaus folgsam, »lieb«, als »vernünftiges Kind«. In dieser Kindesposition verbleibt sie bis in ihr 17. Lebensjahr, das heißt, sie hat sich nicht weiterentwickelt in die seelische Position der aufmüpfigen, eigenwilligen Jugendlichen.

Aus diesem Dornröschenschlaf heraus verliebt sie sich eines Tages mit größter Heftigkeit in einen Mann, der wesentlich älter ist als sie. Ebenso freudig wie naiv erzählt sie es der Mutter. Diese redet ihr »die

Sache« aus. »Das ist noch nichts für dich«, sagt die Mutter und verbietet der Tochter freundlich, aber bestimmt, den Mann zu treffen. Die Tochter hält sich zunächst daran, drängt aber immer wieder die Mutter, den Mann doch besuchen zu dürfen. Eines Abends kommt es darüber zum Streit. Noch nie hatte sie sich mit ihren Eltern gestritten. Aus dem Streit heraus geht sie schließlich noch am selben Abend weg, um den Mann zu besuchen. Es ist ihr erster Schritt, den sie gegen den Willen der Mutter tut.

Sie tritt auf die Straße – und wird von einem Auto angefahren. Dabei erleidet sie eine schwere Hirnverletzung; nach langen Wochen der Bewusstlosigkeit kann sie sich erst gar nicht, dann nur im Rollstuhl bewegen. Wegen vielfältiger Lähmungen in Armen und Beinen kann sie den Rollstuhl nicht selbst fahren. Sie muss geschoben werden. Und nun hat man das Bild, wie diese Mutter die Tochter über das Klinikgelände schiebt – ein Bild äußerster Abhängigkeit, eine ins Tragische übersteigerte Abhängigkeitsthematik. Der biografische Wandlungsplan für Tochter und Mutter, unabhängig voneinander zu werden, muss endlich aufgegriffen werden, aber jetzt auf ganz andere Weise, auf einer ganz vitalen elementaren Ebene.

Und tatsächlich gelingt es der Tochter über viele Monate hinweg, die *äußere* Abhängigkeit und Pflege zu akzeptieren und dabei innerlich, in ihrer seelischen Haltung, in ihrem Urteil, ihrer Gewohnheitsbildung autonom zu werden. Sie wird in dieser extremen Abhängigkeit eine autonome junge Frau und nimmt ihr Leben mit einer Würde in die Hand, die bewegend ist. Die Mutter begreift in den langen Monaten der Behandlung im Rehabilitationskrankenhaus, was ihre Aufgabe ist, und lernt, die Tochter als eigenständigen Menschen zu sehen und zu respektieren, trotz ihrer äußeren Hilflosigkeit. Es kommt, nachdem der Wandlungsimpuls nun unter widrigsten Umständen doch noch ergriffen wurde, zu einer *Begegnung* zwischen Mutter und Tochter.

Das Dargestellte ist nicht so zu verstehen, dass der Entwicklungsstau die Krankheit oder, wie im beschriebenen Beispiel, den Unfall »verursacht«. Der Sinn des Krankseins hat nichts mit der Ursache des Krankseins zu tun, auch wenn dies möglicherweise psychisch bedingt ist. Ursache ist ein nach rückwärts blickender Begriff, der Sinn einer Krankheit ist aber immer in die Zukunft gerichtet. Er liegt in einer Aufforderung, einer Möglichkeit, bestimmte seelisch-geistige Kräfte zu bilden, Herr über bestimmte eigene Schwächen zu werden.

Impulse für die Zukunft

Daraus ergibt sich noch ein zweiter Gesichtspunkt für die Betrachtung von Krankheiten und Unfällen, der uns auch in eine aktive Haltung bringen kann. Anstatt nach dem Entwicklungsstau zu fragen, aus dem heraus die Krankheit entstanden ist, kann man auch zu ergründen suchen, für welche *zukünftigen* Aufgaben hier Kräfte gebildet werden sollen. Krankheiten können auch in die Zukunft gehende Impulse beinhalten, sie können Entwicklungskeime legen.

Herr W., ein erfolgreicher mittelständischer Unternehmer, wird durch eine langwierige Herzklappenentzündung aus dem Arbeitsleben herausgerissen. Er muss viele Monate pausieren. Zunächst fällt ihm das sehr schwer, und er versucht, vom Krankenbett aus seine Firma zu leiten. Das schafft aber nur Probleme; er resigniert und meint sich seines Lebensinhaltes beraubt. Die erzwungene Ruhe bringt nun aber genau die Frage nach dem Lebensinhalt, nach dem Lebenssinn in Bewegung. Es werden weitergehende Sinn- und Lebensfragen in ihm wach. Im Nachdenken und in Gesprächen sucht er Antworten, denen sich immer neue Fragen anschließen. Da ergibt es sich am Ende seiner Genesungszeit, dass er aufgefordert wird, ein Projekt für arbeitslose Jugendliche mit aufzubauen. In diesem Zusammenhang kommt es zu vielen Begegnungen mit Jugendlichen, und er wird rasch für die jungen Menschen der wichtigste Ansprechpartner, weil sie spüren, dass er ihre fragende Haltung teilt und mit großer Ernsthaftigkeit nach Antworten sucht. Er ist nicht einer von jenen Erwachsenen, die auf alles schnell fertige Antworten haben. Herr W. entdeckt seine Begabung, mit anderen Menschen zusammen Fragen zu entwickeln, Sinnfragen, politische Fragen, religiöse Fragen. So wird er innerhalb des Projekts ganz selbstverständlich zum Berater und Begleiter der Jugendlichen und findet darin einen neuen Lebensinhalt.

Die Krankheitssituation hat ihn veranlasst, neue Fähigkeiten zu bilden, die bald darauf auch dringend gebraucht wurden.

Fragen zum Thema

Frage: Muss man annehmen, dass *jede* Krankheit einen Sinn hat?

Antwort: Das muss man nicht annehmen, wenn man nicht möchte. Wenn man es aber annehmen möchte, kommt man durchaus zu hilfreichen Gesichtspunkten.

Nehmen wir folgendes Beispiel: Es kommt recht häufig vor, dass Frauen – ich habe es in der Biografieberatung bis jetzt nur bei Frauen erlebt – nahezu ständig eine laufende Nase haben. Eine Bagatelle natürlich, medizinisch gesehen ein leichter Dauerinfekt vielleicht. Welchen Sinn sollte das haben? Und ist es wichtig, hier nach einem Sinn zu fahnden?

Eine laufende Nase ist sicherlich noch kein Grund, eine langfristige Biografieberatung aufzunehmen. Wohl aber stellt sich, wenn Frauen mit diesem Symptom – man möchte ja von einem »Symptömchen« sprechen – sich aus anderen Gründen einer Biografieberatung unterziehen, mit Regelmäßigkeit Folgendes heraus:

Sie sind in einer biografischen Situation, in der sie sich eigentlich abgrenzen und behaupten müssten, vielleicht Widerstand leisten müssten gegen eine chronische Herabsetzung; sie schaffen es aber noch nicht, weil es in ihnen Schuldgefühle wecken würde, aufzubegehren; oder weil es ihrer Meinung nach einer Frau nicht ansteht, sich zu widersetzen; oder weil sie vielleicht in der Kindheit mit brutalen Zurückweisungen rechnen mussten, wenn sie es gewagt haben, sich abzugrenzen. Eine gewisse Starre entsteht, eine Stauung, ein Stehenbleiben auf der Schwelle zur Selbstbehauptung. Eigentlich müsste man sich behaupten, stattdessen gibt man immer wieder nach, lässt sich vieles gefallen, was man sich eigentlich schon lange nicht mehr gefallen lassen möchte. Sich abgrenzen, etwas von sich weisen und dadurch wieder in Bewegung kommen, ins Fließen kommen – das ist das Thema. Nun ist es eben die Nase, die darauf hinweist, worum es hier gehen würde: Der Vorgang, der sich eigentlich im Seelischen abspielen sollte – etwas von sich weisen und dadurch in Fluss kommen –, wird auf der körperlichen Ebene von der Nase dargestellt. Die Nasenschleimhaut grenzt sich, wie überreizt, von allen Infiltraten ab, die mit der Atemluft hereinkommen. Sie schwillt an, produziert Flüssigkeit und kann das Schädliche abweisen, indem sie es ausschwemmt. Es kommt etwas in Fluss.

Dieser Zusammenhang zwischen der laufenden Nase und dem Vor-sich-her-Schieben einer fälligen Abgrenzung scheint nur bei Frauen vorzukommen, die sich gegenüber einem Mann, ihrem Mann oder »dem« Mann (das kann z.B. auch der cholerische Vater sein), abgrenzen müssten, es aber nie gewagt haben. Man findet das Naselaufen zum Beispiel bei Frauen während der Ambivalenzphase vor der Trennung, also in der Zeit, wenn sie sich noch nicht sicher sind, ob sie es sich zugestehen dürfen, sich von einem Mann zu trennen, der sie vielleicht schon seit Jahren links liegen lässt.

Hat diese Mini-Krankheit »Naselaufen« nun einen Sinn? Sicherlich ist es nicht so, dass die Nase anfängt zu laufen, *damit* man sich nun endlich abgrenzt. Es ist vielmehr so zu verstehen, dass der Körper etwas weiß oder versteht oder auch zu tun versucht, längst bevor die Seele es weiß oder versteht oder gar tut. Die Seele will vieles lieber nicht wissen. Der Körper ist neutral; ihm ist es gleichgültig, was er weiß. Deshalb können wir an körperlichen Vorgängen oft recht flüssig etwas ablesen, was die Seele noch nicht zu buchstabieren wagt.

Begegnung und biografische Entwicklung

Die Verliebtheit

Eine Biografie entfaltet sich überhaupt erst in der Begegnung. So kann eine gelingende Begegnung Entwicklung freisetzen.

Aber wann kann man von einer gelingenden Begegnung sprechen, und wann muss man sagen, dass sie nicht gelungen ist? In der Betrachtung verschiedener Arten menschlicher Begegnung können wir die entscheidenden Gesichtspunkte herausfinden:

Fassen wir zunächst den allseits bekannten Fall der Verliebtheit ins Auge. Zwei Menschen lernen sich kennen, sagen wir in der Ausbildung in einem Betrieb, sie sehen sich ein paar Mal, sie wissen nur wenig voneinander, und dann ist plötzlich – und das ist eben das Charakteristische: plötzlich – die Verliebtheit da. Auf einmal steht der andere in leuchtender, groß atmender, in sich ruhender Schönheit vor mir. Plötzlich steht vor mir sein Wesenskern mit einer Intensität, dass es mir fast den Atem raubt. Als rührte es mich von einer Welt her an, zu der ich im normalen Alltag keinen Zugang habe. Es ist, als ob sich ein Tor zum Himmel aufgetan hätte. – Und in der Tat: Ich schaue den anderen in seinem Urbild, seinem geistigen Wesenskern. Sein Urbild – das ist die Größe und seelische Schönheit, die in ihm stecken. In der Verliebtheit begegne ich dem Urbild des anderen, seinen Möglichkeiten, seinen Kräften, seinen menschlichen Fähigkeiten, seiner Zukunft.

Und diese wie eine Gnade erlebte dichte Begegnung mit dem Urbild des anderen ruft mein eigenes Urbild auf, bringt es zum Leuchten. Und dem anderen geht es mit mir so, wie es mir mit ihm geht. Und so sind wir wirklich »im Himmel«.

Bevor wir den Gang der Verliebtheit weiter verfolgen, halten wir kurz inne und stellen fest: Diese intensive Begegnung der Verliebtheit stellt sich von selbst ein, und zwar plötzlich. Man verliebt sich typischerweise nicht ineinander, weil man sich in allen Einzelheiten und Eigenarten gut kennt, sondern im Gegenteil, man verliebt sich, weil man sich nicht kennt. Man verliebt sich aus dem Nichts heraus. Diese intensive Begegnung der Verliebtheit geschieht aus der *Voraussetzungslosigkeit* heraus. Voraussetzungslosigkeit scheint also eine Bedingung zu sein für die tiefinnere Begegnung zweier Menschen.

Betrachten wir nun den weiteren Verlauf dieser Art von Begegnung, so bemerken wir noch einen anderen Akzent. Das Urbild des anderen, das ist auch etwas Ideales von mir selbst. Der andere hat Fähigkeiten, Möglichkeiten in sich, die ich mir auch erhoffe für mich. Der andere scheint etwas von dem zu sein, was ich schon immer werden wollte. Und so kann sich jetzt mein eigenes Wunschbild von mir selbst, in anderen Fällen vielleicht auch mein Wunschbild von meinem idealen Partner, in die Begegnung mit dem Urbild des anderen hineinmischen. Und was ich am anderen nun so ekstatisch liebe, das bin ich gleichsam selbst. Die rauschhafte Phase der Begegnung in der Verliebtheit hat insofern den Akzent der Selbstbezogenheit. Stand im ersten Moment die alles überstrahlende Gegenwart des anderen im Vordergrund, so schiebt sich jetzt etwas anderes davor, nämlich das, was die Begegnung *für mich* bedeutet. Sie spiegelt mein eigenes Ideal, sie erhebt mich.

Typischerweise ist das schon der Anfang vom Ende der Verliebtheitsphase. Denn nun stellt sich auf dem Hintergrund dieser Wunschbilder natürlich rasch heraus, dass der andere im Alltag nicht durchgängig das lebt, was ich ursprünglich an ihm geschaut habe. Er bleibt im konkreten Lebensvollzug sowohl hinter seinen Möglichkeiten zurück als auch hinter meinem Wunsch- oder Idealbild von ihm. Und das kann ich schlecht ertragen. Erste kleine Streits, erste Vorwürfe tauchen auf. Das kann ein schleichender Vorgang sein, das kann aber auch als Absturz erlebt werden. Du bist ja gar nicht der, als den ich dich anfangs geschaut habe. Ich habe dich als moralisch hochstehend und rein wahrgenommen, und nun ertappe ich dich dabei, wie du manchmal ein bisschen schwindelst. Ich habe dich als tolerant wahrgenommen, und nun stellst du dich als kleinlicher, nachtragender Mensch heraus.

Im alltäglichen Zusammenleben oder einfach dadurch, dass man nun oft zusammen ist, lernt man jetzt also die mehr äußere Seite des anderen kennen, seine Gewohnheiten, Denkweisen, seine kleinen und kleinlichen Eigenarten. Das Urbild, das ich in der anfänglichen Begegnung geschaut hatte, verblasst. Das Begegnungserlebnis schwindet.

Wir müssen also folgern, dass es für die eigentliche Begegnung zunächst nicht förderlich zu sein scheint, den anderen in seiner alltäglichen Wirklichkeit zunehmend deutlicher wahrzunehmen und ihn nach und nach zu »kennen«.

Im ungünstigsten Fall kann die Verliebtheit hier umkippen in schiere Antipathie. Die Beziehung geht dann bereits wieder zu Ende oder lebt noch eine Zeit lang in vorwurfsvoller Stimmung einerseits und in der Erinnerung an die anfängliche Urbild-Begegnung andererseits.

Der Durchbruch zur Selbstlosigkeit

Im günstigeren Falle wird aus der Verliebtheit jetzt Liebe. Dazu bedarf es an dieser Stelle eines *Durchbruchs zur Selbstlosigkeit*. Es kommt dann auf eine ruhigere und umfassendere Weise erneut zu einer Begegnung der beiden Menschen, wenn sie innerlich darauf verzichten können, dass der andere so sein soll, wie man sich das selbst wünscht. Was am Anfang der Verliebtheit von allein entsteht, die Begegnung mit dem Urbild des anderen, müsste nun in dieser Phase durch eine innere Anstrengung bewusst und gezielt aufgesucht werden. Der Verzicht auf die Bedingung: »Ich liebe dich, wenn du so bist (bleibst), wie es meinem Wunschbild entspricht«, ist hier das Opfer, auf das es ankommt. In dem Moment, wo mir das gelingt, ist der andere wieder frei für sein eigenes Wesen. Wir sehen, wie also dieser Durchbruch zur Selbstlosigkeit die Voraussetzungslosigkeit wiederherstellt, die am Anfang des Kennenlernens ohnehin geherrscht hatte.

Jetzt lasse ich den anderen frei von meinen Erwartungen, und nun ist wieder eine Begegnung möglich. Dieses liebende Freilassen des anderen bringt ihm sein Höheres Ich, sein Urbild wieder näher, und die beiden Partner helfen so einander, sich auch im Alltag ihrem Urbild anzunähern. Die bewusst geschaffene Voraussetzungslosigkeit bringt das Urbild des anderen wieder zum Leuchten, und eine viel stabilere Begegnung kann nun entstehen, als es die Begegnung in der Verliebtheit sein kann.

Der Durchbruch zur Voraussetzungslosigkeit

Betrachten wir nun eine andere Art von Begegnung. Herr K. und Frau Z. arbeiten schon seit vielen Jahren im gleichen Betrieb, er in der Verwaltung, sie in der Produktion. Sie treffen sich häufig in der Kantine, wechseln ein paar Worte; manchmal sehen sie sich im Bus. Sie sind sich weder sympathisch noch unsympathisch. Sie wollen nichts voneinander und kennen sich gegenseitig auch kaum. So mag das einige Jahre gehen. Dann eines Tages ergibt es sich, dass die Kantine wegen einer kleinen Panne um zwölf Uhr das Mittagessen noch nicht fertig hat. Alle müssen warten, in der Küche herrscht Chaos, der Chefkoch schreit sein Personal an, die lange Schlange der Betriebsangehörigen wartet genervt auf das Essen, giftige Bemerkungen über den Chefkoch fallen, die Geschirrfrauen knallen die Teller aufs Tablett, dass sie beinahe zerbrechen.

Da geht eben diese Frau Z. hinter die Theke, spricht mit freundlichem Humor und beruhigend mit den Köchen und hilft dann ganz einfach mit, ein paar andere greifen ihr Beispiel auf, und so klappt es doch noch schnell mit dem Essen. – Herr K., der den Vorgang zunächst auch genervt und dann staunend beobachtet hat, sieht nun plötzlich Frau Z. in einem ganz anderen Licht. Etwas von innerer Größe, Toleranz und Güte wird für ihn anschaubar. Er begegnet ihrem Urbild. Die meisten anderen sind in ihrer Alltäglichkeit verblieben, haben geschimpft, waren genervt. Frau Z. ist daraus herausgetreten, und an diesem kleinen Vorfall ist sichtbar geworden, was in ihr steckt. Herr K. hätte das nie bei ihr vermutet. Auf einmal werden ihre Gespräche in der Kantine und im Bus wesentlicher. Und so begegnet sie auch seinem Urbild und kann zum Beispiel sehen, welche ruhige und sichere Urteilskraft in ihm steckt.

Dieses Beispiel zeigt, dass es zur eigentlichen Begegnung gehört, über das alltägliche »Sich-Kennen« hinauszugehen und sich auch hinausführen zu lassen über das ja meist sehr begrenzte Bild, das man vom anderen hat. Auch das ist eine Art Opfer, denn man stellt etwas infrage, was einem ja im Alltag Orientierung gibt.

Ein solcher *Durchbruch zur Voraussetzungslosigkeit* ist in noch höherem Maß notwendig, wenn wir innerhalb einer Ehe oder länger dauernden Beziehung wahre Begegnung suchen: Wie an den vorangehenden Beispielen schon zu erkennen war, ist das tägliche »Sich-Kennen« für die eigentliche Begegnung eher eine erschwerende Bedingung. Langwährende Beziehungen haben unter anderem dadurch ihre Stabilität, dass man sich eben gegenseitig »kennt«. Das gibt ja auch Sicherheit. Man kennt die Eigenarten und Gewohnheiten des anderen, seine angenehmen und seine weniger angenehmen, und man kann sich darin lange sehr geborgen fühlen.

Ein neuer Impuls, ein Entwicklungseinschlag kommt aber in eine solche Beziehung nur, wenn es gelingt, genau dieses »Kennen« vorübergehend auch auszusetzen und stattdessen im anderen einmal den anderen in seiner Andersartigkeit aufzusuchen. Worin hat mein Mann mich heute überrascht? Worin hat er sich heute ganz anders verhalten, als ich es erwarten würde? Was an ihm ist mir eigentlich fremd? Welche Seiten an ihm kenne ich kaum? Welche Züge an ihm verstehe ich nicht so gut? Worin ist er anders, als es meinen Hoffnungen entspricht? Mit solchen, möglichst emotionslos bewegten Fragen schafft man dem Wesenskern des anderen einen großen Freiraum, sodass er durchleuchten kann durch das »Ich weiß ja schon, wie du bist«.

Wo solches gegenseitig immer wieder eingeübt wird, kommt es auch in langjährigen Partnerschaften immer wieder zu einer eigentlichen Begegnung. Dies muss auf solchen Wegen aufgesucht werden. Das bloße tagtägliche Zusammenleben ist noch keine Begegnung. Schafft man diesen Durchbruch zur Voraussetzungslosigkeit, so wird es als sehr erfrischend, impulsierend, erneuernd erlebt. Es schafft so etwas wie eine Gemeinschaft im Geistigen, die hinausgeht über die Gemeinschaft auf der Ebene der Gewohnheiten und über die Gemeinschaft auf der Ebene der Gefühle.

Es ist ein Moment des Herzklopfens – weil es zunächst verunsichert und dann Neues schafft.

Der übende Umgang mit Begegnungen

Begegnung ist somit ihrer Natur nach etwas Flüchtiges, Episodisches. Man kann sie nie festhalten. Sie muss immer wieder geschaffen werden. Daraus ergeben sich Gesichtspunkte für den übenden Umgang mit diesem Lebensbereich:

Es ist eine schöne und interessante Übung, sich einmal beharrlich für die offensichtlich irrigen Ansichten eines Mitmenschen zu interessieren. Herr B. gibt bei jeder Gelegenheit seine politische Meinung zum Besten. Herr L. hält sie für falsch, und außerdem geht es ihm auf die Nerven, immer wieder das Gleiche hören zu müssen. In dieser Situation kann man nicht von einer Begegnung zwischen Herrn B. und Herrn L. sprechen. Nun rafft Herr L. sich auf, wirklich zuzuhören, wenn Herr B. wieder losschwadroniert, auf

Ausländer schimpft und den nationalen Egoismus predigt. Herr L. versucht zu verstehen, wie Herr B. zu diesem Standpunkt kommt und was er für ihn bedeutet. Es stellt sich heraus, dass Herr B. selbst ausländischer Herkunft ist und in Deutschland dringend ein Beheimatungsgefühl sucht. – Und nun hat Herr L. eine gute Gelegenheit, seine Pro-Ausländer-Haltung Wirklichkeit werden zu lassen. Wenn Herr B. ursprünglich selbst Ausländer ist, so wird Herr L. ihn nun umso mehr annehmen wollen. Er lädt ihn privat ein, man kommt persönlicher ins Gespräch, und so entdeckt man gegenseitig ganz neue Seiten. Das ist die Begegnung. Indem ich am anderen Anteil nehme, kann sein Wesenskern, kann etwas von seinem Urbild Wirklichkeit werden.

Eine zweite Übung ist die »Kommentarlosigkeitsübung«. Sie ist schwer. Sie besteht darin, in keiner Weise beurteilend, weder positiv noch negativ kommentierend, zuzuhören, wenn ein anderer mir etwas von sich und aus seinem Lebenszusammenhang erzählt. Anstatt es innerlich oder nach außen hin gleich zu kommentieren, will ich das, was er mir erzählt, als Bild, als Stimmungsbild mit in die Nacht nehmen. Am nächsten Tag schaue ich es noch einmal an, und dann, allenfalls dann, gestatte ich mir, das Gehörte innerlich zu beurteilen. Auf diese Weise kommt es viel eher zu einer Begegnung mit dem anderen, als wenn ich sofort meine Meinung dazu äußere.

Das heißt nun nicht, dass man dies immer und mit jedem so machen soll, man sollte es vielmehr erst einmal an einer Person üben.

Eine meist gut gelingende Übung für diesen Zusammenhang ist die folgende: Ich stelle mir am Abend vor mein inneres Auge einige der Menschen, mit denen ich den Tag über zu tun hatte. Dabei formuliere ich für jeden dieser Menschen eine Frage. Das muss keine besonders tiefsinnige Frage sein; es könnte so etwas sein wie: »Herr Kollege X., warum tragen Sie eigentlich immer graue Pullover?« oder: »Paul, wie kannst du nur immer so viel Geduld haben, wo nimmst du das her?« – Nun nehmen wir diese Fragen mit in den kommenden Tag hinein und haben sie jetzt innerlich präsent, wenn wir dem Betreffenden wieder begegnen. Wir versuchen dabei, die für den Betreffenden gestern Abend formulierte Frage nun innerlich zu hören, ohne sie jedoch auszusprechen.

Es ist gar nicht wichtig, dass man eine direkte Antwort darauf findet. Wenn man solches lange Zeit einübt, so wird man eine eigentümliche Öffnung zum anderen Menschen hin erleben – als ob man einen Schleier gelüftet hätte. Der andere wird präsenter. Dies gelingt umso besser, je länger auf eine Antwort auf die formulierte Frage verzichtet wird.

Man kann die Übung besonders fruchtbringend anwenden gegenüber Menschen, die man schon lange kennt. Sie kann dazu beitragen, die erwähnte Voraussetzungslosigkeit herbeizuführen.

Schließlich ist in diesem Zusammenhang die Begegnung stiftende dreifache Ich-Wahrnehmungsübung zu empfehlen. Rudolf Steiner hat sie entwickelt:

»Zunächst kann man in dieser Übung alles zusammenfassen, was man von dem anderen Menschen weiß und kennt. Wenn alles zusammengefasst ist, was man vom anderen wissen kann, dann sagt man aber zu sich selbst: ›Das ist nur ein Drittel des anderen Menschen.‹ Es ist nur ein Drittel, weil es nur ein Bild der Vergangenheit bis zu diesem Augenblick ist.

In einem nächsten Schritt muss ich mir ein zweites Bild erarbeiten, das von einer ganz anderen Qualität ist. Dieses zweite Bild darf nicht fertig sein, es muss ganz im Augenblick gemalt werden. Was geschieht jetzt gerade, und jetzt usw.? Vergleicht man nun diese beiden Bilder, indem man zunächst das fertige, abgeschlossene, klar feststehende Bild betrachtet, dann das gerade im Augenblick entstehende Bild, dann wird man feststellen, dass man eine große Neigung dazu hat, lieber zu dem feststehenden Bild der Vergangenheit zurückzukehren. Man möchte ein klares Bild vom anderen haben und setzt deshalb einen Schlussstrich: ›So ist er.‹ Dieses wirkt aber verheerend im Sozialen der Begegnung, denn das zweite, im Augenblick entstehende Bild muss völlig offen sein gegenüber dem, was in der Vergangenheit war. Sonst würde man diesem Menschen jede Entwicklung absprechen. Diese beiden Bilder sind gemeinsam, unabhängig voneinander, zwei Drittel des anderen Menschen.

Das dritte Bild ist die Zukunft. Dieses Bild ist noch nicht gemalt. Jeder Mensch hat neue Möglichkeiten für die Zukunft, die noch nicht einmal angefangen haben. Wenn man dieses sehr stark in sich wachruft, dann verwandeln sich aus diesem Blick heraus die beiden ersten genannten Bilder. Man öffnet sich nun für die tiefe Entwicklungsmöglichkeit des anderen Menschen.«*

Die wahre Begegnung wandelt. Sie setzt bei beiden Neues frei, verhilft Zukunftsmöglichkeiten zum Durchbruch. Und so ist in der wahren Begegnung auch der Dritte anwesend, wie Er es selbst sagt: »Wenn zwei oder drei in meinem Namen zusammen sind, so bin ich mitten unter ihnen.« Nicht einfach, wenn zwei Menschen nebeneinanderher leben oder arbeiten, sondern wenn sie *in seinem Namen*, in seinem erneuernden Geiste, zusammen sind, dann geschieht Begegnung.**

Fragen zum Thema

Frage: Inwiefern gehört das Interesse am anderen Menschen zu den Voraussetzungen einer echten Begegnung?

Antwort: Das Interesse am anderen Menschen – Wer ist er wirklich? – gehört in der Tat unabdingbar zur Begegnungsfähigkeit und ist mitgedacht bei den Beispielen von Verliebtheit und Liebe im vorangehenden Kapitel. Es kann natürlich nicht zu einer Begegnung im Sinne der Urbild-Schau kommen, wenn man kein Interesse am anderen

* Sie ist hier wiedergegeben in der Version von Jörgen Smit (aus *Flensburger Hefte* Nr. 29, S., 119 f.).

** Zum vertiefenden Weiterlesen mag sich das Buch von Martin Buber *Ich und Du* gut eignen.

hat. »Interesse« meint ja eine suchende oder fragende Haltung. Diese ist immer Voraussetzung, wenn es darum geht, sich einem Geistigen, wie es das Urbild des anderen ist, zu nähern. In dem Wissen und Kennen – Ich weiß schon, wer du bist – lebt kein Interesse mehr, allenfalls das eigennützige Interesse, dass der andere möglichst so bleiben soll, wie man ihn schon kennt, damit man sich nicht umstellen muss.

Wir können auch noch genauer fragen, worauf sich das hier in Rede stehende Interesse eigentlich richtet. Das Interesse am anderen kann zunächst auf seine Herkunft, seine Lebensumstände, seine Befindlichkeit und Ähnliches gerichtet sein. Dieses Interesse könnten wir umschreiben mit der Frage: »Wer bist du geworden?« Es öffnet für das, was die bisherige Geschichte und Entwicklung dieses Menschen ist. Und das ist notwendig, wenn eine Begegnung stattfinden soll.

Damit nun aber im anderen dasjenige lebendig werden kann, was in ihm steckt, was Zukunftsmöglichkeiten sind, sollte dieses so bezeichnete Interesse noch Erweiterung finden durch ein anders akzentuiertes Interesse, das mit der Frage umschrieben werden könnte: »Wohin gehst du? Was kannst du sein?«

Des Weiteren ist es auch sehr hilfreich für einen inneren Reinigungsvorgang, sich folgende Frage zu stellen, die man vor und während einer Begegnung, zum Beispiel auch im Rahmen eines Gesprächs, oder im Stillen immer wieder bewegen kann: Was ist eigentlich *mein* Interesse am anderen? Will ich etwas von ihm? Wenn ja, was? Befürchte ich etwas von ihm? Welche Erwartungen habe ich in Bezug auf ihn? Möchte ich ihn zu etwas bewegen?

Nicht dass es illegitim wäre, solche eigenen Interessen zu haben. Aber es ist wahrscheinlich hilfreich, sich darüber während einer Begegnung – oder zum Beispiel in der abendlichen Rückschau – immer wieder Klarheit zu verschaffen. Dann kann man ganz gut sortieren, was eigenes Interesse ist und wo das Interesse den anderen ganz freilässt.

Frage: Welche Bedeutung hat das Gespräch in der Begegnung?

Antwort: Wenn wir Begegnung erleben, so fühlen wir meist, wie alle Wahrnehmungsorgane und -fähigkeiten angesprochen sind. »Wer bist du?« und »Wer bin ich durch dich?« – das fragt nach allen Ebenen des Daseins des anderen, auch nach der körperlichen Ebene (vgl. S. 230 ff.: Die Chancen der körperlichen Begegnung).

Nun sind aber die einzelnen Wahrnehmungsorgane für die Begegnung unterschiedlich gut geeignet. Der Sehsinn etwa nimmt vom anderen eigentlich etwas ab, ein Abbild; der Sehsinn »holt« sich seinen Sinneseindruck. Ähnlich zum Beispiel auch der Tastsinn: Der Tastsinn greift nach dem anderen. Das hat natürlich seine Berechtigung. Der Hörsinn aber hat – für unseren Zusammenhang hier – einen bestimmten Vorzug: Er fragt. Im Hören sind wir ganz anders offen als etwa im Sehen. Hören hat mit Loslassen zu tun, Sehen hat mit Nehmen und Festhalten zu tun. Ausgehend von dem, was über die Begegnung ausgeführt wurde, ergibt sich ohne Weiteres das loslassende Hören als *der* Wahrnehmungssinn für Begegnung überhaupt.

Zusammenfassend wurde gesagt: Ich begegne dir, wenn ich dich loslasse. Das Hören ist ein ausgesprochen empfangender und abwartender Sinn. Das Sehen kann ungeduldig sein. Im Hören lasse ich auch meinen Willen los, lasse los, was ich vielleicht wahrnehmen will; im Hören kann ein Höchstmaß an Freilassen walten.

Daraus ergibt sich die tragende Rolle des Gesprächs für die Begegnung. Im Gespräch schließen sich zwei offene, empfangende Gesten zu einem Kreis. Das Gespräch lebt vom Hören, nicht vom Sagen. Das Gespräch kann eine dem körperlichen Austausch vergleichbare Dichte und Intimität haben – nicht in erster Linie durch das Sagen, sondern durch das Hören.

Folgende Hörübung mag dieses Erleben aufschließen: Während der andere spricht und ich mit meinem Verstandesbewusstsein seinen Gedanken folge, höre ich zusätzlich mit dem »Dritten Ohr«. Man kann es als eine Art Öffnung am Rücken erleben, etwa zwischen den Schulterblättern. Mit diesem Organ höre ich nach hinten, während ich andererseits mit meinem Alltagsbewusstsein »nach vorne« höre und den Worten inhaltlich folge. Nach hinten lauschen – jetzt wird hörbar, was es mit dem anderen auf sich hat, jetzt wird hörbar, was der andere gar nicht direkt sagt, weil es ihm vielleicht selbst noch gar nicht im Bewusstsein ist. Wenn ich nach hinten lausche, nehme ich die Empfindungen wahr, aus welchen heraus der andere die Worte wählt, die ich aufnehme, wenn ich nach vorne höre.

Das Dritte Ohr wird nur wirksam bei äußerstem Loslassen – vor allem alles dessen, was ich etwa gern hören *möchte*.

Ähnlich wie im Riechen nehme ich beim Hören den anderen innerlich wahr. Mit dem Sehen und Tasten nehme ich mit meiner Außenseite seine Außenseite wahr. Mit dem Hören aber und, in bestimmten Situationen, auch mit dem Riechen nehme ich mit meiner Innenseite seine Innenseite wahr.

Deshalb ist das Hören von Musik – vor allem von fremdländischer Musik oder von moderner westlicher Musik, die ja immer auch sperrig ist (Bartók, Hindemith, Strawinsky, Pärt, Schnittke, Satie) – eine gute Schulung für das Hören im Gespräch.

Frage: Wie kann man die Begegnung in der Gruppe unter den vorgenannten Gesichtspunkten verstehen?

Antwort: Nehmen wir als Beispiel ein Team, eine Arbeitsgruppe im sozialen Bereich. Man lernt sich kennen, lernt die Fähigkeiten des anderen mit der Zeit einzuschätzen und weiß irgendwann, was man am anderen hat und was nicht. Darüber hinaus entstehen natürlich persönliche Beziehungen, und oft ist das Bedürfnis der Gruppe, dass das berühmte »Wir-Gefühl« entsteht. »Wir auf der Station IV sind ein chaotisches, aber fröhliches Team.«

Es hat sich nun als fruchtbar erwiesen, wenn man die Anschauung um folgenden Gesichtspunkt erweitert: Konflikte in einer Arbeitsgruppe pflegen da zu entstehen, wo ein Mitglied tatsächlich oder jedenfalls seiner Meinung nach über bestimmte Fähigkeiten verfügt, die für den Arbeitsauftrag der Gruppe eigentlich relevant wären, von den anderen aber nicht abgerufen werden. Nehmen wir an, es geht um die Organisation eines Schulfestes in einer heilpädagogischen Schule. Im Kollegium gibt es eine altgediente Lehrerin, die diese Aufgabe gut übernehmen könnte, weil sie es schon zehnmal gemacht hat. Nun wird sie bei der Planung übergangen. Andere, die schon bestimmte Ideen für die Gestaltung des Schulfestes haben, bringen sich massiv ein und werden schließlich mit der Organisation beauftragt. Die Lehrerin ist natürlich beleidigt und zieht sich zurück. Eine schlechte Stimmung breitet sich im Team aus. Ein zentrifugales Element wird spürbar.

Genau hier wäre Begegnung möglich gewesen. Wenn wir darauf beharren – wie in unserem Beispiel die ältere Lehrerin und die jungen Dachse, die es besser zu wissen meinten –, dass wir unsere Fähigkeiten oder das, was wir dafür halten, in die Planung einer Sache einbringen wollen, so wirkt sich dies desintegrativ aus und erschwert Begegnung. Der menschliche Zusammenhang der Gruppe wird sofort brüchig, Kleingrüppchen entstehen. Denn es liegt ein selbstbezogenes, pointiert ausgedrückt: antisoziales Element darin, wenn wir das, was wir gut können oder zu können meinen, von der Gruppe anerkannt haben wollen. Die Gruppe als applaudierender Hintergrund – darüber kann eine Gruppe menschlich nicht zusammenkommen.

Begegnung in der Gruppe ist stattdessen da möglich, *wo wir unsere Unfähigkeiten einbringen.* Wo die einzelnen Individuen in fragender, suchender Haltung sich einander zeigen: Wie muss man heute an ein Schulfest herangehen? Was sind eigentlich die diesbezüglichen Bedürfnisse und Notwendigkeiten? Wo sie sich ganz offen und bereitwillig gemeinsam dem Arbeitsziel der Gruppe – in unserem Beispiel ist es das Schulfest – nähern, da kann Begegnung geschehen. Es geht nicht darum, die eigene Unfähigkeit oder Ratlosigkeit schulterzuckend auszuleben. Vielmehr geht es darum, dasjenige, was einem am Arbeitsziel fraglich, schwierig, unklar erscheint, was Fertigkeiten zu benötigen scheint, die man selbst nicht hat, offen zu thematisieren.

Die unterschiedlichen Fähigkeiten der Gruppenmitglieder sind natürlich nötig, auch für die Kompetenz eines Teams. Aber die Gruppe findet sich nicht über die Fähigkeiten ihrer Mitglieder, sondern über deren Unfähigkeiten und Ratlosigkeiten. Durch die offene Fragehaltung – wir wissen es im Moment eigentlich alle nicht, wie wir nun dieses jetzt anstehende Schulfest gestalten sollen – entsteht das eigentlich Soziale. Denn es kann keine freie Beziehung entstehen zu einem, der dasjenige schon kann oder kennt, worum es der Gruppe jetzt geht. Frei hingegen ist die Beziehung zu jemandem, der im Moment ebenso ratlos ist wie ich und der das ebenso thematisiert wie ich. Genau dadurch entsteht eine Öffnung zum anderen hin.

Die Fähigkeiten und Fertigkeiten der Gruppenmitglieder sind auf einer ganz anderen Ebene wesentlich. Sie gehören in die Verwirklichungsphase einer Aufgabe, die sich eine Arbeitsgruppe gestellt hat. Hier wird benötigt, was an Spezialkenntnissen und Spezialerfahrungen vorhanden ist. Sich in der Verwirklichungsphase unter die Anleitung eines kompetenten Gruppenmitglieds zu stellen, das schafft tatsächlich dieses gefühlsbetonte »Wir-Gefühl«. Und da ist es auch am richtigen Platz.

Das Impulsschaffende jedoch, das eine Arbeitsgruppe braucht, wenn sie an eine Aufgabe herangeht, das entwickelt sich aus der gemeinsam in Offenheit gepflegten Fragehaltung. Da begegnen sich die Gruppenmitglieder nicht primär im Gefühl, sondern als freie Individuen, aus ihrem Ich heraus.

So wird man die »Ratlosigkeit der Gruppe« lernen müssen. Es geht dabei einerseits um eine innere Haltung, um die sich jeder Einzelne immer wieder bemühen kann. Es geht dabei aber auch um ein gemeinsames Üben: So könnte die Arbeitsgruppe sich zum Beispiel einmal im Monat einen Abend zusammensetzen und das Gespräch darüber suchen, wo die Einzelnen ihre individuellen Ratlosigkeiten und Unfähigkeiten haben. Da liegt der Ansatzpunkt für eine echte Begegnung in der Gruppe: Was sucht der andere? Was braucht er? Was fragt er? Wonach strebt er? – statt: Was kann er? Was weiß er?

Dabei wird von jedem so etwas wie ein Opfer verlangt: darauf zu verzichten, das, was man kann, gleich im Ansatz einbringen und die individuelle Kompetenz im Angesicht der Gruppe ausleben zu wollen.

Frage: Ist das Urbild des anderen, das man in der Begegnung schaut, tatsächlich immer positiv, schön und leuchtend?

Antwort: Man könnte diese Frage theologisch nehmen und sie dahingehend erörtern, ob das Böse Teil des Geistigen sein kann, oder ob es eine Verzerrung des Geistigen ist. Stattdessen wollen wir hier aber diese Frage ganz pragmatisch nehmen:

Das Böse meint nur sich selbst, das Schöne weist über sich hinaus auf etwas Höheres, das es meint. Natürlich kann in einem Menschen auch Böses und Hässliches stecken. Es kann sogar zu seinen Zukunftsmöglichkeiten gehören, dass er zum Verbrecher wird. Aber an dieser Stelle ist eine Begegnung mit ihm nicht möglich. Das Hässliche, Destruktive und Böse, das es unter uns Menschen gibt, ist immer selbstbezogen. Es lebt im Element der Selbstbezogenheit und nährt sich daraus. Es entsteht aus Neid und Hass – Ich bin zu kurz gekommen –, aus Machtgelüsten – Ich will herrschen, mich durchsetzen –, aus verschmähter Liebe – Wenn ich betrogen bin, sollen andere auch betrogen sein – usw. Das Hässliche schließt sich in sich selbst.

Offen für Begegnung ist demgegenüber das Schöne und Leuchtende im Menschen. Ich erreiche den anderen nicht, wenn ich mich auf das beziehe, was an Hässlichkeit in ihm ist oder vielleicht noch als Möglichkeit in ihm steckt. Ich erreiche ihn nur über seine positiven Seiten, denn da ist er offen zur Welt hin, zu mir hin. Dasjenige, was als Schönes und Leuchtendes, als das Urbild eines Menschen bezeichnet wurde, sucht oder meint immer etwas Weitergehendes, Überindividuelles. Genau dadurch ist er offen für den anderen. Da wo es mir entgegenleuchtet, können wir uns finden.

Begegnung im Element des Bösen gibt es nicht. Da gibt es vielleicht die zweckmäßige Verbindung – Zu zweit können wir noch mehr herausschinden, als wenn einer allein ist. Da gibt es des Weiteren die Möglichkeit, den anderen für bestimmte selbstbezogene Zwecke einzuspannen – all dies ist nicht Begegnung. Denn es führt nicht über das einzelne Individuum hinaus. Vielmehr bleibt dieses bei sich. Es bleibt in sich abgeschlossen, wo es selbstbezogene Zwecke verfolgt und wo ich als sein Gegenüber seine Hässlichkeit im Auge habe.

Es geht einfach nicht anders, als sich auf das schöne und leuchtende Urbild des anderen zu beziehen, wenn man ihm begegnen will.

Trennung

Das Ende der gemeinsamen Zukunft

Die Trennung zweier Menschen kann so notwendig und so richtig sein wie eine Häutung; sie kann andererseits aber auch lähmend, quälend und selbstzerstörerisch wirken. Sie kann bei beiden Beteiligten ungeahnte Entwicklungsschritte auslösen, kann aber auch zum Zusammenbruch jeder Lebensperspektive führen. Sie kann einen Knick in der Lebenstüchtigkeit verursachen oder in einer Erstarrung, im Hass oder in der sozialen Einigelung enden.

Wovon hängt es ab, ob wir durch eine Trennung in die eine oder in die andere Richtung gehen? Was ist überhaupt genau unter Trennung zu verstehen?

Trennung ist die andere Seite der Begegnung. In der Begegnung finden wir das Urbild des anderen. Wir finden dasjenige, was in ihm steckt. Wir erleben den anderen in seinem Wesenskern, ungetrübt durch die Kleinigkeiten und Kleinlichkeiten des Alltags.

Die Trennung ist zunächst die Umkehrung dieser Situation. Man trennt sich, wenn man das Urbild des anderen zwischen den Niederungen des Alltags nicht mehr finden kann und eine Begegnung mit ihm nicht mehr für möglich hält. Man sieht keine gemeinsame Zukunft mehr, weil man keinen Anschluss mehr findet an die Entwicklungsmöglichkeiten des anderen. Für denjenigen, der aktiv die Trennung herbeiführt, ist etwas gestorben, abgestorben: Es sind die gemeinsamen Zukunftsmöglichkeiten. Man löst sich deshalb aus der Situation mit diesem Partner, wie die Schlange sich von ihrer unbeweglich gewordenen Haut trennt. Für den anderen, falls er die Trennung passiv erleidet, stirbt etwas: Das ist die gemeinsame Zukunft.

Trennung stellt sich dar als ein Sachverhalt, der noch wesentlich vielschichtiger ist als die Begegnung. Schon weil die Trennung mit den erstaunlichsten moralischen Hypotheken belastet ist, gewinnt man nur selten einen unbefangenen Blick auf dieses Phänomen des menschlichen Lebens. Jeder Trennung droht ein Urteil, das sie als Schwäche, Feigheit, Bequemlichkeit, mindestens aber als Versagen und Scheitern sieht. Wo steht es aber geschrieben, dass menschliche Begegnungen immer dauerhaft sein müssen? Wie kommt man darauf, dass Partnerschaften ein Leben lang halten müssen? Dies kann nur daher kommen, dass Unklarheiten bestehen über den Unterschied von Begegnung und Partnerschaft einerseits und Ehe andererseits. Nur in der Ehe kann es um einen *in der Sache selbst liegenden* Anspruch auf Dauerhaftigkeit gellen. Dies hat mit dem überpersönlichen Aspekt der Ehe zu tun, der in diesem Buch an anderer Stelle ausgeführt ist (S. 285 ff.). Aber selbst angesichts von Trennungen durch Ehescheidungen ist die moralische Entrüstung für die Erkenntnis des Sachverhalts nicht dienlich.

Wann liegt überhaupt eine Trennung vor? Wenn man die gemeinsame Wohnung verlassen hat? Wenn man nicht mehr miteinander spricht? Wenn man eine andere Partnerschaft begonnen hat? Wenn man geschieden ist?

Wir werden sehen, dass das Wesen der Trennung ganz woanders liegt.

Als Außenstehender kann man oft schon Jahre vorher, bevor die Partner an Trennung denken, sehen, wie eine Partnerschaft zur Trennung hin abgleitet.

Herr und Frau L. haben als ganz junge Menschen geheiratet, sie war 18, er 25. Sie kannten sich seit den gemeinsamen Zeiten in der Pfadfinderschaft. Beide hatten nie andere intime Freunde gehabt. Es war ihnen gut gegangen. Er hatte in der EDV-Branche eine Marktnische gefunden, die überdurchschnittlich viel Geld einbrachte. Sie hatten zwei Kinder, die gut gediehen. Einen Beruf hatte Frau L. nicht; sie hatte auch kein Bedürfnis danach gehabt.

Als sie 36 Jahre alt war, blitzte im Hause L. etwas auf, was sie als Befreiung und Erfüllung einer Sehnsucht, er aber als einen plötzlich hereingebrochenen Fluch erlebte. Frau L. zog sich mit einem Mal Miniröcke an und ließ sich bald jeden Abend mit tief ausgeschnittener Bluse in der Disco sehen. Wie ein Rausch kam es über sie, im Tanz fühlte sie sich frei wie noch nie in ihrem Leben. Ihr Mann interessierte sie nur noch als Beaufsichtigung für die Kinder. Sie begann ein Verhältnis mit einem Studenten, den sie beim Tanzen kennengelernt hatte. Bald darauf verließ sie ihren Mann und die Kinder.

Ein Ende mit Schrecken, das nicht hätte so dramatisch ausfallen müssen, wenn man früher aufgewacht wäre. Bei dem Versuch, das Geschehene aufzuarbeiten, zeigte sich, was lange übersehen worden war: Seit Jahren war das Ehepaar kaum mehr ausgegangen, weder gemeinsam noch jeder für sich. Sie hatten nie gemeinsame Interessen gehabt. Und wenn es nicht gerade um die Kinder und deren Schule ging, hatten sie sich auch nichts mehr zu sagen. Auch die körperliche Begegnung war mechanisch und geistesabwesend geworden. Frau L. hatte seit vier Jahren über zunehmende Schlaflosigkeit geklagt und war trotz der äußeren Ruhe ihres Lebens immer unruhiger geworden. Sie meinte immer öfter, Schlaftabletten nehmen zu müssen, um einschlafen zu können.

Die Partnerschaft war entleert, noch ehe sie die Lebensmitte erreicht hatten. Damit ist nicht gesagt, dass das Ende zwangsläufig war. Aber ein erneutes bewusstes und willentliches Ergreifen der Partnerschaft wäre schon Jahre zuvor nötig gewesen. Eine Partnerschaft, erst recht eine Ehe, kann nicht auf die Dauer davon leben, dass man sich als Kind oder als Jugendlicher schon gekannt und gut verstanden hat. Partnerschaften können nicht aus der Vergangenheit leben. Sonst geht das Urbild des anderen in den Gewohnheiten des Alltags verloren. Wenn die Urbildbegegnung nicht immer wieder erneuert, immer wieder vergegenwärtigt werden kann, dann war die Trennung lange vor einem solchen rauschhaften Abgang wie bei Frau L. zu erwarten.

Wie in ihrem Fall können sich über viele Jahre Bedürfnisse der Weiterentwicklung lähmend anstauen, ohne dass der Betreffende selbst das gleich realisiert. Es entsteht oft nur ein diffuses Gefühl der Erstarrung, das im extremsten Fall nur noch mit Alkohol oder anderen Drogen neutralisiert werden kann.

Die Erkenntnis, dass eine Trennung unvermeidlich ist, wenn nicht ein Erneuerungsimpuls in die Partnerschaft kommt, kann große Ängste auslösen. Die gemeinsam gebildeten Gewohnheiten, die einerseits den Blick auf das Urbild des Partners verstellen, geben andererseits eine enorme existenzielle Sicherheit, die man unmöglich so ohne Weiteres aufgeben kann.

Die Ambivalenzphase

So kommt es, nach der ersten Phase der schleichenden Entfremdung (vom Urbild des anderen), jetzt zur zweiten Phase, zur »Ambivalenzphase«. Die Möglichkeit einer Trennung, vielleicht schon das Bedürfnis danach, steht jetzt im Raum, gleichzeitig tauchen Schuldgefühle auf, besonders wenn man Kinder hat; aber auch Schuldgefühle dem Partner gegenüber bestehen, oft schon, bevor überhaupt die Trennung konkreter ins Auge gefasst wird, Schuldgefühle und Selbstvorwürfe des Versagens auch, weil man die moralische Forderung, dass Partnerschaften immer währen sollen, gut verinnerlicht hat.

Die Ambivalenzphase kann sehr lange dauern, manchmal einige Jahre. Oft wird der Trennungsgedanke wegen des Wohles der Kinder zurückgestellt, und aus der Verantwortung für die Kinder heraus kann es zu einer Erneuerung des Ehewillens kommen. Es kann aber sein, dass das Trennungsbedürfnis umso machtvoller auftritt, wenn die Kinder dann größer sind. Manchmal schafft man es in der Ambivalenzphase, das Gespräch mit dem Partner erneut zu suchen. Im ungünstigen Fall sieht dieser – es ist häufig der Mann – aber keinen Bedarf an besonderen Maßnahmen oder grundsätzlichen Klärungen.

Die Ambivalenzphase ist auch diejenige Trennungsphase, in der am häufigsten eine Beratungsstelle aufgesucht wird, manchmal ganz direkt mit der Frage: Soll ich mich von meinem Partner trennen oder nicht? Der Berater wird die Frage sicher nicht für den Klienten beantworten, aber er wird mit dem Ratsuchenden zusammen untersuchen, ob schon alle Möglichkeiten ausgeschöpft wurden, die Partnerschaft neu zu ergreifen. Manchmal kann eine sogenannte Trennungsberatung angezeigt sein. Diese würde versuchen, den Trennungsgedanken etwas unabhängiger von den aktuellen Zerwürfnissen und Missverständnissen zu sehen und nach Chancen des Neuanfangs zu suchen. Die Trennungsberatung würde aber auch sehr deutlich von Trennung sprechen, wenn das Paar keine gemeinsame Entwicklung mehr findet und den Willen zu einem Neubeginn nicht aufbringt. Auch das Beharren auf Bedingungen für den Neuanfang verhindert diesen. »Erst wenn mein Mann diese und jene Eigenschaft ablegt, kann ich mit ihm neu beginnen« – eine solche Haltung ist gut zu verstehen, sie führt aber zu nichts. Nur eine Art »Opfer« – »Ich will meinen Mann so annehmen, wie er jetzt ist, und will ihm helfen, das, was in ihm steckt, zur Wirklichkeit kommen zu lassen« – führt hier weiter.

Für den eigenen Umgang mit der Ambivalenzphase empfiehlt sich vor allem Geduld. Vorausgesetzt, dass es in der Partnerschaft nicht zu Übergriffen gekommen ist wie körperliche Gewalt, systematische Erniedrigung durch Worte oder durch sexuelle Misshandlung, hat die Trennung immer noch ein halbes Jahr Zeit. Wesentlich ist es, dass sich die Partner in dieser Phase so unabhängig wie irgend möglich von den Alltäglichkeiten sehen. Dass der Partner diese oder jene Eigenschaft hat, kann eigentlich kein Trennungsmotiv sein; dass er seine Wäsche nicht richtig zusammenlegen kann und dies nach menschlichem Ermessen auch nicht mehr lernen wird, muss ja auch nicht sofort zur Trennung führen. Vielmehr kommt es in der Ambivalenzphase auf eine bewusst herbeigeführte innere Distanz zum Partner an, eine Art Probetrennung. Diese innere Distanz kann den Blick wieder auf das Wesentliche lenken und sein Urbild wieder sichtbar werden lassen.

In der Trennungsberatung wird in dieser Phase manchmal geradezu eine reale Probetrennung vorgeschlagen. Besonders wenn der Trennungsgedanke stark aus dem Gefühlsmäßigen kommt, empfiehlt sich etwa folgendes Arrangement: Der aktiv auf die Trennung zugehende Partner zieht zum Beispiel für ein Jahr aus. Die beiden leben getrennt, suchen aber in dieser Zeit einen so intensiven Austausch wie möglich. Letzteres ist entscheidend. Gegenseitige Besuche, Treffen außerhalb, Briefe, Telefonate mit dem Partner, mit dem man bisher zusammengelebt hat – und dies aus der Distanz und der Ruhe des eigenverantwortlichen Junggesellenlebens –, können einer festgefahrenen Partnerschaft ganz neue Impulse bringen. Gerade weil es ganz ungewohnt ist und anfangs auch ein bisschen »komisch«, lockert dieses Vorgehen ablähmende gemeinsame Gewohnheiten auf, und Neues kann entstehen. Plötzlich mag man den Partner mit ganz anderen Augen sehen, man entdeckt aus dieser Distanz ungeahnte Seiten an ihm.

Die Chancen hierfür sind gut, wenn die Möglichkeiten dieser Probetrennung aktiv genutzt werden. Sie führt dagegen kaum zu etwas Neuem, wenn sie von demjenigen, der den Trennungsgedanken aufgebracht hat, nur als Freibrief für neue Freiheiten betrachtet wird oder wenn der andere in einer beleidigten Haltung verharrt. Die Probetrennung kann tatsächlich auch zu einer konstruktiven Form von Trennung führen, wenn für beide die Klarheit entsteht, dass man den weiteren Weg nicht gemeinsam gehen möchte.

Der Entschluss zur Trennung

Der nächste Schritt nach der Ambivalenzphase – falls die Partnerschaft nicht wieder neu begründet wurde – ist der Entschluss zur Trennung. Er wird häufig einseitig gefasst und ist dann oft mit Schuldgefühlen und Selbstvorwürfen belegt. Aber auch derjenige, der die Trennung eigentlich gar nicht will, kann sich Vorwürfe machen, den Partner vielleicht durch das eigene Verhalten weggetrieben zu haben oder vor dem Ideal der lebenslangen Ehe versagt zu haben oder den Kindern Schaden zuzufügen. Er kann die Trennung auch als Zusammenbruch seiner gesamten Lebensplanung erleben. Ein verbissenes Festhalten an der Partnerschaft oder Ehe kann dann einsetzen, das den Blick auf das Wesentliche, auf den Wesenskern des anderen, endgültig verstellt. Die gemeinsame Vergangenheit wird dann häufig als auf unerträgliche Weise entwertet erlebt.

Die ungewollte Trennung kann auch die Identität bedrohen – Ein Teil von mir geht weg mit dem anderen – und massive Aggressionen freisetzen. Besonders Männer reagieren oft mit Gewalt oder »Schikane« auf den einseitigen Trennungsbeschluss ihrer Frauen.

Zu solchen aggressionsgeladenen Trennungssituationen kommt es besonders dann, wenn der Partner als eine Ergänzung oder Verlängerung des eigenen Ich erlebt wurde. Die Trennung verletzt dann nicht nur, sondern macht wütend – als ob sich die rechte Hand plötzlich selbstständig machen wollte. Während derjenige, der die Trennung gesucht hat, sich wie befreit fühlt, kann der andere sich auf eine Strategie des »Ungeschehen-machen-Wollens« versteifen. So sagte ein Ehemann, dessen Frau ihn verlassen hatte: »Es ist eine Krankheit bei ihr ausgebrochen, sie wird geheilt werden und wiederkommen.«

Ein Zeichen des Trennungsschocks ist es auch, wenn die Kinder für den Versuch eingespannt werden, den Trennungsaktiven umzustimmen. Trennungskinder müssen oftmals gerade dadurch das Schlimmste erleben, dass ihnen eine Art Verantwortung für die Trennung aufgebürdet wird.

Falls der die Trennung erleidende Partner überhaupt nicht zu einer aktiven Haltung gegenüber der Situation kommt, kann bei ihm sogar eine individuelle Problematik freigesetzt werden, die unter der Partnerschaft nicht bestanden hatte. Ein einfaches Beispiel ist der Alkoholismus. Ein anderes Beispiel sind Beziehungsstörungen, die oft erst zutage treten, wenn man den Schutz des Partners nicht mehr hat. In solchen Fällen ist eine Psychotherapie notwendig.

Manchmal versucht das »Trennungsopfer« die Situation auch dadurch zu bewältigen, dass es nachträglich den anderen und das gemeinsame Leben mit ihm entwertet: »Es war ein Irrtum von mir, mit ihm (ihr) zusammengelebt zu haben.« Man rekapituliert dann seine sämtlichen Schwächen und Schattenseiten und steigert sich in das Negativbild des früheren Partners hinein, wie um in die Haltung hineinkommen zu können: »Ich muss ja froh sein, dass er (sie) endlich gegangen ist.«

Solange solcher Hass lebt, kann es unmöglich zu einer Bewältigung der Trennung kommen. Sie ist erst dann geschafft, wenn man innerlich den anderen losgelassen hat. Im Hass aber hält man fest.

Ähnliches, oft noch schwerer zu Bearbeitendes liegt vor, wenn der frühere Partner nach der Trennung idealisiert wird. Denn das muss zu einer vollständigen Entwertung der eigenen Person führen: »Ich war es nicht wert, dass er (sie) mit mir zusammenblieb.«

Die Möglichkeit der neuen Urbildbegegnung

Nun können uns diese Negativbeispiele auf das hinführen, worin wir das eigentlich Wesentliche der Trennung sehen können und worin sie ihre tiefste Bedeutung haben kann.

Zunächst einmal lässt sich die erstaunliche Beobachtung machen, dass zwei Partner nach der Trennung erstmals wieder in Gelassenheit, ja oft in gegenseitiger Interessiertheit aufeinander zugehen und frei miteinander sprechen, wie sie es die ganzen letzten Jahre vor der Trennung nicht mehr geschafft haben. Man steht vor der Tatsache, dass jetzt Verständigung möglich ist, obwohl man sich doch getrennt hat, weil man sich nicht mehr verständigen konnte. Und wir erkennen hierin die große Chance der Trennung. Gerade weil man durch den Schmerz hindurchgegangen ist und die lieb gewordenen Vorstellungen über den anderen hat aufgeben müssen, gerade weil zum Beispiel Konkurrenzgefühle gegenüber den Kindern wegfallen, gerade weil man jetzt ganz auf sich selbst zurückverwiesen ist, hat man die

Möglichkeit, den anderen als den ganz anderen zu sehen. *Eine Urbild-Begegnung ist wieder möglich.*

Solange man mit dem eigenen Wunschbild zusammenlebt, bleibt die Trennung unverständlich. Befreit sich der eine nun mit einem Ruck davon, wird der Sinn der Trennung auch für den vollziehbar, der sie zunächst nicht wollte. Aus dem Schmerz des Loslassens, aus dem Opfer der existenziellen Unsicherheit, aus der Erschütterung des Infrage-gestellt-Seins und aus der Distanz der abgebrochenen Gewohnheiten heraus kann es zu einer letzten und neuen Begegnung kommen. So etwas wie eine abschließende Achtung vor dem anderen kann installiert werden. Der letzte Blick auf den Wesenskern des früheren Partners ist das, was nach der Trennung da Autonomie schaffen kann, wo vorher vielleicht quälende Abhängigkeit erlebt worden ist.

Und von daher, vielleicht nur von daher, mag eine Trennung, auch eine Trennung von Eheleuten, berechtigt sein: Wenn sie der einzige Weg ist, das Urbild des Partners und das eigene Urbild wieder herzustellen; wenn anders ein Anschluss an die Entwicklungsmöglichkeiten der Partner nicht zu finden ist.

So kann die Trennung da ihr eigentliches Wesen haben, wo sie Begegnung ist.

Fragen zum Thema

Frage: Wie kann es nach der Trennung weitergehen?

Antwort: Das hängt sehr davon ab, ob die Trennung gewollt war oder ob man sie passiv erlitten hat.

Derjenige, der sie gegen seinen Willen erleiden musste, hat es natürlich schwerer. Er sollte auf jeden Fall nicht von sich verlangen, die Situation allein zu bewältigen. Er wurde durch die Trennung allein gelassen. Nun muss ein wichtiger erster Schritt zu einem Neuanfang getan werden, um aus dieser aufgezwungen Passivität herauszukommen, indem ganz konkret Gesprächspartner gesucht werden. Besonders in den Tagen und Wochen nach der erlittenen Trennung, das hat sich immer wieder als hilfreich herausgestellt, müsste es Freunde oder Verwandte geben, die einfach *da* sind. Es kommt in dieser ersten Zeit noch nicht auf Klärung und Verarbeitung an – der Schmerz ist jetzt noch zu groß. Aber es kommt darauf an, im Verlust menschliche Präsenz erleben zu können.

Erst danach sollte eine Phase eintreten, in der man aufarbeiten, Gespräche haben und wenigstens nachträglich Missverständnisse und Zerwürfnisse aufklären kann, die das Zusammensein vor der Trennung zerstört haben.

Notwendig wäre eigentlich, solche »Trauerarbeit« gemeinsam mit dem ehemaligen Partner durchzuführen. Mit ihm die Entwicklung zur Trennung hin immer wieder durchzusprechen, bis das Gefühl entsteht, dass die Trennung auch ihre Richtigkeit hat. Aber das geht oft nicht. Der verlassende Partner verweigert das meistens – vielleicht, weil er selbst dieses Gespür gar nicht hat.

Dann ist es die zweitbeste Lösung, gute Freunde, vielleicht auch frühere gemeinsame Freunde zu finden, mit denen man sich gesprächsweise ein Verständnis für die Entwicklung zur Trennung hin erarbeiten kann.

Diese Phase dauert Monate. Trauer, Wut und Resignation werden sie begleiten. Irgendwann aber entwickelt sich Hoffnung auf einen Neuanfang. Dann beginnt eine dritte Phase: Man kann sie die »Phase der Besinnung auf sich selbst« nennen. Jetzt gilt es, die eigene Autonomie, die eigene Kraft wiederzufinden. Man wird erleben, dass man nicht nur gut allein zurechtkommt, sondern auch, dass man die Freiheit hat, Wesenszüge zu leben, die man in der Partnerschaft nicht leben konnte.

Diese Phase kann zu dem paradoxen Gefühl führen, dass man durch den Verlust, durch die Trennung eine Erweiterung seiner Person gewonnen hat, dass man autonomer geworden ist.

Es hat sich immer wieder als sinnvoll erwiesen, diese Phase tatsächlich auch zu *leben* – zwei Jahre mindestens. Oft wird sie abgekürzt oder gar nicht erlebt, weil kurz nach der Trennung eine neue Partnerschaft entsteht.

Auch dies kann seine Richtigkeit haben. Aber die Lösung von der alten Bindung und die Öffnung für eine neue geschehen sicher ruhiger und gründlicher, wenn zwischen alter und neuer Bindung diese dritte Phase der Wiedergewinnung der Autonomie ausreichend Raum hat.

Manche kommen gar nicht in diese Phase hinein, weil sie jahrelang in der zweiten oder sogar in der ersten Phase verbleiben. Sie verharren in einer Art Schock. Hier ist fachliche Hilfe nötig. Ein Psychotherapeut oder ein Berater sollte aufgesucht werden, der helfen kann, die weitere Entwicklung der Nach-Trennungszeit in Gang zu bringen.

Frage: Wie verhält es sich mit Trennungen, die von keinem der beiden Partner gewollt werden?

Antwort: Die Frage zielt auf die Situation hin, welche die »Trennung der Liebenden« genannt wurde (Igor A. Caruso). Hier hat die Trennung scheinbar äußere Ursachen: Man ist verheiratet, hat einen Geliebten; um der Kinder willen muss man dann aber auf den Geliebten verzichten. Oder ein Student verliebt sich in eine ausländische Studentin, kurz bevor diese das Examen ablegt und in ihr Land zurückmuss, wo er selbst wiederum nicht studieren kann.

Solche Situationen haben eine solche Dramatik und seltsam explosive Angespanntheit, dass sie ohne Weiteres Stoff für bewegende Dramen des Theaters hergeben könnten. Eine seltsame Todesnähe, ja Todessehnsucht kann in derartigen, von vornherein bedrohten Liebesverhältnissen schwelen.

Geht man solchen Beziehungen etwas weiter nach, so fällt zunächst auf, dass die Gründe, die die Trennung erzwingen, schon vor Einsetzen des Liebesverhältnisses bekannt waren. So meint man in solchen Beziehungen ein Element der Selbsttäuschung wahrzunehmen. Das Paar ist sich in unendlicher Liebe zugetan, und die ganze Welt darum herum ist böse und feindlich. Ihr gebührt der Hass, uns aber der äußerste Liebesrausch. Etwas Selbstverzehrendes liegt in dieser Situation; ein aufbauendes Element ist kaum erlebbar. Oft wurden solche Verhältnisse schon unter dem Zeichen der Trennung angetreten. Man fragt sich, wieso.

Für den eigenen Umgang mit solchen Situationen mag es hilfreich sein, sich mit Fragen wie den folgenden auseinanderzusetzen: Worin unterscheidet sich mein Partner von mir, worin ist er anders? Worin sind wir uns gleich? Liebe ich in ihm das andere oder liebe ich in ihm mein Spiegelbild? Stellt er das dar, was ich schon immer selbst sein wollte? In welcher Situation habe ich mich in ihn verliebt – als ich selbstbewusst, sozial erfolgreich und beruflich kompetent war oder als ich gerade erschüttert war in meinem Selbstbewusstsein, als ich sozial oder beruflich an einem Tiefpunkt war?

Mit solchen und ähnlichen Fragen kann man nun – muss nicht – zu der Auffassung kommen, dass diese rauschartige und von außen bedrohte Liebe ein gutes Stück begeisterte Selbstbegegnung enthält, eine Begegnung mit dem eigenen idealen Selbst. Der Geliebte lebt und ist das, was ich schon immer leben und sein wollte. Und ich verliebe mich in ihn aus einer Situation der Verunsicherung, des Infrage-gestellt-Seins heraus. Ich suche und liebe im anderen *mich*. Daraus erklären sich dieses Element der Angespanntheit und das Rauschhafte in solchen Beziehungen und auch das innerlich Unberechtigte, das man als Außenstehender genau zu empfinden meint. Nicht die äußere Bedrohung führt zur Angespanntheit in der Beziehung. Es wurde vielmehr eine Beziehung »gewählt«, die von außen bedroht ist, weil eine solche Selbstliebe am Partner keine Zukunft haben kann. Die äußere Bedrohung steigert und kaschiert zugleich den beschriebenen inneren Charakter der Beziehung. Anstatt sich mit sich selbst auseinandersetzen zu müssen, mit eigenen Schwächen, eigenem Versagen, eigenen Erwartungen an das Leben, kann man sich mit etwas Äußerem auseinandersetzen: der Bedrohung, den Konventionen, den Umständen etc.

So wird hier unter Umständen ein Entwicklungsschritt umgangen. Und nimmt man die Todessehnsucht in solchen Liebesbeziehungen sinnbildlich, enthält sie im Grunde eine richtige Selbsteinsicht: Eigentlich müsste etwas von der Selbsttäuschung sterben. Die Angst davor kann im äußersten Fall umschlagen in reale Suizidgefährdung. Dies sind dann der Psychotherapie bedürftige Entwicklungen – oder vielmehr Nicht-Entwicklungen.*

* Der Psychoanalytiker Igor A. Caruso hat sich in dem Buch *Die Trennung der Liebenden* mit dieser Art von Trennung ausführlich auseinandergesetzt.

Selbstbegegnung auf dem Wege

Die schwierige Tochter

Frau V. fragt sich wiederholt in letzter Zeit, warum sie mit ihrer Tochter so viele Schwierigkeiten hat. Schon als das Mädchen noch ganz klein war, hatte sie Mühe, das Kind so »süß« zu finden, wie andere Menschen dies taten. Zu ihrer älteren Tochter hatte sie stets ein herzlicheres und spontaneres Verhältnis. Die jüngere aber hatte der Mutter immer schon eine bewusstere Liebe abverlangt.

Es fing damit an, dass das Kind die Muttermilch verweigerte. Später lehnte es häufig die Breichen ab, die die Mutter mit viel Aufwand gekocht hatte. Es nahm trotzdem kräftig zu und war schon bald ein kleines Dickerchen, worauf die Mutter anfing, das Kind so zu kleiden, dass seine Umfänglichkeit etwas kaschiert wurde.

Im Kindergartenalter erwies sich das Mädchen als recht faul, gleichzeitig aber auch sehr anspruchsvoll. Von der älteren Schwester ließ sie sich regelrecht bedienen, nörgelte aber gleichzeitig an allem herum, was diese für sie tat. Die Mutter, eine schlanke, eigentlich fröhliche Frau – sie war Grafikerin in einer Werbeagentur –, fühlte immer deutlicher, wie sich durch die Gegenwart dieses Kindes eine Last auf ihr Leben legte. Ihre Stimmung wurde von Jahr zu Jahr düsterer. Und als das Mädchen in die Schule kam und die Lehrer zu Hause anriefen, das Kind sei faul und frech, verprügelte Frau V. ihre Tochter, was noch nie vorgekommen war. Sie schämte sich hinterher, überschüttete das Kind nun mit Süßigkeiten – mit dem Ergebnis, dass es noch anspruchsvoller wurde. Frau V. musste sich immer öfter eingestehen, dass sie dieses Kind einfach unausstehlich und unansehnlich fand und dass sie am liebsten gar nichts mit ihm zu tun gehabt hätte. Gleichzeitig empfand sie mit Verzweiflung und Wut die Unausweichlichkeit ihrer Lage.

Was liegt hier vor? Beschäftigen wir uns zur Beantwortung dieser Frage eingehender mit diesem Gefühl der Unausweichlichkeit. Man erlebt etwas am anderen – das könnte auch der Ehepartner oder eine Kollegin sein –, mit dem man sich auf gar keinen Fall auseinandersetzen möchte und das man schon gar nicht »gernhaben« möchte.

Aber es ist immer wieder unausweichlich da – und es ist hässlich. Eigenschaften, Verhaltensweisen, Charakterzüge, die man zutiefst verabscheut und mit denen man gar nicht konfrontiert sein möchte, schieben sich aufdringlich in den Vordergrund, bestimmen den Umgang mit dem betreffenden Menschen in ausschließlicher Weise. Und man fragt sich, warum man dem Sachverhalt nicht nüchtern oder sogar mit Humor begegnen kann.

Eines Tages, als Frau V. das Kind bei einer anderen Schülermutter spielen und sich ganz anders verhalten sieht – es ist freundlich, fröhlich und rege –, wird es Frau V. mit einem Schlage klar: Das Hässliche und Unausweichliche, das ihr bei diesem Kind so sehr zu schaffen macht, das ist ein Teil von ihr selbst! Es ist eine Selbstbegegnung, die hier stattfindet. Und sofort fällt ihr ein, wie sie jahrelang hat darum ringen müssen, fröhlich und rege zu sein, und dass sie ein dickliches, unansehnliches Kind war. Sie war in der Tochter einem Teil ihrer selbst begegnet und hatte *dort* abgelehnt und bekämpft, was sie im Grunde nur *in sich selbst* bekämpfen konnte. Ihre immer im Hintergrund lauernde Neigung, sich gehen zu lassen, sich fallen zu lassen, war durch diese Tochter wieder geweckt worden. Auch wollte diese sich nicht ständig beherrschen und aufraffen müssen. Wie sie selbst.

Die personifizierte Schattenseite des Menschen

Frau V. hat hier eine Begegnung mit dem »Hüter der Schwelle«. So lautet von altersher der Name dieser personifizierten Schattenseite eines Menschen. Der Hüter der Schwelle ist eine geballte Zusammenfassung alles dessen, was »schattenhaft« an uns ist: unserer Versäumnisse, unserer Illusionen, unserer unerledigten Impulse, unserer Feigheiten, unserer Beziehungsschulden, unseres Selbstbetrugs. Der Hüter ist ein Teil von mir selbst. Und ich komme in meiner biografischen Entwicklung nur weiter, wenn ich den Hüter als einen Teil meiner selbst erkenne und annehme. Denn den nächsten Entwicklungschritt kann man immer nur als ganzer, vollständiger Mensch tun. Man kann nicht das unangenehme, schwere Gepäck zurücklassen, um dann leichtfüßig die nächste Stufe zu erklimmen. Der Hüter der Schwelle ist wirklich ein Hüter: Er wacht über die Rechtmäßigkeit der Entwicklung unseres Bewusstseins.

Und er tritt, bildlich gesprochen, erst zur Seite und lässt uns hindurch, wenn wir ihn als Teil von uns selbst angenommen haben. (Frank Kafka hat dieses Hütererlebnis, das nicht als solches erkannt wird, in seiner ganzen lastenden Düsternis dichterisch gestaltet in seiner Erzählung *Vor dem Gesetz.*)

Der Hüter tritt meist in Schwellen- oder Übergangszeiten auf, also in Lebensphasen, in denen ein neuer Entwicklungsschritt ansteht. Er kann einem auch begegnen, wenn ein biografischer Schritt zu schnell oder zu früh vollzogen wird, zum Beispiel wenn man zu früh heiratet. Auch junge Menschen, die zu früh selbstständig sein wollen oder müssen, können niederdrückende Hütererlebnisse haben.

Der Hüter kann die unterschiedlichsten Formen annehmen: Was Frau V. an ihrer Tochter so unausweichlich nervte, was am Ehepartner so unausstehlich ist und was uns an einer Kollegin so widerlich scheint – das können Erscheinungsformen des Hüters sein. Der andere – Tochter, Ehepartner, Kollegin – kann eine Funktion haben wie die Leinwand im Kino, auf der ein albtraumhafter Film abläuft und wobei die Leinwand gar nichts damit zu tun hat.

Der Hüter kann aber auch auftreten als diffuse Lebensangst, als chronische Depression, als ständige Gereiztheit, als chronisches Kranksein.

All dies sind eigentlich Selbstbegegnungen. In jedem Falle geht es darum, eine bestimmte Art von Selbstliebe aufzugeben. Das ist die Aufforderung, die in der Hüterbegegnung liegt. »Ich bestehe im Wesentlichen nur aus schönen und guten Eigenschaften; meine Ansichten sind durchdacht und richtig; die paar wenigen Fehler, die ich im Leben gemacht habe, sind verjährt; und es müsste eigentlich für meine Mitmenschen eine Freude sein, mit mir zusammen zu sein.« Diese Illusion gilt es aufzugeben. Der Hüter verliert seinen Schrecken, wenn ich erkenne und akzeptiere, dass ich auch hässliche und dunkle Seiten in meiner Seele habe; dass ich irreparable Fehler gemacht habe; dass ich manche Chance, die sich mir geboten hat, habe verstreichen lassen; und dass ich ganz schön anstrengend für meine Mitmenschen sein kann. Dann kann die Entwicklung des Erwachsenen weitergehen.

Die Hüterbegegnung fordert also eine Selbsterkenntnis heraus, die mich freimacht für das Neue in mir. Diese Selbsterkenntnis befreit auch den anderen, der mir, ohne dass ich es zunächst bemerkt habe, als Leinwand für meinen privaten Film diente. Wenn ich das, was ich am anderen so unausstehlich finde, als einen Teil von mir erkenne und dadurch zu mir zurücknehme, befreie ich den anderen zu dem, was in ihm steckt. Jetzt zeigt die Tochter, der Partner, die Kollegin plötzlich Eigenschaften und Fähigkeiten, die ich ihnen gar nicht zugetraut hätte. Plötzlich nehme ich das Eigenwesen des anderen erst richtig wahr.

Die Liebe zum scheinbaren Urbild

Es gibt noch eine Art von Selbstbegegnung, die auch zunächst als solche nicht erkannt wird: Das ist eine rauschhafte Begegnung. Man trifft einen Menschen, meist des anderen Geschlechts, und ist urplötzlich fasziniert von ihm; man versteht sich auf Anhieb gegenseitig bis in die verborgensten Winkel der Seele. Oft bedarf es kaum der Sprache; ein Blick, ein Lächeln zeigen das intimste Verständnis an. Meist ist diese Begegnung von einer enormen erotischen Anziehungskraft begleitet, und man erlebt sich vereinigt auf allen Ebenen des Seins.

Ein paar Wochen lang. Dann genügt ein kleines Missverständnis, eine kleine Meinungsverschiedenheit, und der gemeinsame Begegnungs-Höhenflug fällt in sich zusammen, und man kann sich nun verzehren in monatelangen gegenseitigen Vorwürfen: Du bist ja gar nicht so, wie ich anfangs dachte. Man erkennt plötzlich, dass der andere eben nicht identisch ist mit einem selbst, sondern eine eigenständige Person darstellt. Und man gerät nach einem solchen Rausch in die groteske Situation, dem anderen vorzuwerfen, dass er anders ist als man selbst.

Eine solche rauschhafte Begegnung ist in Wahrheit eine Selbstbespiegelung. Im Unterschied zum Hütererlebnis nimmt man hier am anderen das eigene ideale Selbst wahr. Der andere scheint alles das zu repräsentieren, was in mir steckt an Möglichkeiten, an unausgelebten Fähigkeiten und positiven Eigenschaften. *Er scheint mein Urbild zu sein.* So liebe ich mich selbst, wenn ich den so wahrgenommenen anderen liebe. Ich bin fasziniert von mir selbst.

Und da man hier sich eigentlich selbst im Gewande des anderen Geschlechts wahrnimmt, ist das Bedürfnis nach physischer Vereinigung logischerweise übermächtig. Man vollzieht im Physischen das, was man eigentlich in der Seele vollziehen sollte: die Vereinigung mit dem eigenen Idealbild. Würde man es in der eigenen Seele tun, wäre dies ein mühevolles und jahrelanges Ringen mit sich selbst. Im Physischen ist es schneller und lustvoller zu haben. Das ungeahnt schöne Erlebnis, bis ins Kleinste verstanden zu werden, beruht auf dieser Verwandtschaft. Man hat eine derartige Selbstbegegnung mit Menschen, die einem tatsächlich ähnlich sind und die ähnliche Idealbilder von sich selbst in sich tragen wie wir. Dass sie darüber hinaus auch ganz eigenständige und andersartige Persönlichkeiten sind, wird anfangs wie im Rausch übersehen, und später wird es ihnen vorgeworfen. Der Absturz aus diesen Wolken der Selbstliebe kann zu einem jahrelangen »Beziehungskrieg« führen.

Solche Menschen kommen oft, ähnlich wie diejenigen, die Hütererlebnisse am anderen haben, über Jahre, manche ein Leben lang, nicht voneinander los. Denn in der Tat: Man kann sich nicht von sich selbst trennen. Solange man nicht erkennt, dass man es mit einer *Selbst*-Begegnung zu tun hat, ist die Beziehung unauflöslich.*

* Weiterführende Literatur: Bernard Lievegoed, *Der Mensch an der Schwelle*.

Wenn die Kinder größer werden

»Dir fehlt eine Aufgabe!«

Frau A. hat zwei Töchter, vierzehn und zehn Jahre alt. Diese entwickeln sich problemlos. In der Schule kommen sie gut zurecht. Die Ältere hat auch die Pubertät ohne größere Dramen überstanden. Die Jüngere ist besonders selbstständig für ihr Alter und geht schon ganz ihre eigenen Wege. – Herr A. ist beruflich sehr beansprucht. Er führt ein kleines Unternehmen, das ihm nur wenig Zeit für die Familie lässt.

Seit einigen Monaten jedoch gibt es zwischen Frau A. und ihrer älteren Tochter ständig Zänkereien. Anlass ist immer eine gewisse Überfürsorglichkeit der Mutter: Mal räumt sie den Wäscheschrank der Tochter auf, was diese schon längst eigenverantwortlich tut. Mal will Frau A. sich nachmittags mit der Tochter über die Schule unterhalten, wozu diese aber gar keine Lust hat. Mal kritisiert Frau A. an ihrer Tochter herum, weil sie abends oder am Wochenende so lange wegbleibe. Meist sind es Kleinigkeiten. Frau A. macht sich neuerdings ständig Sorgen um die Töchter, besonders um die ältere.

Auch im Umgang mit Bekannten ist Frau A. gereizter geworden. Sie reagiert immer ein wenig zu scharf, wenn das Gespräch auf die inzwischen recht großen Kinder kommt. Und sie reagiert nervös, wenn sie erfährt, dass wieder eine Bekannte eine Arbeit angenommen hat. Diese Zusammenhänge sind ihr zunächst nicht bewusst. Sie merkt nur, dass sie zunehmend unruhiger wird und sich durch Kleinigkeiten aus der Fassung bringen lässt.

In dieser innerlich etwas desorientierten Situation sucht sie eine Beratungsstelle auf. Sie formuliert dort beim Erstgespräch als Grund für ihr Kommen: »Ich will endlich wissen, was mir fehlt.« Wenige Tage später entwickelt sich wieder aus einer Nichtigkeit ein heftiger

Streit zwischen Mutter und Tochter. Im Verlauf der Auseinandersetzung ruft die Tochter: »Dir fehlt eine Aufgabe. Wenn du eine hättest, würdest du uns endlich in Ruhe lassen!«

So hatte also Frau A. durch ihre Tochter eine Antwort auf die Frage erhalten, die sie im Gespräch mit dem Berater formuliert hatte. Plötzlich wurde ihr klar, warum sie seit Monaten so unzufrieden war. Die Kinder beanspruchten sie längst nicht mehr in dem Maße wie noch vor zwei Jahren. Muttersein war jetzt keine den Tag füllende Aufgabe mehr. Die Hülle, die sie einst aufgebaut und mit der sie jahrelang die Kinder umhegt hatte, war von den Kindern längst gesprengt worden, und nur noch sie selbst war in den Resten dieser Hülle verblieben – eigentlich allein. Wie eine Vogelmutter, die noch im Nest sitzt, während die Jungen längst ausgeflogen sind.

Frau A. war in einen Entwicklungsstau geraten. Dieser macht sich typischerweise in Nervosität, Reizbarkeit und Unruhe sowie in unbestimmten kleinen Sorgen und einer gewissen melancholisch-pessimistischen Grundstimmung bemerkbar. Die ältere Tochter hatte es ganz trocken ausgesprochen: Frau A. fehlte eine neue Aufgabe, damit sie sich weiterentwickeln konnte.

Dies ist ein sehr kritischer Punkt in vielen heutigen Frauenbiografien. Es ist eine Art Scheidepunkt. Dabei besteht die Gefahr, dass die Mutter trotz zunehmenden Alters der Kinder ihre Mutterrolle nicht loslässt, weil sie einfach nicht weiß, was eigentlich sonst ihre Aufgabe sein könnte. Das kann ein Motiv für einen gewissen Stillstand sein bei Frauen, die vor der Mutterschaft keine berufliche Aufgabe hatten. Ein anderes Motiv für den Stillstand mag aber auch die schlichte Angst sein vor dem Überschreiten einer Schwelle: heraus aus dem Vertrauten und hinein ins Unbekannte, wo man sich ja erst wieder neu zurechtfinden und bewähren muss. Natürlich gibt es auch andere Motive: zum Beispiel die Sorge, bei den Verwandten als »schlechte Mutter« zu gelten, wenn das Arbeitsleben wieder aufgegriffen wird.

Was auch immer die Motive sind, ein Stillstand wird immer Unzufriedenheit mit sich bringen und eine gewisse Neigung, die Kinder für kindlicher und schutzbedürftiger zu halten, als sie es sind.

In heutigen Frauenbiografien wird an diesem Scheidepunkt die Wendung in eine andere Richtung immer üblicher: Die Arbeit wird wieder aufgegriffen. Die meisten kehren zu der Tätigkeit zurück, die sie früher schon ausgeübt haben. Andere schulen um oder lernen einen ganz neuen Beruf oder machen eine Zusatzausbildung, aufbauend auf das früher Erlernte.

Frauen, die sich schon während der Mutterschaft mit einer wenn auch noch so kleinen zusätzlichen Aufgabe beschäftigt haben, die außerhalb des häuslichen Milieus lag, haben es an diesem Scheidepunkt leichter, von der Mutterrolle etwas zurückzutreten. Manche mögen sogar stundenweise im ehemaligen Beruf weitergearbeitet haben. Andere haben sich für eine ehrenamtliche Aufgabe engagiert. Wieder andere haben während der Mutterschaft Interessen entwickelt, die sie innerlich stark in Anspruch nehmen. Und wenn man nur regelmäßig in einen Chor geht, an dessen Aufführungen teilnimmt und sich dem sozialen Leben anschließt, das sich daraus ergibt. Solche kleinen Abschnitte einer kurzfristigen inneren Distanz von der Mutterrolle in der Zeit, da man noch ganz mit den Kindern beschäftigt ist, machen später einen reibungslosen Übergang in die Berufsrolle eher wahrscheinlich als ein absolutes und vollständiges Eintauchen in die selbst geschaffene Umhüllung der Kinder.

Die neue Rolle

Frauen, die aus dieser Scheidepunkt-Situation heraus dann eine Arbeit oder Aufgabe finden, werden oft zunächst einmal geradezu euphorisch bis »aufgedreht«. Die ersten Wochen in der neuen Rolle als berufstätige Frau werden wie ein fast überwältigendes Aufwacherlebnis geschildert. So ging es auch Frau A. Sie fand eine Halbtagsstelle als Rechtsanwaltsgehilfin. Die ersten Wochen waren für sie verwirrend, etwas beängstigend, aber vor allem einfach befreiend. Es war ihr, als sei sie aus einer Dämmerung herausgetreten, als sei sie geradezu aus einem Schlaf geweckt worden. Die Jahre ihrer ausschließlichen Mutterschaft erschienen ihr nun nachträglich wie in einer Art Trance verbracht.

Aufgeregt war sie, weil sie zunächst natürlich keine Kompetenz in ihrer neuen Rolle hatte (sie hatte zuletzt vor fünfzehn Jahren in einer Notariatspraxis gearbeitet). Aufgeregt war sie aber auch, weil sie nun sah, welche Möglichkeiten vor ihr lagen. Und aufgeregt war sie, weil sie ganz im Hintergrund ihrer Seele so etwas wie ein schlechtes Gewissen den Kindern gegenüber spürte, dies aber nicht verspüren wollte. So war sie in dieser neuen Phase zu Hause zunächst wieder sehr gereizt, nun aber aus ganz anderen Gründen: dann nämlich, wenn die Töchter etwas von ihr wollten oder sie etwas fragten. Frau A. betonte dann sehr, dass die Töchter ja wohl alt genug seien, um diese Dinge selbst in die Hand nehmen zu können.

Nach drei Monaten in der neuen Rolle hatte Frau A. eine Krise: Es wurde ihr bewusst, dass es gar nicht darum ging, die Mutterrolle gegen die Berufsrolle einzutauschen. Vielmehr erkannte sie, dass die Berufsrolle zur, wenn auch veränderten, Mutterrolle hinzukam. Sie hatte nun Verantwortung gegenüber den Kindern *und* der Arbeit. Denn gerade die innere und äußere Distanz zum familiären Milieu hatte ihr gezeigt, dass die Kinder sie sehr wohl noch brauchten – allerdings war auch klar, dass die Anforderungen an die Mutterrolle jetzt ganz andere waren als zuvor. Jetzt gehörte es zum Beispiel zur Mutterrolle, zuweilen auch einmal loszulassen, aber auch in Ruhe präsent zu sein, wenn die selbstständigen Schritte die Kinder auf Irrwege geführt hatten. Es ist für ältere Kinder ein Unterschied, ob sie das Loslassen beim Vater erleben – von dem sie das meistens ohnedies kennen, weil Vätern das Loslassen meist näher liegt als Müttern – oder ob sie es bei der Mutter erleben, von der sie genau spüren, dass diese sich das Loslassen erst erarbeiten musste. Diese letztere Form des Loslassens mitzuerleben, ist dasjenige, was die älteren Kinder jetzt brauchen. Insofern brauchen sie sehr wohl die Mutter auch weiterhin, aber eben anders als früher. Dies zu erkennen, war für

Frau A. erst aus der Distanz heraus möglich, die ihr die neue Berufsrolle geschaffen hatte.

Sie hatte nun also Verantwortung nach zwei ganz verschiedenen Seiten hin. Und so fragte sie sich auch immer öfter, ob ihr Schritt eigentlich richtig gewesen sei und ob sie nicht doch hätte »ganz« Mutter bleiben sollen. Sie beruhigte sich aber, als sie eines Tages zufällig hörte, wie ihre jüngere Tochter mit einer Schulfreundin telefonierte. Stolz sagte das Mädchen: »Mama ist jetzt größer geworden.« Sie hatte den Zuwachs an innerer Reife wahrgenommen, der bei Frau A. in der Auseinandersetzung mit diesem Entwicklungsschritt entstanden war. Offensichtlich hatte dies eine Art Achtung vor der Mutter als eigenständiger Person entstehen lassen. Dies ist genau dasjenige, was ein Kind in der Pubertät von seinen Eltern braucht: Es muss sie als eigenständige Menschen respektieren können.

So war Frau A.s Wiedereintritt ins Berufsleben eine Art Kreuzungspunkt zwischen ihrer biografischen Entwicklung und dem Reifungsprozess ihrer Kinder.

Herr A. schien übrigens nun auf einmal mehr Zeit zu haben. Er war abends öfter zu Hause und sprach mit seiner Frau über seine beruflichen Sorgen und Pläne, was er bis dahin kaum getan hatte. Es kam ihr so vor, als würde er sie nun plötzlich ernster nehmen.

Bei Frau A. war die anfängliche Stimmung der Euphorie bald wieder verflogen. Normale Schwierigkeiten des Alltags, Kollegen, mit denen sie öfter Ärger hatte, ferner neue Erziehungsfragen, die älteren Kinder betreffend, hatten sie wieder auf den Boden der Wirklichkeit geholt. Geblieben waren aber eine zuversichtliche Grundstimmung und ein Selbstvertrauen, wie sie es nur ganz am Anfang ihrer Mutterschaft gekannt hatte.

Fragen zum Thema

Frage: Warum haben Frauen oft ein schlechtes Gewissen, wenn sie nach Jahren der Mutterschaft wieder ins Berufsleben eintreten?

Antwort: Hier wird vieles zusammenkommen: das klassische bürgerliche Frauenbild, alte und ehrwürdige Ideale der Mutterschaft; Mütter und Schwiegermütter, die Schuldgefühle wecken, wenn die erwachsene Tochter nach der Zeit der Mutterschaft wieder arbeiten möchte; Ehemänner, die sich ihrer Bedeutung als alleinige Ernährer der Familie beraubt sehen.

Es dürfte hier aber noch ein anderer Gesichtspunkt in Betracht kommen: Nach Jahren der Mutterschaft meinen viele Frauen, es sei »egoistisch«, wieder arbeiten zu wollen. Es ist schwer, von der mütterlichen Selbstlosigkeit umzuschalten auf Schritte, die zur Selbstverwirklichung und Selbstentwicklung führen. Dazwischen liegt eine Schwelle, die als »schlechtes Gewissen« erlebt wird.

Der Schritt über diese Schwelle ist *ein Schritt aus dem Geiste, weg vom Geiste*. Es geht darum, sich von dem geistigen Bezirk, in den eine Frau durch die Mutterschaft hineingenommen ist, zu verabschieden und sich dem eigenen, ganz irdischen Ich wieder zuzuwenden. Der Schritt in die Arbeitswelt ist ichhaft, und er scheidet mich ab von der geistigen Sphäre. Erst sekundär kann ich mich, als Frau oder Mann, der geistigen Sphäre gegenüber wieder öffnen durch bewusste und gezielte spirituelle oder religiöse Arbeit an mir selbst.

Die Mutter lebt wie träumend, fühlend in der geistigen Sphäre mit, die das Kind, vor allem in den ersten Lebensjahren, umgibt (und aus der es selbst spätestens in der Pubertät herausfällt). Wenn sie sich nun dem Berufsleben wieder zuwendet, so lebt sie in einem Wachheits- und Willensmoment, das ichhaft ist, ichstärkend, das aber eben auch Trennung von dem unmittelbar fühlenden Erleben oder doch Spüren der geistigen Sphäre bedeutet.

Das »schlechte Gewissen« sagt der Mutter wider alle Vernunft, auch wider die *eigene* Vernunft: Es ist wie eine Sünde, wenn du jetzt wieder ins Berufsleben eintrittst. Darin dürfte ein Kern von Wahrheit liegen, woraus aber auf keinen Fall geschlossen werden darf, dass das Vorhaben unterlassen werden sollte. »Sünde«, hier ganz untheologisch genommen als Sich-Abschneiden von der geistigen Sphäre, ist notwendig, um erste Schritte zur Ich-Werdung zu tun. Das Ich ist gegenüber der geistigen Sphäre abgeschlossen. Das schlechte Gewissen kann der Geburtsschmerz des Ichs sein. Wie beim Kind und beim Jugendlichen können auch bei Frauen in der beschriebenen Lebenssituation Ich-Schritte von schlechtem Gewissen begleitet sein.

Das muss so sein. Denn durch das Sich-Abschließen wird im Ich ein Sehnsuchtskeim gelegt, sich eines Tages wieder neu und anders und aus eigener Anstrengung mit der geistigen Sphäre zu verbinden.

Erwachsene und ihre Eltern

Großeltern und Enkel

Die Beziehungen zwischen Erwachsenen und ihren Eltern enthalten bedeutende Chancen der biografischen Entwicklung für alle Beteiligten; sie enthalten aber auch Gefahren, und zwar Gefahren der Behinderung von Entwicklung.

Als Herr und Frau B. heirateten, fanden sie keine preiswerte Wohnung. Die Eltern der jungen Frau boten den beiden deshalb an, in ihrem Haus eine Wohnung auszubauen. Es war das Haus, in dem Frau B. auch aufgewachsen war. Man erweiterte nun eine Einliegerwohnung, sodass das Häuschen jetzt aus zwei vollwertigen Wohnungen bestand, oben wohnten die Eltern bzw. Schwiegereltern, unten das junge Paar. Man verstand sich gut, bis Kinder kamen. Die Eltern der jungen Frau, überglücklich über die neue Großelternrolle, wollten verständlicherweise von Anfang an teilhaben am Aufwachsen der Kinder. Ja, man konnte beobachten, wie es richtig belebend wirkte auf die Großeltern, wenn sie mit den Enkeln zusammen waren. Da die Kinder bei Oma und Opa auch ein bisschen verwöhnt wurden und dort manches mehr durften als bei den Eltern, ergab es sich bald, dass sie öfter auf der Etage der Großeltern zu finden waren als in der Wohnung der eigenen Eltern.

Es kam zu Streitigkeiten, zum Beispiel wegen Süßigkeiten: Frau B. achtete strikt auf gesunde und zuckerarme Ernährung, ihre Mutter aber überhäufte die Kinder mit Schleckereien. Nach einer hässlichen Auseinandersetzung zwischen Eltern und Großeltern ging die Oma dazu über, den Kindern heimlich Süßigkeiten zuzustecken, verbunden mit dem augenzwinkernden Hinweis, dies doch bitte nicht der Mutter zu sagen.

Als die Kinder dann bei Oma und Opa auch noch jeden Nachmittag fernsehen durften, obwohl Herr und Frau B. das ausdrücklich nicht wollten, war die Autorität der Eltern endgültig dahin. Die Kinder wandten sich bei Konflikten mit ihren Eltern immer öfter an die Großeltern, die dann meist eine liberalere Haltung vertraten.

Frau B. ärgerte sich sehr über all dies, weil sie sich zudem gut erinnerte, wie streng ihre Mutter zu ihr als Kind gewesen war. So war der Hausfriede bei Familie B. beträchtlich gestört, und man begegnete sich entweder mit Spott – dies hauptsächlich vonseiten der Großeltern, die sich über die »pädagogischen Verkrampfungen« ihrer Tochter lustig machten – oder mit Hass – dies hauptsächlich seitens von Frau B., die durch die Einmischung ihrer Eltern ihre familiäre Existenz gefährdet sah. Ein Auszug war nicht in Sicht. Umziehen verbot sich, weil inzwischen beide Seiten eine Menge Geld in den immer noch weitergehenden Ausbau des gemeinsamen Hauses investiert hatten.

Lässt man nun einmal dieses sehr reale Beispiel auf sich wirken, so kann man sich fragen, wieso erwachsene Menschen sich nicht in vernünftiger Weise mit Konflikten auseinandersetzen können. Die Anlässe, wegen derer man sich immer wieder entzweite, waren doch eigentlich nicht so enorm, dass man nicht in Ruhe eine Regelung hätte finden können. Und wir empfinden: Es muss hier noch um etwas anderes gehen als nur um Süßigkeiten und Fernsehen. Tatsächlich erkennt man, wenn man der Angelegenheit weiter nachgeht, wie zwischen den jungen Eltern und der vorangehenden Generation unausgelebte, ungelöste Konflikte aus alter Zeit aufbrechen, sobald eigene Kinder auftreten. Wenn die Großeltern mit den Enkeln großzügig umgehen, könnte das eigene Kindheitserinnerungen der jungen Eltern wachrufen an Einengungen, Ungerechtigkeiten oder strikte Verbote. Die jungen Eltern durchleben dann am aktuellen Gegenbild noch einmal den Schmerz früher schlimmer Erfahrungen.

Umgekehrt rufen Enkelkinder bei den frischgebackenen Großeltern neben der selbstverständlichen Freude Schuldgefühle wieder wach, die aus der Zeit ihres eigenen Erziehens stammen. Und sie spüren hier eine Möglichkeit, sich nun wenigstens nachträglich zu entlasten und frühere Ungerechtigkeiten und »Erziehungsfehler« wiedergutzumachen, indem sie nun die Kindeskinder verwöhnen.

Das Schattenbild der Eltern-Kind-Beziehung

Das Ganze läuft aber nicht über das Bewusstsein der Beteiligten ab, sondern bleibt, weil es unangenehm ist, unterhalb der Bewusstseinsschwelle. So kommt es, wenn wir es menschenkundlich ausdrücken, auch hier zu einer Art Doppelgänger- oder Hüterbegegnung zwischen den jungen Erwachsenen und ihren Eltern. Als »Hüter« (vgl. S. 106 ff.: Selbstbegegnung auf dem Wege) können wir ja die Teile einer Person bezeichnen, die zunächst im Unbewussten bleiben und die sich aus unausgelebten Möglichkeiten, vertanen Chancen, ungelösten Konflikten und unverwandelten Impulsen zusammensetzen. Es ist eine Art Schattenbild des bewussten Menschen.

Solche Schattenbilder können heraustreten, wenn zwischenmenschliche Beziehungen durch den Gang der Ereignisse (hier das Hinzukommen von Kindern) eigentlich auf eine neue Stufe kommen müssten, wenn sie sich wandeln müssten. Das Schattenbild der Eltern-Kind-Beziehung tritt in Erscheinung, wenn die Kinder nun selbst Kinder bekommen; es kann aber auch auftreten, wenn zum Beispiel ein Großelternteil stirbt; es kann aber auch ohne Kindeskinder auftauchen, wenn man zu lange als Erwachsener im elterlichen Haushalt bleibt und den Entwicklungsschritt nach draußen versäumt hat. Das Schattenbild der Eltern-Kind-Beziehung und die Schattenbilder der beteiligten Personen halten sich dann gegenseitig wach. Von außen wirkt das dann wie Spiegelfechten.

Selten stehen dahinter böswillige Absichten. Im Gegenteil waren auch im erwähnten Beispiel die Großeltern besten Willens zu helfen. Sie wollten die Mutter entlasten und für die nachfolgende Generation da sein und von ihnen gebraucht werden, was für Großeltern in ihrem Alter ein durchaus entwicklungsgemäßes Bedürfnis ist. Als sich dies aber mit den eigenen Schuldgefühlen vermischte, verkehrte sich ihre »Hilfe« ins Gegenteil. Sie mischten sich zunehmend störend in das Leben der folgenden Generation ein.

Auch Frau B. hatte die besten Absichten. Sie stellte sich eine Großfamilie vor, in der die Alten den Jungen und diese den Alten helfen und zur Seite stehen. Als ihr aber angesichts der Verwöhnung ihrer Kinder durch ihre Eltern klar wurde, wie streng und asketisch sie selbst einst aufgewachsen war, wie unnachsichtig ihre Mutter seinerzeit jedes Naschen am Marmeladentopf verfolgt hatte, als ihr dann auch plötzlich wieder vor Augen stand – angesichts der ständig neuen und schicken und teuren Kleidung, die ihre Mutter den Kindern aus der Stadt mitbrachte –, wie lächerlich sie selbst als Mädchen gekleidet war – noch als Dreizehnjährige hatte sie Dirndl und Wollstrumpfhosen tragen müssen, sehr zum Gespött der Schulkameraden –, da stieg Hass in ihr empor. Aber es war weniger der Hass über die Verwöhnung selbst als ein nachträgliches zorniges Aufbegehren gegen die Art, wie mit ihr selbst verfahren worden war.

Und sie fragte sich, wieso sie sich eigentlich nicht wenigstens jetzt, wo sie doch erwachsen war und wo es um ihre eigenen Kinder ging, gegen ihre Mutter durchsetzen konnte. So kam sie ziemlich verzweifelt in eine Beratungsstelle. Dort konnte in wenigen Gesprächen erarbeitet werden, dass es nun zunächst darauf ankommen würde, sich mit den Eltern über die schwierigen Seiten der Vergangenheit auszutauschen. Wenn es ihr gelingen würde, in der Auseinandersetzung aus der Kind-Rolle herauszufinden, so würde sie als autonome Erwachsene in den strittigen Erziehungsfragen, die nun ihre eigenen Kinder betrafen, ihrer Mutter gegenübertreten können. Tatsächlich gelang dies – hauptsächlich wohl deshalb, weil ihre Mutter es schaffte, über ihre eigenen Schuldgefühle zu sprechen. Eine Versöhnung über die Vergangenheit wurde möglich, und eine Einigung in den aktuellen Erziehungsfragen ergab sich daraufhin fast von selbst.

Ähnliches liegt vor, wenn Erwachsene, die ganz woanders wohnen als ihre Eltern, mit oder ohne eigene Kinder zu ihren Eltern zu Besuch kommen. Man kann dann häufig erleben, dass die jungen Erwachsenen sich wie hypnotisiert zurückversetzt fühlen in die alte Rolle, die sie als Kinder den Eltern gegenüber eingenommen haben. Als ob die Vergangenheit an ihnen zerren würde, ist man plötzlich bei diesen Elternbesuchen wieder das Dummerchen oder der ungeschickte, linkische Junge, der man damals gewesen war und der man doch sonst im eigenen Erwachsenenleben gar nicht mehr ist. Auf der Rückfahrt von solchen Besuchen ärgert man sich dann über sich selbst und fragt sich, wieso man bloß wieder in die alte Rolle zurückgefallen ist.

Die Chance, Altes in Neues zu verwandeln

Einen wichtigen Beitrag können hier die Eltern leisten. Wenn es ihnen gelingt, in ihren nun erwachsenen Kindern eigenständige Persönlichkeiten zu sehen, mit Fähigkeiten und Eigenschaften, die sie weder einfach als Ergebnis eigener Erziehungsleistung noch als Ergebnis eigenen Versagens betrachten, dann können beide Teile frei aufeinander zugehen. Wenn aber etwa der berufliche Erfolg der Tochter unter dem Aspekt gesehen wird, dass man ihr ja seinerzeit die Ausbildung finanziert hat, oder wenn der gute Umgang des jetzt erwachsenen Sohnes mit seinen Kindern als direkte Folge der eigenen damaligen Erziehungsmethode betrachtet wird, dann bindet man, wo man eigentlich lösen müsste.

Eltern, die so auf ihre inzwischen erwachsenen Kinder zugehen, übersehen, dass diese mehr sind als ihre Kinder, mehr sind als ihre Produkte. Ein kleines Indiz dafür finden wir in der Tatsache, dass Eltern ihre erwachsenen Kinder häufig nicht nach ihrer Lebenssituation fragen, also ganz offensichtlich nichts wissen wollen, was über das schon Gekannte hinausgeht. Daraus spricht eine Unsicherheit. Wie sollte man sich auch dazu stellen, wenn man erführe, dass die Tochter, die man auf die Hauswirtschaftsschule geschickt hat, inzwischen selbst eine Haushälterin hat, weil sie eben lieber ihrer Karriere nachgeht, als einem elterlichen Frauenbild zu entsprechen? Was würde es bedeuten für das »Ich kenne dich doch«, wenn man erführe, dass der Sohn, den man auf eine Karriere als Bankangestellter gebracht hatte, weil das doch so gut zu ihm passte, samstagabends in einer Jazzband spielt und ansonsten vom Instrumentenbau lebt?

In solchen Beispielen sind immer auch die Chancen erkennbar. Sie liegen in diesem Fall der Beziehung zwischen Erwachsenen und ihren Eltern darin, *Altes in Neues zu verwandeln*.

Es erfordert zunächst einmal keine besondere Anstrengung, neue Menschen kennenzulernen. Es erfordert aber eine enorme Anstrengung, Menschen, die man »schon immer« kennt – wie sich eben Kind und Eltern »kennen« –, neu zu sehen. Dies geht nicht ohne einen inneren Ruck. Und es klappt dann auch nicht gleich. Leicht fällt man zurück in das: »So warst du schon immer.« Wenn man sich hier innerlich etwas voneinander distanzieren kann, dann hat man die Chance des Neufindens durch das Alte hindurch. Denn die Eltern haben ihre Elternrolle normalerweise erfüllt (sehen wir von Behinderungen oder besonderen Hilfsbedürftigkeiten seitens der Kinder ab), wenn die Kinder den ersten Mondknoten passiert haben (vgl. S. 157 ff.), also mit etwa 18 2/3 Jahren. Von da an steht für den jungen Erwachsenen die Aufgabe im Raum, entweder das elterliche Milieu zu verlassen, durch eigenverantwortliches Leben Autonomie zu entwickeln, um dann frei und freundschaftlich auf die Menschen zutreten zu können, die einst die Elternrolle ausgeübt haben, wobei man finden wird: Es sind ja ganz andere Menschen, wie man sie sich als Kind vorgestellt hat.

Oder man steht, wenn man das elterliche Milieu im ersten Mondknoten nicht verlässt, vor der Aufgabe, durch innere Anstrengung, durch Auseinandersetzung mit den Eltern diese als eigenständige Menschen zu sehen, die ja eigentlich immer mehr sind als nur Eltern.

Hier gibt es natürlich wieder viele Konfliktmöglichkeiten. Vor allem kann beim jungen Erwachsenen zunehmend das Gefühl auftreten: »Meine Eltern nehmen mich nicht für voll.« Das mag richtig sein. Aber wie sollen sie auch, solange man sich noch in der kindlich-abhängigen Haltung verschanzt, indem man sich noch mit zweiundzwanzig Jahren zu Hause von der Mutter das Essen kochen lässt?

Wenn die Eltern dann alte Menschen werden und womöglich der Pflege bedürfen, erhebt sich die Frage von Neuem, ob man aus Altem oder zu Neuem handelt. »Aus Altem« – das hieße hier, vielleicht den ein bisschen lästig gewordenen alten Menschen zu Hause zu pflegen, weil man sich eben verpflichtet fühlt, weil man sich gebunden fühlt, weil andere das erwarten. – Das wird dann meist kein gedeihliches Verhältnis werden, weil solche Motive nicht sehr weit tragen.

»Aus Altem« kann auch heißen, die Pflege nicht zu übernehmen und den alten Menschen in ein Altersheim abzuschieben, weil man ihn noch nie leiden konnte, weil man ihn endlich los haben möchte, weil er die eigene Autonomie bedroht. Wenn man aus solchen aus der Vergangenheit herrührenden Motiven den alten Menschen wegschiebt, vergibt man eine Chance.

»Zu Neuem« – das könnte heißen: Ich übernehme die Pflege meines alten Vaters, weil ich ihn dadurch ganz neu kennenlerne; weil ich darin eine wichtige und schöne Aufgabe für mich selbst sehe; weil ich die Idee der Großfamilie wirklich leben möchte; vielleicht auch aus Liebe. – Dann entsteht ein neues Verhältnis zu diesem Elternteil, der in der Würde des Alters erlebt und damit in seiner eigenen Entwicklung gefördert werden kann.

»Zu Neuem« könnte aber auch heißen: Alter Mensch und erwachsene Kinder beschließen, dass der alte Mensch in ein Altersheim geht, weil damit endlich die gegenseitige Autonomie gelebt werden kann, die für ein freundschaftliches Verhältnis notwendige Voraussetzung ist.

Es kommt also aus biografischer Sicht weniger darauf an, wie weit man die alten Eltern in das eigene Leben einbezieht, sondern darauf, aus welchen Motiven man dies tut oder eben nicht tut. Ob man hier mit Widerwillen handelt oder aus eigenem interessiertem Impuls. Jemanden als neuen Menschen kennenzulernen ist nirgends so schwierig wie zwischen Eltern und ihren erwachsenen Kindern. Aber Gelegenheiten dazu gibt es bis ans Ende.

Information und Wahrheit – über das Fernsehen und die Kunst

Die tägliche Gewohnheit

Herr L. ist Buchhalter und hat die Personalbuchhaltung eines größeren Konzerns unter sich. Er ist alleinstehend und vierzig Jahre alt. Seit seinem 25. Lebensjahr, als er eine Stelle bei diesem Konzern bekommen hatte, bei dem er heute noch arbeitet, sieht er jeden Abend fern. Sofort wenn er nach Hause kommt, schaltet er das Gerät an. Nicht, dass er dann gleich konzentriert zusähe, aber er mag es, wenn Stimmen in der Wohnung sind. Der laufende Fernseher gibt ihm das Gefühl, Anschluss an die Welt zu haben. Solange der Fernseher läuft, fühlt Herr L. sich nicht allein. Auch samstagnachmittags und den ganzen Sonntag läuft das Gerät. Nur Samstagabend nicht, da geht Herr L. zum Bridge-Spielen. Dort unterhält man sich über Fernsehsendungen.

Morgens bei der Arbeit, spätestens in der Frühstückspause in der Cafeteria, tauscht er sich mit Kollegen über die Fernsehsendungen vom Vortag aus. »Hast du ... gesehen?« Einmal hat ihn eine Kollegin gefragt, wieso er eigentlich *jeden* Abend fernsehe. Er meinte, es würde ihn entspannen. Aber noch während er das sagte, spürte er, dass das irgendwie gar nicht stimmte. Denn eigentlich war er gerade in der Nacht, wenn er das Gerät ausschaltete, ganz verspannt und verkrampft. Komischerweise freute er sich oft schon darauf, wenn es elf oder zwölf Uhr war, gleich den Fernseher auszumachen und ins Bett gehen zu können.

Nun hat sich seit einigen Monaten in dieses ruhige, eigentlich ereignislose, gleichförmige Leben von Herrn L. eine grundsätzliche Unzufriedenheit eingenistet, die ihn sehr störte, aber auch ständig beschäftigte. Er wurde unzufrieden damit, dass er jeden Abend den Fernseher einschaltete. Aber er tat es trotzdem. Neuerdings aber eben mit einem unguten Gefühl. Und es drängte sich immer mehr die Empfindung auf, dass der laufende Fernseher ihn ganz grundsätzlich *störe*, an etwas hindere. Gleichzeitig fand er solche Gedanken albern und versuchte sie zu verscheuchen, indem er sich die »wirklich guten« Sendungen ins Gedächtnis rief, für die es sich ja wirklich lohne, fernzusehen.

Da war doch zum Beispiel letzte Woche diese interessante Sendung über die Wasserversorgung in den Anden ... oder war es vorletzte Woche gewesen oder ging es um Äthiopien? ... Jedenfalls ... Und dann diese guten Filme. Oder wenn eine Katastrophe oder ein Krieg irgendwo ist, dann hat man gleich Bilder aus erster Hand davon. Da nimmt man doch richtig am Leben teil ...

Wenn Herr L. so mit sich sprach, tauchte vor seinem inneren Auge das Bild der Kollegin auf, die ihn damals gefragt hatte, und sie schien ihm etwas spöttisch zu lächeln.

Um sich nun zu beweisen, dass er ohne Weiteres auch einmal ohne den Fernseher auskommen könne, stellt er das Gerät eines sonntagnachmittags beherzt aus. Mit einem frohen und mutigen, auch ein klein bisschen beklommenen Gefühl machte er sich auf den Weg ins städtische Museum. Dort gab es eine Ausstellung moderner russischer Maler. Er tappte etwas ratlos an den Bildern vorbei und fragte sich, was er mit den Farbklecksen, Strichen und dem chaotischen Durcheinander eigentlich anfangen könnte. Sehnsuchtsvoll dachte er an sein Fernsehgerät zu Hause. Er ging in das Café, das dem Museum angeschlossen war, und bestellte sich einen Eiskaffee. Zwischen Ausstellungsplakaten sitzend kristallisierte sich vor seinem inneren Auge ein Bild heraus: eine graue, leicht bräunliche Landschaft, menschenleer. Ganz hinten ein Aufriss in der Landschaft, wie ein Riss in einem Vorhang, dahinter die beunruhigendsten Farben. Etwas war hinter der Landschaft, man konnte es nicht sehen, nur der Riss da hinten wies darauf hin, dass da etwas war. Er empfand dieses innere Bild ebenso beunruhigend wie schön. Etwas Eitelkeit kitzelte ihn: Ich bin ja ein Maler, ich habe ein Bild gemalt. Gleichzeitig belächelte er sich wegen dieser Eitelkeit.

Als er abends zu Hause wieder vor dem Fernseher saß, konnte er seiner Unruhe kaum Herr werden. Dann schoss es ihm wieder durch den Kopf: Ich habe ein Bild gemalt. Er schaltete das Gerät aus und versuchte, sich auf das innere Bild der Landschaft mit dem Riss zu konzentrieren, aber es ging nicht mehr.

Am nächsten Abend nach Dienstschluss eilte er ins Museum.

Die Volkserziehung zur Passivität

Das Fernsehen liefert uns Informationen aus der ganzen Welt, bringt Unterhaltung aus allen Bezirken, lässt uns teilhaben an allem möglichen Geschehen. Aber es ist eine passive Teilhabe. Es ist eine Einbahnstraße. Man kann beim Fernsehen nur etwas entgegennehmen, man kann nur passiv aufnehmen. Man kann nichts damit machen. Fernsehen macht die aktive Teilhabe an der Welt unmöglich. Fernsehen lähmt, es befruchtet nie, impulsiert nie. Es bringt uns die Lust an der Passivität bei – auch die Lust an der Passivität dem eigenen Leben gegenüber. Das eigene Leben wird zu so etwas wie der fernsehfreien Zeit. Wenn ich arbeite, mal krank bin oder mit Freunden Bridge spiele, dann ist das die Zeit, in der ich nicht fernsehe. Wenn ich fernsehe, geht es nicht um mein Leben, sondern es geht der Welt darum, sich mir zu zeigen. Im Fernsehen bekomme ich ständig Informationen und Antworten zu Fragen, die ich aus meinem eigenen Lebenszusammenhang heraus gar nicht gestellt habe. Die Fragen, die ich aus meinem Lebenszusammenhang heraus vielleicht haben könnte, verkümmern oder müssen normiert werden, damit sie zu dem passen, was das Fernsehen bringt. Schließlich will das Fernsehen ja Millionen von Menschen gleichzeitig etwas bringen. Wenn Millionen von Menschen vor dem Fernsehgerät sitzen und die gleiche Sendung anschauen, dann geht es nicht um das Leben des Einzelnen, sondern um die Einschaltquote.

Fernsehen ist das Unindividuelle an sich. Denn hier wird mir von außen ein Seeleninhalt in Bildform gegeben, anstatt dass ich mir selbst in inneren Bildern meinen Seeleninhalt schaffe. Millionen von Menschen wird so gleichzeitig der gleiche Seeleninhalt geliefert. Wenn man in diese Welt konsequent eintaucht, kann man nicht mehr Individuum sein wollen. Individualität ist dann nur noch eine Nische, in die man sich vielleicht sonntagvormittags oder im Urlaub auf Ibiza zurückzuziehen versucht.

Das Medium – wie der Begriff schon sagt: Medium heißt Mittler oder Vermittler – steht *zwischen* mir und der Welt. Es vermittelt mir Informationen über die Welt. Aber es vermittelt keine Informationen von mir an die Welt und kann schon gar nicht meine Handlungen an sie weitergeben. Deshalb entfällt diese aktive Seite einfach.

Fernsehen ist die Volkserziehung zur Passivität.

Kunst ist Tat

Die Alternative zum Fernsehkonsum ist nicht einfach der Nicht-Konsum, sondern es ist die Kunst. Kunst ist Tat. In der Auseinandersetzung mit den Kunst-Taten verschiedener Menschen bin ich äußerst aktiv, seelisch aktiv, ich frage, zweifle und suche, und dabei tauchen mir neue Perspektiven auf. Das ist die Mission der Kunst heute. Sie kann das Neue bringen. Aber sie bringt es nicht so, wie das Fernsehen eine Unterhaltungssendung bringt, sondern in einer zunächst mehrdeutigen, offenen, offenlassenden, freilassenden Weise. Sie erfordert dadurch eine suchende und fragende Aktivität vom Betrachter. Kunst ist Volkserziehung zur Aktivität.

Es ist nicht erheblich, ob man selbst Kunst »macht«, selbst Bilder malt oder Ähnliches. Wesentlich ist der innere Umgang damit.

Wenn Fernsehen Informationen bringt, bringt Kunst Wahrheit. Fernsehen bringt Nachrichten von der Wirklichkeit, wie sie ist. Kunst bringt Nachrichten von der Wirklichkeit, wie sie verstanden werden kann, zeigt, was in der Wirklichkeit steckt. Sie verwandelt die Wirklichkeit in die Wahrheit (H. G. Gadamer in *Wahrheit und Meth*ode).

Das Fernsehen reduziert die Wirklichkeit auf ihr äußeres, sinnlich wahrnehmbares Abbild. Kunst wirkt sinngebend, sinnzeigend, gerade im Zusammenhang dessen, was heute menschliche Entwicklung ist. Sie kann so wirken, weil sie seelische Aktivität herausfordert – gerade da, wo sie gar nicht auf Anhieb »schön« ist.

Wer sich mit der Entwicklung seines Lebensganges befasst und in diesem Zusammenhang Orientierung und Perspektiven sucht, ist immer auch auf die Kunst zu verweisen. In der Beschäftigung mit Kunst entsteht das individuelle Neue. Denn Kunst geht immer voran, sie ist immer schon weiter, während Fernsehen stets zu spät, immer erst nach dem Ereignis kommt. Das Fernsehen spürt diesen Mangel und versucht deshalb, teilweise selbst Ereignisse hervorzubringen: Das sind dann Unterhaltungssendungen, die live übertragen werden wie Talkshows oder Sportveranstaltungen. Stolz ist das Fernsehen, wenn es dann über das selbst hervorgebrachte Ereignis berichten kann. Dann heißt es in der Nachrichtensendung: »Minister A. hat in einer Gesprächsrunde im Deutschen Fernsehen den Kandidaten der Opposition beschuldigt ...«

Diese Art von Ereignisschöpfung im Fernsehen hat nichts mit der Schöpfung des Neuen durch die Kunst zu tun. Im Fernsehen ist das Ereignis nichts Künstlerisches, es ist vielmehr künstlich. Das Medium schafft ein Ereignis, wenn es nicht mehr weiß, worüber es berichten soll. Ansonsten schafft das Fernsehen ständig Vergangenheit oder berichtet direkt aus der Vergangenheit.

Die Kunst aber ist immer schon voraus, geht voran, weist auf das Neue hin, das dann nur der Einzelne als Einzelner für sich selbst ergreifen kann. Deshalb ist Kunst immer individualisierend.*

* Zur vertiefenden Beschäftigung mit dem Medium sind zu empfehlen: R. Patzlaff, *Bildschirmtechnik und Manipulation*, und H. Buddemeier, *Illusion und Manipulation*.

Die Sphäre des Handwerks und die Reifung des Menschen

Handwerk schafft Nähe zwischen Arbeitswelt und Lebenswelt

In der Tat der Hand findet der Mensch sich selbst. Der Mensch ist ganz bei sich, wenn er handwerkt. Die Auseinandersetzung mit dem Werkstoff ist die geerdetste Form der Selbsterfahrung und der Selbsterziehung. In der handwerklichen Tat begegnen sich Möglichkeiten und Grenzen des Werkstoffes mit den Möglichkeiten und Grenzen des Menschen. Hier ist er er selbst, ganz unverstellt, ungesteigert durch irgendwelche technischen Raffinessen.

Das Handwerk lebt im Bereich des Erreichbaren. So kann dem Handwerkenden ein Gefühl für das menschengemäße Maß zuwachsen. Er träumt nicht, das heißt, er hat nicht den Anspruch der Überhöhung. Das Werkstück will nichts scheinen, es will einfach etwas sein. So kennt der Handwerkende die Würde.

Im Handwerk schafft die Hand ein Ganzes. Der Geist des Akademikers dagegen neigt dazu, zu zerlegen. So verliert der Akademiker leicht das Augenmaß, denn dieses lässt sich nicht ausdenken. Der Akademiker träumt gern, das heißt, er lebt oft mehr in den Möglichkeiten als in dem, was gegeben ist.

Handwerk schafft Nähe zwischen Arbeitswelt und Lebenswelt. Der Handwerker lebt leise. Im Handwerk meditiert die Hand. Der Mensch kann reifen im Handwerken.

Vom Handwerk zu sprechen, ist Nostalgie und Utopie zugleich. Es ist Nostalgie, denn das Handwerk als Berufsstand und biografischen Weg gibt es kaum noch. Der Polsterer, der Wagenmacher, der Zimmermann, der Schuhmacher – das sind heute oft Exoten. Das Handwerk, das noch lebt, ist meist Technik geworden. Der Tischler zum Beispiel muss seine Aufmerksamkeit mindestens ebenso auf seine Maschinen richten wie auf seinen Werkstoff.

Utopie ist die Rede vom Handwerk, denn es wird sich als Tätigkeit als unersetzbar herausstellen. Als Beruf ist es vielleicht zu Ende, als Tätigkeit wird es eine wesentliche Rolle im Leben des Erwachsenen spielen müssen. Im Handwerk reift der Mensch. Und die Entwicklung braucht Phasen der Reifung, so wie sie andererseits auch Krisen und schmerzhafte Übergänge braucht. In der Reifungsphase kommt zu sich, was später Entwicklungsschritt wird. Angesichts heutiger Tatenlosigkeit – der moderne Mensch sitzt an seinem Arbeitsplatz, er bewegt nichts, er schafft nichts, sondern bedient die Technik mit dem Finger – wird es immer mehr zu einem Bruch kommen zwischen der Welt des sinnlich Erlebbaren und dem Bewusstsein des Menschen. Aber eben in dieser Berührung zwischen dem sinnlich Erlebbaren und dem Bewusstsein des Menschen reift etwas. Im Ablesen einer Kontrollfunktion auf einem Monitor reift nichts, es entsteht nur Angespanntheit.

Menschen, die kein Handwerk als Beruf haben – und das sind die meisten –, werden zu ihrer eigenen Entwicklung jene Reifung brauchen, welche die Tat am Werkstoff erbringt. Phasen des handwerklichen Tuns werden ganz gezielt eingebaut werden müssen in den alltäglichen Lebensgang, und wenn es nur im Urlaub ist. Der Handwerkende sieht die Dinge mit Augenmaß, der Nie-Handwerkende verliert leicht das Maß.

Eine Utopie: So wie es heute Fortbildungskurse und Seminare für die verschiedensten Berufe gibt und so wie es einen Anspruch auf dort verbrachten »Bildungsurlaub« gibt, wird es »Handwerksurlaub« geben. Es wird dort darum gehen, das Tischlern, Polstern, Sattlern, Schuhmachen, Schmieden, Steinmetzen, Zimmern und Schneidern, das Käsen und Buttern kennenzulernen. Man wird einen Anspruch auf eine solch tätige Besinnung haben. Man wird zu sich kommen in solchen Wochen und wird im Alltag zu Hause auf das dort Gelernte und Erfahrene zurückgreifen. Ein Zutrauen des Menschen zu sich selbst kann so gefördert werden.

Basteln ist keine Alternative

Der Akademiker, der Buchhalter oder der EDV-Spezialist spüren, was sie brauchen – und basteln. Aber im Basteln tritt eher eine Hilflosigkeit zutage, als dass es die innerliche Reifung anregen würde. Im Basteln stellt sich sinnenfällig dar, dass der tatenlose Mensch mit der Welt des natürlichen Werkstoffes oft schon gar nichts mehr anzufangen weiß. Der Handwerkende schafft durch seine Hand einen Gebrauchsgegenstand, ein Objekt des Alltags, das tauglich sein soll. Das ist ein in sich abgerundeter Vorgang; es wird etwas erreicht. Der Bastelnde aber ist schon fertig, bevor er angefangen hat, und erreicht doch nichts. Auf den Punkt gebracht ist das in sogenannten »Bastelsets«; in denen alles schon vorgefertigt ist: Plastikformen, in die man Plastik gießt, erkalten lässt, um sie dann, nach Vorlage, auszumalen. In dem so entstehenden Überflüssigen und Dilettantischen kann der Mensch sich nicht finden.

Was Basteln ist und was Handwerk ist, das macht sich nicht an der Qualifikation oder am Können fest und auch nicht daran, ob daraus ein Beruf wird oder ob man etwas für den Alltagsgebrauch schafft. Der Unterschied liegt in der Intention. Der Handwerkende befragt durch seine Hand den Werkstoff, es entfaltet sich ein Gespräch zwischen ihnen, und daraus entsteht ein Gegenstand. Dieser soll tauglich sein für den Gebrauch. Darin liegt die Reifungskraft.

Der Bastelnde sucht dagegen den billigen Erfolg, er sucht, mit möglichst einfachen, vereinfachten Mitteln und vorbereiteten Materialien – von Werkstoffen kann man hier nicht reden – möglichst rasch und ohne weitere Mühen ein Ergebnis zu erzielen, das er dann vorzeigen kann. Daran reift der Mensch nicht. Im Basteln lebt nichts Schöpferisches, es lebt hier nur die Beliebigkeit. Reifung aber, die Teil der Entwicklung ist, setzt, wie diese, ein inneres Wissen um ein Ziel voraus. Die Sphäre des Handwerks ist die Sphäre des leisen Reifens. Eine bewusste Beschäftigung mit der eigenen Biografie wird diese Möglichkeit eröffnen.

Die Suche nach dem Spirituellen

Das Selbst-Erlebnis

Es ist wohl eine Signatur unserer Zeit, dass viele Menschen heute ihr Selbst-Erlebnis, das Erlebnis ihrer Selbst-Gewissheit im Physisch-Sinnlichen suchen. Dasjenige, was das eigene Leben ausmacht, soll sich dartun im sinnlich Erlebbaren. Das Feld des Lebens wird im körperlich Greifbaren gesucht.

Nun kann man andererseits aber auch miterleben, wie immer mehr Menschen empfinden, dass diese Orientierung am Sinnlich-Materiellen keine Zukunftsperspektiven eröffnet.

Damit haben sie völlig recht. Die materialistische Orientierung enthält keine Zukunft. Zwar ist das Selbst-Erlebnis am Physisch-Sinnlichen bis zu einem gewissen Grade quantitativ steigerbar, bis ins Rauschhafte, aber es enthält nicht die Erfahrung der Entwicklung, das heißt der eigenen Wandlung von einer Bewusstseinsstufe zu einer weiteren. Nach dem sinnlichen Selbst-Erlebnis, selbst nach dem Rausch, ist das Bewusstsein das gleiche wie davor. Eine Wandlung hat nicht stattgefunden. Nach dem Kaufrausch in der feinen Boutique, nach der Anschaffung des allerneuesten technischen Gerätes, nach dem Essen im edelsten Restaurant, nach der Geschenkorgie zu Weihnachten und nach der Anschaffung des neuen Autos sind die Welt und ich die Gleichen wie zuvor. Das eben ist das Trostlose des Materialismus. Und aus dieser Perspektiv- und Zukunftslosigkeit her kann die Sucht entstehen mit dem Hintergrundgedanken: Vielleicht treten die Wandlung der Welt und meine Selbstverwandlung ja ein, wenn ich ein noch schickeres Auto, einen noch schnelleren Sportwagen und die allerallerneuesten Futons aus der Edelszene kaufe. –

Wenn das Selbst-Erlebnis nur auf dieser Ebene gesucht wird, entsteht die Neigung zu rauschartigen Exzessen, im Extremfall bis zur Drogen- und Alkoholsucht.*

Nun ist es aber auch eine Signatur unserer Zeit, dass immer mehr Menschen die Hinwendung zum Physisch-Sinnlichen nur da als berechtigt erleben, wo sie Ausdruck einer Suche nach den geistigen Grundlagen des Lebens ist. Dass das Feld des Lebens seine Fundierung erfahren möge durch geistige Kräfte, geistige Tatsachen und Wesen, das ist die Hoffnung derjenigen, die über das Physisch-Sinnliche hinaus fragen. So kommt es zur Suche nach dem Spirituellen.

Auslösende Motive

Der biografische Anlass für eine solche Suche kann in jedem Lebensgang verschieden sein. Bei dem einen führt die Lebensmittekrise (vgl. S. 194 ff.) dazu, das bisher im Äußerlichen Erreichte zu hinterfragen – berufliche Leistung, soziale Stellung, privater Wohlstand. Bei dem anderen sind es die Kinder, die schon durch die bloße Tatsache ihrer Ankunft die Eltern nach den wahren Werten und Impulsen für ihr Leben fragen lassen. So gibt es zum Beispiel heute immer häufiger übersinnliche Erlebnisse im Zusammenhang mit der Ankunft eines Kindes, die den Eltern den Blick auf ganz neue Horizonte ermöglichen.** Manche Eltern zum Beispiel fühlen sich schon kurz vor der Empfängnis des Kindes deutlich umschwebt und hineingenommen in eine ungeahnte Leichtigkeit und Lebensgewissheit. Andere berichten, dass sie schon bald zu Beginn der Schwangerschaft den Namen des Kindes »gewusst« haben. Auch dass man sich angesichts des gedeihenden, aber immer ja auch bedrohten jungen Lebens um eine

* Siehe Olaf Koob, *Drogensprechstunde.*

** D. Bauer u. Mitarb., *Gespräche mit Ungeborenen.*

durchdachte Ernährung, um eine fundierte Pädagogik bemüht, kann zu spirituellen Gesichtspunkten führen.

Ein anderer lebensgeschichtlicher Auslöser für die Suche nach dem Spirituellen kann ein Schicksalsschlag sein. Der Tod des Kindes, eine schwere Krankheit, ein Unfall können schlagartig die Scheinsicherheit der materialistischen Orientierung aufreißen und Fragen in den Raum stellen, die dem Betreffenden im ersten Moment den Atem nehmen. Was hat es mit mir, mit meinem Schicksal auf sich, dass ich nun diesen Verlust, diesen Unfall erleben muss? Oder: Wo kommt mein Kind hin, wenn es die Erde jetzt schon wieder verlässt? Oder: Was ist überhaupt der Sinn meines Lebens, wenn ich nach 35 Jahren, auf dem Höhepunkt meiner Leistungsfähigkeit, eine so schwere und chronische Krankheit bekomme?

Gefahren auf dem Wege

Die Wege wiederum, die die Suche nach dem Spirituellen nehmen kann, sind bunt, manchmal skurril und immer von Überraschungen begleitet. Charakteristisch ist vor allem, dass sie anfangs oft weit weg von der westlichen Zivilisation führen – nach Indien, zu den Indianern, ins alte Ägypten oder auch zu den Sufis, den islamischen Mystikern.

Es wird zu Recht empfunden, dass in solchen alten Kulturen wie etwa der indischen oder der tibetischen, dass in solchen alten Naturvölkern wie bei den Indianern und bei solchen religiösen Innengruppen wie den Sufis eine geistgetragene Weltanschauung und ein geistgetragener Lebensimpuls leben, wie sie die offizielle westliche Zivilisation nicht mehr erkennen lässt.

Aber es liegt eine Gefahr auf diesen Wegen, und wir erkennen dies daran, dass immer wieder andere Wegstücke gegangen werden, sprunghaft, ohne dass sich zunächst eine gesunde Entwicklung zeigen würde. Diese Gefahr ergibt sich daraus, dass man wiederum mit dem materialistischen Denken, in dem man ja immerhin aufgewachsen ist und das sozusagen die Muttersprache darstellt, an diese spirituellen Schätze der alten Kulturen und vergangenen Zeiten heranzugehen versucht bzw. herangeführt wird.

Dadurch aber werden sie zu etwas ganz Unspirituellem. Jemand gerät etwa in ein Sufi-Seminar. Für eine Gebühr von 300 Euro lernt er an zwei Wochenenden den »Tanz der Derwische«. Er hat dabei ganz eigene ekstatische, mystische Erlebnisse und nimmt sich selbst mit einer ganz neuen Dichte wahr. Wenn er sich nun künftig etwas Gutes tun will oder wieder einmal die Hohlheit der westlichen Zivilisation voll im Visier hat, dann legt er die Kassette mit der hypnotisierend wirkenden arabischen Musik ein und tanzt den »Tanz der Derwische«. Danach geht es ihm wieder besser. Bis er dann eine Woche später wieder des Ekels voll ist über die Geldgier seiner Mitmenschen. Dann legt er wieder die Kassette auf ...

Einen anderen hat es vielleicht zur Kabbalah verschlagen, einer mystischen Richtung aus dem späten mittelalterlichen Judentum. Nachdem er durch ein Buch die Einweihung in die kabbalistische Zahlensymbolik erfahren hat, kann er nun ganz leicht ausrechnen, was es mit seinem Leben auf sich hat. Aus dem Zahlenwert seines Namens kann er zum Beispiel seine karmische Beziehung zu seiner Freundin ausrechnen; und dass er bald nach Australien auswandern wird, das ergibt sich aus den Zahlenwerten seines Geburtsdatums ...

Die Gefahr liegt also darin, dass man mit demselben technologisch-instrumentellen Denken an die spirituellen Lehren und Inhalte herangeht, mit dem man schon als Kind gelernt hat, technische Geräte zu verstehen und zu bedienen. Das Spirituelle der alten Kulturen verliert aber seine Substanz, wenn es rein zweckgerichtet, technologisch benutzt wird. Die spirituellen Inhalte, die dort bewahrt sind, sind das Ergebnis geistigen Strebens unzähliger Menschengenerationen und vor allem einer ganz anderen primären Nähe zur geistigen Welt. Was für diese Kulturen über Jahrhunderte hin tragfähig war, entleert sich in der Berührung mit dem westlichen Zweckdenken zur bloßen Entspannungs- oder Ekstase-»Methode«. Der spirituell suchende Westler findet sich deshalb oft genau an dem Punkt wieder, von dem er eigentlich loskommen wollte. Er verschafft sich angenehme Selbst-Erlebnisse durch bestimmte Verrichtungen, auch durch den Gebrauch bestimmter Substanzen wie Räucherstäbchen und Edelsteine, und meint, indische Weisheit zu haben, wenn er eine Sandelholzkerze anzündet und dazu eine Yogastellung einnimmt. Und doch schleicht sich binnen kurzem wiederum das Empfinden ein, dass sich ja letztlich doch nichts geändert hat. Wenn der Reiz des Neuen und vielleicht auch »Gegenkulturellen« verflogen ist, dann sind die Welt und ich auch wieder die Gleichen, die wir schon vor dem Trip nach Indien oder vor dem Gang in den Esoterik-Laden waren. Die ersehnte Wandlung hat nicht stattgefunden.

Hier gibt es jetzt einen Scheideweg: Manche Wanderer auf diesen Wegen treiben es auf die Spitze und fangen nun an dieser Stelle an, in die klassische Magie und in die dunklen Seiten des Okkultismus einzutauchen. Diese Richtungen haben erst gar nicht den Anspruch, geistige Werte zu pflegen oder geistige Ziele zu verfolgen, sondern zeigen ganz offen, dass sie sich als eine Art Rausch des Materialismus verstehen. In magischen Verrichtungen – im Versandhandel ist alles zu haben, was die moderne Hexe braucht – sollen geistige Wesen dazu benutzt werden, dass der Magier und die Hexe ihre physisch-sinnliche Lebensqualität steigern, ihre Emotionen besser befriedigen können oder auch Rache an ihren Feinden üben können. Von Zaubertechniken für mehr Glück in der Liebe über ein ganzes System von Lehrbriefen, die versprechen, dass alles nach dem Willen des Magiers geschehen wird, bis hin zu organisierten Sekten, die in schwarzen Messen die vom Materialismus behauptete Abstammung des Menschen vom Tier belegen wollen, gibt es da nichts, was es nicht gibt. Und dann ist man im Keller des Materialismus angelangt.

Es sind besonders Jugendliche und junge Erwachsene, deren Suche nach Geistgetragenheit sie unter Umständen dazu führt, ihre Verzweiflung nur noch hohnlachend in solchen schwarzen Messen zelebrieren zu können. Von der Tragik einer solchen jungen Biografie abgesehen, haben wir es hier mit einer Belastung der geistigen Atmosphäre der Erde zu tun, die der Luft- und Umweltverschmutzung in nichts nachsteht.

Wieder andere geben an dem erwähnten Scheideweg, nachdem sie vom Schamanismus-Seminar über Tarot-Karten und Gläserrücken alles ausprobiert haben, die Suche auf und wenden sich wieder ihrer Karriere zu.

Der geistgemäße Erkenntnisweg

Und eine dritte Gruppe gelangt früher oder später zu der Geistorientierung, die in der westlichen Kultur selbst entstanden ist und die dasjenige vor das Bewusstsein stellt, was Aufgabe des modernen Menschen ist: das praktische Leben, wie es heute ist, aus geistgemäßer Erkenntnis heraus so zu ergreifen, dass es in seine Zukunft verwandelt wird. Man begegnet der Anthroposophie. Viele schrecken zurück, weil die Anthroposophie im Gegensatz zu allen Bereichen der New Age-Bewegung und im Gegensatz auch zu den alten spirituellen Weltanschauungen der Kabbalah, dem Yoga, dem Schamanismus usw. nichts an die Hand gibt, was durch sich selbst wirkt oder zu wirken beansprucht. Man wird in der Anthroposophie keine Methode, keine Substanzen, keine Verrichtungen finden, die einfach deshalb steigernd oder erleuchtend wirken, weil man sie anwendet. Das anfänglich oft Abschreckende und auf jeden Fall Strapaziöse an der Anthroposophie liegt darin, dass sie das Leben, den Menschen und die Erde dadurch weiter zu entwickeln vorschlägt, dass man sich selbst erzieht.

Kein Spruch von Rudolf Steiner, keine Methode der Waldorfpädagogik oder der anthroposophischen Medizin, kein anthroposophisches Verfahren der Heilpädagogik oder der Landwirtschaft kann wirksam werden, wenn sie nicht bewusstseinsmäßig durchdrungen und getragen sind von demjenigen, der sie durchführt. So ist das erste und nie endende Gebot die Arbeit an sich selbst.

Das ist ungemütlich, lästig und nie von schnellem Erfolg gekrönt. Und es hängt ausschließlich von dem Betreffenden ab, wie weit er sich als freies Ich verstehen und daraus handeln will. Da gibt es keine vorgezeichneten Wege, die man bloß zu gehen braucht, und dann hat man sein Ziel erreicht. In der Anthroposophie wird nichts mit mir »gemacht«, es wird an mir auch keine »Einweihung« vollzogen. Was zu tun ist, kann ich nur aus mir selbst heraus tun. Das Geistige, das ich suche, ist nur da – in meinem Leben und in der Welt –, wenn ich es mir selbst erarbeite.

Eine erste Begegnung mit der Anthroposophie

Aufregende Entdeckungen

Ihre beiden kleinen Kinder waren der Anlass, dass Frau D. etwas über Waldorfpädagogik wissen wollte. Ihr Sohn, vier Jahre alt, hatte eine unklare Sprachstörung. Er sprach wenig, nur in Zwei-Wort-Sätzen, verstand aber alles. Der städtische Kindergarten hatte eine logopädische Behandlung vermittelt.

Eine Nachbarin, der Frau D. schon immer teils spöttisch, teils staunend begegnet war, wies in diesem Zusammenhang einmal auf die Möglichkeit einer »heileurythmischen Behandlung« hin. Schon das Wort selbst machte Frau D. verlegen, irgendwie unruhig, aber auch neugierig. Es ging ihr wochenlang durch den Kopf, wie sie überhaupt schon lange diese Nachbarn mit einer gewissen unruhigen Aufmerksamkeit beäugt hatte. Deren Sohn ging in den Waldorfkindergarten, und überhaupt schienen sie hohe Ansprüche zu haben, sodass sich Frau D. in Gegenwart besonders der Nachbarin immer ein wenig »klein« vorkam. Andererseits fühlte sie sich aber auch überlegen und souveräner, weil sie selbst spontaner sein konnte, gerade im Umgang mit ihren Kindern.

Dann war in einer Arztpraxis – sie nannte sich exotischerweise »Therapeutikum« – ein Informationsabend angekündigt über Heileurythmie. Vor ihren Freundinnen spottete Frau D. nun einerseits ständig über die »Medizinmystiker« dieser Wollstrumpf-Sekte, wie man in ihren Kreisen Waldorfeltern nannte, andererseits fieberte sie dem Informationsabend geradezu entgegen. – Als es so weit war, stieg sie mit Herzklopfen die Stufen hinauf zu der Arztpraxis. Hellwach trat sie ein, entschlossen, beim ersten Versuch dieser Sekte, sie vereinnahmen zu wollen, sofort wieder zugehen. Sie setzte sich in die Nähe des Ausgangs.

Während des Vortrags war sie viel zu aufgeregt, Widersprüchliches ging ihr durch die Seele – vor allem längst verschüttete Hoffnungen aus ihrer Jugendzeit, ein umfassendes und impulsgebendes Verständnis zu finden für das Leben –, sodass sie kaum etwas aufnahm von dem Gesagten.

Beim Hinausgehen kam sie an einem Büchertisch vorbei. Sie nahm sich Prospekte mit und, mehr aus Höflichkeit und auch, weil sie in ihrem Interesse für die Sache wahrgenommen sein wollte, ein Taschenbuch von Rudolf Steiner: *Metamorphosen des Seelenlebens.* – Noch am selben Abend las sie abends im Bett daraus über die »Mission der Andacht«, jeden Moment bereit, das Buch mit Hohngelächter in die Ecke zu pfeffern. Den Stil dieses Rudolf Steiner empfand sie als ziemlich ungenießbar, weitschweifig einerseits, mit altmodischer Ausdrucksweise, andererseits von einer Schärfe und Deutlichkeit, dass es ihr fast den Atem verschlug. Fremdartig waren diese Gedanken und doch wieder so vertraut und selbstverständlich, als hätte sie sich das alles längst schon selbst so gesagt.

Als sie den Aufsatz zu Ende gelesen hatte, wusste sie, dass ihr Leben soeben eine andere Richtung bekommen hatte. Es war ihr unverkennbar, dass sie hier etwas in der Hand hatte, das sie anknüpfen ließ an ihre kühnsten Hoffnungen und einstigen Erwartungen an das Leben, bevor sie erwachsen und »vernünftig« geworden war.

Ihr Mann brummelte etwas Unverständliches und jedenfalls Ausweichendes, als sie ihm am anderen Morgen davon erzählte. Dann fasste sie sich ein Herz und fragte die Nachbarin, wie sie mehr von diesen Gedanken finden könne. Diese – so empfand es Frau D. – war so unverschämt zu sagen, Frau D. solle sich doch nicht gleich in das Werk Rudolf Steiners vertiefen, sondern »erst einmal« eine allgemeinverständliche Einführung in die Waldorfpädagogik lesen.

Was sollte denn »erst einmal« und dann »allgemeinverständlich« heißen? Sie war doch nicht lernbehindert! Also ging sie anderntags wieder in die Arztpraxis und ließ sich eine anthroposophische Buchhandlung nennen. Dort empfahl man ihr *Wie erlangt man Erkenntnisse der höheren Welten?* von Rudolf Steiner. Noch am selben Abend vertiefte sie sich in die dort beschriebenen Ungeheuerlichkeiten. Dieser Mann muss ja wirklich kühn gewesen sein. Er sprach von der Entwicklung des Erwachsenen zu »höheren« Erkenntnissen. Also »höhere« Erkenntnisse haben diese Wollstrumpf-Indianer – ganz schön eingebildet, das hatte sie ja schon immer so empfunden. Und warum »Entwicklung«? War sie etwa irgendwie unentwickelt? Widerstrebend las sie weiter.

Um drei Uhr nachts hatte sie das Buch durchgelesen.

Zwei Wochen später begann die heileurythmische Behandlung ihres Sohnes in der erwähnten Arztpraxis. Die Heileurythmistin, eine ältere, ganz ruhige Frau, gab ihr einmal ein Bilderbuch für den Sohn mit nach Hause. Dieser lag am Nachmittag auf dem Boden, in Comics seiner älteren Schwester vertieft, während Frau D. das Bilderbuch las. Und wieder empfand sie es wie eine ordnende Berührung, hatte sie doch früher immer die Vorstellung gehabt, dass kleine Kinder mit solch liebevoll und sorgfältig, nur leise andeutend gemalten Bildern umgehen sollten, statt mit den teils schroffen, teils kitschigen Zeichnungen sogenannter Kindercomics.

Ihr vierjähriger Sohn sah es anders. Nur der Mutter zuliebe blätterte er einmal betont gelangweilt in dem Bilderbuch, bevor er wieder zum Schrank seiner Schwester ging.

Eines Tages schlug die Heileurythmistin vor, dass Frau D. selbst, damit sie genauer empfinden konnte, wie die Behandlung gemeint war, ein paar heileurythmische Übungen mitmachen sollte. – Als Frau D. dies zu Hause übte, spöttelte ihr Mann über ihren »orientalischen Tempeltanz«.

Einige Wochen später war eine Eurythmieaufführung im Stadttheater angekündigt. Ihr Mann kam eines Abends ein bisschen verschämt mit zwei Karten aus dem Vorverkauf nach Hause. Es war das Fremdartigste, was die beiden je erlebt hatten. Auf dem Weg nach Hause verfuhr sich ihr Mann, was ihm noch nie passiert war. Als ob er Einblick genommen hätte in eine ganz andere Welt, so fühlte er sich und war benommen und hellwach zugleich.

Er war es auch, der nach ein paar Tagen eine kleine Schrift über Eurythmie nach Hause brachte ...

Ein neues Leben

Zwei Jahre später: Eine ganze Reihe von Freunden hatten sich immer mehr zurückgezogen von Familie D. Teils mitleidig und spöttisch, teils merkwürdig aggressiv war man ihnen begegnet, wenn auf Einladungen das Gespräch auf Frau D.s Engagement im Waldorfkindergarten kam. Andererseits war es in nie erhofftem Ausmaß zu ganz neuen Begegnungen gekommen, im Waldorfkindergarten, bei Vorträgen und Kursen, die nun beide viel besuchten. Eine Revolution war in ihrem Leben geschehen – und doch war es irgendwie ganz unsensationell und unvorzeigbar.

Frau D.s Schwiegereltern machten sich Sorgen. Sie hatten eigentlich vorgehabt, ihr Haus auf ihren Sohn zu überschreiben. Aber nun wollten sie erst einmal abwarten. Wer weiß? Man hört ja vieles, von Sekten etwa, die ihren Mitgliedern jeden Besitz abnehmen. Die Oma hoffte auch, ihren Enkel doch noch für die normale Welt retten zu können: Bei ihr durfte er fernsehen. Seine Eltern hatten zum Fernsehen ja neuerdings eine ziemlich fanatische Anti-Haltung. Wie sollte denn da etwas aus ihm werden, wenn er nicht übers Fernsehen erführe, was in der Welt los ist?

Frau D. hatte schon ganz zu Anfang beschlossen, nachdem sie *Wie erlangt man Erkenntnisse der höheren Welten?* noch einmal und ruhiger durchgearbeitet hatte, es mit der Meditation zu versuchen. Anfangs war sie überglücklich über diese Möglichkeit, damit zu einer ganz neuen Art von Erfahrungen zu kommen. Die einfachsten Dinge konnte sie durch die Meditation einerseits vertieft betrachten, andererseits konnte sie damit das innere Geheimnis der Dinge erspüren. – Dann gab es aber bald eine Ernüchterung. Es fiel ihr immer schwerer anstatt leichter, eine Meditation konzentriert durchzuhalten. Zunehmend schweifte sie ab, und es kostete sie immer mehr innere Anstrengung, bei der Sache zu bleiben. Und bald war ihr die tägliche meditative Arbeit fast eine Last geworden.

In dieser Situation stieß sie auf ein Buch über Engel. So kam sie in die Frage hinein, was es eigentlich für einen Engel bedeuten mag, wenn ein Mensch meditiert, und wie er es zum Beispiel empfindet, wenn die Meditation so gestört ist durch Abschweifungen. Sie kam zu der Einsicht, dass ihren Versuchen geistiger Übung in dieser Hinsicht von der geistigen Welt ein nachsichtiges Wohlwollen entgegengebracht wurde, und gleichzeitig wurde ihr deutlich, dass der eigentliche Sinn solcher geistigen Übungen darin lag, immer mehr Kraft aufzubringen und dadurch eine geistige Substanz zu bilden, die, wenn es gut ging, etwas beitragen mochte zu dem »Kapitel«, mit dem Engel in der Welt zu »arbeiten«. – Über diesen Gedanken freute sie sich einerseits; aber sie war damit auch hingewiesen auf die enorme Verantwortung, die sie damit übernahm, geistige Übungen zu machen.

Das war die eine Seite ihres neuen Lebens. Die andere war die, dass sich für sie in wenigen Monaten ein Ausmaß an Aktivitäten ergeben hatte, zu dem sie früher nie die innere Kraft gehabt hätte. Die Mitarbeit am Betrieb des Waldorfkindergartens, bald auch der Waldorfschule, die Teilnahme an Kursen, die Hilfe bei neu entstehenden Projekten in der Drogenhilfe – all dies kostete Kraft, gab aber auch Kraft. Dazuhin lernte sie mit einigen anderen Eltern Russisch, weil ihre Kinder das nun auch in der Schule hatten. Sie organisierte finanzielle und menschliche Hilfe für kurdische Flüchtlinge und nahm in einem Ausmaß teil am Leben, wie sie das nie für möglich gehalten hätte.

So war ihr Anthroposophie nicht etwas geworden – wie ihre früheren Freunde orakelt hatten –, das sie lebensuntüchtig machen und abziehen würde von der Wirklichkeit, sondern im Gegenteil hatte sie durch Anthroposophie erst richtigen Anschluss gefunden an die moderne Lebenswirklicheit.

Dies ist ein Beispiel, kein Lehrbeispiel. Andere kommen anders zur Anthroposophie und setzen die Schwerpunkte anders. So gibt es auch nicht »den« richtigen Weg zur Anthroposophie. Und auch wenn man schon dahin gefunden hat, wird man den Wegcharakter des Lebens beibehalten wollen. Die Wege, die von dieser Begegnung aus gegangen werden, sind höchst individuell. Geprägt sind sie aber alle von dem Impuls, das Verhalten des Menschen so zu spiritualisieren, dass es Tat werden kann.

Gesetzmäßigkeiten der Entwicklung

Der Mensch hat verschiedene Stufen, die er durchlaufen muss, und jede Stufe führt ihre besonderen Tugenden und Fehler mit sich, die in der Epoche, wo sie kommen, durchaus als naturgemäß zu betrachten und gewissermaßen recht sind. Auf der folgenden Stufe ist er wieder ein anderer, von den früheren Tugenden und Fehlern ist keine Spur mehr, aber andere Arten und Unarten sind an deren Stelle getreten. Und so geht es fort, bis zu der letzten Verwandlung, von der wir noch nicht wissen, wie wir sein werden.

J. W. v. Goethe

Biografische Rhythmen und ihre Bedeutung

Entwicklungsgesetze und individuelle biografische Grundmuster

Jede Entwicklung unterliegt Gesetzmäßigkeiten, so auch die Biografie. Hier zeigen sich vor allem zeitliche Strukturen, deren Phasen dazu dienen, dass ihre innere Dynamik nicht in ein Chaos führt, dadurch leerläuft und in die Lähmung gerät.

Letzteres ist häufig der Fall in der Biografieentwicklung. Beispiele sind das Verharren des alternden Erwachsenen in einer immer unechter werdenden Jugendlichkeit oder das Beharren einer Mutter auf ihrer Mutterrolle, wenn die Kinder schon junge Erwachsene sind. Dass es zu solchen Abläufen kommen kann, die plötzlich aus den zeitlichen Entwicklungsgesetzen herausfallen, zeigt, dass eine Biografie nicht *nur* dadurch bestimmt ist. Auch andere Faktoren können das Inkrafttreten des Entwicklungsgesetzes stören, das demnach nicht automatisch greift. So gibt es einen *Freiraum* gegenüber diesem Entwicklungsgesetz.

Das soll nicht heißen, dass man in Willkür damit umspringen könnte. Aber es gibt heute offensichtlich individuelle biografische Grundmuster, die nur diesem einen Individuum eigen sind und die dessen Schicksal derart kräftig gestalten, dass der Einfluss der allgemeinen Entwicklungsgesetze in den Hintergrund tritt. Der Kern der Persönlichkeit, das Ich, greift heute oftmals mit einer solchen Kraft in die biografischen Zusammenhänge ein, dass zum Beispiel der berühmte Siebenerrhythmus durcheinandergerät.

Ein junger Mann verliert durch einen Unfall, an dem er mitbeteiligt ist, seine Freundin. Beide sind neunzehn Jahre alt. Durch den Schock einerseits und die sich anschließende fast übermenschliche Kraft der Eltern des Mädchens, die dem jungen Mann ohne jeden

Vorwurf begegnen können, erwacht er plötzlich zu einem biografischen Thema, das noch gar nicht »dran« ist: Er erkennt die Nichtigkeit des materiellen Strebens, verzichtet auf alles Äußere und widmet sich in einem Flüchtlingslager heimatlosen Menschen. Rund um die Uhr stellt er sich ganz in ihren Dienst.

Dies ist ein Thema, das eigentlich erst mit etwa 42 Jahren anstehen würde: sich mit dem Erreichten in den Dienst der Bedürfnisse anderer zu stellen. Hier ist nicht der »Sozialberuf« gemeint, sondern das Aufgehen-Wollen in der sozialen Aufgabe.

Der Siebenerryhthmus

So sind heute für viele Biografien Brüche und Neuanfänge charakteristisch. Oft wird ein Thema, das wie ein Leitmotiv zu einem bestimmten Jahrsiebt gehört, früher oder später gelebt, als es rein chronologisch zu erwarten wäre (vgl. S. 210 ff.).

Das berühmteste Entwicklungsgesetz im menschlichen Lebenslauf ist der Siebenerrhythmus. Schon der griechische Arzt Hippokrates (460 v. Chr.) hat ihn beschrieben. Es handelt sich hierbei nicht um Zahlenmystik, sondern um eine reale Tatsache, die sich aus der Beobachtung der Entwicklung alles Lebendigen ergibt: Körperzellen regenerieren sich alle sieben Jahre; der Körper, den ich jetzt habe, ist ein vollständig anderer als der, den ich vor sieben Jahren hatte. Die Schulreife – markiert durch den Zahnwechsel – erfolgt mit sieben Jahren; die Geschlechtsreife mit 14 Jahren; Erwachsenheit bei Abschluss der Wachstumsprozesse mit 21 Jahren; Beginn des physischen Abbaus, besonders des Gehirns, mit 28 Jahren. – Diese Zeitstrukturen sind auch innerhalb der Naturwissenschaft bekannt. Schließlich sehen wir die Zahl Sieben überhaupt als Faktor überall da, wo sich etwas in der Zeit ordnet oder entfaltet.

Die genannten biologischen Markierungen der biografischen Entwicklung haben ihre Entsprechungen im Seelisch-Geistigen. In dieser Sphäre wirkt der Siebenerrhythmus, obwohl er ursprünglich ein biologisches Gesetz ist, dann auch im Erwachsenenalter weiter. Auch da haben die Jahrsiebte ihre jeweiligen Themen und Prägungen und fordern zu je spezifischen Auseinandersetzungen und Lebenserfahrungen heraus (s. auch S. 163 ff.).

Da der Siebenerrhythmus beim Erwachsenen jedoch nicht mehr biologisch fundiert ist, lässt seine Ordnungskraft nach, je älter wir werden. Der Umgang mit den jeweils anstehenden Lebensthemen wird freier, auch in dem Sinn, dass sie vielleicht gar nicht aufgegriffen werden.

In jedem Jahrsiebt *können* wir »die« Welt anders erleben. Insofern kann man die Jahrsiebte als Wahrnehmungsorgane ansprechen. Deshalb ist es für den Erzieher sehr hilfreich zu wissen, welche Kräfte in den ersten drei Jahrsiebten im Kind gestärkt werden müssen. Wird zum Beispiel im ersten Jahrsiebt, wenn das Gefühls- und Gedankenleben noch nicht so sehr in den Vordergrund tritt, dafür aber die Willenserziehung »an der Reihe« ist, der kindliche Intellekt zu stark angesprochen, kann dies zu langwierigen Schäden führen. Oder wenn die Verstandesentfaltung, deren Höhepunkt erst in den Jahren zwischen 28 und 35 Jahren liegen sollte, schon mit 16 oder 17 Jahren herausgefordert wird, wo eigentlich noch ein idealisches Verhältnis zur Welt vorherrschen sollte, kann eine Entwicklungsstagnation eintreten, und der Betreffende erreicht womöglich nie die Altersweisheit des Siebzigjährigen. Im Erwachsenenalltag ist es eine Frage der inneren Aktivität und Wachheit jedes Einzelnen, ob sich das Wahrnehmungsorgan des jeweiligen Jahrsiebts zeitgerecht oder überhaupt öffnet.

Die *Bewusstseinsmetamorphosen*, die durch den Siebenerrhythmus angelegt sind, sind zunächst nur keimhaft da. Ihre jeweilige Verwirklichung hängt also von der Erziehung und später von der Selbsterziehung ab.

Man kommt jedoch im Verständnis der modernen Biografien nicht sehr weit, wenn man mechanisch die Jahrsiebte und ihre Themen über eine Biografie legt. Der Ebene des Ichs, die den Kern dieser einen unverwechselbaren Persönlichkeit bildet, kommen wir näher, wenn wir im Gegenteil die *Abweichungen* vom Rhythmus aufsuchen. Darin erkennen wir die persönliche Handschrift, den ureigensten Gestaltungswillen.

Der Fünferrhythmus

Ein anderes Entwicklungsgesetz ist der Fünferrhythmus. Er gliedert *soziale* Entwicklungen, während der Siebenerrhythmus Lebensvorgänge gliedert. Von altersher werden Betriebsjubiläen und Hochzeitsjubiläen in Fünferschritten gefeiert. Im Grunde wird hier das Überstehen der Krise gefeiert. Allerdings ist dies bei solchen Feiern zumeist nicht bewusst. Die Zahl Fünf als Ordnungsfaktor ist eine Krisenzahl, eine Zahl des Uneins- und Unvollständig-Seins. Bezogen auf den Menschen ist damit das soziale Uneins-Sein gemeint, das für eine gesunde Entwicklung sozialer Zusammenhänge durchaus ein Zwischenschritt sein darf. Auch Ehekrisen können im Fünferrhythmus auftauchen. Ebenso ist zu beobachten, dass vorübergehende oder auch endgültige Spaltungen in sozialen Zusammenhängen ganz allgemein etwa alle fünf Jahre drohen.

Dieser Rhythmus ist von biologischen Lebensvorgängen noch weiter entfernt als der Siebenerrhythmus im Erwachsenenalter und wird insofern auch noch leichter überlagert durch andere, die Biografie gestaltenden Faktoren.

Auch die Mondknoten, die alle 18 2/3 Jahre das Menschenleben berühren (s. auch S. 157 ff.), strukturieren den Ablauf einer Biografie.

Charakteristisch für unsere heutige Zeit ist jedoch der biografische Bruch, der oftmals keinen erkennbaren zeitlichen Strukturzusammenhang mit anderen biografischen Ereignissen aufweist. Derartige Situationen, in denen plötzlich nichts mehr trägt, nichts mehr von dem gilt, was bisher gegolten hat, keine Gewohnheit, aber auch kein Entwicklungsgesetz, sind Momente des Chaos. Das Chaos ist der Gegensatz zum Gesetz. Nach dem Gesetz entfaltet sich etwas, aber im Chaos kommt es erst herein.

Im Chaos wirkt unser geistiger Ich-Kern am direktesten in unseren Lebenszusammenhang hinein; im biografischen Moment des Chaos sind wir uns selbst, unseren ureigensten Impulsen und Idealen am nächsten. In der völlig offenen Situation kann das Neue, kann die Erneuerung entstehen.

Frau Müller teilt ihrem Mann am Abend mit, dass sie ihn verlassen wird. Dieser Entschluss ist für sie selbst ein Markierungspunkt in einer folgerichtigen und sich auch nach Gesetzen entwickelnden Biografie – das wollen wir jetzt nicht untersuchen. Vielmehr interessiert in diesem Zusammenhang die Biografie von Herrn Müller: Er ist völlig unvorbereitet. Aus seiner Sicht hat nichts darauf hingedeutet, es hat keinen Streit gegeben. Außer dass Liebe der Gewöhnung gewichen ist, ist doch alles beim Alten. Herr Müller versteht diese Entscheidung nicht und wird sie auch in den nächsten Monaten nicht verstehen, denn er ist aus allem herausgerissen, was bisher gegolten hat; er ist jetzt 44 Jahre alt, hat die »Midlife-Crisis« hinter sich gebracht, hat einige Illusionen verloren; er hat einen sozialen Beruf – er ist Lehrer –, in dem er sich wohler fühlt denn je – und nun das Chaos.

Nach einigen Tagen, Herr Müller sitzt jetzt abends orientierungslos in Kneipen und Cafés herum, lernt er eine Künstlerin kennen. Sie kommen ins Gespräch, und in der Folge fängt Herr Müller auf einmal an zu malen. Seit seiner Schulzeit hat er das nicht mehr getan. Vehement dringt er nun in jeder freien Minute in das künstlerische Schaffen ein und entwickelt trotz Trennung, Stress und finanziellen Problemen in den nächsten Monaten einen eigenen Gestaltungsstil. Herr Müller wird innerhalb eines Jahres zum Künstler. Seinen Lehrerberuf gibt er auf und arbeitet künftig als Grafiker. Das Chaos, der Bruch hat das ganz Andere in die Biografie gebracht.

Es lohnt sich, unter diesem Aspekt im Neuen Testament zu lesen. Wir erfahren dort viel über biografische Brüche. Sie gehen hier von der Christus-Wesenheit aus. Er beruft Jünger direkt von ihrem Arbeitsplatz, ihrem Lebenszusammenhang, ihrer familiären Eingebundenheit weg zu einer völlig anderen und neuen Aufgabe.

Sein heilendes Wirken ändert auch die Biografie der Kranken. Heute gehen solche biografischen Brüche von den Menschen selbst aus; sie sind einfach plötzlich da. Es sind Momente der Gesetzlosigkeit, in denen alles darauf ankommt, wach zu sein und aufzugreifen, was an Impulsen wirksam werden will. Wenn man nicht nach alten Lösungen greift und es auch aushält, dass man die neuen Lösungen noch nicht absehen kann, dann steigern sich Biografien.

Was in einem solchen Chaosmoment in eine Biografie hineinkommt, das kann sich dann in einem bestimmten zeitlichen Rhythmus wie dem Fünfer- oder Siebenerrhythmus entfalten.*

Fragen zum Thema

Frage: Wie soll man die biografischen Rhythmen handhaben?

Antwort: Gar nicht. Es handelt sich hier nicht um Handlungsanweisungen zur Gestaltung einer Biografie. Hier sollen vielmehr Erkenntnis- und Verständnishilfen für die Betrachtung einer sich schon voll entfalteten Biografie gegeben werden (vgl. S. 163 ff.).

* Zum Weiterlesen, besonders über den Siebenerrhythmus: W. Hoerner, *Zeit und Rhythmus,* und als Beispielbiografie für den Siebenerrhythmus: N. Glas, *Henry Stanley.*

Die Mondknoten

Erneuernde Impulse

Zu den überindividuellen Rhythmen, die einen Lebensgang mitgestalten können, gehören die Mondknotenstellungen. Alle 18 Jahre, 7 Monate und 9 Tage steht der Mondknoten – das ist der Schnittpunkt von Sonnenbahn und Mondenbahn im Verhältnis zum Tierkreis – wieder an dem gleichen Himmelsort wie zur Geburt. Wenn der Mondknoten der Schnittpunkt von Sonnenbahn und Mondenbahn ist, dann kann man diese Situation auffassen als eine Situation des Gleichgewichts zwischen Sonnenkräften und Mondenkräften, zwischen Zukunftskräften und Vergangenheitskräften. Das bedeutet, dass die Lebensimpulse, unter denen ich bei meiner Geburt angetreten bin, sich am Mondknoten wieder in Erinnerung zu bringen oder sich durchzusetzen versuchen.

Dadurch sind die Mondknoten Zeiten der Reinigung, des Loslassens, des Verzichtes auf Vergangenes, es sind Zeiten von Trennung und Abschied. Gleichzeitig leuchtet, oft durchaus in scheinbar nebensächlichen Details, Zukünftiges auf. Im Vordergrund steht aber zunächst, dass die in der Vergangenheit wirksamen Impulse verblassen. So können sich Umstände, auch Menschen oder soziale Situationen in den Mondknotenzeiten von mir lösen, wenn sie meinen weiteren Lebensweg nicht im Sinne meiner Geburtsimpulse begleiten.

Diese Reinigung kommt mehr von außen, als Schicksalsereignis. Sie tritt, besonders bei Erwachsenen, selten als ein innerer, seelischer Vorgang in Erscheinung, selten auch als Entschluss, etwas hinter sich zu lassen. Vielmehr wird die Reinigung so erlebt, dass sich etwas oder jemand von mir zurückzieht. Ich erlebe mich nicht so sehr als den Handelnden – wie das in der Lebensmitte der Fall ist –, sondern als den Erleidenden.

Es geht in den Mondknoten um den Abschied von Menschen oder Umständen, die einem im Lauf der Jahre lieb geworden sind, mit denen man aber eben nur noch eine Vergangenheit teilt. So gehen Freundschaften zu Ende, in denen man schon lange nur noch von der gemeinsamen Erinnerung gezehrt hat (»Weißt du noch …?«). Man kann solche Abschiede, wie sie sich um den Mondknoten herum ergeben – der langjährige Studienfreund zieht in eine andere Stadt und man verliert sich aus den Augen –, eigentlich immer erleben als etwas, das auch wirklich abgeschlossen ist, in dem nichts Neues mehr entstanden ist.

Erst in einem zweiten Schritt kann es dann zu Taten kommen, die einen Neubeginn setzen wollen. Eine Epoche ist zu Ende, man muss Abschied nehmen, Liebgewordenes loslassen, dann aber möchte man auch zu neuen Ufern aufbrechen. Dieser erneuernde Impuls kommt ganz aus dem Inneren. Die Reinigung selbst aber erfolgt zunächst als Schicksal von außen.

Wie intensiv solche Phasen erlebt werden oder wie deutlich sie sich zeigen, das hängt ganz davon ab, inwieweit der bisherige Lebensgang mit den Geburtsimpulsen in Einklang steht. So kann der Mondknoten eventuell auch gar nicht zur Geltung kommen, weil er überflüssig ist. Es kann aber auch zu dramatischen »Brüchen« in der Biografie kommen. Das scheint aber nur so, weil die zusammenfassende Betrachtung häufig zeigt, dass da jemand durch solche Brüche zu den Mondknotenzeiten erst wieder Zugang zu seinen ursprünglichen Lebensimpulsen gefunden hat.

Frau Y. ist unter sehr strengen, alten, ganz vergangenheitsorientierten Eltern aufgewachsen. Sie konnten alles Eigene und Originelle, das in Frau Y. als Kind lebte, nur als Angriff auf ihre Werte-Ordnung erleben und haben es bekämpft – zum Teil mit harten disziplinarischen Mitteln und vor allem mit dem zeitweiligen Entzug der elterlichen Liebe. So wurde Frau Y. ein Leben übergestülpt, das zumindest in dieser Ausschließlichkeit nicht das ihre war. Sie war zum Beispiel künstlerisch veranlagt, lebte stark im Gefühl, in der Stimmung und in der Eingebung des Augenblicks und empfand als Untergrund ihres Lebensgefühls immer die Sehnsucht, eines Tages als Malerin arbeiten zu dürfen. Aber das war weit entfernt von dem, was die Eltern mit ihr vorhatten.

Im ersten Mondknoten im Alter von etwas über 18 Jahren kam es zu vehementen Ablöse-Ereignissen: Die Eltern verstießen die Tochter geradezu, weil sie ihre »Unmoral« und »Leichtfüßigkeit« nicht mehr ertragen konnten. Völlig allein, ohne einen Beruf, ohne Geld, lebte sie ein paar Wochen bei verschiedenen Freundinnen. Es war wirklich wie ein neuer Lebensbeginn. Sie fing bei Null an. Da sie aber Zielstrebigkeit nicht hatte erlernen können, war sie nicht in der Lage, das Eigene zu ergreifen und zum Beispiel die künstlerische Seite durch eine Ausbildung zu verwirklichen. Dafür ergab es sich, dass sie plötzlich einen Mann heiratete, der sich väterlich um sie kümmerte.

Diese Ehe ging am zweiten Mondknoten von Frau Y. zu Ende – was auch sinnvoll schien, da der Ehemann sie aus der Tochter-Rolle nicht entlassen konnte. Und jetzt erst, mit etwa 37 Jahren, hatte sie den klaren Willen und die Tatkraft gebildet, Kunst zu studieren.

Am ersten Mondknoten, mit etwa 18 bis 19 Jahren, kann man hier deutlich sehen, was es mit der Loslösung von Menschen auf sich hat, mit denen im Sinne der Geburtsimpulse keine gemeinsame Zukunft mehr besteht. Es ist eine alte Tradition, dass man sich genau in diesem Alter von den Eltern löst bzw. dass die Eltern den jungen Menschen jetzt in die Welt hinaus entlassen. Wenn es ganz glatt verläuft, ist es ein Abschied von den Eltern als Eltern. Es muss kein Abschied sein von ihnen als Menschen. Im Gegenteil schaffen es viele Eltern und Kinder in dieser Phase, eine ganz neue Art der Begegnung zu leben – kameradschaftlich, freundschaftlich, aber eben frei von den Zwängen, die die Kinder- bzw. Elternrolle mit sich bringt.

Die Eltern gehören natürlich insofern zu den Geburtsimpulsen, als das Kind sich in ihren Vererbungsstrom und in ihre Lebenssituation hineingestellt hat, um die ihm gemäßen Entwicklungsbedingungen zu haben. Aber *nachdem* die Eltern die Aufgabe, das Kind hineinwachsen zu lassen in die Welt, erfüllt haben, gehören sie *für die weitere Zukunft* nicht mehr zu dessen Geburtsimpulsen. Im Gegenteil, es würde sich jetzt eher hinderlich auswirken, wenn sie über den ersten Mondknoten hinaus noch ihre führende Elternrolle weiterspielen würden oder wenn das Kind weiter in ihrer Abhängigkeit verbleiben würde. Manche biografischen Probleme entstehen genau hieraus. Es ist ungesund für beide Seiten, wenn zu diesem Zeitpunkt zwischen Eltern und Kindern kein Loslassen stattfindet.

Der hier fällige Abschied von der Führungsrolle der Eltern, der sich ja oft auch äußerlich durch den Auszug aus der elterlichen Wohnung dokumentiert, ist meist begleitet von einem Aufrichten der eigensten Ideale und Impulse des jungen Menschen. Da leuchtet etwas von seinem höheren Wesen auf. Soziale Impulse, künstlerische Ideale, die Sehnsucht nach Selbstverwirklichung – dies sind typische Impulse im ersten Mondknoten.

Die Reinigung von außen

Der zweite Mondknoten (37 Jahre und 2 Monate) hat eine etwas andere Färbung. Man kann jetzt eine soziale Ausstoßung erleben, wenn man sich in einer sozialen Umgebung befindet, in der sich die vorgeburtlichen Entschlüsse nicht verfolgen lassen. Mit den Arbeitskollegen versteht man sich plötzlich nicht mehr, auf einmal wird man ständig kritisiert, nichts mehr kann man ihnen recht machen. Bei vielen ist man unbeliebt, wo man vorher gern gesehen war. Im Sozialen klappt nichts mehr. Nachbarn, mit denen man sich bisher glänzend verstanden hat, haben einen Streit vom Zaun gebrochen und meiden seitdem den Kontakt. Nach allen Seiten hat man sich entfremdet.

Hier kommt das Reinigende deutlich von außen, es widerfährt *mir*. Und darin liegt auch der Unterschied zwischen dem zweiten Mondknoten und der Lebensmitte (vgl. S. 194 ff.): Letztere ist in erster Linie immer ein innerer Vorgang – das, was bisher gegolten hat, löst sich vom Innerseelischen her auf und wird fragwürdig. Im zweiten Mondknoten dagegen geht es um eine Prüfung, vor die ich vom Schicksal gestellt werde: Habe ich sozial wirklich meinen Platz gefunden? Oder gehöre ich vielleicht in ganz andere soziale Zusammenhänge? Es können hier wieder viele neue Begegnungen entstehen, Freundschaften werden es jedoch nur, wenn man sie sehr bewusst pflegt. Davor, noch bis zur Lebensmitte, haben sich Freundschaften eben »ergeben«.

So kann man den zweiten Mondknoten auch so verstehen, dass es darum geht, zu lernen, einsam zu sein. Wer jetzt die Einsamkeit nicht aushält und sich zum Beispiel an die alten Freundschaften klammert, der wird sich im Alter sehr einsam fühlen und daran leiden.

Der dritte Mondknoten mit knapp 56 Jahren zeigt sich auch wieder mehr von außen kommend. Es kann jetzt nochmals zu sozialen Abschieden kommen. Vor allem aber erlebt man hier den Tod naher Freunde und Angehöriger. Auch ist häufig zu beobachten, dass um diese Zeit gerade tatkräftige und gesunde Menschen plötzlich aus dem Leben scheiden – durch Herzinfarkt, Unfall oder unerwartete schwere Krankheit.

Die Halbzeit zwischen zwei Mondknoten kann durch eine »leise« Trennung gekennzeichnet sein. So finden wir im 9. Lebensjahr eine erste zarte Distanzierung des Kindes von den Autoritätspersonen: Die Eltern und der Lehrer sind ja gar nicht so allwissend, wie ich bis jetzt geglaubt habe ... Ich muss künftig kritisch prüfen, was sie sagen. – Zwischen dem ersten und dem zweiten Mondknoten mit 27 bis 28 Jahren geht die Lebensphase zu Ende, in der man sich »von allein« entwickelt. Es ist der Abschied von dem Getragensein durch den Kosmos. Die weitere Entwicklung hängt jetzt von mir selbst ab.

Diese Mondknotenwirksamkeiten in der Biografie sind Gesetzlichkeiten, die, wie dargelegt, dann nicht bemerkbar werden, wenn die aktuellen Lebensverhältnisse mit der weiteren Durchführung der Lebensimpulse zusammenstimmen. Darüber hinaus können sie aber auch überlagert sein von anderen Faktoren, die eine Biografie gestalten.

Es hat wenig Sinn, sich auf die Mondknotenzeiten vorbereiten zu wollen. Man kann da eventuell anstehenden Trennungen und Abschieden nicht vorbeugen wollen. Die Kenntnis von den Mondknoten kann nur den Sinn haben, das Verständnis für Lebensgänge zu vertiefen. Mit dem normalen menschlichen Bewusstsein lässt sich ganz einfach nicht überblicken, ob zum Beispiel der Studienfreund, mit dem ich seit meinem 20. Lebensjahr verbunden bin, auch noch in zwanzig Jahren mein Freund sein wird. Solche Verbindungen kann man nur leben, solange es geht.*

Fragen zum Thema

Frage: Sind Trennungen und Abschiede zur Zeit der Mondknoten zwangsläufig?

Antwort: Wir haben alle die Freiheit, aus Begegnungen, die erfüllt und gerundet sind, neue Begegnungen zu machen. Unsere Eltern können ab dem ersten Mondknoten unsere Freunde werden. Und auf Jugendfreunde, die man mit 37 aus den Augen zu verlieren droht, kann man völlig neu und sehr bewusst zugehen, sie neu kennenlernen und damit etwas ganz in die Zukunft Gehendes mit ihnen aufbauen. Es dürfte, biografisch gesehen, sogar sehr stärkend sein, auf diese Weise aus Vergangenheitsbezogenem ein Zukunftsgerichtetes entstehen zu lassen. Der entscheidende Faktor ist der bewusste Wille und die gezielte Aktivität. Lassen wir die Ereignisse über uns ergehen, so werden in der Tat anstehende Abschiede in den Mondknotenzeiten zwangsläufig sein.

* Ausführlicheres über die Mondknoten ist zu lesen in: W. Hoerner, *Zeit und Rhythmus*.

Das vierte Jahrsiebt – 21. bis 28. Lebensjahr

Orientierung in der Welt

Biografisch gesehen ist man mit etwa 21 Jahren erwachsen – »erwachsen« in dem Sinn, dass man jetzt nicht mehr durch andere Menschen geführt wird. Eltern, Lehrer und Lehrerinnen wie auch Lehrherren haben jetzt ausgedient. Erwachsen-Sein heißt andererseits nicht, dass man jetzt nichts mehr zu lernen bräuchte. Im Gegenteil ist gerade das vierte Jahrsiebt gekennzeichnet durch eine enorme Empfänglichkeit für Wahrnehmungseindrücke und durch ein enormes Bedürfnis, alles irgendwie Interessierende an sich heranzuholen. In diesem »Heranholen« liegt der qualitative Unterschied zwischen dem Lernen im zweiten und dritten Jahrsiebt einerseits und dem Lernen im vierten Jahrsiebt andererseits. Denn Erwachsen-Sein bedeutet in diesem Zusammenhang, dass da jetzt jemand ist, ein Ich, das selbst festlegt, was es lernen möchte, ein Ich, das aus sich selbst heraus, aus freien Stücken, Interessen entwickelt, Fragen hat an die Welt und diesen aus eigenem Antrieb nachgeht.

Das vierte Jahrsiebt ist die Zeit der »Lehr- und Wanderjahre«. An diesem alten Ausdruck kann der Unterschied zum schulischen Lernen deutlich werden: Das Kind und der Jugendliche sitzen in der Schule, und durch den Lehrer kommt etwas an den Schüler heran, was er von der Welt wissen soll. »Lehr- und Wanderjahre« heißt dagegen, dass das noch ganz jung erwachsene Ich jetzt *hinausgeht* und die Welt dort aufsucht, wo sie interessant ist, um sich dort etwas lehren zu lassen.

So soll man sich im vierten Jahrsiebt in der Welt orientieren. Was hat die Welt zu bieten? Das ist eine in dieser Lebensphase sehr berechtigte Frage. Man sucht privat und beruflich den Ort in der Welt, wo man sich engagieren möchte, wo man anpacken möchte. Jede Erziehung von außen ist jetzt zu Ende, die Selbsterziehung beginnt.

Der Ansatz dazu liegt in dieser Lebensphase darin, dass man sich erprobt in der Welt der Erwachsenen. Man sucht in der Auseinandersetzung die eigenen Grenzen herauszufinden und zu erweitern mit einer Aufgabe oder einem Beruf. Die eigene Kraft wird spürbar – vielleicht mit einem etwas übertriebenen Akzent: Ich erwarte, dass meiner enormen Kraft entsprechend das Leben enorme Dinge für mich bereithält! Und ich werde bestimmt Großes leisten!

Natürlich muss man sich andererseits mit ersten Misserfolgen auseinandersetzen; vieles klappt nicht so, wie man es sich ursprünglich gedacht hat; die großen Ziele, mit denen man ins Erwachsenenleben getreten ist, müssen oft erst einmal zurückgestellt werden. Stattdessen – und das ist eine zwar schmerzliche, aber sehr wichtige Erfahrung im vierten Jahrsiebt – muss man erst eigene Fähigkeiten entwickeln, berufliche Kompetenz aufbauen und sich sozial zurechtfinden.

Man soll sich orientieren in der Welt – daraus ergibt sich zum Beispiel, dass es in dieser Phase durchaus richtig sein kann, zwei- oder dreimal den Arbeitsplatz zu wechseln. Welche Möglichkeiten gibt es in dem Beruf, den ich gewählt habe? Das kann man vermutlich nicht bei *einem* Arbeitgeber herausfinden. – Und welche sozialen Möglichkeiten habe ich? Auch diese Frage führt heraus aus der Stadt, aus dem Milieu, in dem man aufgewachsen ist, und legt es nahe, sich im Umgang mit ganz verschiedenen Menschen, zum Beispiel mit Menschen aus einer anderen Gegend, selbst kennenzulernen. Ein mehrmonatiger Auslandsaufenthalt kann sehr sinnvoll sein, aber auch der Wechsel in andere Zusammenhänge, zum Beispiel von der Stadt aufs Land oder umgekehrt. Das sind orientierende Bewegungen im Lebensgang, auf die man nicht verzichten sollte.

Auch in der privaten und persönlichen Sphäre sollte man alte Festlegungen sich auflösen lassen und neue nur mit großer Wachheit eingehen. Von ganz besonderen Lebensumständen abgesehen, gehört der junge Erwachsene nicht mehr als Mitbewohner ins Elternhaus. Wenn man am Ort bleibt, nur um auf alte Freundschaften aus der Kinder- oder Jugendzeit nicht verzichten zu müssen, so verzichtet man auf Neues.

Es ist natürlich menschlich ganz verständlich, dass ein großes Sicherheitsbedürfnis besteht. Das gerade erst erwachsen gewordene, in seiner Selbstbestimmtheit eben erst geborene Ich löst nicht einfach nur die schiere Freude und Lebenslust aus, sondern kann auch zu Empfindungen der Unsicherheit und Ratlosigkeit oder des Ausgesetzt-Seins führen. Das Ich ist frei. Diese Freiheit zu halten, die verschiedenen Möglichkeiten, die sich bieten, im vierten Jahrsiebt eine Zeit lang offen zu lassen – das ist gar nicht so einfach.

Die Gefahr der frühen Festlegung

So liegt die große Gefahr dieser Zeit darin, dass das sich gerade emanzipierende Ich sich schon wieder bindet und festlegt. Die Gefahr besteht, dass es, noch ehe es sich richtig orientiert hat, schon gleich zu wissen meint, wie die Welt ist. Ich kenne die Welt und kenne meinen Standort darin. Ich weiß schon, wer ich bin. Ich habe schon herausgefunden, zu welcher Partei ich gehöre. Ich habe schon meine politische Meinung. – Wer schon am Anfang des vierten Jahrsiebts so denkt und handelt, baut sich erschwerende Umstände auf für die weitere biografische Entwicklung. Entwicklung, jedenfalls im menschlichen Maß, kennt keinen Endpunkt.

Oft wird auch zu früh geheiratet. Der Mann, die Frau, in die ich jetzt verliebt bin, das ist für mich der Partner fürs Leben. Die Ehe als Höhe- und Endpunkt der Verliebtheit – ein enormes Missverständnis (vgl. S. 273). Das gerade erst zu sich selbst erwachende Ich, das einen geliebten Menschen sofort heiratet, stellt sich damit in eine ganz andere Aufgabe hinein, als sie für dieses Jahrsiebt anstehen würde. Damit ist nicht gesagt, dass es »falsch« wäre, im vierten Jahrsiebt zu heiraten. Biografische Entscheidungen sind nicht »falsch«; vielmehr kommt es darauf an, ob man im weiteren Lebensgang in Wachheit den Keim aufgreift, der durch eine Entscheidung gelegt wurde, oder ob man die biografische Angelegenheit damit für erledigt hält, dass man sie entschieden hat.

Eine Heirat am Anfang des vierten Jahrsiebts verlangt, besonders wenn bald Kinder kommen, heute eine Selbstlosigkeit, die man im vierten Jahrsiebt noch gar nicht aufbringen müssen sollte. Natürlich steigern sich biografische Entwicklungen oft zur Selbstlosigkeit hin. Aber das ist erst nach der Lebensmitte das Thema. Im vierten Jahrsiebt verlangt man damit von sich das Gegenteil dessen, was eigentlich ansteht. Hier würde es darum gehen, das Selbst – in der orientierenden Auseinandersetzung mit der Welt – erst zu entwickeln, das man dann vielleicht später in Selbstlosigkeit einbringen kann. Was hat die Welt, auch die mitmenschliche Welt, *mir* zu bieten? Inwiefern kann die – mitmenschliche – Welt *mich* bereichern? Solche altersgerechten Fragen sind keine gute Voraussetzung für eine Ehe.

Aber auch im Beruflichen besteht eine gewisse Gefahr, das Ich zu früh zu binden: Gerade bei jungen Menschen, die mit Enthusiasmus und mit Idealen an ihren Beruf herangehen, ist häufig zu beobachten, dass sie zu früh Verantwortung übernehmen. Sehr deutlich ist das in den sozialen Berufen. Man erlebt dann junge Erzieherinnen, Sozialarbeiter usw., die sich in wunderbarer Weise für die ihnen anvertrauten Menschen engagieren, dabei aber auf eine bestimmte Weise zu weit gehen: Da das eigene Ich noch gar nicht voll entwickelt ist, kann es sich nicht klar genug abgrenzen vom anderen Ich, dem man helfen möchte. Man erlebt sich dann in der Verantwortung für die Schicksale anderer Menschen, wo es doch erst einmal darum gehen würde, nach und nach Verantwortung für das *eigene* Schicksal zu übernehmen. Weder für den engagierten Helfer noch für den Hilfsbedürftigen ist solche Grenzverwischung hilfreich. Die Erzieherin, die ein Kind aus schwierigem Milieu »retten« möchte, der junge Sozialarbeiter, der einen schwer kriminellen Jugendlichen auf die gerade Bahn bringen möchte – sie stehen in diesem Alter in der Gefahr, sich damit zu übernehmen.

Die romantische Zeit der Biografie

Eine der großen Stärken dieses Jahrsiebts ist das Durchseelte dieser Jahre. Es ist die romantische, gefühlsgetränkte Zeit der Biografie. Das, was man an der Welt und an sich erfährt, ist geradezu bis zur Sinnlichkeit durchtränkt von Gefühlen und Empfindungen, auch von Leidenschaftlichkeit, wie sie der Jugendliche noch nicht gekannt hat. Es ist ein durchaus *sinnliches* Jahrsiebt. Und das Ich, das mit etwa 21 Jahren in seine Freiheit eingetreten ist, formt das eigene Wesen nun aus sich selbst heraus mit den sinnlichen Erfahrungen, den Leidenschaften und Empfindungen, die diese mit sich bringen. So entsteht im vierten Jahrsiebt eine Gefühlsleiblichkeit. Die Frage »Wer bin ich in der Welt?« wird hier über etwa sieben Jahre hin beantwortet, indem man sich in dieser Sphäre der Empfindungen, der Leidenschaften, der Gefühle und der Sinnlichkeit selbst gestaltet. Ich bin der, der so und so *erlebt, empfindet und fühlt.*

Dies sind Möglichkeiten des vierten Jahrsiebts. Inwieweit sie ergriffen und entwickelt werden, das hängt sehr stark davon ab, ob man sich nicht zu früh bindet. Was die weitere biografische Entwicklung betrifft, so hat man es leichter, wenn man sich erst im letzten Drittel dieser Phase auf einen endgültigen Arbeitsplatz, einen Wohnort, eine »Meinung« festlegt, und auch die Partnerschaft braucht vorher nicht als endgültig betrachtet zu werden.

Das fünfte Jahrsiebt – 28. bis 35. Lebensjahr

Eigenverantwortung in allen Lebensbereichen

Mit dem 28. Lebensjahr ist ein Höhepunkt erreicht. Man überschreitet das Maximum jugendlicher Lebenskraft und hat das Höchstmaß seiner physischen Kräfte erreicht. Die Zeit, da einem alles zufiel, geht zu Ende, und es beginnt eine Phase, in der man sich mit dem Willen einen Platz in der Welt erobert. Kosmische Kräfte, die bis dahin bis ins Leibliche hinein den Menschen aufgebaut haben, ziehen sich zurück. Es beginnt jetzt die Lebensphase, in der man erstmals vollständig auf sich selbst gestellt ist. Das Ich als oberste Instanz ist voll entfaltet und muss sich nun betätigen, indem es aus sich selbst heraus die Motive des Handelns aufruft. Jetzt möchte man nicht mehr als Haupttätigkeit lernen, sondern vielmehr in eigener Verantwortung sein Lebenswerk beginnen.

In diesem Jahrsiebt ist man am tiefsten inkarniert. Das bedeutet, dass man mit den irdisch-materiellen Verhältnissen engstens verbunden ist. Besitz, Recht und Einfluss, auch Macht, tauchen jetzt als biografische Themen auf. Man ist hingegeben an das Sinnliche und möchte die Ordnung der sinnlich-äußeren Welt mitgestaltend begreifen. Wie ist die Welt geordnet und welchen Beitrag kann ich zu dieser Ordnung erbringen? Das ist das biografische Thema dieses Jahrsiebts. Arbeitend und denkend erkennend möchte man sich hineinstellen in die Gemeinschaft der Mitmenschen. Die eigene soziale Stellung, die eigene berufliche Kompetenz rücken in den Mittelpunkt des Interesses. Das improvisierende Element des vorangegangenen Jahrsiebts trägt nicht mehr. Man wird »vernünftig«, der *Wille* entfaltet sich.

Arbeitsplatz- oder Berufswechsel, auch Partnerwechsel gehören jetzt nicht mehr in diesen neuen Lebenskreis. Ein neuer Wert entsteht: bei einer Aufgabe, einer Partnerschaft, bei den gegebenen Verhältnissen zu bleiben. Dies aber nicht mit einer passiven Haltung – »So ist es eben« –, sondern mit dem Impuls, dass die gegebenen Verhältnisse gestaltbar sind, vielleicht auch veränderbar. Die Welt ist jetzt dazu da, in Angriff genommen zu werden.

Auch Sicherheit tritt als Wert in den Horizont. Es wird interessant, Besitz aufzubauen, materiellen Besitz – der Entschluss, ein eigenes Haus zu bauen oder zu kaufen, fällt oft in diese Zeit –, aber auch sozialen Besitz: der eigene Einflussbereich. Auch geistiger Besitz – die eigene Gesinnung – wird aufgebaut, eine Weltanschauung entsteht. Man legt sich auf eine politische Richtung fest.

Das Mittel, mit dem der Erwachsene des fünften Jahrsiebts sich in die Welt hineinstellt, ist der Verstand. Der Verstand möchte die Ordnung der Welt, auch der sozialen und der technischen Welt, durchdringen und sie organisieren und handhabbar machen. Die Welt wird jetzt nicht mehr mit stürmischen Idealen in Angriff genommen und nicht mehr in erster Linie fühlend und empfindend wahrgenommen, sondern sie wird nüchtern und »objektiv« organisiert.

So beantwortet sich die Frage »Wer bin ich?« in diesem Jahrsiebt durch den Gebrauch des objektiven Denkens. Ich bin derjenige, der die Welt mit seinem Verstand erfasst. Das, was ich mit meinem Denken und Organisieren erobere, das bin ich. So bekommt das Ich eine »Verstandesleiblichkeit«, da das entscheidende Wahrnehmungsorgan das Denken ist.

Die drohende Verstrickung in die äußeren Verhältnisse

So baut man sich innerhalb der eigenen Möglichkeiten, der Möglichkeiten seines Temperaments, seiner beruflichen und sozialen Fähigkeiten ein großes Maß an Sicherheit auf. Damit birgt das fünfte Jahrsiebt aber auch ganz typische Gefahren. So besteht die Gefahr, dass man sich zu tief in die Verhältnisse der äußeren Welt einbindet. Beruflicher Ärger, Rivalitäten mit Kollegen, Probleme mit dem eigenen Besitz, der immer auch als gefährdet erlebt wird, können den Erwachsenen herunterziehen in die bloße Äußerlichkeit. Jahrelange nervenaufreibende Rechtsstreitigkeiten mit dem Grundstücksnachbar, weil dieser den Zaun zehn Zentimeter zu weit auf mein Grundstück gesetzt hat, können die seelisch-geistigen Kräfte so stark in Anspruch nehmen, dass die Bewahrung des Äußerlichen zum Lebensinhalt wird, und das schwächt. Die Bewahrung und Mehrung des Besitzes, auch das eifersüchtige Bewachen der eigenen sozialen Stellung im Betrieb, können so überwertig werden, dass die Beschäftigung mit der Ordnung der Welt nicht kräftigt, sondern abbaut. Eigene Motive, das Entwickeln und Ausbauen eigener Interessen und eigener Verantwortung können dann so vernachlässigt werden, dass man der großen Verunsicherung, die am Ende dieses Jahrsiebts ansteht, nichts entgegenzusetzen hat (s. S. 194ff.: Lebensmitte).

Aufforderung zur Selbsterziehung

Das in dieser Lebensphase sehr berechtigte Bedürfnis, selbst Verantwortung zu übernehmen und in Freiheit die eigene Leistung zu entfalten, sollte *auch* auf Lebensbereiche ausgedehnt werden, die nichts mit äußerer Sicherheit und äußerem Wohlstand und Ansehen zu tun haben. Die Pflege des (scheinbar) Zweckfreien bildet ein gutes Gegengewicht gegen die drohende Verstrickung in die äußeren Verhältnisse und gegen die Überbewertung des zweckgerichteten Denkens. Das fällt in dieser Zeit nicht leicht und muss daher regelrecht erübt werden. Pflege zum Beispiel der Musik, die Fähigkeit zum Müßiggang (die im vierten Jahrsiebt noch selbstverständlich ist), und die Beschäftigung mit philosophischen Fragen sind Akzente, die im fünften Jahrsiebt auch gesetzt werden sollten.

So bringt dieses Jahrsiebt erstmals die Aufforderung zu so etwas wie Selbsterziehung mit sich. Eben weil mir nichts mehr so ohne Weiteres zufällt wie noch im vierten Jahrsiebt, weil sich die Dinge keineswegs mehr so »von allein« ergeben, muss ich nun die Motive meines Handelns mehr und mehr aus mir selbst heraus finden. Was sich hier noch von allein ergibt, ist die Entfaltung der Verstandesseele; aber was aus Eigenem erbracht werden muss, ist das Gegengewicht dazu – eben die Pflege des »Zweckfreien«. Von jetzt an gibt es für jedes Jahrsiebt zu seinem biografischen Thema hinzu einen Gegenpol, der aber nur wirksam wird, wenn er aktiv und bewusst aufgebaut wird.

Wenn es gut geht – viele Menschen machen dies intuitiv richtig –, kommt man gerade durch diese Spannung zwischen der Entfaltung des Verstandes und des Willens einerseits und des selbst aufzubauenden Gegenpols andererseits im fünften Jahrsiebt erstmals zu dem sehr befriedigenden Erlebnis: »Ich habe mein Leben selbst in der Hand.«

Es kommt hier also darauf an, dass man beides lebt: die Willensentfaltung, den Gebrauch des Verstandes, das Sich-Hingeben in die äußeren Verhältnisse und in die feste Verpflichtung und Verantwortung ebenso wie das Zweckfreie, Abstand-Nehmende.

Das sechste Jahrsiebt – 35. bis 42. Lebensjahr

Zweifel und existenzielle Fragen

Im sechsten Jahrsiebt geht es nicht mehr um die Frage: »Was hat mir die Welt zu bieten?« und auch nicht mehr darum: »Wie ist die Welt geordnet?«, sondern nun bewegt die Frage: »Was habe *ich* der Welt zu bieten?« das Gemüt. Es ist eine stark verunsichernde Frage. Denn jetzt ist zu spüren, dass man nicht mehr gehalten und getragen ist von der Umgebung, von Kollegen, von der Familie, und auch nicht von geistigen Kräften. Man ist mit 35 auf sich gestellt und sieht sich als die Person, die man eben geworden ist, aufgefordert, einen aktiven Beitrag zur Welt zu geben. Zweifel an den eigenen beruflichen, sozialen und persönlichen Fähigkeiten tauchen zu Beginn dieses Jahrsiebts auf, das ja mit der Krise der Lebensmitte beginnt.

Was kann ich für die Welt *aus meinen eigenen Kräften* tun? Auf einmal steht alles zur Disposition, was bisher Sicherheit gegeben hat. Und Zweifel nagen bis in existenzielle Fragen hinein. Ist es richtig gewesen, wie ich bisher gelebt habe? Habe ich mich vielleicht in überflüssigen und unnützen Aktivitäten verschwendet? Was ist dann wirklich meine Lebensaufgabe?

Die Zweifelsphase am Anfang dieses Jahrsiebts wird noch dadurch verschärft, dass man sich jetzt zunehmend der Kritik der anderen ausgesetzt sieht. Es geht nun darum, auszuhalten, dass man beurteilt und eben auch kritisiert wird. Vor sich selbst und vor den Kollegen ist man am Ende des vorhergehenden Jahrsiebts vor allem mit seinen persönlichen Grenzen bekannt geworden. Mit 35 ungefähr hat man selbst die Illusion über die eigenen Fähigkeiten und Möglichkeiten verloren. »Wenn ich bloß einen anderen Abteilungsleiter als Vorgesetzten hätte, dann könnte ich zeigen, was wirklich in mir steckt.« Damit kommt man jetzt nicht mehr hin.

Aber auch die anderen, die Kollegen, der Ehepartner haben ihre Illusion über mich verloren. Ernüchterung ist eingetreten auf allen Seiten. Ich spüre es geradezu, weil ich jetzt am tiefsten Punkt meines Daseins als Erdenmensch angekommen bin. Ich bin bis in die letzte Konsequenz – das ist die Himmelsferne – auf der Erde angekommen. Ich bin, wie man so sagt, wirklich von allen guten Geistern verlassen. Mein Ehepartner kennt jetzt meine Gewohnheiten und Schwächen mit einer Deutlichkeit, mit welcher er sie gar nicht kennen will. Weit weg bin ich jetzt von meinem Urbild, weit weg von dem, was ich eigentlich sein könnte, was ich eigentlich sein wollte.

Verschiedene biografische Möglichkeiten

Das ist die Ausgangssituation im sechsten Jahrsiebt. Und es hängt sehr von einem jeden selbst ab, was daraus wird. Es gibt jetzt verschiedene biografische Möglichkeiten.

Die aufwendigste ist die, die Zweifelsfragen zu übertönen, sodass man sie nicht zu hören braucht. Das geht nicht ohne Hilfsmittel. Alkohol, Drogen, exzessives Fernsehen, aber auch ein besinnungsloser Arbeitsrausch – das können Versuche sein, Zweifel zu überhören.

Eine andere Möglichkeit liegt im Wachsein. Wenn man auf die Selbstzweifel genau hinhört, so kann das Bedürfnis entstehen, das Erreichte so zu erweitern oder zu ändern, dass man es in den Dienst eines größeren Zusammenhangs stellen kann. Man kann jetzt selbst Chef werden und den Betrieb als Ganzes im Bewusstsein haben. Viele Ehen erfahren eine neue, vertiefte, ins Überpersönliche gehende Sinngebung, während die Partner sich im sechsten Jahrsiebt befinden. (Aber viele andere Ehen werden gerade am Anfang dieses Jahrsiebts geschieden.) Eine Steigerung und Horizonterweiterung ins Übergeordnete, Überpersönliche wird angestrebt. Manche empfinden am Ende dieses Jahrsiebts einen starken sozialen Impuls. Der Handwerksmeister macht eine Zusatzausbildung und wird Berufsschullehrer in einer Behinderteneinrichtung. Die Frisörin schult um zur Heilpädagogin. Der Sozialarbeiter erweitert sein Arbeitsfeld, indem er in übergreifenden Gremien mitarbeitet, wo die sozialen Fragen auf politischer und gesellschaftlicher Ebene behandelt werden.

Besonders nach dem zweiten Mondknoten mit etwa 37 Jahren (s. S. 160) kann man das Gefühl haben, nun alles neu anpacken zu können. Neue Lebensperspektiven tauchen auf, an die man noch nie gedacht hatte. Der eine interessiert sich plötzlich für religiöse Fragen; der andere möchte nun doch Kinder bekommen, obwohl er es jahrelang ausdrücklich abgelehnt hat. Es ist eine Lebensphase, in der entscheidend Neues entstehen kann, wenn man sich den Zweifeln am Anfang dieser Phase stellt.

Frauen erleben diese Zeit oft etwas anders als Männer. Sie sind normalerweise mit 35 Jahren in einer anderen biografischen Situation. Die Kinder sind jetzt »aus dem Gröbsten raus« und bedürfen nicht mehr der ständigen Fürsorge. Sie wollen nun die Erfahrung der Selbstständigkeit machen. Jetzt möchte die Frau entweder wieder ins Berufsleben einsteigen oder eine andere außerfamiliäre Aufgabe ergreifen. Das mag eine ehrenamtliche Tätigkeit im kirchlichen Leben sein, ein aktives Engagement im Umweltschutz oder ein politisches Engagement. Frauen erleben am Anfang des sechsten Jahrsiebts stärker die Möglichkeiten dieser Lebensphase, den Aufbruch; sie erleben, dass biografisch Neues entstehen kann – und zwar unter ihrem eigenen Willen.

Männer erleben den Anfang dieses Jahrsiebts eher negativ, fast depressiv getönt. Sie haben sich bis dahin beruflich schon so etabliert und vielleicht auch verwirklicht, dass das Infragestellen eher bedrohlichen Charakter hat: Das Erreichte reicht nicht. Es ist nicht das, was ich letztlich will. So fällt auch die »Midlife-Crisis« bei Männern im Allgemeinen dramatischer aus als bei Frauen.

Die Versuchungen und Gefahren dieses Jahrsiebts liegen einmal im Betäuben – ich reagiere auf die Ankündigung des Neuen durch

Steigerung des Alten, Gewohnten: Ich kaufe mir ein noch repräsentativeres Auto; ich kleide mich ganz neu ein, und zwar in jugendlichem Stil; ich kaufe mir den Wein jetzt kistenweise; und dann wird es jetzt Zeit für eine kleine Freundin, die mir den Traum meiner Jugendlichkeit vorspielt.

Zum anderen liegt eine Versuchung dieses Jahrsiebts in der Lust an der Macht – ich reagiere auf die Ankündigung des Neuen mit dem Bedürfnis, es im Griff zu haben, noch bevor es richtig aufgetaucht ist. Ich werde Vorgesetzter und bestimme jetzt, wie gearbeitet wird. Ich lasse auch neue Arbeitsmethoden zu, aber eben nur unter meiner Anleitung und Kontrolle und nach meiner freien Entscheidung. Ich kann jetzt anderen zeigen, wie's gemacht wird, und die müssen das akzeptieren. Schließlich habe ich ja jetzt eine Menge Erfahrung. Mir macht keiner mehr was vor. Ich weiß Bescheid.

Schließlich gibt es noch eine dritte Möglichkeit, auf die Verunsicherung des 35. Lebensjahres zu reagieren, und das ist »biografiehygienisch« die gesündeste. Beginnend mit der eigenen Wahrheit – das und das sind meine Grenzen und Versäumnisse, meine unguten Eigenschaften, aber auch meine Fähigkeiten und Stärken –, kann ein erstes Empfinden der Bedeutung überpersönlicher, objektiver Wahrheit entstehen. Es ist ja gar nicht so wichtig, dass *ich* etwas mache. Wichtig ist, dass die objektiv bestehende Aufgabe angepackt wird. Ein erstes Bedürfnis nach Selbstlosigkeit kann auftauchen, und Überindividuelles wird erlebbar. Man kommt in einen Bereich, der ganz neu ist. Das objektiv Wahre wird erlebt, und es wird empfunden, dass demgegenüber das Persönliche eher unbedeutend ist. Und das kann auch eine erleichternde Feststellung sein.

Es entsteht, wenn man sich diesem Vorgang innerlich stellt, ein bewusstseinsmäßiger, überindividueller Anschluss an das Übergeordnete. Das Bewusstsein erweitert sich ins Überpersönliche. Dies sind zunächst nur blitzhafte, Sekunden dauernde Erlebnisse. Sie können sich aber zum ruhigen Anschauen objektiver Wahrheit steigern. Die Frage »Wer bin ich?« führt in dieser Phase zu einer Antwort, in der das Ich sich weitet in einen Zusammenhang übergeordneten Bewusstseins. Ich bin ein Teil eines allgemeinen, objektiven Bewusstseins. Ich habe mit meinem Ich teil an einer Bewusstseinsebene, die alle Weltvorgänge durchdringt. So entsteht dem Ich hier ein Welt-Wahrnehmungsorgan, das man »Bewusstseinsseele« nennen kann.

Der sich so entwickelnde Mensch kann die Wahrheit ergreifen, unabhängig davon, was sie für ihn persönlich bedeutet. Und das ist der Weg: den Tiefpunkt zu überwinden, der mit der Lebensmitte gegeben ist, und wieder ersten Anschluss zu bekommen an die Sphäre des Geistes oder, wenn man so will, an die Sphären des Himmels.

Der übende Umgang mit sich selbst wird sich in dieser Phase vor allem auf das Aufnehmen des Neuen richten. Man suche – durchaus in alltäglichen Dingen – das Neue geradezu auf. So kann man abends noch einmal kurz auf den vergehenden Tag zurückblicken mit der Frage: Was ist heute Unerwartetes, Neues geschehen, wo war etwas anders als sonst? Ach ja, die Kollegin X. hat sich erstmals Blumen auf den Schreibtisch gestellt. Das hat sie noch nie gemacht. – Der Portier hat mich zum ersten Mal nach meinen Kindern gefragt. – Heute erst ist mir ein Bild des Malers Y. aufgefallen, das doch seit Jahren bei uns im Flur hängt. Ich fand es plötzlich schön. – Und dann führe man das weiter: Was habe *ich* eigentlich heute Neues gesagt, getan, gedacht, was ich noch nie gesagt, getan, gedacht habe? – Da wird es zunächst etwas stiller. Und man mag diese Übung dann sogar als ärgerlich empfinden. Aber es entsteht auf diese Weise das Bedürfnis, aktiv, *aus Eigenem* immer wieder etwas Neues in den eigenen Alltag zu bringen. Und dann kann man sich das vornehmen und schließlich übend tun: Am Wochenende will ich meiner Familie etwas kochen, was ich noch nie gekocht habe. – Morgen will ich mir in der Buchhandlung einmal einen Roman kaufen, einfach so. – Ich will jeden Morgen, wenn die Kinder aus dem Haus sind, ein paar Gedichte lesen, eine Woche lang. – Ich fahre morgen einmal einen anderen Weg zur Arbeit.

Die Einübung in das Neue ist hier gefragt. Es geht dabei nicht um großartige Erneuerungen und kolossale Entscheidungen. Es geht überhaupt nicht darum, dass äußerlich ständig Neues oder anderes getan wird. Sondern es geht darum, *das Gewohnte anders, neu zu tun,* im Gewohnten das Neue aufzusuchen und zu entdecken; am Ehepartner, den man seit zwanzig Jahren kennt, oder an den Kindern neue Seiten auszumachen. Daraus mag sich dann manchmal auch äußerlich sichtbar etwas Neues entwickeln. Aber es muss ruhig reifen können. Das öffnet.

Das öffnet auch für das Objektive, Wahre, und man kann dann das Erlebnis haben, dass es seine tiefe, eben objektive Richtigkeit hat, wie die biografischen Dinge sich entwickeln. Man erlebt sich eingegliedert in einen umfassenderen Geschehensstrom.

Das siebte Jahrsiebt – 42. bis 49. Lebensjahr

Erneuerung aus überpersönlicher Perspektive

Herr X. ist Bühnentechniker an den Städtischen Bühnen in Y. Um sein 42. Lebensjahr herum empfindet er das Bedürfnis, seine beruflichen Fähigkeiten und Erfahrungen einem Menschenkreis zur Verfügung zu stellen, der sie vital braucht. Noch vor wenigen Jahren ging es ihm um Karriere, um ständige berufliche Weiterqualifizierung und -spezialisierung; er war verstrickt in Konkurrenzkämpfe mit einem anderen Bühnentechniker. Dann hat er es eines Tages plötzlich durchschaut: Es kann doch im Leben nicht nur darum gehen, dass man selbst gut dasteht. Er begreift zunehmend die Motive und Hintergründe, aus denen heraus an einem solchen Arbeitsplatz gegeneinander intrigiert und gekämpft wird. Und eine »innere Stimme« lässt ihn nun einen Aufgabenbereich suchen, in dem es nicht darum geht, besser zu sein als die anderen, sondern in dem es einzig darum geht, das einzubringen und weiterzugeben, was man sich erarbeitet hat. Herr X. möchte sozial wirken.

Über einen Bekannten hört er von einer Rehabilitationseinrichtung für Körperbehinderte, in der ein Techniker gesucht wird für die verschiedensten Bereiche. Er bewirbt sich und wird angenommen. An seinem neuen Arbeitsplatz ist er nun verantwortlich für den Festsaal, für die Ausrüstung und Funktionsfähigkeit der Wohnbereiche und für die Überwachung der technischen Hilfsmittel, wie Körperbehinderte sie benötigen (Rollstühle, Arbeitscomputer etc.). Er entfaltet eine ganz neue Kreativität, gerade weil er sich jetzt frei von Prestige- und Konkurrenzsorgen betätigen kann. Er und die anderen technischen Mitarbeiter sehen sich verbunden in dem gemeinsamen Ziel, den Körperbehinderten ein möglichst normales Leben zu ermöglichen.

Auch im Persönlichen ändert sich Herr X. Seiner Frau fällt auf, dass er eine gewisse Härte und Kühle abgelegt hat und dass jetzt eine zartere, mitfühlendere Seite ins Spiel kommt. Er ist entspannter und trotzdem entschlossener. Er hatte noch nie so deutlich das Gefühl, auf dem richtigen Weg zu sein wie jetzt.

Das siebte Jahrsiebt bringt die große Chance zum Neuergreifen des eigenen Lebens aus einer überpersönlichen Perspektive heraus. Die Sicherheit in der Beurteilung größerer, überpersönlicher Zusammenhänge, die im letzten Jahrsiebt entwickelt wurde, kommt nun zum Tragen. Es ist eine Sicherheit, die von innen kommt – während man bis dahin Sicherheit eher im Äußeren, in der Anerkennung, im Status gesucht hat.

Es ist das Jahrsiebt, in dem man in einer gewissen Entspanntheit in die soziale Wirksamkeit hinein dasjenige bringt, was man leisten kann. Für viele beginnt jetzt erst die eigentliche, vertiefte Schaffenskraft, auch wenn sie an ihrem Arbeitsplatz bleiben. Menschen mit einer geistigen Aufgabe wie Künstler, Philosophen oder soziale Impulsgeber kommen meist um diese Zeit, nach 40, zu ihrer eigentlichen Wirksamkeit.

Die Gefahr der dogmatischen Erstarrung

Dieses Jahrsiebt enthält aber auch eine typische Gefahr. Es ist die Gefahr der dogmatischen Erstarrung. Die eingangs erwähnte »innere Stimme«, die neu gewonnene Fähigkeit, überpersönliche Zusammenhänge zu überblicken, enthält die Versuchung, nun »weise« sein zu wollen. Eine gewisse Neigung, andere zu belehren, verbunden mit der Neigung, böse zu sein, wenn sie sich nicht belehren lassen wollen, kann sich breitmachen. Wird von einem Teil der Menschen im siebten Jahrsiebt ihre Lebensphase als eine Art Befreiung, Entspannung und Horizonterweiterung erlebt, so kann von einem anderen

Teil dieselbe Phase als erste Stufe der Alterung, der Einengung von Möglichkeiten erlebt werden. Erstes Unbehagen über die Kraft der nachrückenden Generation kann sich bemerkbar machen, besonders wenn auch der Abnahme der Vitalkräfte keine Erneuerung aus dem Geiste entgegengesetzt werden kann. Bisher hatte man immer eine Zukunft, nun fängt man an, eine Vergangenheit zu haben. Und wenn die eigene Zukunft jetzt nicht aktiv hergestellt wird mit einem Mut zum Ungewissen, läuft man Gefahr, tatsächlich nur in eine Zukunft einzutreten, die einfach eine Fortschreibung der Vergangenheit ist. Man wird dann lebensunzufrieden, altert seelisch noch schneller als körperlich, man erstarrt.

So kommt es jetzt darauf an, den Gesichtskreis zu erweitern, Begegnungen mit Menschen aus ganz anderen Arbeits- und Lebenszusammenhängen zu suchen. Es kommt darauf an, sich mit neuen Arbeitsmethoden vertraut zu machen und neue Einsichten zu gewinnen. Das siebte Jahrsiebt ist eine Spiegelung des vierten Jahrsiebts, wenn wir die Lebensmitte als Spiegelungspunkt nehmen. Was im vierten Jahrsiebt das Thema der »Lehr- und Wanderjahre« ist – hinauszugehen in die Welt, sich zu erproben in der Welt, neugierig zu erkunden, was es eigentlich alles gibt –, das sollte jetzt im siebten Jahrsiebt zu einem inneren Wandern werden. Gelingt es, so kann man trotz Abnahme der körperlichen Flexibilität eine Verjüngung erleben. Gelingt es nicht, so kann man beobachten, wie der eigentlich anstehende Aufbruch gerade im Körperlichen gesucht wird: Der Neuanfang beschränkt sich dann auf eine Übersteigerung des sexuellen Bedürfnisses, und man meint, die anstehende Verjüngung gerade darin gefunden zu haben, dass man nun – meist mit ständig wechselnden und sehr jungen Partnern – seine sexuelle Kraft unter Beweis stellt. Die Weigerung, alt zu werden, beginnt mit einem solchen Abrutschen des Erneuerungsimpulses ins Physische.

Gelingt es aber, den Neuansatz im Sozialen und Geistigen zu finden, so wird das als eine enorme Horizonterweiterung erlebt; das Leben wird interessanter. Der Abstand zu den kleinen Problemen des Alltags wird größer; ein großer, weittragender Atem wird spürbar.

Das achte Jahrsiebt – 49. bis 56. Lebensjahr

Selbstlosigkeit und »Loslassen«

Jedes Jahrsiebt bringt eine nur ihm eigene Chance und auch eine typische Gefahr mit sich. Die besondere Gnade des achten Jahrsiebts liegt darin, dass in diesen Jahren das Bedürfnis nach Selbstlosigkeit entstehen kann. Es handelt sich dabei nicht, wie man vielleicht meinen könnte, um eine späte Reaktion auf äußere moralische Erwartungen, auf kirchliche Werte oder Ähnliches. Man möchte sich jetzt zur Verfügung stellen – einer Aufgabe, einer Menschengruppe vielleicht, einem Ziel. Dabei sucht man nicht die Verwirklichung eigener Fähigkeiten – das ist Sache der vorangehenden Jahrsiebte. Sich zur Verfügung stellen – das zielt jetzt über das Persönliche hinaus. Es beinhaltet die Bereitschaft, auf den persönlichen Gewinn zu verzichten, auf das Sich-Bespiegeln im eigenen Tun.

So kann man das achte Jahrsiebt auch betrachten als Jahrsiebt des Loslassens. Die Frage, vor die man in diesem Alter gestellt ist, lautet: Kannst du verzichten auf das, was dein Privat-Persönliches ist? Auf deine persönlichen Überzeugungen, deine beruflichen Erfahrungen und die Schlüsse, die du daraus gezogen hast, auf die Errungenschaften deiner Vergangenheit? Kannst du verzichten auf deine Jugendlichkeit? Oder, anders gefragt: Wer bist du, wenn man das ganz Persönliche, die Gewohnheiten, Meinungen, Vorlieben und kleinen Eitelkeiten abziehen könnte?

Das achte Jahrsiebt ist dadurch in besonderer Weise das Jahrsiebt des »Höheren Ichs«: (vgl. S. 35). Es enthält die große Chance, alles abzustreifen, was als Unwesentliches aufgehäuft wurde, und sich ganz auf das Wesentliche, Entscheidende zu konzentrieren. Es ist die Frage nach dem geistigen Wesenskern des Menschen, vor die man hier gestellt ist.

Das Unvermögen des Durchbruchs zum Wesentlichen

Dass man so infrage gestellt ist, kann Angst machen und dadurch genau zum Gegenteil dessen führen, was gemeint ist. – Herr X., Anfang 50, empfindet die Notwendigkeit einer neuen Perspektive. Er ist Jurist, Richter an einem Amtsgericht. Seinen Beruf beherrscht er sozusagen im Schlaf. Zu Hause ist er nun mit seiner Frau allein – die Kinder sind vor Kurzem zu Studium und Ausbildung ausgezogen. Als ein Nachbar in ähnlicher Situation den in seinem Haus frei gewordenen Wohnraum für zwei deutschstämmige Aussiedler aus Rumänien zur Verfügung stellt, reagiert Herr X. wie in Panik. Solche Luxusbettler würden ihm nicht ins Haus kommen; die Sorte kenne er bestens. Gerade die Aussiedler seien ihm als Richter schon mehrmals untergekommen. Wer weiß, ob die nicht auf einmal auf sein eigenes Grundstück übergreifen? Und er lässt einen hohen Zaun zum Nachbargrundstück ziehen.

Der Nachbar, irritiert über den dramatischen Gefühlsausbruch, sucht das Gespräch mit ihm. Aber es kommt nicht zu einem eigentlichen Gespräch. Herr X. schwadroniert nur über seine Verdienste in der Vergangenheit. Er überschüttet den Nachbarn mit einer Lebensbilanz, die sich für diesen wie eine Grabrede anhört. Die Stimmung ist dabei die eines Abschieds, den man noch nicht fassen kann. In dieser Zeit schimpft Herr X. zu Hause immer wieder über eine jüngere Kollegin, die noch keine Ahnung vom Beruf habe, aber schon in Fachzeitschriften klug daherrede. Überhaupt, wie die sich gibt – aufgedonnert wie eine Nachtclubtänzerin laufe sie im Amtsgericht herum, und er möchte nicht wissen, von wem sie die roten Strümpfe habe. – Frau X., die ihrem Mann besorgt zuhört, ahnt leise, dass ihr Mann hier eigene Sehnsüchte nach Jugendlichkeit überschreit, von denen er spürt, dass er sie nicht mehr verwirklichen können wird. Früher hat er gern geflirtet; seit einiger Zeit kommt nichts zurück. Sie registriert es daran, dass er neuerdings seine Kleidung vernachlässigt.

Menschen wie Herrn X., die durch Schicksalsumstände nicht von sich aus und nicht ohne Weiteres zum Thema dieses Jahrsiebts durchdringen, ist zu empfehlen, zunächst einmal sehr sorgfältig darauf zu achten, *welche Fragen* auf sie zukommen. Man soll hier die Gewohnheit entwickeln, jeden Abend einen kurzen Rückblick auf die Vorgänge des Tages durchzuführen und dabei aufzuschreiben, welchen Fragen man begegnet ist. So könnte Herr X. zum Beispiel festhalten: Frau Y., die Nachbarin, hat mich gefragt, ob ich mich nicht dem Kirchenchor anschließen möchte (Ich habe es kaum registriert, weil ich mit ihrem Mann gerade heftig diskutierte). Frau Z., die Kollegin, hat mich nach Fachliteratur zu Mietrechtsstreitigkeiten gefragt. – Meine Tochter hat angerufen und gefragt, ob ich Zeit hätte für eine Kommilitonin, die gerade in rechtlichen Schwierigkeiten sei. – Frau K., die Aussiedlerin von nebenan, hat mich gefragt, ob ich Rumänien kenne ...

So werden sich im Laufe einiger Wochen bestimmte Fragegruppen herauskristallisieren, denen man entnehmen kann, was jetzt das Wesentliche ist. – Im Fall von Herrn X. mag es sein, dass er im privaten Bereich auf rechtlichem Felde immer wieder um Rat und Beistand gefragt wird. Vielleicht kommt er dadurch eines Tages auf die Idee, seine immense praktische Erfahrung in der Rechtspflege anderen Menschen zur Verfügung zu stellen. Und auf einmal ist er vielleicht Rechtsberater geworden in einem Verein zur Eingliederung Rumänien-Deutscher.

Andere Fragegruppen, die sich herauskristallisieren können, zielen darauf ab, dass man selbst Fragen stellen soll, Interesse entwickeln soll für Gebiete, deren Existenz man bisher kaum wahrgenommen hat. – So hat Herr X. sich vielleicht nie für Rumänien, seine Geschichte und die dort herrschende Vielvölker-Situation interessiert. Nun wird er »mit der Nase darauf gestoßen«, befasst sich neuerdings mit rumänischer und ungarischer Geschichte, und wenig später findet er sich wieder bei einem Rumänisch-Kurs der Volkshochschule ...

So können durch die Pflege des Fragens und des Hörens auf Fragen neue Lebensperspektiven auftauchen. *Fragen enthalten für den, der ge-*

fragt wird, immer etwas Neues. Dies gilt besonders für dieses Jahrsiebt, in dem es darauf ankommt, zum Wesentlichen vorzustoßen. Und so werden, wenn der Durchbruch gelingt, ganz neue, weitreichende und grundsätzliche Fragen erkennbar, an die man bisher im Getriebe des Alltags gar nicht gedacht hatte. Und damit entsteht langsam die Fähigkeit, etwas über dieses Gewühle des Alltags hinauszublicken und das Grundsätzliche ins Auge zu fassen. Am Ende dieses Jahrsiebts kann dann das Bedürfnis entstanden sein, sich diesem Wesentlichen zur Verfügung zu stellen.

Die gleichzeitig abnehmende Fortpflanzungsfähigkeit, der Abschied von der eigenen Jugend und Attraktivität können so auch befreiend wirken und in einem vertieften Sinne belebend. Bei Frauen, die jetzt die Wechseljahre durchmachen, kann sich danach eine enorme Kreativität zeigen. Schaffenskräfte, die zuvor noch leiblich gebunden waren an die Regenerationsfähigkeit, sind nun frei geworden und können sich jetzt seelisch-geistig aussprechen.

Die Spiegelung zum dritten Jahrsiebt

In diesem Alter kehrt der Engel langsam zurück, auch wenn man nicht eigens ein religiöses oder spirituell orientiertes Leben geführt hat. Diese Rückkehr wird erlebbar als Begnadet-Sein mit eben den erwähnten Einsichten ins Grundsätzliche, als Begnadet-Sein mit dem Bedürfnis nach Selbstlosigkeit. Man darf sich in zarter Weise wieder ein wenig geführt erleben – hin zu wesentlichen Aufgaben.

So spiegelt sich im achten Jahrsiebt das dritte Jahrsiebt, wenn man die Lebensmitte als Spiegelungspunkt auffasst. Das dritte Jahrsiebt beginnt mit der Fortpflanzungsfähigkeit, das achte endet damit. Das dritte Jahrsiebt fragt nach Idealen, nach Menschheitszielen und Aufgaben, denen man sich weihen kann. Das achte bringt die Möglichkeit, sich in den Dienst solcher Ideale und Ziele zu stellen.

Das dritte Jahrsiebt bringt eine gewisse Egozentrik und Selbstbezogenheit mit sich. Das achte gibt die Chance, dies zu überwinden. Im dritten Jahrsiebt zieht der Engel sich zunehmend zurück aus der direkten Führung des betreffenden Einzelschicksals. Im achten Jahrsiebt kehrt er langsam wieder in diese Aufgabe zurück. Das dritte Jahrsiebt überschüttet die Welt mit Fragen, herausfordernden Fragen. Das achte Jahrsiebt kann das Wahrnehmungsorgan werden, die an uns gestellten Herausforderungen zu hören.

Das neunte Jahrsiebt – 56. bis 63. Lebensjahr

Die Chance einer Verjüngung nach innen

In diesem Jahrsiebt geht es noch einmal um ein »Stirb und Werde«. Man fragt sich jetzt, da es auf das Ende des Arbeitslebens zugeht, was man einst als Frucht des Erdenlebens durch das Tor des Todes mitnehmen wird. Was kann bestehen?

Es liegt hier eine enorme Chance der Verwesentlichung. Angesichts dieser, natürlich erst einmal unangenehmen Frage fällt vieles als unwesentlich ab, was mit bloßem Wissen, mit Fertigkeiten und auch mit Macht zu tun hat. So enthält dieses Jahrsiebt eine Feuerprobe, die davor bewahren kann, den dritten Lebensabschnitt, den Ruhestand, mit Illusionen anzutreten.

Teilweise wird man sich hier von Arbeitsbereichen und Arbeitsmethoden, aber auch von bestimmten Einstellungen zum eigenen Tätigkeitsbereich lösen müssen, die man sich selbst einmal aufgebaut hat.

Auch spürt man die physischen Lebenskräfte nun deutlich schwinden. Mit der eigenen Körperlichkeit schwindet eben überhaupt das enge Verbundensein mit dem Physisch-Irdischen. Darin liegt die Chance einer Verjüngung nach innen, eines Aufbruchs zu einer inneren Welt. Dieser Aufbruch kann seelisch-geistige Kräfte von einer Festigkeit freisetzen, wie man das vorher nie gekannt hat.

Der Eintritt in den Ruhestand

Entsprechend dem Spiegelungsverhältnis der Jahrsiebte zueinander (als Spiegelungspunkt wird hier die Lebensmitte gesetzt), greift das neunte Jahrsiebt auf Themen des zweiten Jahrsiebts zurück. Am Anfang des zweiten Jahrsiebts war man ja in den Lebensbereich des – damals schulischen – *Arbeitens* eingetreten, am Ende des neunten Jahrsiebts verlässt man diesen Lebensbereich wieder.

Dieser Eintritt in den Ruhestand will gut vorbereitet sein. Eine Bilanz des Arbeitslebens ist sinnvoll, auch wenn es nicht durchgängig angenehm sein dürfte, sie durchzuhalten. Schon Jahre vor der Pensionierung sollte man Pläne geschmiedet haben, was man nach der Pensionierung tun möchte. Es müssen Aufgaben da sein oder vorbereitet sein, die man dann bald nach der Pensionierung aufgreifen sollte. Das können natürlich zunächst Aufgaben im Privaten sein. Vielleicht muss der kleine Garten endlich einmal durchgearbeitet werden, das Gartenhäuschen renoviert werden oder Ähnliches. Eine Aufgabe kann aber auch darin liegen, sich ein völlig neues Interessen- oder Wissensgebiet anzueignen.

Andererseits besteht überhaupt kein Grund – außer es ist ganz tief empfundenes persönliches Bedürfnis –, sich auf ein Leben der Zurückgezogenheit ins Private vorzubereiten. Im Gegenteil. Es gibt genug soziale Aufgaben, in denen andere Menschen die Zuverlässigkeit, die natürliche Selbstlosigkeit und die Geistgewissheit älterer Menschen brauchen. Von der Nachbarschaftshilfe über Mithilfe in kirchlichen Zusammenhängen bis hin zur Mitarbeit in gemeinnützigen Vereinen sind der Initiativkraft keine Grenzen gesetzt.

Aufgabe kann schließlich auch sein, den eigenen Lebenskreis spirituell zu durchdringen und damit nach innen hin zu erweitern. Auch hierfür gibt es zahlreiche Hinweise und Möglichkeiten oder sie ergeben sich aus dem bisher gepflegten religiösen Leben selbst.

So stellt sich neben die Bilanz in diesem Jahrsiebt die Vorbereitung auf den dritten Lebensabschnitt.

Entsprechung zum zweiten Jahrsiebt

Noch in einer anderen Schicht erkennen wir eine Entsprechung zwischen dem zweiten und dem neunten Jahrsiebt. Im zweiten Jahrsiebt hatte sich, lange Zeit unmerklich, die Geschlechtsreife entwickelt, und parallel dazu hatte sich der Verstand, der Intellekt ausgebildet. Am Ende des zweiten Jahrsiebts war man sich der Tatsache bewusst geworden, dass man sexuelle Bedürfnisse und Möglichkeiten hat, und man empfand, teils schmerzhaft, teils triumphierend, wie man nun auf einmal die Welt mit dem kühlen Strahl des eigenen scheinwerferartigen Verstandes durchdringen kann.

Nun, im neunten Jahrsiebt, wandelt sich beides zu Neuem. Das Bewusstsein der eigenen sexuellen, triebhaften Bedürfnisse schwindet, auch die körperlichen Möglichkeiten lassen nach; auf der anderen Seite wird die Einseitigkeit des bloßen Intellektes, des scharfen Verstandesdenkens erlebt, und es wird empfunden, dass es eine vertieftere Form gibt, die Welt zu verstehen. So etwas wie Intuition entsteht am Ende des neunten Jahrsiebts, ein wesenhaftes Verstehen der Welt-Tatsachen.

Auch ein verwandeltes Verstehen zwischenmenschlicher Begegnungen taucht auf, jenseits der Spannungen, die sich aus der geschlechtlichen Identität ergeben. Der Mann und die Frau »häuten« sich gewissermaßen, und etwas von dem Urbildlichen *des* Menschen taucht auf – wenn wir es nur wahrnehmen wollen durch den Schleier gewisser Unbeholfenheiten hindurch, mit dem uns das Alter über sein Wesen täuschen kann.

Diese Befreiung von der Sexualität macht den alten Menschen nicht zu einem Neutrum. Das Bedürfnis zu zärtlichem Austausch zwischen Mann und Frau kann bleiben und sollte auch gepflegt werden, wo es gewünscht wird. Aber das Triebhafte ist zumindest leise geworden und macht damit den gegenseitigen Blick darauf frei, was der andere auch noch ist, außer dass er Mann oder Frau ist. Ähnlich wie das Kind im ersten und zweiten Jahrsiebt natürlich ein Zärtlichkeitsbedürfnis hat und den Unterschied von Mann und Frau kennt, ohne aber einen sexuellen Trieb zu kennen, so kann der alte Mensch am Übergang vom neunten zum zehnten Jahrsiebt zu einer spannungsfreien Zärtlichkeit finden, die geradezu als befreiend erlebt werden kann.

Das zehnte Jahrsiebt – 63. bis 70. Lebensjahr

Die intuitive Verbundenheit mit der Welt

Nach 63 Jahren sind viele Menschen bereits aus dem Arbeitsleben ausgetreten. Es ist nun ein Freiraum entstanden, der aktiv erfüllt werden sollte, damit es nicht zum Pensionierungsschock kommt. Wenn dieser neue Lebensabschnitt der zunehmenden Körperferne und zunehmenden Geistnähe entwicklungsgemäß ergriffen werden soll, muss er vorbereitet sein. Dies zumal deshalb, weil zur Bilanz über das Arbeitsleben, die man meist am Ende des neunten Jahrsiebts zieht, nun allmählich die Bilanz über das eigene Leben überhaupt hinzukommt. Eine gewisse Gefahr in diesem Alter besteht darin, nur noch in der Erinnerung zu leben. Wo wir das antreffen, ist es ein Zeichen dafür, dass eine Lebensbilanz nicht gezogen wurde. Was innerlich wirklich abgeschlossen ist, braucht uns erinnerungsmäßig nicht immer wieder zu beschäftigen.

Für diese Lebensbilanz kann es sinnvoll sein, einen Gesprächspartner zu haben, der die Fragen so stellt, dass man nicht in Wertungen oder Schuldzuweisungen, aber auch nicht an Erfolgslorbeeren hängen bleibt. Der »Altenberater«, den es als Berufsstand noch gar nicht gibt, mag hier Hilfe leisten können. Die vollzogene Bilanz – sie beansprucht Jahre – macht dann frei für das Neue, das keimhaft in *jeder* Entwicklungsphase liegt. Wie man das Neue auch immer ergreift – auf dem Wege nach innen, in der Pflege des religiösen Erlebens; ob im Reisen oder im Studieren neuer Lebensgebiete; ob im Sozialen oder im naturnahen Tun –, man kann es tun wie ein Kind: frei und spielerisch, ohne äußeren Leistungsdruck. Hier zeigt sich eine Entsprechung zwischen dem zehnten Jahrsiebt und dem ersten Jahrsiebt. Vielleicht wegen dieser Parallelität, wegen dieser Freiheit, spielerisch das Wesentliche sich herausstellen zu lassen, sind sich alte Menschen und Kinder im ersten Jahrsiebt so nahe. Beide verfügen über eine intuitive, wie selbstverständliche Verbundenheit mit der Welt, über die man als berufstätiger Erwachsener, der eingezwängt ist in Hunderte von Pflichten und Regeln und der sich selbst einzwängt in die Schienen seines Verstandes, nur staunen kann. Eine heitere Gelassenheit der Welt gegenüber haben alte Menschen und Kinder gemeinsam.

So ergibt sich auch die Großelternrolle von ganz allein. Sie beginnt ja meist schon im neunten oder auch achten Jahrsiebt, findet ihre volle Entfaltung und ihre innere Kraft sowie ihre innere Verwandtschaft mit dem Kind aber erst im zehnten Jahrsiebt. Auf den altersmäßig Außenstehenden wirkt es wie ein heimlich-freudiges Einverständnis zwischen dem Kind und dem alten Menschen. So als wollten sie sagen: Lasst die Erwachsenen sich nur abrackern, lasst sie kämpfen und sich ärgern; wir, die ganz Jungen und die ganz Alten, wir wissen, worauf es eigentlich und wirklich ankommt.

Die Lebensbilanz

Natürlich liegen hier auch Gefahren; sie sind bekannt und stehen im Vordergrund, wenn man innerlich Revue passieren lässt, was man sich unter dem Alter vorstellt. Gerade wegen seiner Geistgewissheit ist der alte Mensch in Gefahr, rechthaberisch und zänkisch zu werden und widerspruchslose Autorität zu fordern. Gefährlich ist es vor allem, wenn die Lebensbilanz gleichsam umgangen wird. Daran muss der alte Mensch gar nicht selbst schuld sein. Wenn er in ein Altersheim verfrachtet wurde, wo er dazu angehalten wird, den Tag mit »Basteln« von sinnlosem Kitsch zu verbringen, den keiner haben möchte, dann ist das nicht das Klima, das er für eine Lebensbilanz braucht. Aber auch das Schwinden der Leiblichkeit kann so dramatisch und jede Aufmerksamkeit absorbierend erlebt werden, dass man die Distanz zu einem überschauenden Rückblick nicht mehr aufbringt.

Es kann dann, besonders wenn es auf den Tod zugeht, dazu kommen, dass der alte Mensch überwältigt wird durch seinen »Doppelgänger«, durch sein Schattenbild. Da der Doppelgänger nicht mit in den Tod genommen werden kann, fängt er an, sich zu verselbstständigen und sich zu lösen und kann das äußere Verhalten des Betreffenden sehr unangenehm beherrschen. Wir erleben dann das Bild des »bösen Alten«, der sich vor Nachstellungen fürchtet, jeden hasst und »Beweise« hat, dass seine Verwandten nur noch an sein Geld wollen und der plump egoistisch seine kleinen Triumphe und Befriedigungen sucht.

Dieses Bild füllt ein Vakuum. Denn das Ich des Menschen hat sich in diesem Falle aus der Leiblichkeit schon so gelöst, dass es, bildlich gesprochen, reisefertig im Garten auf den Koffern mit den Ergebnissen der Lebensbilanz sitzt und den Vögeln lauscht, bis es abgeholt wird, während droben im Haus die ehemaligen Untergebenen zu giften und zu wüten anfangen.

Diese Gefahr des Heraustretens des Schattenbildes ist geringer, wenn das Ich in seinem Haus noch bis zuletzt Aufgaben nachgeht, wirklichen Aufgaben und nicht »Bastelangeboten«. Das Gefühl, überflüssig zu sein – und das ist es, was in »Bastelstunden« institutionell gepflegt wird –, beschleunigt nur die Abreisevorbereitungen des Ichs.

Werfen wir von hier aus noch einen Blick in die Zeit nach siebzig. Biografie – das ist zu Deutsch ja die »Schrift des Lebens« – ist nun zu Ende geschrieben. Was jetzt noch kommt, ist Gnade, ist Nachtrag und auch Vorbereitung auf das nächste Erdenleben. Was in der Musik die Kadenz ist, ist in der Biografie die Zeit von siebzig an: eine freie Variation der Lebensthemen und Leitmotive als Überleitung zur Zukunft.

Jetzt kann zumindest innerlich, manchmal auch durch äußeres Tun, gelöst werden, was aus alter Zeit noch verknotet ist. Durch die hier entwicklungsgemäße stille Betrachtung können jetzt Keime zu ganz neuen Fragen gelegt werden. Sie werden eines Tages mitgenommen und werden in einem weiteren Erdenleben als Aufgaben, als Impulse, wiederkommen.

Um sich mit diesen Altersstufen auseinanderzusetzen, gibt es für den jungen Menschen, der sich übend um ein Verständnis des menschlichen Lebensganges bemüht, nur eins: mit alten Leuten reden.*

* Zum Weiterlesen über Altersfragen: V. Fintelmann, *Alterssprechstunde.*

Die Lebensmitte

Der innere Impuls zur Wandlung

Die Lebensmitte ist meist der deutlichste Einschnitt in der Biografie des Erwachsenen. Er erlebt diese Wende-Zeit, die mehrere Monate bis Jahre dauern kann, sehr bewusst. Andere biografische Einschnitte wie zum Beispiel die Mondknoten (s. S. 157 ff.) werden weniger als Vorgang im eigenen Seeleninneren erlebt, sondern zeigen sich eher als Veränderung im äußeren Leben. Die Phase der Lebensmitte dagegen hat ihr Wesen gerade darin, dass es um einen innerseelischen Schwellenübergang geht. Dieser kann in der Folge dann auch zu äußeren Veränderungen führen. Die Pubertät etwa ist ein Einschnitt, der sich zunächst als äußere Veränderung in der körperlichen Reife zeigt. Als Folge dessen kommt es dann zu innerseelischen Umbrüchen. Der Impuls zur Wandlung, der in der Lebensmitte zu vollziehen ist, erwächst dem Erwachsenen aus seinem Innersten. Hier geht es um das Eigenste des Ichs.

Frau X. ist seit Jahren ehrenamtlich in der Kirche tätig. Neben ihrem Haushalt, in dem sie zwei Kinder, einen vielbeschäftigten Mann, ein Zwergkaninchen, zwei Kanarienvögel und einen Bernhardiner liebevoll umsorgt, hat sie sich in der Jugendarbeit engagiert. Sie war selbst schon als Jugendliche aktives Mitglied einer kirchlichen Jugendgruppe gewesen, und ohne Pause hatte sie dann vor fünfzehn Jahren auf die Seite der Organisatoren der Jugendarbeit übergewechselt: Freizeiten, Fahrten in Naturschutzgebiete zu naturpflegerischen Arbeiten, sie hatte Gesprächsabende für Jugendliche organisiert und zum Teil auch selbst durchgeführt. Einen Beruf hatte sie nicht erlernt. Sie geht ganz auf in dieser ehrenamtlichen Tätigkeit, zumal dadurch ein großer Freundeskreis entstanden ist.

In ihrem 33. Lebensjahr – die Kinder waren acht und elf Jahre – entwickelt sie, eigentlich zu ihrer eigenen Überraschung, eine kritische Haltung der Kirche gegenüber. Nicht dass sie auf Distanz zu ihr geht, sie empfindet vielmehr die hierarchische Struktur als unzeitgemäß. Sie findet es nicht gut, dass die Jugendlichen in der Kirchenbewegung so sehr gegängelt werden, und schreibt zweimal einen offenen Brief an den Bischof, weil er die Jugendarbeit ihrer Meinung nach »onkelhaft« begleitet, statt sie gezielt und freilassend zu fördern. Zudem stellen sich Zweifel an der Integrität der Kirche ein.

Eine chronische Nierenerkrankung zwingt sie, einige Zeit auszusetzen. Mit 34 Jahren, als sie wieder in die Kirchenarbeit einsteigt, spürt sie, dass sie innerlich eine große Distanz dazu hat. Ihr bisheriges Engagement erscheint ihr mit einem Mal fragwürdig. Und es schleicht sich jetzt der Zweifel ein, ob es überhaupt richtig war, die eigenen Kräfte so ausschließlich in die Jugendarbeit gesteckt zu haben. War das eigentlich wirklich *meine* Aufgabe? Hätte das nicht genauso gut eine andere tun können? Wie komme ich überhaupt dazu, Jugendarbeit zu »machen«? Habe ich denn ganz vergessen, dass es ja noch andere wichtige und interessante Dinge auf der Welt gibt? Als Kind habe ich doch viel und gern Klavier gespielt – warum habe ich das nicht mehr aufgegriffen? Hat diese kirchliche Jugendarbeit überhaupt eine Zukunft? Und ist das *meine* Zukunft?

Höhepunkt und Tiefpunkt zugleich

Frau X. hat verschiedene Möglichkeiten, auf diese innere Krise zu reagieren. Wir werden dies sogleich beleuchten. Zunächst aber wollen wir festhalten: Die Lebensmitte-Zeit ist krisenhaft insofern, als – schleichend oder plötzlich – grundlegende Zweifel darüber ins Bewusstsein treten, ob das eigene Leben, wie es sich bisher so ergeben hat, eigentlich richtig war – ob es das Leben war, das man gewollt hat.

Und man ahnt sogleich: Von jetzt an wird sich nichts mehr einfach so *ergeben*. Von jetzt an ist die eigenste, innerste Beurteilung und Entscheidung verlangt, was die weitere biografische Entwicklung betrifft.

Man befindet sich in der Lebensmitte auf einem Höhepunkt und einem Tiefpunkt zugleich. In das alltäglich-praktische Engagement ist man so hineinverwoben, dass man sich auf dem Höhepunkt seiner Kompetenz, seiner sozialen Möglichkeiten, seiner Fertigkeiten sieht. Man besitzt, was man heutzutage besitzen muss: Auto, Tiefkühltruhe und Zweitfernseher, man hat Macht und Einfluss, wo man Macht und Einfluss haben muss, in der Familie, unter den Kollegen, im Kegelclub. Was will man also mehr?

Genau das ist aber die Frage, die den Stein ins Rollen bringt. In der Lebensmitte lässt sich plötzlich so etwas wie eine Leere oder sogar Hohlheit in all dem Erreichten spüren. Irgendetwas daran wird schal. Und man kann empfinden: Wenn ich *noch* mehr Besitz, noch mehr Macht und Einfluss gewinnen würde – dann würde das Erlebnis der Lebensintensität in sich zusammenfallen, und es würde sich so etwas wie Langeweile und Müdigkeit einstellen, eine Art Überdruss an all den erreichten Sicherheiten.

Von innen, nicht durch ein äußeres Ereignis ausgelöst, von innen beginnen solche Zweifel sich zu regen. Innerhalb kurzer Zeit wachsen sie sich ungefähr im 35. Lebensjahr zu einer Selbstbegegnung aus, die gespenstisch werden kann. Plötzlich wird mir klar, dass ich all das Erreichte, den Freundeskreis, den materiellen Besitz, die berufliche Stellung und die fachliche Kompetenz, nur durch Einseitigkeit erreicht habe. Ich habe es erreicht, indem ich anderes, das vielleicht für mein Leben hätte ebenso wichtig sein können, links liegen gelassen habe.

Ich sehe mit einem Mal meine Versäumnisse, meine Ausweichmanöver, die vertanen Gelegenheiten und Chancen und meine Schwächen fast plastisch vor mir. Es ist, als ob ich eine zweite Ausgabe meiner selbst sähe. Und in dieser dunkel gefärbten Selbstbegegnung bin ich vollkommen allein. Mein Freundeskreis, meine Kollegen, selbst der Ehepartner sind in dieser Selbstbegegnung Meilen von mir entfernt, obwohl ich doch bis vor Kurzem meinte, ganz eng mit ihnen verbunden zu sein. Plötzlich steht es vor mir: all das, was ich ja *auch* bin oder hätte sein können. Habe ich also ganz falsch gelebt? Bin ich eigentlich ein anderer? Und wie ergreife ich nun dieses andere in mir?

Unsicherheit also schleicht sich ein in die Sicherheiten, die man sich aufgebaut hat. Man erkennt, dass man auf diesem Lebenshöhepunkt eigentlich einen Tiefpunkt durchschreitet: Man erkennt sich in dem Moment, da man am »irdischsten« ist, als geistiges Wesen, man sieht sich selbst wie von einer höheren Warte, ungetrübt durch die Zufälligkeiten und Stimmungen des Alltags. Man erlebt sich selbst als geistbezogenes Wesen und empfindet den geistigen Wesenskern in sich.

Das ist ein Einsamkeitserlebnis. Man kann es mit niemandem teilen. Es ist die Erkenntnis, dass man im Kern seines eigenen Lebens allein ist, dass man sich auf sich selbst gründen und genau dies zum Ausgangspunkt für die weitere biografische Entwicklung nehmen muss. Der Blick wendet sich durch das Leben selbst erstmals vom Nur-Irdischen ab und beginnt nun Orientierung zu suchen nach der anderen Richtung, nach dem Geiste. Der Vorgang der Inkarnation, das Auf-die-Erde-Kommen, ist zu Ende, die Exkarnation setzt ein. Es ist ein erstes Sich-Lösen aus den irdischen Verhältnissen.

Möglichkeiten der Reaktion

Diese Erlebnisse sind sehr unangenehm, für manche beängstigend, ja erschütternd. Und zunächst würde es einfach darum gehen, die Krise auszuhalten, ohne sie sogleich beenden oder lösen zu wollen.

Aber die Verunsicherungen und Ängste, die mit der Lebensmitte-Phase verbunden sind – erste Angst vor dem Älterwerden, Zweifel, ob man richtig gelebt hat, erste Gedanken an den eigenen Tod, das klare Empfinden, eine Neuorientierung suchen zu müssen –, sind so zahlreich, dass viele Menschen zunächst einmal zurückweichen. Das ist die erste Möglichkeit, auf die Lebensmitte-Krise zu reagieren. Zurückweichen heißt, dass man jetzt – und zwar mit einer gewissen Verbissenheit oder Überdrehtheit – noch tiefer in das äußere Leben einsteigt. Man sucht sich zu betäuben durch Aktivismus, durch drängendes Aufsuchen von Sinnlichkeitserlebnissen, während eigentlich ein Hinhören auf das Innere erforderlich wäre. Das noch schickere, repräsentative Auto wird gekauft, und jetzt leistet man sich die edlen Betten aus feinstem Tropenholz. Erste Gedanken an das Alter, erste Erfahrungen körperlicher Müdigkeit, auch ohne besondere Anstrengungen, können dazu führen, dass man die eigene Frau nun nicht mehr als genügend empfindet und sich bei einer – immer sehr viel jüngeren – Freundin wesentlich besser aufgehoben und verstanden fühlt. Außerdem weiß die Freundin meine Männlichkeit ganz anders zu schätzen als meine Frau ... Oder man verheddert sich in juristischen Scharmützeln: Der jahrelange Rechtsstreit mit dem Grundstücksnachbar wegen zwanzig Zentimeter Grundstück beginnt jetzt.

Die Selbstbetäubung kann auch so aussehen, dass man in dramatischer und demonstrativer Weise in den äußeren Verhältnissen Veränderungen herbeiführt. Die Notwendigkeit einer Umorientierung wird zwar empfunden, aber sie wird innerlich nicht durchlebt, sondern äußerlich inszeniert: Nach dramatischer Ehescheidung taucht man mit der neuen Freundin auf Vernissagen ultramoderner Künstler auf, wo einen früher keine zehn Pferde hingebracht hätten.

Frau X., deren Einstieg in die Lebensmittekrise eingangs dargestellt wurde, könnte mit einem geharnischten Abschiedsbrief an den Bischof ihre ehrenamtliche Tätigkeit niederlegen; sie könnte beschließen, jetzt zu studieren und sich für Sozialpädagogik einzuschreiben. Unter großem Aufwand – die Kinder werden teils von der Oma, teils von einer Kinderfrau gehütet – und unter dem anhaltenden Murren des Ehemanns beginnt sie ihr Studium, um später in wissenschaftlich fundierter Weise eine eigenständige Jugendarbeit aufbauen zu können. Politische Ideale könnten in ihr Leben treten, und sie könnte Studentensprecherin werden.

All dies kann in der Lebensmitte, biografisch gesehen, durchaus seine Richtigkeit haben, und es kommt auch häufig vor und geht auch meist gut. Aber diese dramatischen äußeren Veränderungen sind, wieder biografisch gesehen, nicht zuträglich, wenn sie zu früh eintreten. Wenn sie nämlich in die Wege geleitet werden, bevor die Zweifelsphase und die gespenstische Selbstbegegnung durchlebt wurden. Man kann als Außenstehender genau empfinden, ob es um Veränderungen als Folge einer durchlebten Selbstbegegnung geht oder ob es sich um Veränderungen handelt, die die Selbstbegegnung verhindern sollen: Der Unterschied liegt in der Trotzigkeit und dem Getöse, die eine solche Veränderung begleiten. Etwas Schrilles haftet dem Vorgang dann an, wenn er zu früh kommt. Und ebenso groß, wie man neu angesetzt hat, scheitert man dann auch. Der Vorgang trägt sich nicht; nach wenigen Monaten ist »die Luft raus«, und die fällige Selbstbegegnung erscheint verzerrt als Depression und Verzweiflung.

Die zweite Möglichkeit, wie Frau X. auf die Lebensmitte-Verunsicherung reagieren kann, ist Folgendes: weitermachen, als wäre nichts geschehen. Mit zunehmender Verkrampfung wird dann alles beim Alten gelassen, vielmehr das Alte wird festgehalten, eine Angst vor allem Neuen schleicht sich ein, und die biografische Entwicklung droht stehen zu bleiben. Dabei setzt etwas wie ein vorzeitiges Altern ein.

In diesem Fall würde Frau X. ihre Selbstzweifel überhören. Noch freundlicher als sonst geht sie ihrer gewohnten ehrenamtlichen Tätigkeit nach. Die von ihr betreuten Jugendlichen, die nun langsam erwachsen werden, bräuchten jetzt eigentlich einen partnerschaftlicheren Umgang. Frau X. aber hält unbeirrt an Nachtwanderungen, Lagerfeuer und Würstchen-Grillen fest, bis ihre Jugendgruppe abbröckelt und sie eines Tages ratlos in einem leeren Jugendgruppenraum ihrer Kirche sitzt. Ihr altes Nierenleiden macht sich wieder bemerkbar. Anderntags geht sie zum Arzt.

Die dritte Möglichkeit schließlich, auf die diese Krisenzeit letztlich hinauswill, ist das *Opfer*. Das Stirb und Werde, das es hier zu durchleben gilt, vollzieht sich im Opfer. Die Selbstfindung jenseits materieller, irdischer und sozialer Besitzstände kommt nur durch das Opfer in Gang. Buddha fand mit 35 Jahren zu seiner Erleuchtung, nachdem er der Welt entsagt hatte, in der er König geworden wäre. Der ungarische Komponist Béla Bartók komponierte fast drei Jahre lang in der Lebensmitte-Zeit überhaupt nicht, um danach seinen eigenen Weg in der Musik zu finden. Der Maler Alexej Jawlensky gab mit 32 Jahren seine ihm Sicherheit und Halt gebende Militärlaufbahn auf und widmete sich ganz der Malerei, um dort seinen ganz eigenen spirituellen Ausdruck zu entwickeln.

»Opfer« in der Lebensmitte – das bedeutet, lieb gewordene Meinungen infrage zu stellen. Vielleicht ist doch alles ganz anders, als man bisher gemeint hat.

»Opfer« heißt, die eigene Jugend aufzugeben, sich dem zu stellen, dass man nicht mehr alles vor sich hat, dass die Welt nicht mehr nur neu ist.

»Opfer« heißt, Illusionen aufzugeben. Den Traum vom idyllischen Leben auf dem Lande kann ich mir in diesem Leben nicht mehr erfüllen, so wie die Dinge nun einmal liegen. Vor allem geht es darum, Illusionen aufzugeben, die einen selbst betreffen: Wenn mein Vorgesetzter nicht so beschränkt wäre, könnte ich Großes leisten. Jetzt kommt es darauf an, aus den realen Möglichkeiten etwas zu machen, ohne die Ideale zu verlieren. So heißt »Opfer« auch, Ideale zu bewahren, auch wenn ihre direkte Verwirklichung nicht möglich ist. Das Ideal mit der Lebenswirklichkeit in Verbindung zu bringen, ohne das Ideal aufzugeben und ohne die Lebenswirklichkeit abzulehnen – das ist das gemeinte »Opfer«.

»Opfer« heißt jetzt, die passive, fordernde Haltung aufzugeben: Was bietet mir die Welt? Und stattdessen zur inneren Aktivität zu kommen: Was kann ich der Welt bieten?

»Opfer« bedeutet hier auch, soziale Beziehungen loszulassen, die schal geworden sind. Neue Bekanntschaften und Freundschaften ergeben sich jetzt nicht mehr von allein, sondern nur noch, wenn man sie bewusst und gezielt angeht. Die Versuchung ist groß, an den ganz aus der Vergangenheit lebenden Beziehungen festzuhalten. Dabei muss Loslassen nicht bedeuten, den Kontakt zu meiden. Es käme vielmehr darauf an, die aus der Vergangenheit stammenden Beziehungen mit neuer Gegenwart zu beleben: mit dem Tennispartner, mit dem man seit zehn Jahren Tennis spielt, einmal etwas anderes machen, ihn privat einladen, mit ihm ins Theater gehen, ihn neu entdecken. Das schafft Gegenwart.

Und »Opfer« heißt schließlich auch, das Urteil, das meine Mitmenschen über mich sprechen, anzuerkennen; es auszuhalten, dass man kritisiert wird. Sich damit auseinanderzusetzen, dass man nicht so gut ist, wie man immer gemeint hat. Das kann eine ungekannte Freiheit im Umgang mit anderen Menschen schaffen.

Diese inneren Vorgänge können Monate und Jahre dauern, bis sie nach außen hin zu sichtbaren Veränderungen oder Neuorientierungen führen. Bei vielen führen sie äußerlich gar nicht zu Veränderungen, sondern zu einem *neuen Ergreifen des Bisherigen aus neuer Lebensbejahung*. Anstatt Neues zu tun, kann man auch das Gewohnte neu tun. Was man schon immer getan hat, kann man auch einmal ganz anders anpacken. Anstatt den Partner zu wechseln, kann man auf den »alten« Partner neu zugehen. Anstatt sich scheiden zu lassen, kann man versuchen, eine neue Ehe mit dem bisherigen Ehepartner aufzubauen. Man kann bewusst neue Gewohnheiten bilden, und wenn man nur eine andere Zeitung abonniert und öfter einen anderen Weg zur Arbeit fährt. Sich mit Themen beschäftigen, auf die man sich noch nie eingelassen hat. Sich mit Computern befassen, wenn man sie bisher abgelehnt hat. Sich mit Kunst auseinandersetzen, wenn man bisher nur Computer-Freak war. In den Sportverein gehen, wenn man bisher ständig gelesen hat.

Das sind scheinbar Bagatellen, sie aber wirklich durchzuführen und das durchzuhalten, kann schwieriger sein, als einen dramatischen Neubeginn als Bademeister auf Hawaii zu inszenieren.

Und so hat Frau X. noch eine dritte Möglichkeit. Nachdem der erste Schock über die Selbstzweifel und die grausame Selbstbegegnung vorbei ist, engagiert sie sich nun zusätzlich in der überregionalen Jugendarbeit. Die Leitung der verschiedenen Gruppenaktivitäten und Freizeiten gibt sie an Jüngere ab – zum ersten Mal in ihrem Leben gebraucht sie das Wort »Jüngere«. Sie arbeitet sich in die Verbandsebene ein und gewinnt ganz neue Perspektiven für die Jugendarbeit. – Dem Bernhardiner, mit dem sie früher lange Wege gegangen ist, pflegt sie jetzt abends ausgiebig das Fell. Auf dem Dachboden des Hauses hat sie sich ein kleines Zimmerchen eingerichtet, in dem sie manchmal auch schläft, wenn sie einen anstrengenden Tag vor sich hat. Ihr Mann ist merkwürdigerweise abends nun öfter zu Hause als früher; er ist häuslicher geworden, seit Frau X. stärker außerhalb engagiert ist. Dadurch, dass sie nicht mehr ständig präsent ist, wird sie von den Kindern und vom Ehemann bewusster wahrgenommen und, wie sie empfindet, auch ernster genommen.

So geht es in der Lebensmitte weniger um die Kühnheit des Wandels als um die Entschlossenheit seiner Durchführung.*

Fragen zum Thema

Frage: Nach welchem Maßstab kann man feststellen, ob eine Krise Lebensmittekrise ist oder ob es sich da um etwas anderes handelt?

Antwort: Der entscheidende Maßstab der Lebensmittekrise ist der nagende innere Zweifel an der erreichten Lebenssituation.

Von »nagend« kann man sprechen, weil dieser Zweifel etwas Unabweisbares hat. Er kommt von innen, nicht von außen. Von außen – das wäre zum Beispiel das Angebot eines interessanten neuen Arbeitsplatzes. Da wäre der Zweifel durch äußere Ereignisse angeregt. Der Zweifel der Lebensmittekrise ist aber gerade deswegen so er-

* Zum Weiterlesen über Altersfragen: V. Fintelmann, *Alterssprechstunde*.

schreckend, weil er durch kein Geschehen aus dem äußeren Leben geweckt wird. Man hat vieles erreicht, und noch vor Kurzem war alles in Ordnung. Alternativen zur erreichten Lebenssituation wurden weder gesucht noch waren welche in Aussicht. Da beginnt mit dem inneren Zweifel die Lebensmittekrise.

Da es um den Zweifel an der *erreichten* Lebenssituation geht, ist die Voraussetzung, dass man schon ein wenig »etabliert« ist. Menschen, die aus irgendeinem Grunde in dieser Zeit noch oder erst jetzt studieren, erleben charakteristischerweise die Lebensmittekrise gar nicht so, wie es im vorangehenden Kapitel beschrieben wurde. Sie haben im äußeren Leben noch nichts Endgültiges erreicht. Sie leben provisorisch und improvisiert. Sie stehen mitten in einem Vorgang, der ein klares Ziel hat. Das trägt, und da braucht man sich nicht zu fragen, ob das schon alles war. Man ist ja mittendrin, etwas Neues aufzubauen.

Ähnliches gilt auch für den partnerschaftlichen Bereich. Ein Lebensmitte-Zweifel wird sich im Allgemeinen nicht auf die Partnerschaft ausdehnen, wenn man erst vor einem Jahr zusammengekommen ist. Wenn die Ehe aber schon fünfzehn Jahre alt ist, kann er aufkommen.

Kein Maßstab zur Feststellung einer Lebensmittekrise ist das Alter. Man kann nicht jede Krise, die etwa im 35. Lebensjahr auftritt, als eine Lebensmittekrise bezeichnen. Schließlich gibt es auch noch andere Entwicklungen, aus denen Krisen entstehen können.

Auch ist die Lebensmitte nicht etwas, das man mit dem Taschenrechner feststellen kann – etwa nach der Formel »Alter zum Zeitpunkt des Todes geteilt durch zwei«. Die Lebensmitte bestimmt sich thematisch durch den beschriebenen Zweifel und die Konsequenzen daraus, nicht durch das Alter selbst.

Frage: *Muss* man eine Lebensmittekrise haben?

Antwort: Je lebendiger und vielfältiger der Lebensgang sich gestaltet, je aktiver jeweils Neues aufgegriffen wird, je flexibler man in seinem

Denken und Handeln ist, umso milder wird die Lebensmittekrise ausfallen. Befindet man sich ohnehin in der infrage kommenden Zeit in einem Vorgang der Erneuerung, besteht kaum Grund dafür. Macht man gerade eine Umschulung oder steht am Beginn einer neuen Partnerschaft oder aber auch mitten in einem Studium, brauchen keine Zweifel aufzutreten. In Frauenbiografien finden wir zum Beispiel häufig gar keine Lebensmittekrise. Das Ende des fünften Jahrsiebts ist für sie oft die Zeit, in der die Kinder aus dem Gröbsten heraus sind. Sie sind jetzt in der Schule, da kann die Mutter wieder anfangen, sich an ihre eigenen Ziele zu erinnern. Es ist jetzt die Zeit, wo sie wieder an frühere Interessen oder berufliche Erfahrungen aus der Zeit vor der Mutterschaft anknüpfen kann. Das Ende des fünften Jahrsiebts ist deshalb für Frauen oft in ganz organischer Weise eine Phase der Erneuerung. Wo hier von Männern etwas durchlitten wird, ist für Frauen oft Befreiung.

Pubertät als Beginn der bewussten Biografie

Die Erinnerung an unerfüllte Träume

Herr K. ist seit vielen Jahren Krankenpfleger im Städtischen Krankenhaus. Er versieht hier seine Arbeit gern und gut. Aber jetzt, in seinem 34. Lebensjahr, wird es ihm fraglich, ob dies auf die Dauer seine Aufgabe sein sollte. Er möchte Menschen noch ganz anders helfen, oder besser sie aufrichten; es genügt ihm nicht, sie nur physisch zu versorgen. Mit solchen Fragen und Sehnsüchten im Herzen sucht er das Gespräch mit einem früheren Schulfreund. Sie kennen einander gut, sehen sich aber nur zwei- oder dreimal im Jahr. Ihn fragt er nach seiner Meinung: »Denkst du, ich sollte mit meinem Pflegerberuf zufrieden sein, oder sollte, darf – oder *muss* ich noch etwas ganz anderes suchen, und wenn ja, wie sollte ich es suchen?«

Der Freund kann die Frage natürlich nicht aus dem Stand beantworten, aber es entwickelt sich ein langes Gespräch, in dem sie die Geschichte ihrer Freundschaft rückwärtsgehend verfolgen. Immer tiefer leben sie sich in die jeweiligen Phasen und Stimmungen ein, und immer mehr Erinnerungen tauchen auf. Schließlich ist es zwei Uhr nachts, als der Freund bei ihren Erlebnissen in der Zeit der Pubertät angelangt ist: »Und weißt du noch, wie wir als Vierzehnjährige jeden Abend in der Scheune deiner Tante verbracht und dort Musik gemacht haben, du hast auf einem Saxofon gespielt und ich Gitarre.«

Mit einem Mal steht es Herrn K. vor dem inneren Auge: Seine damalige Sehnsucht nach der Musik; er hatte damals Musiker werden wollen, er war auch ganz geschickt gewesen mit den Instrumenten, er konnte sogar ein wenig komponieren. Aber es war nichts daraus geworden. In dieser Zeit war sein Vater schwer krank geworden, und abwechselnd mit seiner älteren Schwester musste und wollte er den Vater versorgen, der sich bald nicht mehr selbst helfen konnte.

Am anderen Tag – die beiden Freunde hatten noch bis vier Uhr morgens in Erinnerungen geschwelgt – gleich nach dem Aufwachen ging Herr K. auf den Dachboden und kramte die alte Drehleier aus, die er einmal auf einem Flohmarkt erstanden hatte ...

Als er seinem Sohn von der ganzen Geschichte erzählte, ermunterte dieser seinen Vater, auch mit dem Saxofon wieder anzufangen. Herr K. nahm Unterricht ...

Diese Monate erlebte er, als wäre er noch einmal nach Hause gekommen. Obwohl er viel zu tun und zu lernen hatte, war ihm der Umgang mit der Musik doch ganz selbstverständlich. – Aber es war auch klar, dass er aus dieser wieder ausgegrabenen Leidenschaft keinen Beruf würde machen können. Das wäre jedenfalls ganz unvernünftig gewesen. So entwickelte es sich dahin, dass er in seiner Freizeit mit und für Patienten Musik machte. Bald wurden seine Musikstunden eine feste Einrichtung im Krankenhaus. Er konnte jeden Patienten an irgendein Instrument oder an ein Lied heranführen.

Ein anderes Beispiel:

Frau B. war die Älteste von sechs Geschwistern. Wie selbstverständlich war sie in die Rolle der Versorgerin und Beschützerin hineingewachsen, da die Mutter öfter krank war und stets Hilfe brauchte. Als Frau B. älter wurde, war es klar, dass sie Erzieherin in einem Kindergarten werden würde. Sie konnte auch gut mit Kindern umgehen, und es machte ihr Freude. Sie lebte in einer Großstadt, und zufällig gab es dort auch eine Fachschule für Sozialpädagogik. So war ihre Laufbahn für alle klar vorgezeichnet.

In ihren wenigen freien Stunden zog es sie als Mädchen öfter hinaus an den Stadtrand. Mit dem Fahrrad streifte sie durch Felder und Gärten. Da draußen lebte in einer völlig abgelegenen alten Baracke mitten in einem riesigen Gartengelände ein etwas merkwürdiger älterer Mann, der ein bisschen verwildert und unheimlich anmutete. Er hatte Schafe und zwei Ponys, Hunde und Katzen und schien sich ganz selbst zu versorgen. Wie magisch war das Mädchen von dieser Welt angezogen. Sie kam immer wieder, und bald entwickelte sich so etwas wie eine Freundschaft zu diesem alten Mann. Dennoch sprach sie nie mit ihm, betrat nie sein Gelände. Aber sie kannten einander und winkten sich zu, wenn sie vorbeifuhr. Für das Mädchen lebte dieser Mann eine innere Unabhängigkeit von allem Großstadtgetriebe und gleichzeitig den Einklang mit der Natur. Er verkörperte für sie ein Ideal: das Ideal des freien, selbstständigen, aber auch in die Naturabläufe eingebetteten Menschen. – Sie war vierzehn Jahre alt, als sie immer öfter dorthin fuhr. Es war ihr fast ein Ort der Zuflucht geworden, obwohl sie immer nur vorbeifuhr.

Später ergab es sich kaum noch, dass sie die Gegend besuchen konnte. Die Schule und die Geschwister beanspruchten sie mehr als genug. Am Ende ihrer Schulzeit tauchte die berufliche Frage auf. Es war ja klar, dass sie Erzieherin werden würde. Sie schrieb ihre Bewerbung für die Fachschule, und weil sie keine Briefmarke zur Hand hatte, machte sie sich mit dem Fahrrad auf den Weg, um die Bewerbung hinzubringen. Unterwegs, als sie so nach Langem wieder auf dem Fahrrad saß, kam ihr der Alte in den Sinn. Mehr in Gedanken als in bewusster Absicht suchte sie den Weg dorthin. Auf einmal fand sie sich wieder an seinem Gartengelände. Diesmal hielt sie an, und während sie so auf das Treiben der Tiere schaute, glitt ihre Hand in die Tasche und sie fühlte den Brief an die Fachschule. Da nahm sie ihn heraus und zerriss ihn entschlossen.

Frau B. wurde viele Jahre später, nach einigen Umwegen, Landwirtin. Ihr besonderes Interesse und ihre besondere Begabung galt den Pferden und der Handhabung der Tiere. Sie konnte auch mit den schwierigsten Tieren gut zurechtkommen und sprach mit ihnen öfter als mit Menschen. Sie lebte ganz zurückgezogen auf einem großen Hof, direkt über dem Schweinestall ...

Hinweise auf Lebensimpulse

In der Pubertät beginnt die bewusste Biografie. Der Engel hat sich aus der unmittelbaren Führung zurückgezogen. Die geistige Welt spricht zu dem jetzt selbstständig denkenden Menschen nun durch Ideale hindurch, durch Ideale, die von Menschen vertreten werden, wie im Beispiel von Frau B., oder durch Ideale, die, wie bei Herrn K., als Tätigkeit vorhanden sind. Wenn man als erwachsener Mensch in eine Situation kommt, dass man plötzlich nach der eigentlichen Lebensaufgabe fragt, dann liegt eine Möglichkeit der Antwortsuche darin, in die Pubertät zurückzuschauen. Ist mir damals ein Mensch, eine Tätigkeit, vielleicht auch einfach ein Gedanke aufgetaucht, dem ich mit großer Sehnsucht nachgegangen bin? Die Chancen sind gut, in solchen sehnsuchtsvoll erlebten Idealen und Impulsen in der Pubertätszeit Hinweise auf Lebensaufgaben zu finden. Im Ideal, das ihm begegnet, begegnet sich der Jugendliche selbst. Der Engel, der sich nun eben zurückgezogen hat, »schickt« dem Jugendlichen jetzt Ideale. Kann er sie wahrnehmen und aufgreifen, so hat er die Chance, sich selbst darin zu finden.

Das erste Beispiel zeigt gleich zwei Lebensimpulse, die in der Pubertät auftauchen. Es ist einmal die Musik – dieser Faden wird im Beispiel von Herrn K. aber durch die Umstände zunächst gar nicht aufgegriffen. Zum anderen taucht hier das Ideal des Pflegens und Helfens auf. Dies wird zunächst zum Beruf. Erst in der Lebensmitte gelingt dann, ausgehend von dem sicheren Gefühl, dass da noch etwas fehlt, die Anknüpfung an den anderen Impuls; und es wird jetzt sogar die Integration beider Impulse erreicht, was ja zunächst nicht möglich schien. In der Pubertät spricht – meist mit einer gewissen Erhabenheit, eben mit einer idealischen Komponente – erstmals das Eigene des Menschen. Von jetzt an sollen seine Taten gelten; von jetzt an haben sie das Gewicht seiner Persönlichkeit. Selbstverantwortung beginnt. Ideale, die hier, meist vermittelt durch eindrucksvolle Menschen, auftauchen, zeigen dem jungen Menschen, wo seine Selbstverantwortung liegen kann.

Um sich in der weiteren Biografie zu finden, braucht der Mensch in diesem Lebensalter die Begegnung mit den Idealen draußen in der Welt. Sie fallen ihm nicht einfach ein, sie kommen von außen.

Auf diesem Hintergrund können wir vielleicht die große Empfänglichkeit der Jugend für die Idole der Rockmusik, des Sports, des Films usw. verstehen. Für den Erwachsenen sind das Karikaturen von Idealen, für den Jugendlichen sind es Hoffnungsträger. Die Idole vertreten Zukunft, sie verkörpern seine Träume, deren Verwirklichung er anstrebt. Als Erwachsener kann man kaum nachvollziehen, worin in diesen meist sehr »gemachten« Figuren das Ideale eigentlich liegen soll. Für den Jugendlichen hat die Begegnung mit einem solchen Idol etwas zu tun mit der unbestimmten Vorahnung von Freiheit und Autonomie, für Mädchen oft auch mit sozialen, gefühlsmäßigen, zwischenmenschlichen Sehnsüchten. Charakteristischerweise taucht ja in der Pubertät auch die Sinnfrage auf: »Wozu bin ich eigentlich auf die Welt gekommen?« – »Was soll das ganze Getriebe?« Diese Sinnfrage ist mit dem Erlebnis der Einsamkeit verbunden. Besonders die Eltern können dem Jugendlichen, weil sie aus seiner Sicht bereits in einer anderen Welt leben, die Sinnfrage eigentlich gar nicht beantworten. Jetzt ist die Zeit vorbei, in der man fraglos die Orientierung der Eltern übernommen hatte.

Was sich als Antwort erahnen und hoffen lässt, kann nur von außen kommen; durch die Ideale und die Menschen, die sie vertreten. Das bewusste Ergreifen und Entwerfen der eigenen Biografie beginnt so im Erleben der Einsamkeit, dem, wenn es gut geht, die Begegnung mit dem Ideal gegenübertritt.

Akzeleration und Stillstand

Abweichungen von der natürlichen Entwicklungsdynamik

Wo es um Entwicklung geht, ist immer auch die Möglichkeit von Beschleunigung oder Verzögerung gegeben. So müssen Entwicklungsbeschleunigung (Akzeleration) und Entwicklungsverzögerung (Dezeleration) immer in eine Gesamtbetrachtung mit einbezogen werden. Ja, man kann es geradezu als ein biografisches Gesetz formulieren: Eine Entwicklungsbeschleunigung in frühen Lebensphasen führt später zu einer Entwicklungsverzögerung. Akzeleration ist nicht etwas, das sich immer weiter fortsetzt. Sie schlägt vielmehr früher oder später in ihr Gegenteil um, in die Entwicklungsverlangsamung, bis hin zu völligem Entwicklungsstillstand.

Wie können wir uns das konkret vorstellen?

Die Akzeleration geht am häufigsten von einer verfrühten Pubertät aus. Die Ursache ist selten ein selbstständiger hormoneller Vorgang, der einfach zu früh einsetzt; sie liegt eher zum Beispiel in einer betont intellektuellen Erziehung, die auf die Fragen des Kindes nicht bildgebend, sondern realistisch-rational antwortet. Ursachen können aber auch traumatische Erlebnisse sein, die die Aufmerksamkeit des Kindes zu früh auf das Körperlich-Sinnliche lenken. Aber wie auch immer, diese Akzeleration am Ende des zweiten Jahrsiebts führt dazu, dass das Kind herausgerissen wird aus seiner intuitiven Verbundenheit mit der Welt, aus seinem Beheimatetsein in ihr, statt allmählich daraus herauszuwachsen. Man hat dann einen frühreifen Jugendlichen vor sich, der zunächst eine scheinbar rapide Entwicklung durchmacht und mit achtzehn Jahren vielleicht schon erwachsen wirkt. »Erwachsen« aber nicht im Sinne eines Gereiftseins, sondern in einer recht traurigen Desillusionierung und in einer Lebenshaltung, die alles schon zu sehr kommentiert und sich keine Ziele, Ideale und Hoffnungen mehr genehmigt. Seelisch gesehen lebt man von der Hand in den Mund. Und an dieser Stelle tritt dann, oft schon mit 25 Jahren, das Gegenteil der Akzeleration ein. Der Betreffende wirkt alt, verhärtet und festgelegt, noch bevor er das Ende des vierten Jahrsiebts erreicht hat. Ein Greis in seinen Ansichten und Einstellungen, bewegt er sich seelisch-geistig nicht mehr, sondern steht still, findet keine neuen Horizonte und keinen Anschluss an die jeweils anstehenden Entwicklungsthemen der Jahrsiebte.

Diese verfrühte Pubertät scheint zu einer Art Abkoppelung von der natürlichen Entwicklungsdynamik zu führen. Die Entwicklungsgesetze, die an die Zeitentfaltung gebunden sind (vgl. S. 151 ff.), scheinen nicht mehr richtig greifen zu können.

Ein etwas anderes Beispiel ist dies: Herr X., vom reichen Elternhaus und von seiner Mutter, die aus der Mutterrolle nicht herausfindet, recht verwöhnt, gerät beschleunigt, schon mit 18 Jahren, in die Haltung des jungen Erwachsenen, wie sie ungefähr mit 24 oder 25 Jahren angemessen wäre: Was kostet die Welt? Was hat die Welt mir zu bieten? Wo gibt es einen verlassenen Winkel, der von meinem hellen, scharfen Verstand noch nicht durchdrungen und kritisiert worden wäre? Diese Lebenshaltung erfüllt Herr X. nun bis zur Karikatur, er kauft sich Erlebnisse und schöpft scheinbar aus dem Vollen der Welt. Dann erreicht er die Schwelle des 27. / 28.Lebensjahres. Jetzt müsste eine neue Orientierung auftreten: Nun will ich der Welt zeigen, was ich kann, will zeigen, wie ich sie anpacken und ordnen kann. Und man spürt: Bei Herrn X. hat schon eine Entwicklungsverzögerung eingesetzt. Er wird 29, 30, 31 Jahre alt und findet nicht in diese neue Haltung hinein, sondern überzieht die genießende und fordernde Lebenseinstellung immer mehr.

Bezeichnenderweise wird er nun krank: Er entwickelt an den Händen eine Art Gicht, eine Versteifung, die ihn in wenigen Jahren daran hindert, selbst zuzugreifen. Und nun hat man es wie in einem Bild vor sich: Krankheit ist Entwicklungsaufforderung. Es ist, als ob die versteiften Hände sagten: Nun musst du dir das Zugreifen, das Zupacken erarbeiten. Es geht nicht mehr von selbst! – Krankheit weist auf einen überfälligen Entwicklungsschritt hin (vgl. S. 70 ff.). So ist es in diesem Fall tatsächlich auch gekommen:

Herr X. erkannte die Zusammenhänge und setzte nun alles daran, die Gicht zu bekämpfen, indem er seine Ernährung, seine Lebensweise und seine Lebensgewohnheiten umstellte. Er wurde auch so weit wieder hergestellt, dass er arbeitsfähig war und nun erstaunlich rasch eine verantwortungsbewusste, fast selbstlose Haltung den Aufgaben der Welt gegenüber einnahm. Er tauchte also sehr früh in die Entwicklungsthemen der zweiten Lebenshälfte ein.

Schließlich gibt es auch den umgekehrten Fall, dass eine Biografie zunächst durch eine Verzögerung der Entwicklung und danach von einer Beschleunigung des Entwicklungstempos gekennzeichnet ist. Das kann oft schon in der Kindheit anfangen: Der Betreffende wird vielleicht schon später als normal eingeschult, weil er noch so kindlich erscheint. Er bleibt dann im Laufe der Schulzeit zweimal sitzen. Seine Pubertät tritt erst mit 15 Jahren ein, zum anderen Geschlecht wacht er erst mit 20 Jahren auf. Aber selbst noch in diesem Alter hat man das Gefühl, einen etwas verschlafenen großen Jungen vor sich zu haben. Mit 22 Jahren begegnet er, durch eine Freundin, der Welt der Ideale; durch sie engagiert er sich für Amnesty International und für die Belange der Dritten Welt. Sein Abitur holt er mit 26 Jahren nach. Er wird Druckereifacharbeiter; nebenher beschäftigt er sich etwas mit Grafik.

Dann, mit 28 Jahren, schlägt plötzlich die bisher zögerliche Entwicklung in ein rasantes Tempo um. Er gerät an einen Grafiker, sie finden rasch zusammen und bauen gemeinsam ein Werbebüro auf. Innerhalb weniger Monate wird der ehemals »verschlafene Junge« ein eigenverantwortlicher und beruflich sehr erfolgreicher Werbegrafiker. Und plötzlich ist er nicht mehr der linkische Junge – er ist auch Linkshänder –, sondern wird handwerklich sehr geschickt und kreativ, und man hat einen sozial äußerst fähigen Geschäftsmann vor sich.

Es war also eine Art Entwicklungsstau eingetreten, der durch die Begegnung mit der Freundin offenbar gelöst werden konnte. Gerade bei einer verzögert wirkenden biografischen Entwicklung kann man oft das plötzliche Aufwachen zur Verantwortung, zu einer enormen Kräftigkeit und Kreativität erleben, ein Aufwachen, das sich auch bis in die zweite Lebenshälfte hinein hält und das eine Jugendlichkeit mit sich bringt, wie sie biologisch junge Leute manchmal gar nicht mehr haben. Menschen mit solchen biografischen Abläufen können noch im Alter frisch und willensstark an Aufgaben herangehen.

Entwicklungsverzögerungen können also ein Weg sein, besondere Kräfte und eine besondere Kreativität entstehen zu lassen, bevor man zu seinen eigentlichen Lebensaufgaben findet.

Entwicklungsbeschleunigungen dagegen bergen oft eher die Gefahr einer seelischen Schwächung in sich, da seelische Kraft immer nur insofern zufließt, als man Anschluss hat an die jeweils anstehenden Entwicklungsthemen. Es braucht seine Zeit, bis etwas reift. In der Beschleunigung reift etwas nicht zu Ende. Das schwächt. Insofern ist die Akzeleration die größere Herausforderung an Erziehung und später Selbsterziehung als die Entwicklungsverlangsamung.

Entwicklung – Veränderung – Wachstum – Reifung

Die Bedeutung biografischer Stationen

Wann kann man von einer biografischen Entwicklung sprechen, wann von einer einfachen Veränderung, und wie stellen sich hierzu der Wachstumsbegriff und der Begriff der Reifung?

Eine biografische *Veränderung* liegt vor, wenn ich innerhalb meiner jetzigen Entwicklungsstufe – das kann zum Beispiel ein bestimmtes Jahrsiebt sein – eine Änderung der Umstände herbeiführe. Herr S. ist 31 Jahre alt und arbeitet seit vier Jahren im Druckereigewerbe. Nach der üblichen Ausbildung hatte er noch Zusatzkurse besucht, um sich mit den neuesten elektronischen Druckverfahren vertraut zu machen. Er ist dadurch in seinem Beruf sehr kompetent und anerkannt. – Nun gibt er seine Stelle auf, um mit seiner Familie nach N. zu ziehen. Zwei Gründe haben ihn zu diesem Umzug bewogen: In K., wo er bis jetzt gearbeitet hat, war der Verdienst nicht optimal. Zweitens hat in N. seine Frau bessere Chancen, auch eine Arbeit zu finden.

Diese Veränderung im Leben von Herrn S. ist zunächst nicht Anzeichen einer Entwicklung, das heißt, sie entsteht nicht daraus, dass etwas qualitativ Neues in sein Leben und Denken getreten ist. Vielmehr hat er diesen Umsiedlungsentschluss gefasst innerhalb der Gesichtspunkte, die in seinem Jahrsiebt eben die gegebenen sind (s. S. 168 ff.). Es geht in dieser Lebensphase ja um die Sicherung der materiellen Grundlage des Lebens und um den Aufbau von Einfluss.

Allerdings könnte sich aus dieser Veränderung eine *Entwicklung* ergeben, wenn durch die neuen Lebensumstände in N. für Herrn S. ganz neue Gesichtspunkte entstehen. Es könnte zum Beispiel sein, dass er in den ersten zwei oder drei Jahren nach der Umsiedlung zwar einerseits mehr verdient und dass auch seine Frau eine gute Arbeit findet, dass er aber gerade deswegen in tiefe Zweifel gerät, ob es denn überhaupt ein Lebenszweck ist, möglichst viel Geld zu verdienen und möglichst einflussreich im Betrieb zu sein. Wir würden dann sagen, dass Herr S. durch diesen Gang der Dinge in die Krise der Lebensmitte gekommen ist und sich damit eine neue Entwicklung bei ihm anbahnt. Denn etwas Neues ist in sein Bewusstsein getreten.

Von biografischer Entwicklung ist aber auch zu sprechen, wenn das qualitativ Neue durch rein innere, seelische Vorgänge entsteht. So hadert jemand vielleicht jahrelang mit seinem Schicksal, weil es ihm den richtigen Partner offenbar vorenthält. Irgendwann mit, sagen wir, 40 Jahren ist der Betreffende innerlich so weit, dass er auf diesen Lebenswunsch nach einer Partnerschaft verzichtet. Er hat sich aktiv damit abgefunden, dass er allein lebt, und hat gelernt, Kraft aus seinem Beruf zu ziehen, statt sich durch die ständige Sehnsucht schwächen zu lassen.

Das wäre eine innere Entwicklung, weil eine prinzipiell neue Lebenshaltung entstanden ist. Eine solche innere Entwicklung kann sich dann allerdings auch nach außen auswirken: So könnte es in dem genannten Beispiel sein, dass der Betreffende nun aufgrund seiner neuen Lebenshaltung dem anderen Geschlecht ganz unverkrampft begegnet – und genau deswegen einen Partner kennenlernt, in Gelassenheit und als wäre es für ihn das Selbstverständlichste.

Von *Wachstum* kann man in der Biografie sprechen, wenn sich etwas ohne unser aktives Dazutun erweitert. Entwicklung hat immer mit Ringen, mit Krisen, Zweifeln, teilweise auch mit vorübergehenden Ängsten und Verunsicherungen zu tun, die aktiv überwunden werden müssen. Wachstum ist insofern ein Gegensatz zur Entwicklung.

Frau P. hat ihre Krankenpflegeausbildung im Städtischen Krankenhaus in X. gemacht. Sie wird nach der Ausbildung dort übernommen. Wegen ihrer sicheren Arbeitsweise wird sie nach wenigen Jahren Stationsschwester und lebt sich immer weiter in den Krankenhausbetrieb ein; es ergibt sich, dass sie auch zunehmend mit der Verwaltungsseite zu tun hat, sodass es nach wenigen weiteren Jahren ganz natürlich erscheint, dass sie in die Pflegedienstleitung des Städtischen Krankenhauses aufgenommen wird. Auch hat sich inzwischen ihr anfänglich kleiner Freundeskreis immer mehr erweitert, und ihre gesundheitliche Situation – sie hatte als junge Frau häufig Schwächezustände – hat sich zunehmend stabilisiert.

Eine solche Biografie ist von Wachstum geprägt; ob sie auch Entwicklung enthält, ist eine andere Frage.

Wenn Veränderung eine Variation der Lebensumstände innerhalb einer bestimmten Lebensphase oder Entwicklungsstufe bedeutet und wenn Entwicklung das Überschreiten einer Schwelle zu einer neuen Lebensphase meint, dann ist Wachstum die zeitliche Fortschreibung und inhaltliche Ausweitung einer bestimmten biografischen Situation.

Entwicklung schafft neues Bewusstsein; Veränderung und Wachstum sind Zeichen der Lebendigkeit einer Lebensphase, die man erreicht hat. Wachstum und Veränderung sind deshalb normale Bestandteile eines Lebensganges, wie Entwicklung auch. Wachstum und Veränderung können aber einen ungesunden Einschlag bekommen, wenn sie dazu dienen, die weitere Entwicklung zu verhindern. Das Vorhandene bloß immer weiter zu vermehren oder ständig voller Unruhe nur willkürliche Veränderung der Lebensumstände zu suchen, das kann ein Zeichen dafür sein, dass hier jemand im Grunde Angst hat vor dem Überschreiten einer Schwelle zur nächsten biografischen Entwicklungsstufe. Der »ewige Student«, der mit 28, kurz vor dem Abschluss, sein Studium aussetzt, um erst einmal noch ein anderes Fach zu studieren, kann ein Beispiel für eine entwicklungshemmende Veränderung abgeben. Er scheut den Übergang in die nächste, erwachsenere Entwicklungsphase, in der es um Verantwortung und Bewährung gehen würde. Stattdessen verlängert er sein ungebundenes Studenten-Dasein »erst einmal«.

Besonders in der Lebensmitte, aber zum Beispiel auch im Alter, kurz vor Erreichen der Pensionierungsgrenze, können willkürliche

Veränderungen der Lebensumstände sich hemmend auf die anstehenden Entwicklungsschritte auswirken.

So haben Veränderung und Wachstum ihren Platz *innerhalb* einer Lebensphase. Entwicklung aber ist das, was in die neue Lebensphase hineinführt.

In der *Reifung* können wir die stille Vorbereitung einer neuen Entwicklung sehen. Da ordnet sich etwas. Seelenbewegungen kommen zur Ruhe und sammeln sich, um einem künftigen Entwicklungsschritt begegnen zu können. In einer Biografie sind die Reifungszeiten oft Phasen des äußeren Gleichmaßes, Phasen, in denen man zunehmend mit sich und seinem Lebenszusammenhang übereinstimmt.

Reifung ist das stille Zugehen auf einen weiteren Schritt. Reifung meint ein allmähliches Zu-sich-Kommen. Besonders in älteren Zeiten finden wir Jedermanns-Biografien, die mehr von Reifung als von ständiger Entwicklung gekennzeichnet sind. Traditionen, Rollenzuschreibungen und das soziale Umfeld haben noch mehr getragen als heute. Man konnte sich oft als eigenes Schicksal nichts anderes vorstellen als das gegebene, und man lebte dieses Vorgegebene in Ruhe und ohne es zu hinterfragen. In diesem stillen und selbstverständlichen Aufgreifen des Vorhandenen entstand ebenso eine die Persönlichkeit stärkende Substanz, wie das heute geschieht durch das bewusste Aufgreifen dessen, was in den Entwicklungskrisen liegt.

Die Geburtssituation als erster Entwurf biografischer Themen

Erkenntnishilfen für das aktuelle Lebensgefühl

In der Geburtssituation eines Menschen spricht sich manchmal erstmals die Individualität aus, das Ich, das sich eben anschickt, auf die Erde zu kommen. Die Umstände der Geburt selbst, die familiäre Situation, die Wohngegebenheiten, das Atmosphärische des elterlichen Milieus, von dem man aufgenommen wird – all dies lässt oft bereits in räumlicher Verdichtung und sinnenfällig anklingen, was sich später in der Zeiterstreckung als Lebensthema, als Lebensaufgabe entfaltet.

Hier seien drei Beispiele kurz skizziert:

1. Frau T. beschreibt ihre Geburtssituation sinngemäß so: »Ich wurde zu Hause geboren; meine Eltern waren arm. Wir lebten in einer Vorstadt in einer Kellerwohnung. In dieses dunkle Loch wurde ich hineingeboren. Ich weiß noch, später, als ich laufen konnte, strebte ich immer die paar Treppen hinauf ins Freie, in das Licht- und Wärmedurchflutete des Tageslichtes.«

Von dieser Schilderung der Ausgangssituation her konnte Frau T. in der Biografiearbeit zunächst den Zusammenhang mit ihrem aktuellen Lebensgefühl finden: Sie beschreibt ihre aktuelle Situation als 34-jährige Frau als ein »dunkles Loch«. »Ich fühle mich wie in einem dunklen Keller. Ich weiß nicht, wer ich bin, wenn ich in diesem Loch bin. Ich sehne mich nach Licht, Weite und Wärme. Irgendwo muss doch Licht sein ...«

Als Frau T. diesen Zusammenhang zwischen der Ausgangssituation ihres Lebensganges und ihrem aktuellen Lebensgefühl sehen konnte, erinnerte sie eine ganze Reihe von Erlebnissen, die alle dasselbe Thema hatten: aus einem dunklen Loch in eine Helligkeit treten. So war sie zum Beispiel in der Schule von einer Lehrerin, die sie sehr verehrte, völlig ignoriert worden. Jahrelang hatte sie darunter gelitten, dass die Lehrerin sie kaum zur Tafel holte, ihr nie besondere Aufgaben gab, im Schulhof in der Pause nie mit ihr sprach. Doch dann ist sie eines Tages, sie war jetzt zehn Jahre alt, mitten im Unterricht einfach aufgestanden und hat die Lehrerin laut und deutlich angesprochen: »Frau G., Sie müssen mich auch mal drannehmen!« Dann hat sie sich wieder gesetzt und sich entsetzlich für die eigene Unverfrorenheit geschämt. Die Lehrerin aber sei ganz freundlich zu ihr gekommen, hätte sie an einen Platz vorne bei ihr umgesetzt und dazu gesagt: »Da hast du aber recht. Dahinten in deiner dunklen Ecke habe ich dich gar nicht richtig gesehen.« Und von da an stand sie, so habe sie es erlebt, im Licht und in der Wärme dieser Lehrerin.

In einer weiteren Episode sehen wir deutlich, wie das Lebensthema – aus dem Dunkeln ins Helle treten – willenshaft aufgegriffen wird: Frau T. wurde später Sozialarbeiterin und arbeitete in einer verschmutzten, dunklen Industriestadt, in der in einigen Siedlungsgebieten eine ganz finstere und trostlose Stimmung herrschte. Sie führte dort eine Art Hausaufgabenschule oder Nachmittagsschule für die Kinder eines solchen »dunklen Viertels«. Die kleine Schule war in einer dunklen Baracke in einem Hinterhof untergebracht.

Eines Tages erhielt sie das Angebot, in einer gut bürgerlichen, hellen freundlichen Siedlung ein Altenheim mitzubetreuen. Dort warteten ein sonnendurchflutetes Büro und freundliche Kollegen auf sie. Sie entschied sich aber ganz anders: Als sie die dunkle kleine Nachmittagsschule in dem trüben Stadtteil und das helle Büro in dem freundlichen Stadtteil miteinander verglich, spürte sie, dass sie dort die Möglichkeit hatte, selbst etwas in das Dunkle hineinzutragen: Sie entschied sich, an der Nachmittagsschule zu bleiben, begann zu renovieren und strich alles innen und außen in hellen freundlichen Farben an. Und sie ließ sich nicht mehr anstecken von der mürrischen Stimmung der Kinder, sondern setzte dem eine freundliche und warme Haltung entgegen. Von da an entstand bei den Kindern so etwas wie Begeisterung für die kleine Schule ...

2. Frau P. ist Zwilling. Sie kam eine halbe Stunde nach ihrer Schwester auf die Welt. Sie wuchs also bereits im Mutterleib in einer beengten Situation auf. In ihrem weiteren Leben entwickelt sie eine hohe Empfindlichkeit, wenn ihr jemand zu nahe kommt, sie zu vertraulich anspricht oder sich mehr Nähe herausnimmt, als sie im Moment haben möchte. Sie konkurriert sehr stark mit anderen Menschen. Wenn ihr jemand in irgendeiner Weise zu nahe tritt, hat sie das unwiderstehliche Bedürfnis, ins Freie zu gehen und die Weite einer Landschaft zu erleben.

Eines Tages, während einer Urlaubsreise, sitzt sie allein auf einer Mauer am Meer und weiß plötzlich: Das ist die Weite, die ich suche. Aus diesem Erlebnis heraus beginnt sie zu malen, blau und weiß. In hundert Variationen malt sie in den nächsten Jahren eigentlich immer nur das eine: die Weite und die Freiheit des Meeres. Nachdem sie diese Möglichkeit gefunden hat, sich selbst zu formulieren, kann sie menschliche Nähe gelassener ertragen. Sie trägt die Weite, das Platz-Haben nun mit sich.

3. Herr Z. kam in einer sehr langwierigen und schwierigen Geburt auf die Welt. Seine Mutter musste in der Folge monatelang im Krankenhaus bleiben. Da der Vater Fernfahrer war, konnte das Neugeborene nicht zu Hause aufgenommen werden. Zum Glück gab es eine Oma, die sich des Säuglings annahm. Sie nahm ihn zu sich, einige Straßen entfernt vom Haus der Eltern. So war ihm durch die Umstände das Elternhaus zunächst verschlossen, in das er hätte eintreten sollen.

Dieses Bild wiederholt sich nun mehrfach in seinem weiteren Leben: Aus beruflichen Gründen kommt er einmal nach England. Er hat einen Arbeitsvertrag in der Tasche als Beleuchter für ein kleines Theater in London. Als er dort ankommt, ist das Haus geschlossen. Aus einem Zettel an der Tür geht hervor, dass das Theater in Konkurs gegangen ist und auf absehbare Zeit nicht mehr öffnen wird. Nach ein paar Wochen findet er dann in einem anderen Theater, nur wenig entfernt, eine Anstellung.

Später will er mit einer Freundin zusammen nach Bremen ziehen.

Er hat dort Arbeit, sie einen Ausbildungsplatz. Sie mieten einen Möbelwagen und kommen voll beladen in Bremen vor dem Haus an, das sie durch einen Makler gemietet haben. Es ist verschlossen, der Makler erscheint und erklärt, sie könnten das Haus nicht beziehen, es habe sich als baufällig herausgestellt, er würde aber versuchen, ihnen eine Ersatzwohnung zu besorgen. Nach zwei Wochen bekommen sie in der Nähe ein anderes Haus angeboten.

Bei einem Besuch in Nürnberg kommt Herr Z. in ein Restaurant, in dem er einen Tisch für zwei Personen bestellt hatte. Der Kellner weist ihn ab und behauptet, es sei kein Tisch bestellt worden und es sei alles besetzt. Ärgerlich treten beide wieder auf die Straße, um in der Nähe ein anderes Restaurant zu finden. Wochen später hören sie von einem Bekannten, dem sie den Vorfall erzählt hatten und der wiederum den Besitzer des Restaurants kennt, dass an diesem Abend ein Kellner erkrankt sei, der die Bestellung wahrscheinlich angenommen, aber nicht mehr ausgeführt habe.

Heute leidet Herr Z. unter dem Gefühl, in sein Leben »nicht wirklich hineinzukommen«, nicht wirklich beheimatet zu sein in etwas. Die Biografieberatung wird mit ihm zusammen – um in diesem Bilde zu bleiben – den Schlüssel suchen müssen, mit dem er das Haus öffnen kann.

So kann sich das Ich, die Individualität, schon im Moment der Geburt erstmals aussprechen. In den Umständen der Geburt wird etwas sichtbar vom roten Faden oder von den roten Fäden, die sich dann durch das spätere Leben hindurch ent-wickeln. Das Ich, das später die Biografie gestaltet, wirkt schon in die Gestaltung der Geburtssituation hinein. Insofern können wir darin bereits einen ersten Entwurf für die spätere Biografie finden.

In der Biografieberatung werden solche Gesichtspunkte herangezogen, wenn es darum geht, den Ratsuchenden wieder Anschluss an seine ursprünglichen Lebensimpulse finden zu lassen. Besonders wenn eine aktuelle Situation kompliziert und verworren erscheint, kann es hilfreich sein, einen etwas größeren Abstand aufzusuchen, um die augenblickliche Lage unter der Perspektive immer wiederkehrender Lebensthemen sehen zu können. Das in der Geburtssituation, aber auch in der Pubertätszeit, dann in den Mondknoten usw. sich Darstellende enthält oft wie in einem Bilde Hinweise auf Lebensthemen. Und mit den so herausgearbeiteten Motiven schaut man die aktuelle Konfliktlage wieder an und kann nun ganz nüchtern festlegen, was an ihr wesentlich ist und was unwesentlich. Darauf lassen sich dann ebenso nüchtern Entscheidungen treffen

Es kann sich also nur um eine Erkenntnishilfe handeln, wenn wir die Geburtssituation eines Menschen näher ins Auge fassen. Niemals aber darf sich daraus ein gezieltes Eingreifen auf die Geburtssituation selbst ergeben. Man kann die Lebensumstände, unter denen ein Kind zur Welt kommt, nicht im Hinblick darauf manipulieren wollen, was später einmal aus diesem Kind werden soll. Einem solchen Eingriff ist allerdings schon dadurch vorgebeugt, dass man mit dem normalen Bewusstsein nicht wissen kann, in welchen Umständen der Geburt sich nun Lebensimpulse ankündigen und welche Umstände wiederum unbedeutend sind. So etwas kann man erst hinterher herauszufinden versuchen, wenn sich schon ein gutes Stück Leben abgespielt hat.

Wege des Frauseins – Wege des Mannseins

Man lernt nur kennen, was man liebt.

J. W. v. Goethe

Wesenszüge des Männlichen und des Weiblichen

Worin liegt die Aufforderung unserer Zeit?

In unerschöpflicher Weise werden in der Weltliteratur, im Theater, im Film, im Groschenroman, in zahlreichen wissenschaftlichen Untersuchungen die Hoffnungen, Enttäuschungen und Missverständnisse und die Beglückungen bewegt, die die Begegnung von Mann und Frau mit sich bringt.

Man geht dabei von einer Verschiedenartigkeit aus, die als weitgehend unabänderlich dargestellt wird. »So ist die Frau«, »so ist der Mann«. Wie unabänderlich und wie absolut diese Verschiedenartigkeit ist, das kann aber auch als eine Frage in die Zukunft hinein verstanden werden, statt sie in die Vergangenheit zu richten: »Wie verschieden sind Mann und Frau geschaffen worden?«

Unsere Zeit ist in der glücklichen Lage, die Frage nach dem Verhältnis des Männlichen zum Weiblichen – und wohl nur in dieser Gegenüberstellung lässt sich Sinnvolles dazu sagen – neu betrachten zu können. Wir erleben, dass hier sehr viel offen geworden ist, was noch vor einigen Jahrzehnten als gesichertes Wesensmerkmal »der« Frau oder »des« Mannes galt. Wir stehen mitten darin, dieses Verhältnis neu zu bestimmen, und fertige Typisierungen würden der Frage eher schaden. Sie muss wohl auch noch einige Jahrzehnte bewegt werden. Was sich bis jetzt abzeichnet, ist nur dies: Die Merkmale des Männlichen und des Weiblichen werden in absehbarer Zukunft nicht mehr so scharf voneinander abzugrenzen sein, wie das noch bis vor Kurzem der Fall war.

Wir sehen die Aufgabe nach einer Neubestimmung des Männlichen und des Weiblichen darin, dass wir durch die Verschiedenheiten hindurch das Urbild des Menschen aufsuchen, der sich mit dem Frausein oder dem Mannsein »eingekleidet« hat. Die Unterschiede müssen wahrgenommen, zur Kenntnis genommen und akzeptiert werden, um sie dann zu vergessen und zum Wesenskern des anderen durchzudringen. Das ist die Aufforderung, die diesbezüglich in unserer Zeit liegt.

Betrachten wir zum Beispiel folgende Unterschiede: Was die Körperlichkeit betrifft, so sind Männer offensichtlich im Durchschnitt stärker und haben mehr Muskelkraft als Frauen. Das ist die physische Ebene. Was aber die Ebene der Lebenskräfte betrifft, sind Männer eher schwächer als Frauen. Das fängt schon in der Kindheit an: Entwicklungsstörungen wie Stottern, verzögerte Sprachentwicklung, Ungeschicklichkeiten, spätere Legasthenie und Schulleistungsprobleme treten bei Jungen entschieden häufiger auf als bei Mädchen. Sie scheinen in ihrer Entwicklung anfälliger zu sein. Mädchen verkraften auch die Umstellung der Pubertät besser, die Pubertät verläuft nicht so abrupt wie bei Jungen, Mädchen sind in ihrer Entwicklung weiter als jeweils gleichaltrige Jungen. Im Weiblichen scheint eine größere Nähe zu den Vitalkräften und elementaren Lebensvorgängen zu bestehen. Dies hängt wohl damit zusammen, dass im Weiblichen die Möglichkeit gegeben ist, Leben auszutragen. Hierher gehört auch die meist größere Fähigkeit von Frauen, Schmerzen zu ertragen.

Auf einer dritten Ebene, der seelischen, beobachten wir oft geradezu eine Überlegenheit der Frauen gegenüber Männern. So sind Männer im sozialen Leben häufig zurückhaltender, oft auch unsicherer, verschlossener, irgendwie ungeschickter. Das Zwischenmenschliche ist Männern meist nicht so unmittelbar nahe und zugänglich, auch nicht so unmittelbar wichtig, wie es einer Frau nahe, zugänglich und wichtig sein kann.

Etwas ironisch könnte man den Unterschied so formulieren: Wenn eine Party ansteht, dann geht der Ehemann nur mit, weil er weiß, er wird dort auf Herrn Z. treffen, mit dem er sich über die neue Generation der Digitalkameras wird unterhalten können. Ansonsten ist ihm der Auflauf ein Gräuel. Die Ehefrau dagegen freut sich darauf, viele Gesichter wiederzusehen, zu hören, wie es Bettina, Sabine und Julia geht, wie Monika ihre Scheidung verkraftet hat, ob Hilde nun mit ihrem neuen Freund richtig zusammen ist oder nicht und was Beate aus dem Urlaub zu erzählen hat.

Die sozialen Fähigkeiten und Verhaltensweisen von Frauen können auf einen Mann geradezu aufdringlich wirken und seine ohnehin in ihm vorhandene Neigung zum Rückzug noch verstärken.

Betrachten wir noch eine weitere Ebene, die des Denkens, so könnte man hier, wenn man wollte, ein »typisch weibliches« und ein »typisch männliches« Denken finden: Man würde dann sagen, das Denken einer Frau ist willenshaft und vorstellungsgelenkt. Sie hat eine Vorstellung von einem Sachverhalt, sie weiß, wie der Sachverhalt sein soll. Ihr Denken steht im Dienste ihres Willens. So bekommt ihr Denken etwas Zupackendes, Willenshaftes, Eindringendes; vom Mann aus gesehen sagt man dann: Das ist »typisch weibliche Logik«.

Ein Mann denkt, so könnte man sagen, neutraler, wertfreier. Er lässt den Sachverhalt so sein, wie er ist. Er lässt ihn auf sich wirken und versucht, ihn mit seinem Denken zu umschließen. Er betrachtet die Dinge ganz unabhängig von dem, was sie vielleicht gefühlsmäßig oder gar zwischenmenschlich gesehen mit sich bringen. Aus der Sicht einer Frau könnte man sagen: Das ist »kaltes Denken«.

Die Aufgaben der Verschiedenheiten

Es lässt sich nun gut aufzeigen, dass solche Typisierungen enorm einseitig sind. Um das zu erkennen, sollte man sich die Frage stellen, welche Aufgaben solche Verschiedenartigkeiten eigentlich beinhalten. Es ist nicht nur so, dass jedem sofort zehn Gegenbeispiele einfallen, auf die solche Typisierungen nicht zutreffen. Wesentlicher ist vielmehr, dass sie jeweils durch die Brille des anderen Geschlechts gesehen werden. So wird das Denken des Mannes von der Frau als kalt, das Denken der Frau vom Mann als unlogisch erlebt usw.

Man wird über solche Festlegungen aber nicht hinauskommen, solange man sie nicht von zwei verschiedenen Standpunkten aus anschaut. Weiter kommt man, wenn man aus diesem Sachverhalt eine Übung macht: Beim Kennenlernen einer Frau kann man als Mann versuchen, sie von einer weiblichen Position her zu sehen. Der Mann kann versuchen, die Frau durch eine weibliche Brille zu sehen. Umgekehrt kann die Frau versuchen, einen Mann durch eine männliche Brille zu sehen. So kann ein Mann das, was ihm vielleicht zunächst als Zudringlichkeit, als Neugier oder als überzogene Fixierung auf das Zwischenmenschliche erscheint, durch die Brille der Frau möglicherweise als Mitleidens- und Mitfühlensfähigkeit wahrnehmen.

Eine Frau kann ihrerseits in dem, was sie als »kaltes Denken« empfindet, durch die Brille eines Mannes vielleicht die Fähigkeit zur Objektivität oder zur Konsequenz erkennen.

Oder was einer Frau bei einem Mann als Verkümmerung der elementaren sozialen Fähigkeiten, vielleicht sogar als Mitleidlosigkeit erscheint, könnte durch die männliche Brille gesehen die Fähigkeit des Loslassens sein usw.

Diese Brillentauschübung kann zu einer Dissonanz im Selbsterleben führen. Man merkt plötzlich, dass man als Mann tatsächlich auch über eine weibliche und als Frau auch über eine männliche Auffassungs- und Empfindungsfähigkeit verfügt.

Daran anknüpfend ergeben sich weitere Lernfelder:

Wie fördert man als Mann seine weibliche Seite, ohne das Männliche zu verlieren? Wie entwickelt man als Frau eine männliche Seite, ohne die weiblichen Fähigkeiten zu verlieren? Wie findet man als Frau zur Autonomie, zur Abgrenzungsfähigkeit, ohne die Fähigkeit zur Nähe zu verlieren? Wie findet man als Mann die Fähigkeit zur Nähe, ohne die Autonomie zu verlieren?

Wie können ein Mann und eine Frau aus der Verschiedenheit heraus zusammenkommen? Wie können Autonomie und Nähe zusammenfinden? Wie wird eine Partnerschaft aussehen, in der nicht der

Mann das Thema Autonomie und die Frau das Thema der sozialen Nähe lebt, sondern in der beide sich um beides bemühen?

Wahrscheinlich sind wir im Moment noch nicht weiter, als dass wir versuchen können, mit solchen Fragen zu leben. Indem wir dies tun, entdecken wir Lernfelder, Felder der probeweisen und schrittweisen Neuorientierung. Und man kann vermuten oder erwarten, dass erst die Begegnung vollendet sein wird, wenn Autonomie und Nähe Möglichkeiten sowohl des Männlichen wie des Weiblichen sind.*

* Zum Weiterlesen: Michaela Glöckler / Mathias Wais, *Die Kraft der Krise. Männliche und weibliche Potenziale, sich neu zu (er-)finden.*

Die Chancen der körperlichen Begegnung

Die Bedeutung der Sexualität

Durch die Möglichkeiten der Verhütung sind wir heute in der Situation, dass sich die menschliche Sexualität von der Fortpflanzungsfunktion ablöst. Sexualität wird frei und enthält damit die Chance der Individualisierung. Solange es um die biologische Funktion der Sexualität ging, war sie gattungshaft. Das sexuelle Verhalten war weitgehend gruppenhaft, unindividuell. Heute aber ist die Sexualität zunehmend in die Freiheit des Ich gegeben. So stehen wir noch ganz an einem Anfang: Wie individualisiert man Sexualität? Wie bekommt man Sexualität unter die Herrschaft des Ich? Wie bringt man Bewusstsein und Freiheit in dieses stark vom Körperlichen her bestimmte Verhalten? Wie greift man diesen Gestaltungsauftrag auf?

Es scheint nicht die Zeit, hierauf bündige Antworten zu erwarten. Erkennbar ist nur die Richtung: Es wird darum gehen, jene passive Haltung der Sexualität gegenüber zu überwinden, die etwa besagt: Der Trieb führt mich – ich kann nicht anders. Ziel ist offenbar, dem gegenüber eine aktive Haltung zu finden, die etwa besagen würde: Welche Bedeutung will ich der Sexualität in einer menschlichen Begegnung geben?

Da Sexualität offensichtlich das Gattungshafte ablegen und individuell werden kann, haben Beschreibungen »des« männlichen Sexualverhaltens und »des« weiblichen Sexualverhaltens in diesem Zusammenhang wenig Erhellendes, weil sie sich ja ganz in der Auffassung der Gruppenhaftigkeit des Sexualverhaltens bewegen.

Wer kann heute noch wagen, festzulegen, was es mit »der« Sexualität des Mannes oder der Frau auf sich hat? Natürlich gibt es da eine Menge Unterschiede, so wie es auch noch andere Gruppenunterschiede in der Sexualität gibt. Kann man doch zum Beispiel das Sexualverhalten und -erleben von Homosexuellen und Heterosexuellen vergleichen, oder von vermeintlich »normalen« und »perversen« usw. Da wir hier aber nach den Individualisierungschancen der Sexualität fragen wollen, lassen wir solche Gruppenbeschreibungen einmal beiseite (vgl. aber S. 239 ff. und S. 244 ff.).

Um die Individualisierungsfrage etwas näher betrachten zu können, sei zunächst die Gefahr einer Sexualität ins Auge gefasst, die von der Fortpflanzungsfunktion frei geworden ist. Indem sie frei von der biologischen Aufgabe wird, kann sie um ihrer selbst willen gelebt werden. Wenn nicht noch andere seelische Absichten hinzukommen, verfolgt man mit dem sexuellen Verhalten ganz einfach ein elementares körperliches Lustgefühl. Das kann auch gar nicht anders sein, ist es doch von der Natur so eingerichtet. Geht es aber um den bloßen Verfolg der körperlichen Lust, dann braucht man dazu den anderen nicht als den anderen Menschen, der er ist, sondern man braucht ihn als Objekt eben dieser Lust. Ich verfolge meine Lust anhand des Körpers des anderen. Im Verfolg dieser Lust gibt man sich mit seinen Empfindungen und seiner Aufmerksamkeit immer weiter in den *eigenen* Körper hinein. Der Körper des anderen wird nur als Mittel zur Erregung und Steigerung der eigenen Lust benötigt. Wenn also nicht andere Gesichtspunkte hinzukommen, von denen gleich die Rede sein soll, liegt die Gefahr darin, den anderen in seiner Subjektivität und in seiner Individualität zu vergessen, während man sich dem sexuellen Erleben hingibt. In der körperlichen Vereinigung genieße ich mich selbst, genieße meine Körperempfindungen. Die eigenständige Wahrnehmung des Körpers des Partners und seiner seelischen Äußerungen tritt demgegenüber zurück. Die lustgesteigerten Äußerungen und Handlungen des Partners steigern wieder meine Lust, und so geht es fort.

Damit liegt nun etwas Trennendes, die beiden Partner Scheidendes in der sexuellen Vereinigung. Körperlich sind sie vereinigt, aber seelisch ist jeder mit sich selbst beschäftigt. Solange es um die reine Sexualität geht, die nicht in noch andere Absichten eingebettet ist, hat man im sexuellen Vorgang ein Selbsterleben am anderen. Alles

Individuelle des anderen, wo es sich denn bemerkbar machte, würde überhaupt stören, weil es Rücksichtnahme, Bewusstheit und die zeitweilige Unterbrechung der eigenen Lustverfolgung verlangen würde. Die Individualität lenkt ab.

Würden wir jetzt hier von den Unterschieden zwischen männlicher und weiblicher Sexualität sprechen, ließe sich an dieser Stelle die Vermutung äußern, dass dieses Trennende in der schieren Sexualität sich vielleicht eher bei Männern als bei Frauen geltend macht. Selbstberichte von Frauen, die für sich eine Biografiearbeit in Anspruch nehmen, sprechen aber gegen eine solche Unterscheidung.

Die Gefahr der inneren Vereinsamung

Die schiere Sexualität kann trennen. Und so braucht man sich nicht zu wundern, dass das Wort Sexualität selbst einen Hinweis darauf zu enthalten scheint: Es kommt von dem lateinischen Wort »secare«, welches »trennen« heißt.

In der Paarberatung wird immer wieder deutlich, wie Sexualität zum Spaltpilz werden kann, der eine Beziehung schließlich auch zu sprengen vermag. Eine nur auf sexuelle Anziehung gegründete Beziehung muss zur inneren Vereinsamung der Partner führen. Gerade da, wo sie sich vereinigen, können sie einander verlieren. Dieses trennende Element der Sexualität tritt eben da zutage, wo sie frei wird von der Fortpflanzungsfunktion und vom Fortpflanzungsimpuls. Innerhalb dieses Impulses finden sich die Partner in der gemeinsam gewollten Weitergabe des Lebens. Das Bewusstsein füreinander hat dadurch während des sexuellen Verkehrs einen gemeinsamen überpersönlichen Bezugspunkt.

Wie entkommt die frei gewordene Sexualität dieser Gefahr? Wie erhält sie ihre Wendung in ein die Individualitäten verbindendes Element? Diese, nach der sich gerade erst heute abzeichnenden Zukunft der Sexualität fragende Überlegung wollen wir anknüpfen an einen Gedanken, den Paulus vor rund 2000 Jahren niedergelegt hat (1. Kor. 7,3): »Die Frau ist ihres Leibes nicht mächtig, sondern der Mann.« Das hört sich zunächst nicht sehr zukünftig an, sondern im Gegenteil chauvinistisch und typisch orientalisch. Soll das heißen, dass der Mann nach seinem Gusto über das gemeinsame Geschlechtsleben bestimmen soll? Erst der Nachsatz bringt uns auf eine ganz andere Wendung: »Desgleichen der Mann ist seines Leibes nicht mächtig, sondern die Frau.« Schauen wir beide Bestimmungen zusammen an, taucht ein noch ganz unerfülltes Bild auf: Wenn wir beides zusammen ernst nehmen, dann kann der Partner nicht mehr Objekt meiner Sexualität sein – ich kann ihn also nicht mehr verlieren –, sondern er wird zum *Subjekt* meiner Sexualität, wie ich zum Subjekt seiner Sexualität werde. Der Leib des einen Partners gibt sich in die Hand des seelischen Empfindens des anderen. Die Möglichkeiten meines sexuellen Verhaltens zielen auf das Erleben meines Partners ab, und die aus seiner Sexualität sich ergebenden Möglichkeiten zielen auf mein Erleben ab. Wenn beides zusammenwirkt, dann ist die sexuelle Begegnung getragen von einem gemeinsamen Impuls des Gebens und der Selbstlosigkeit. In die Sexualität zieht ein selbstloses Element ein. – Ein merkwürdiger Gedanke, aber man spürt, wie durch diesen Impuls etwas die Individualitäten Verbindendes geschieht.

Es würde also darum gehen, dass ich mir mein körperliches und seelisches Lustempfinden nicht am anderen *hole* – da wäre er Objekt meiner Sexualität –, sondern dass ich hier etwas *gebe*. Damit wird ein jeder zum Subjekt der Sexualität des anderen. Die Befriedigung würde im Befriedigen liegen. Wenn dies beide anstreben, dann verbindet Sexualität, während der Verfolg der eigenen Lust und Befriedigung von der Individualität des Partners trennt.

Möglicherweise sind Frauen diesem Gedanken tatsächlich etwas näher als Männer. Männer fordern leicht in Zusammenhang mit der Sexualität, sie wollen etwas für sich. Verfolgt die Partnerin dann einseitig seine Befriedigung, er aber statt ihrer die seine, dann haben wir hier einen Vorgang, den wir als Ausbeutung bezeichnen müssen. Aufgrund solcher Auswüchse kommen manche zu der Auffassung, männliche und weibliche Sexualität würden nicht zusammenpassen.

Das Wissen, dass dies vielleicht heute noch gerade das Übliche ist, sollte uns nicht daran hindern, die von der Fortpflanzung befreite Sexualität als ein Übungsfeld zu betrachten. Das Interessante, Schöne und Beziehungstiftende ist die Sexualität des anderen, und beglückend ist sie da, wo geschenkt wird. Wo einfach nur genommen wird, wird letztlich die Berührung der Individualitäten gestört.

Der Wille zur Wahrnehmung des anderen

Etwas Willenhaftes ist also gefragt. Es bedarf im sexuellen Vorgang des Willens, den anderen und seine Bedürfnisse wahrzunehmen und sein Erleben zu steigern. Je hektischer der Vorgang sich abspielt, umso größer die Wahrscheinlichkeit, dass man nur mit sich selbst beschäftigt ist. Je ruhiger er dagegen abläuft, desto eher kann man das eigene Empfinden auf den anderen richten. Momente des Stillhaltens und Innehaltens befreien von der Fixierung auf den eigenen Körper. Phasen der Zärtlichkeit und des gelösten Hinhorchens auf die Erregung des anderen ermöglichen das Geschenk. In der Hektik kann man nicht geben und nicht empfangen. »Ich liebe dich langsam«, so könnte man die hier gemeinte Haltung andeuten. Aus einer gewissen Langsamkeit heraus lassen sich vielleicht auch die rhythmischen Vorgänge, die die Biologie nahelegt, immer wieder aussetzen. Das Rhythmische engt sehr auf die Empfindung des eigenen Körpers ein. Das Innehalten im Rhythmus öffnet zum anderen hin.

So kann diesem Element der Selbstlosigkeit ein dankendes Empfinden antworten – ein dankendes Empfinden, das den anderen, der sich entäußert hat, sich selbst zurückgibt.

Hat man einmal das Urbild des anderen geschaut, kann man ihn nicht mehr benutzen, nicht mehr zum Objekt machen wollen. Hierin liegt der Grund, weshalb sich zwei Partner, die einander in einer durch Krisen und Höhepunkte gereiften Liebe zugetan sind, zunehmend genieren können, wenn es um ihre sexuelle Begegnung geht. Unter Umständen kann nach Jahren der Liebe der sexuelle Vorgang als störend empfunden werden. Gerade solche Partner erleben dann das Egoistische, Trennende der Sexualität sehr tief und sehen darin geradezu einen Fremdkörper in ihrer Beziehung. Gelingt aber die Wendung zu dem hier gemeinten Element der Selbstlosigkeit – Ich mache den anderen zum Subjekt meiner Sexualität –, dann entwickelt sich ein ganz neues Interesse füreinander. Die Verbindung kann dann auch auf dieser Ebene wiedergefunden werden.

So wird es aus der Urbildbegegnung heraus möglich, Sexualität zu individualisieren – auf den Partner hin. Seine Individualität soll erreicht werden durch meine Sexualität und umgekehrt. Sexualität wird so ein Teil der Ich-Begegnung werden können. Etwas davon spüren oder erahnen wir in der Gegenwart schon: Denn wo es nicht einfach um den Sex geht, sondern wo der Vorgang in einem Feld der Liebe beheimatet ist, da verbindet sich etwas mit der Sexualität, was den eingangs erwähnten Aspekt des Trennenden hinter sich lässt – Sexualität kann auch ein Weg zum anderen sein. Denn in der Sexualität will ich den geliebten Menschen *erkennen.*

Man trifft auf dieses Bedürfnis vielleicht eher bei Frauen als bei Männern (Ausnahmen gibt es viele): im sexuellen Austausch den geliebten anderen erfassen zu wollen. Dieser Zusammenhang von körperlicher Liebe und Erkenntnis des Ichs des anderen muss eine alte Menschheitserfahrung sein: In verschiedenen alten Sprachen finden wir jeweils das gleiche Wort für »erkennen« und »körperlich lieben«, im Hebräischen zum Beispiel ist es das Wort »iodäa«. Tatsächlich ist es eigentlich nicht weiter erstaunlich, den *Geistkeim* des anderen, sein Höheres Ich, in dessen Körperlichkeit zu suchen. Der Körper ist das Erste, was von dem gerade eben entstehenden Menschenwesen ergriffen wird. Das sich inkarnierende Ich ergreift und gestaltet ihn.

Es arbeitet sich in den Körper hinein, lange bevor es sich dann in den Jahren nach der Geburt in die Seele hineinarbeitet und sie nach und nach individualisiert.

Der Körper ist der erste Ort des Ichs. Wie hineingezaubert lebt es in der körperlichen Gestalt des Menschen. Am deutlichsten sehen wir das am Gesicht. Es gibt nicht zwei gleiche Gesichter, so wie es nicht zweimal das gleiche Ich gibt. Das Gesicht ist der Teil des Körpers, der am deutlichsten vom Ich geprägt ist. Das Ich spricht sich aber auch darin aus, wie man sich bewegt und seine Körperlichkeit einsetzt. Insofern kann die körperliche Begegnung in der Tat ein tauglicher Weg sein zum Ich des anderen. (Natürlich spricht sich das Ich eines Menschen auch noch in anderen Bezirken aus: In seinem Schicksal kommt ihm ebenfalls etwas davon entgegen, und in seinem Eigenerleben leuchtet es auf im Impuls, im Ergreifen des Neuen. Im äußeren Handeln kommt es da zur Wirksamkeit, wo der Mensch sich auf den Weg macht.)

Aber das Erkennen, das hier gemeint ist, kann nur ein liebendes Erkennen sein. Ohne ein liebendes Interesse entsteht aus dem körperlichen Austausch keine Erkenntnis des anderen, sondern er gerät zum Erlebnis der Getrenntheit, wie es eingangs beschrieben wurde.

Und doch besteht hier kein so großer Unterschied: Denn zur Erkenntnis gehören immer auch Distanz und Getrenntheit, so wie andererseits Sich-Verbinden und Einfühlen dazugehören. Sich verbinden und sich lösen, hineingehen in den anderen, ihn aufnehmen und dann zurücktreten von ihm, herausgehen – daraus entsteht Erkenntnis des anderen. In der körperlichen Liebe haben wir nun ein Bild genau hiervon – aufnehmen und herauslassen, hineingehen und zurücktreten.

So liegt in der körperlichen Liebe die Möglichkeit, das Ich des anderen zu erkennen.

Wenn ein gemeinsamer Höhepunkt möglich ist, dann kann man den Vorgang vergleichen damit, was im Schlaf geschieht: Im Moment des Höhepunkts geschieht ein Einschlafen, insofern Alltags-Ich, Alltagsbewusstsein und das Seelenhafte zurücktreten – wie beim Schlaf, wo Alltags-Bewusstsein und seelisches Erleben sich vom Leibe lösen. Im Schlaf ist nur der Körper mit seinen Lebenskräften da und der Wesenskern, das Höhere Ich, insofern es ja in den Körper von Anfang an hineingelegt ist. Im Moment des Höhepunkts »schlafen« beide Partner – aber eben miteinander. Deshalb ist es einsichtig, dass wir die körperliche Liebe »miteinander schlafen« nennen. Es sind anwesend die beiden ineinander verschlungenen Körper mit ihren Lebenskräften, die zu je einem Ich gehören. Gelockert sind demgegenüber Alltagsbewusstsein und Seelenleben. In dieser Situation können die beiden einander ganz unverstellt gegenübertreten – sie verschmelzen nicht – und »sehen« dadurch einander; die Körper aber sind vereinigt. So kann die körperliche Liebe zum Bild dafür werden, dass man Individuum sein und gleichzeitig zutiefst ein anderes Ich erkennen kann – in einer merkwürdigen Spannung zwischen Verbundensein und Getrenntsein.

Dies sind Möglichkeiten. Was wir besser kennen und vielleicht täglich erleben, sind die Annäherungen daran. Von hier aus lässt sich aber vielleicht verstehen, warum in anderen Kulturen die sexuelle Begegnung geradezu als spiritueller Weg aufgefasst werden konnte bzw. zum Bild wurde für die Begegnung mit dem Göttlichen. Dieses Göttliche ist – paradoxerweise – frei von der geschlechtlichen Gebundenheit. Es gibt eine Plastik *Sakuntala* der französischen Bildhauerin Camille Claudel, die leise etwas in diese Richtung ahnen lässt: Die altrömischen Gottheiten Vertumnus und Pomona sind hier in der körperlichen Begegnung begriffen, fragend, ruhig, hingebend, haltend. Trotz dieser erotischen Sprache der Plastik liegt aber ein Hauch des ganz anderen darüber: ein Hauch von Geschlechtslosigkeit. Es ist, als sei in der körperlichen Begegnung ein Punkt erreicht, an dem es gleichgültig wird, ob man Frau oder Mann ist. Gerade da, wo man am konsequentesten Frau oder Mann ist, wo man es ganz auslebt, da wird es eigentümlich ruhig und gelöst um das Geschlechtliche; eine Art Freisein vom Geschlechtlichen ist erreicht. Wo ich im körperlichen Austausch dem Ich des anderen begegne, da bin ich auch – es ist wie ein Geschenk, das den

Liebenden erreicht – ganz bei meinem Ich. Dieser geistige Wesenskern, das Ich, ist letztlich geschlechtslos, oder – weil »geschlechtslos« ein wenig nach »arm« klingt – besser »geschlechtsfrei«. Dies ist im Moment für die meisten von uns nur ein Punkt am Horizont; der Weg dahin ist noch weit. Es ist ein Punkt am Horizont, an dem sich Himmel und Erde bekanntlich berühren.

Sexualität kann heute beides sein: ein körperlicher Weg in den Egoismus hinein, wodurch man sich aber vom anderen abschneidet, oder ein Weg zum Geistkern des anderen hin. Mit wem man welchen Weg gehen will, das bleibt einem zur Entscheidung überlassen.*

* Zum Weiterlesen: *Flensburger Hefte,* Sonderheft Nr. 1, »Partnerschaft und Ehe«.

Ein Mann über seine Sexualität

Die aggressive Komponente

Es ist hier nicht die Rede von »der« männlichen Sexualität, sondern vielmehr davon, wie Männer ihre Sexualität erleben können. Und es geht auch nicht darum, wie »die« Männer ihre Sexualität erleben, sondern darum, typische Erfahrungen einiger Männer darzustellen. Manche mögen sich darin nicht wiederfinden. Hier soll nur Bezug genommen werden auf dasjenige, was Männer berichteten, die sich in einer Beratungssituation – zum Beispiel Eheberatung – befinden.

Offen bleibt auch die Frage, ob Frauen in einer solchen Selbstschilderung das wiederfinden, was sie selbst an Männern in sexueller Hinsicht erleben. Es spricht wohl für die Auffassung von der zunehmenden Individualisierung der Sexualität (s. S. 230 ff.), dass Verallgemeinerungen kaum mehr möglich sind. Zulässig können auf diesem Felde eigentlich nur noch Einzeldarstellungen sein.

Wenn Herr F. sich an seine Pubertät zurückerinnert, muss er zunächst feststellen, dass sich im Erleben seiner Sexualität seit damals eigentlich nur wenig geändert hat. Vom ersten Erwachen an hatte sein sexuelles Begehren etwas Eingeengtes, einfach auf das Organ Eingeschränktes gehabt. Kürzlich, als er einer jungen und sehr attraktiven Frau nachgesehen und sich dabei erotischen Bildern hingegeben hatte, war es ihm aufgefallen: Sein Trieb meinte nie den anderen Menschen, sondern nur sich selbst. Es ging immer wieder darum, für das drängende Glied maximale Befriedigung zu finden. »Sexualität« hieß immer einfach, an das eigene Glied zu denken und was diesem gut täte. So verband sich ihm die eigene Sexualität immer mit einem Geschmack von Unfreiheit.

Zeitweise hatte diese ausschließliche Konzentration auf den eigenen Lendenbereich und das Glied einen derart fordernden Charakter, dass ihm nichts anderes übrig blieb, als sich selbst Erleichterung zu verschaffen. Und er erinnerte sich, wie er als Jugendlicher eine Art Solidarität mit seinem Glied empfunden hatte und wie dies dazu geführt hatte, sich als Eroberer zu sehen.

Der Schritt von dem machtvollen Drängen zum Sich-Aufdrängen und einfach nur Eindringen-Wollen war nicht weit. Eine aggressive Komponente in der eigenen Sexualität wurde ihm deutlich. Das drängende Glied duldete keine Rücksichtnahme auf die Partnerin.

Lange Jahre war ihm die körperliche Geste des Eindringens auch seelisches Erlebnis. Sich etwas holen, sich etwas nehmen, sich daran erregen, eindringen, stoßen – da war eindeutig Aggression im Spiel. Er kam auch deshalb immer wieder auf diese Komponente, weil er dann als Erwachsener feststellen musste, dass seine Sexualität gerade da nicht so eigensinnig ablief, wo er wirklich liebte und achtete. Sexualität war für ihn immer am unbeschwertesten in neuen Bekanntschaften auszuleben, am Anfang einer Verliebtheit, auch in der Zufallsbekanntschaft, an die man keine über die Nacht hinausgehenden Erwartungen hatte. Sobald eine innerseelische Begegnung mit dem anderen *Menschen* eingetreten war, hatte er entweder nicht so viel Lust auf Sex oder es klappte auch schon mal nicht so gut oder er empfand geradezu Schuldgefühle. Die aggressive Komponente der Sexualität, die ihm bei Männern schärfer ausgeprägt zu sein schien als bei Frauen, passte einfach nicht dazu, dass man einen Menschen zutiefst achtet – da kann man so »soft« sein, wie man will, letztlich geht es eben doch um das Eindringen und Stoßen.

Nun war freilich im Lauf der Jahre durch viele schöne Begegnungen, auch im Körperlichen schöne Begegnungen, seine Sexualität, so drückte er sich aus, gelassener geworden. Er hatte gelernt, auf die Aktivität der Frau zu warten und sich auf und über ihre Initiative zu freuen. Das milderte den aggressiven Aspekt stark ab. Trotzdem, und darüber ärgerte er sich oft, empfand er nach dem Verkehr häufig Schuldgefühle. Oft wurde er früher »fertig« als die Partnerin, wodurch er sich sofort wieder in der Rolle des ungeduldig Drängenden versetzt sah.

Und dann hatte er nach dem Verkehr häufig das Bedürfnis, allein zu sein. Unmittelbar danach schien ihm irgendetwas abgerissen. Die Verbindung zur Partnerin, die doch noch eben so stark zu sein schien, musste neu gefunden werden. Das berühmte Einschlafen nach dem Verkehr – es war ihm selbst allerdings nur selten passiert – schien ihm die logische Folge dieses Abrisses.

Das Finden der Gemeinsamkeit

Nun hatte Herr F. in den letzten Monaten zu einer etwas anderen Haltung seiner Sexualität gegenüber gefunden, nachdem dieses Thema längere Zeit in seiner Männergruppe »verhandelt« worden war. Zunächst einmal war er nun einfach nicht mehr bereit, den männlichen Teil der Menschheit als unsensibel, egoistisch oder gar brutal zu betrachten, wie das die Frauenbewegung einst hatte nahelegen wollen. Das Erobernde, Drängende, leicht Aggressive der männlichen Sexualität war die notwendige Entsprechung zu der, so erlebte er es, sehr stark suchenden, erwartenden, aufnehmenden und allenfalls tastenden weiblichen Sexualität. Es konnte nicht angehen, männliche Sexualität als irgendwie böse oder schuldig anzusehen und weibliche Sexualität als gut und rein. Das konnte von der Schöpfung nicht so gemeint sein. Vielmehr empfand er beides als in einer Reihenfolge logisch zusammengehörig: Die drängende männliche Sexualität war für die Anfangsphase des Verkehrs, manchmal für das Anfangen überhaupt, sinnvoll. Fast alle Frauen, mit denen er in seinen 38 Lebensjahren geschlafen hatte, hatten dieses »Antörnen« durch den Mann gebraucht oder doch gewünscht. In einer zweiten Phase ging es dann um etwas ganz anderes: die Gemeinsamkeit zu finden, geduldig zu sein, innezuhalten, Fantasie zu entwickeln. Hier war er als Mann auf den suchenden, tastenden Charakter der weiblichen Sexualität angewiesen.

So gehörte für ihn beides zusammen, und so brauchte man nicht zu werten.

Natürlich sind mit beiden Spielarten der Sexualität, der männlichen und der weiblichen, das war für ihn nicht zu übersehen, gewisse Schwächen oder sogar Gefahren verbunden, die dann doch zu werten sind. Beim Mann liegt die Gefahr in der Übertreibung des Elements, die Initiative zu ergreifen. Aus der Übertreibung kann schiere Aggression werden. Und Herr F. konnte sich durchaus da hineindenken, dass es ein Rausch des Männlichen sein kann, sich mit Gewalt Befriedigung zu holen. In der weiblichen Sexualität schien ihm die Schwäche in der Übertreibung der aufnehmenden Geste zu liegen: Diese kippt bisweilen um in Passivität, und dann lässt sich die Frau Dinge bieten, die sie sich eigentlich nicht bieten lassen möchte. Der leicht aggressive Aspekt der männlichen Sexualität erfährt dann keinerlei Neutralisierung, und es fehlt jede Abgrenzung. Selbstverleugnung ist das Ergebnis – etwas, das es beim Mann gar nicht gibt: Selbstverleugnung auf sexuellem Felde.

Herr F. hat sich in der Männergruppe auch mit den anderen Männern über sexuelle Erfahrungen ausgetauscht. Er hat dabei festgestellt, dass andere Männer etwas anders denken oder empfinden, er hat aber bemerkt, dass alle Wege suchen, zu dem expansiven Charakter ihrer Sexualität zu stehen.

Soll man sich als Mann schämen, weil man gern eine Frau anschaut? Soll man sich schämen, weil man schnell anspringt und manchmal sexuelle Reize geradezu sucht? Ist weibliche Sexualität deswegen besser, weil sie einen abwartenden Aspekt hat? Jedenfalls wünschten sich die meisten Männer der Männergruppe, dass sie selbst, ohne werten zu müssen, herausfinden könnten, was es mit der männlichen Sexualität auf sich habe und was man daraus machen könnte.

Für ihn selbst entstand durch die Gespräche in der Männergruppe etwas anderes: Als ob er eine ungute und lähmende Scham hinter sich lassen würde, war es ihm möglich geworden, sich auf liebevollen körperlichen Austausch mit einer Frau einzulassen, ohne sich gleich durch die Fixierung auf den Beischlaf bedrängt zu fühlen. Mit dem ganzen Körper zu empfinden, zu geben und zu nehmen, konnte ihm zeitweise wichtiger werden als eine schnelle Befriedigung. Etwas Freieres war in sein Verhältnis zu seiner Sexualität gekommen.

Eine Frau über ihre Sexualität

Hingabe und Bereitschaft – Neugier auf sich selbst

Eine Frau berichtet, es scheine ihr, als gäbe es nicht *eine* weibliche Sexualität, sondern geradezu deren zwei.

Da gibt es einerseits das mehr Abwartende, das innerlich Sich-Bereithalten. Dann wünscht sie sich sanfte erste Berührung, Zärtlichkeiten. Eigentlich denkt sie nicht gleich bei der ersten Berührung daran, dass man nachher miteinander schlafen könnte (während sie den Eindruck hatte, dass Männer das immer sofort im Kopf hatten). Und wenn viel Zuneigung da war, geriet sie wie in einen Strom, der sie zuerst leicht und sanft trug wie ein Blatt, der später aber heftiger wurde. Und es war jedes Mal ganz unklar, wo er hinführen würde. Erst mitgetragen, dann fortgerissen – Angst konnte sich manchmal einstellen. Wohin führt es mich? Werde ich mich verlieren?

Die Männer wussten beim Beischlaf immer genau, was sie wollten, und gingen meist sehr direkt darauf zu, auch wenn sie einfühlsam waren. Sie selbst ging überhaupt nicht direkt auf etwas zu, sondern öffnete sich für das, was kommen würde.

Und es war auch gar nicht immer das Gleiche. Das Fortgerissensein selbst war schön. Ob das ein Höhepunkt war, wie er den Männern so wichtig schien, war ihr meist gleichgültig; oder sie wusste es eigentlich gar nicht genau. Falls es ein Höhepunkt war, war es kein »Punkt«, sondern etwas Diffuseres, ein Sich-Verlieren, Verströmen – als wäre sie selbst zu dem reißenden Strom geworden, der ja auch an keiner Stelle weiß, wohin er fließen wird. – Das war die eine weibliche Sexualität.

Und dann gab es noch eine andere, die sie mehr aus ihren frühen Erwachsenenjahren kannte und die jetzt nur in bestimmten herausgehobenen Situationen lebbar war. Etwas Unruhigeres, Neugieriges stand da am Anfang. Es ging hier gar nicht um ein ruhiges Abwarten; sondern hier ging es um Fordern, Wissen-Wollen. Es ging darum, in lustvoller Weise die Spannung von Macht und Unterwerfung zu leben. Es ging um Neugier auf sich selbst.

Diese zweite Art war ihr nur möglich, wenn sie übergroßes Vertrauen zum Partner hatte – oder wenn sie ihn kaum kannte. Denn von der ersten zur zweiten Art von Sexualität war ein Schritt über eine Schamgrenze erforderlich. Etwas Unreineres schien sich dahinter geltend zu machen. Andererseits fragte sie sich, warum sie die unruhigere Art der Sexualität als unrein bewertete. Sie kam zu dem Ergebnis, dass sie dieses Gefühl von Unreinheit nicht wegen der aktiveren Art des körperlichen Austauschs selbst hatte, sondern weil hier die Einbettung in eine feste Bindung gar nicht nötig war. Als ob sie es hier mit »Sexualität pur« zu tun hätte, mit einer spannungsgeladenen elementaren Dynamik, welche nicht recht zur Liebe in einer festen Partnerschaft passte.

Es war ihr eigentlich ein Bedürfnis, moralische Gesichtspunkte mit ihren sexuellen Erfahrungen und Wünschen in Verbindung zu bringen. Aber das ging nicht so gut. Wenn man sich nach der überkommenen, äußeren Moral richten würde, könnte man es eigentlich ganz bleiben lassen, besonders als Frau.

So lebte sie in den letzten Jahren eher in Fragen als in festen Überzeugungen: Wie findet man selbst zu einer eigenen Moral, was Sexualität betrifft? Wann hat man es mit Versuchung zu tun und wann mit legitimen Bedürfnissen? Gibt es tatsächlich überhaupt eine weibliche Sexualität im Unterschied zu einer männlichen, oder ist es vielleicht so, dass Mann und Frau nur an unterschiedlichen Stellen Scham erleben? Oder, falls es doch prinzipielle Unterschiede oder gar Gegensätze von männlicher und weiblicher Sexualität gibt: Was soll das? Es entstehen doch dadurch viele Missverständnisse. Es gibt ja auch dies, dass man aneinander vorbei-schläft; dass Mann und Frau sich gar nicht treffen, trotz intimster Berührung.

Wann war Hingabe, wann Fordern angezeigt? Wann brachte ihre Hingabe sie in die Situation, vom Partner einfach benutzt und ausgebeutet zu werden? Hingabe schien nur als gegenseitige Hingabe möglich. Selten hatte sie hingabebereite Männer getroffen.

So entfaltete sich für sie in letzter Zeit jeder körperliche Austausch auf dem Hintergrund solcher Fragen. Nicht dass es dadurch leichter geworden wäre. Aber sie erlebte dadurch einen Begegnungsreichtum, wie sie ihn als Jugendliche und junge Erwachsene gar nicht gekannt hatte. Trotzdem wünschte sie sich, dass die körperliche Liebe eines Tages leichter würde.

Zur biografischen Situation der Frau heute

Die Widersprüchlichkeit der existenziellen Bedingungen

Es gibt nicht die »Situation der Frau«. Im Gegenteil finden wir gerade heute Frauenbiografien in größter Vielfalt. Lange haben Frauen ihre Individualisierung, ihre Ich-Entwicklung zurückstellen müssen. Jetzt kommt es mit Macht. Plötzlich stellen wir fest, dass viele Frauen heute zu ihrem Leben ein viel experimentierfreudigeres Verhältnis haben als manche Männer. Aus dem erwähnten »Individualisierungsschub« heraus findet sich bei Frauen oft ein viel bewussteres Suchen nach der eigenen Biografie. Rollenerwartungen, die Zwänge der Tradition und die Verpflichtungen der Biologie engen eine Frau stark ein. Eben deshalb muss sie ihre eigene biografische Entwicklung viel bewusster suchen. Frauenbiografien entzünden sich heute oft an der Widersprüchlichkeit ihrer existenziellen Bedingungen. Da geht es zum Beispiel um den Widerspruch zwischen persönlicher Autonomie in der Ehe und finanzieller Abhängigkeit vom Mann. Oder um den Widerspruch zwischen der Mutterrolle, die ja in unserer westlichen Kultur immer enger gefasst wurde, und der Ich-Findung im Beruf. Während früher eine Mutter nie nur Mutter war – die Großfamilie, der Handels- und Handwerksbetrieb integriert mit dem Wohnbereich, dies brachte für die Frauen zwar schwere, aber vielfältige Aufgaben mit sich –, hat das Idealbild der Kleinfamilie der Frau eine sehr einseitige und enge Form von Mutterrolle zugeschoben, die, das zeigt die Lebenswirklichkeit, unvereinbar scheint mit dem Entwicklungsimpuls, wie er heute gerade in Frauen lebt. Und schließlich mag es noch um den Widerspruch gehen zwischen dem erworbenen Frauenbild und dem eigenen Selbstverständnis.

Immer weniger Frauen können in der Mutterrolle ihren ausschließlichen Weg finden. Die biologische Funktion kann ihr Bewusstsein nicht mehr so ausschließlich prägen, wie das früher der Fall war. Das Individualisierung suchende Bewusstsein kann sich nicht auf Dauer von der Biologie bestimmen lassen. Denn die Biologie ist nie individuell. Die Frau ist heute nicht mehr zu irgendetwas bestimmt, sie kann sich nur selbst zu etwas bestimmen.

Wir haben also heute in den Frauenbiografien einen starken Zug zur Individualisierung, zum Heraustreten aus vorgefertigten Verhaltens- und Ereignismustern. Trotzdem gibt es einige gemeinsame Themen und Leitmotive, die in vielen Frauenbiografien gleicherweise auftreten können.

Beschränkung oder Selbstverleugnung

Dieser gemeinsame Faktor scheint damit zusammenzuhängen, dass die verschiedenen biografischen Schritte bei Frauen sehr stark auf andere Menschen hin orientiert sind. Frauen sind stärker beziehungsbezogen. Eine Frau ist eher bereit, zum Beispiel ihren Arbeits- und Wohnort zu wechseln, weil ihr Mann eine neue Aufgabe in einer anderen Stadt anpacken möchte. Wie viele Männer haben aber schon die Arbeit und den Wohnort gewechselt, weil ihre Frau anderswo eine neue Aufgabe ergreifen wollte?

Die stärkere Bezogenheit auf Beziehungen, auf das Zwischenmenschliche, kann ein Leitmotiv in die Frauenbiografie bringen, das Beschränkung oder Bescheidung heißt – allerdings auch Selbstverleugnung, und dann kommt etwas Ungesundes auf. Wenn ihre Aufmerksamkeit primär auf den anderen Menschen gerichtet ist, mit dem sie es zu tun hat, ist eine Frau offener für die Erwartungen des anderen. Sie lässt sich leichter durch Erwartungen ihres Gegenübers bestimmen. Sie lebt oft mehr im anderen als in sich.

Eine Frau kann innerlich auch stark damit beschäftigt sein, was zum Beispiel ihre Mutter von ihr als Hausfrau erwartet, in welchem Beruf diese ihre Tochter gern gesehen hätte oder was in deren Augen die richtige Kindererziehung ist. Von einem Mann hört man nicht, dass es ihn beschäftigt, was wohl sein Vater in pädagogischer Hinsicht von ihm erwartet. Eine Frau ist nicht nur sehr offen für Erwartungen anderer Menschen, sondern wertet diese auch sehr hoch und lässt sich unter Umständen dadurch bestimmen. »Meine Mutter erwartet, dass ich den Haushalt in den Griff bekomme, anstatt meine Zeit mit einem Fortbildungskurs zu verplempern.« – »Mein Mann sieht es nicht gern, wenn ich allein weggehe« – also lässt sie es.

Durch diese starke Orientierung an den Erwartungen nahestehender Menschen ergibt sich besonders heute ein sehr weitreichendes Lebensmotiv in Frauenbiografien: Es ist das Schuldgefühl. Oft muss jeder individualisierende Schritt *gegen* irgendeine Erwartung der Mutter, der Schwester, der Freundin, des Mannes, eventuell auch der größeren Kinder vollzogen werden. Und sofort entsteht das Schuldgefühl. Es geht dabei weniger um das Sich-schuldig-Fühlen an irgendeinem abstrakten Prinzip, sondern um das ganz konkret Soziale: »Wird meine Mutter das verkraften, dass ich in eine andere Stadt gehe – wo sie mich doch so gern in ihrer Nähe hat?« Sehr oft werden individualisierende Schritte unterlassen oder jahrelang hinausgezögert, um dem Schuldgefühl zu entgehen.

Und selbst wenn eine Frau sich trotz der Skrupel nicht hat abhalten lassen, ihren Lebensweg weiter selbstständig zu gehen, kann sie später als beruflich engagierte, erfolgreiche und »emanzipierte« Frau im Nachhinein immer noch ein diffuses Schuldgefühl empfinden. Es sagt, gleichgültig in welchem Zusammenhang es ausgelöst ist: »Du darfst dich als Frau nicht individualisieren. Du darfst dich nicht abgrenzen von den Erwartungen deiner Lieben. Du hast als Frau für die Bedürfnisse deiner Lieben da zu sein.«

Es wäre einfach, hierin eine innerpsychische Nachwirkung der Unterdrückung der Frau zu sehen. Das mag es auch sein, aber es steckt noch etwas anderes dahinter. Das ist die Tatsache, dass Frauen in ihrer Entwicklung ganz anders mit dem Abgrenzungsthema konfrontiert sind: Wie behaupte ich mich gegenüber dem anderen, der dazu neigt, über mich zu verfügen? Dies ist primär eine frauliche Frage. Wie behaupte ich mich gegenüber meiner Mutter, die heute noch, da ich dreißig oder vierzig Jahre alt bin, bestimmen will, was gut für mich ist? Wie behaupte ich mich gegenüber meinem Nachbarn, der mir einreden will, ich sei keine gute Mutter, wenn ich halbtags arbeiten gehe? Wie behaupte ich mich gegenüber einem Mann, der mir einreden will, als Zeichen unserer Zuneigung müssten wir miteinander ins Bett gehen?

So liegt in dem immer lauernden Schuldgefühl für eine Frau die Aufforderung zur Autonomie, zur Selbstständigkeit, in jeglicher Hinsicht. Darin zeigt sich ein weiterer existenzieller Widerspruch in den heutigen Frauenbiografien: Es ist der Widerspruch zwischen Autonomie und Abgrenzung einerseits und sozialer Nähe andererseits. Die Nähe hat die Frau meist schon, die Autonomie ist für sie ein Ziel.

Die Lebensmitte als Befreiung

Bei Frauen kommt es oft zu einem späteren Beginn der Ich-Entwicklung als bei Männern. Wenn Männer beruflich ihr Selbstbewusstsein erarbeiten, sind sie in einer entgegengesetzten biografischen Situation begriffen: Sie stellen ihre Bedürfnisse zurück und widmen sich erst einmal den Kindern. Auf diesem Felde liegen natürlich immer noch enorme Möglichkeiten zur Selbstverwirklichung.*

Viele Frauen aber *wollen* sich heute ganz einfach nicht mehr ein Leben lang auf diesem Felde verwirklichen. Sie spüren, dass noch ganz andere Möglichkeiten und Fähigkeiten in ihnen leben.

* Siehe A. Bockemühl, *Selbstfindung und Muttersein.*

Man mag dieses Zurücktreten von der Mutterrolle werten wie auch immer, zu beobachten ist jedenfalls bei Frauen, die das Eigene über die Mutterrolle hinaus suchen, ein erstaunliches Aufblühen der Seelenkräfte. Weil eben zuerst die Mutterpflichten erfüllt werden mussten, treten sie zum Beispiel später in die Jahrsiebt-Themen ein (S. 172). Die Lebensmitte erleben sie dann oft nicht als Krise, wie häufig der Mann, sondern als Befreiung, als Schritt zu sich selbst hin. So können auch die überindividuellen Gesetzmäßigkeiten, die ja eine Biografie mitgestalten (S. 151), bei Frauen noch einmal eine ganz eigene Tingierung bekommen. Alles ist möglich. Man kann sich übend sehr schön in diese Gesichtspunkte einleben, als Mann sowie als Frau, wenn man sich im Hinblick auf die hier aufgeworfenen Fragen nach der Autonomie und ihrem Verhältnis zur sozialen Nähe mit Frauenbiografien beschäftigt.* Ein Lesekreis zum Beispiel, der aus Männern und Frauen zusammengesetzt ist und der gemeinsam Frauenbiografien durcharbeitet, könnte ein Schritt sein, die hier aufgeworfenen Gedanken weiter zu vertiefen.

Fragen zum Thema

Frage: Was hat es damit auf sich, dass viele Frauen das Nur-Muttersein nicht mehr ausfüllt?

Antwort: Man wird sicher sehr differenzieren und sich hüten müssen vor Pauschalurteilen: »Die« Frauen ..., »die« Mütter ... Sicher gibt es einen Trend dahin, die Mutterschaft zu ergänzen durch etwas, das mit dem Kind gar nichts zu tun hat. Es gibt bei vielen Frauen heute eine Tendenz, einen Bereich zu haben, in dem sie sich ganz unabhängig vom Muttersein bewähren oder finden können. Das wird oft eine Teilzeit-Berufstätigkeit sein. Dieses Bedürfnis nach Ergänzung der Mutterschaft

* Siehe auch G. Burkhard, *Mann und Frau.*

durch eine Bewährung auf sachlichem Felde dürfte mit der starken Ich-Entwicklung zu tun haben, in die Frauen heute hineingestellt sind.

Man sollte aber keinen Gegensatz konstruieren zur Mutteraufgabe. In der Beratungsarbeit mit Frauen gibt es keine Hinweise darauf, dass die Mutterschaft als solche heute mehr abgelehnt wird als früher oder dass sie als Klotz am Bein betrachtet wird. Wohl aber gibt es den Impuls: Ich bin noch etwas anderes als nur Mutter. Dieser Ich-Impuls sollte nun von außen nicht beurteilt werden, vor allem nicht moralisch. Ein Ich kann sich immer nur selbst bestimmen. Wenn es von außen bestimmt wird, ist es keines.

Man sollte dabei aber auch einen Blick auf die biografische Situation der Kinder werfen. Wir finden heute immer mehr Kinder, die ebenfalls sehr kraftvoll und schnell ihre Ich-Entwicklung suchen. Sie fordern entsprechend viel Kraft, Gegengewicht und Festigkeit vom Erwachsenen, damit dieser Impuls sich nicht einfach diffus austobt, sondern zur geformten Ich-Stärke wird. Die Kraft des Kindes braucht Widerstand. Insofern muss man von Müttern geradezu erwarten, dass sie sich ein ausgeprägtes Ich bilden. Die immer aufopferungsbereite, selbstverleugnende Haltung, wie sie ein konservatives Mutterbild verlangt, setzt dem Kind nicht die geformte Kraft entgegen, die es zu seiner Individualisierung braucht.

Sehen wir einmal von den ganz frühen Kindesjahren ab, so müssen wir feststellen, dass Kinder heute nicht mehr dadurch gedeihen, dass die Mutter ihnen einfach und immer dient. Vielmehr kann man die Erfahrung machen, dass sie sich gerade dadurch positiv entwickeln, dass die Mutter auch, das heißt zusätzlich zu ihrem Muttersein, etwas ganz Eigenes lebt. Daran kann die Kraft des Kindes sich reiben und formen, nicht aber an der Selbstverleugnung.

Dies sind Gesichtspunkte, keine Rezepte und auch keine Urteile. Selbstverständlich ist die aufopferungsvolle Haltung immer noch sehr gefragt, wenn das Kind zum Beispiel krank ist oder in Not oder womöglich behindert ist. Aber auch dann ist es die Frage, ob das Aufopferungsvolle, Dienende eigentlich nur von der Mutter kommen sollte – oder ob nicht auch Väter dienen könnten.

Es galt hier, der verbreiteten Meinung etwas entgegenzusetzen, die etwa sagt: Eine Mutter, die arbeiten geht, ist egoistisch. Sie wendet sich von ihren Kindern und somit von »ihrer Aufgabe« ab. Daran mag durchaus etwas Wahres sein. Aber ebenso deutlich kann sich zeigen, dass sie dadurch, dass sie neben die Mutterschaft noch etwas anderes und ganz Eigenes stellt, sehr gezielt auf ein Entwicklungsbedürfnis des modernen Kindes antwortet und ihm auf einer ganz neuen Ebene wieder entgegenkommt – gerade da, wo sie angeblich egoistisch ist.

Und zu guter Letzt sei darauf hingewiesen, dass sich durch die immer häufiger zu beobachtende Bereitschaft der Väter, die Möglichkeit der Elternzeit zu nutzen, eine Menge an der Situation der Frau geändert hat.

Probleme und Chancen des Alleinerziehens

Die biografische Situation

Es gibt nicht »die« alleinerziehende Mutter. Vielmehr zeigen sich auf dem Hintergrund dieser heutzutage sehr häufigen Situation die unterschiedlichsten biografischen Zusammenhänge. Diese sollten wir auseinanderhalten, wenn wir einerseits die Schwierigkeiten und andererseits die Chancen dieser Familienkonstellation betrachten wollen.

Zunächst muss man auseinanderhalten, ob eine Frau aus eigenem Entschluss in diese Situation kommt oder gezwungenermaßen. Des Weiteren ist zu unterscheiden, ob sie gerade anfänglich damit konfrontiert ist oder ob wir es mit einer erfahrenen alleinerziehenden Mutter zu tun haben.

So gesehen wird die Frau mit Kindern, die sich entschließt, ihre Ehe aufzulösen, freiwillig zur Alleinerzieherin. Sie erlebt den Neubeginn meist als große Befreiung. Endlich ist der Schritt getan, der so lange immer wieder aufgeschoben, bedacht und neu hinterfragt wurde. Ein neues Lebenskapitel steht an. Ein oftmals zermürbender und manchmal demütigender Ehealltag ist nun vorbei, jetzt beginnt eine Gegenwart, die ganz selbstbestimmt ist.

In der Erziehungsberatung kann immer wieder die Erfahrung gemacht werden, dass die Kinder solcher Frauen die Trennung sehr gut akzeptieren – viel besser, als es die Mütter vorher befürchten. Voraussetzung ist allerdings, dass die Mutter zu ihrem Entschluss stehen kann und ihn mit innerer Festigkeit vor den Kindern vertritt. Wenn dann noch ein regelmäßiger Kontakt zum Vater möglich ist, überwinden die Kinder den Trennungsschock überraschend schnell (was nicht heißt, dass die Trennung spurlos an ihnen vorübergeht).

Mütter, die unter diesen Voraussetzungen eine Lebensphase des

Alleinerziehens durchleben, können ein erhebliches Selbstvertrauen entwickeln, weil sie nun alles selbst planen und organisieren und den Kindern allein seelischen Halt geben müssen. Diese Notwendigkeit gibt ihnen selbst Kraft. Es entwickelt sich eine Autonomie und Selbstachtung, wie man sie bei verheirateten Frauen nicht so selbstverständlich findet.

Das Kernproblem

Die Tatsache, dass die Frau allein erzieht, ist nicht das Problem dieser Lebenssituation. Viele haben auch schon vor der Trennung allein erzogen, weil der Ehemann für den täglichen Umgang mit den Kindern gar nicht präsent war. Für sie verläuft die Erziehung nun viel harmonischer, weil die oft täglichen abendlichen Auseinandersetzungen mit dem Ehemann in diesen Fragen wegfallen. Andererseits können neue Streitigkeiten hinzukommen, wenn der Vater jetzt bei seinen Kontakten die Kinder eher verwöhnt als erzieht. Diese oft nervenzehrenden Auseinandersetzungen mit dem früheren Ehepartner weisen auf das Kernproblem der alleinerziehenden Mutter hin: Es liegt darin, dass sie die Erziehung jetzt allein zu *verantworten* hat. Das ist die eigentliche Belastung. Und aus eben diesem Grund muss sie einen eventuell unterschiedlichen Erziehungsstil des Vaters zurückweisen. Denn letztlich verantwortet sie allein, ob und wie das Kind »gedeiht«. Der verwöhnende Vater hingegen entzieht sich durch seine Verwöhnung der Verantwortung.

Allein die Verantwortung zu tragen für das Kind und für das gemeinsame Leben mit ihm ist eine große Belastung und Herausforderung, auch wenn es so gewollt wurde. Es ist deshalb bei aller Achtung vor der Autonomie solcher Mütter sehr zu raten, dass sie sich ein Netz von freundschaftlichen sozialen Kontakten aufbauen, auf das sie in Notzeiten zurückgreifen können. Tatsächlich kann man erleben, dass alleinerziehende Mütter oft einen besser ausgebreiteten sozialen Rahmen von Freunden und Bekannten haben als verheiratete Frauen. Letztere sind oft, wenn die Steigerung sprachlich erlaubt ist, alleinerziehender als die offiziell alleinerziehenden Mütter.

(Meist spiegelt sich die Autonomie der alleinerziehenden Mütter, die diese Situation freiwillig auf sich genommen haben, in den Kindern wider. Sie können auffallend selbstständig sein und sind es früher als Kinder aus sogenannten intakten Familien. Allerdings spiegelt sich der Aspekt des mütterlichen Selbstvertrauens in den Kindern nicht unbedingt wider. Trennungskinder werden unter Umständen noch viele Jahre unter dem Eindruck stehen, dass ihnen etwas fehlt oder vorenthalten wurde.

Dennoch wäre es falsch, hier besondere Verhaltensstörungen oder besonders häufig auftretende Verhaltensstörungen zu erwarten. Solche Kinder sind genauso auffällig oder nicht auffällig wie Kinder aus Mutter-Vater-Familien. Lediglich im Zusammenhang mit der Trennungssituation selbst sind vorübergehend oft regressive Verhaltensmuster zu erwarten wie Einnässen, Nägelbeißen, Babysprache oder Ähnliches.)

Zwischen alleinerziehenden Müttern und ihren Kindern entwickelt sich im Lauf der Jahre oft ein kameradschaftliches Verhältnis der Solidarität, in dem die Kinder sich ernst genommen fühlen können, wie es ihnen in der Mutter-Vater-Familie nicht so ohne Weiteres begegnet.

Dies alles sind Chancen, keine sich zwangsläufig einstellenden Vorteile. Die Alleinerziehendensituation erfordert eine große und ständige Wachheit und Willenskraft, damit diese Chancen auch Wirklichkeit werden.

Eine neue Partnerschaft

Kompliziert wird es möglicherweise dann, wenn ein neuer Partner auftaucht. Die Mutter gerät unweigerlich in eine ungute Zwischenstellung zwischen ihm und ihren Kindern. Es kommt deshalb darauf an, dass sie eine eventuelle neue Partnerschaft erst in Ruhe und weitgehend abseits vom Alltag der Kinder sich entwickeln lässt, bevor sie ihre Kinder mit der neuen Situation vertraut macht. Natürlich kann es auch Umstände geben, die es als sinnvoller erscheinen lassen, dass sich der neue Partner von Anfang an, wenn auch behutsam, in die bestehende Mutter-Kind-Familie integriert. In jedem Fall aber sollte die Frau ihre Lebenssituation mit den Kindern als das Zentrum betrachten, das einerseits ihre Kraftquelle ist und das andererseits eines gewissen Schutzes bedarf. Neu hinzukommende Partner sollten dies zum Ausgangspunkt nehmen. Auch die alleinerziehende Mutter selbst braucht dieses Zentrum. Eine neue Partnerschaft kann erst nach langer Übergangszeit, die besonders für die Kinder schwierig werden kann, zu einem neuen Mittelpunkt werden (S. 336 ff.: Die Patchwork-Familie).

Ganz anders stellt sich die Lage der Frau dar, die gegen ihren Willen zur alleinerziehenden Mutter wird, die sich also zum Beispiel von ihrem Mann trennen muss. Auch hier ist nicht die Situation selbst in erster Linie problematisch, sondern das oft jahrelange Hadern mit diesem Ausgangspunkt. Eine Herausforderung, gegen die man sich sperrt, wird man nur mit Mühe meistern. Eine Herausforderung, die man angenommen hat, wird noch Kraft geben.

Erlebt eine Frau diese Lebenssituation ständig als unzumutbaren Mangelzustand, dann wird sie auch ihren Kindern kaum den erforderlichen Halt geben können. Kleine Erziehungsprobleme des Alltags können überdimensionale Formen annehmen nur dadurch, dass die Alleinerziehendensituation dafür verantwortlich gemacht wird (»Mein Kind schläft schlecht, weil ihm der Vater fehlt«).

Hier werden auch die Kinder die Trennung kaum hinnehmen können, was natürlich den Erziehungsalltag wiederum erschwert. Auch besteht die Gefahr, dass die Kinder in die Rolle des Gesprächspartners gedrängt werden über Themen, zu denen sie gar nichts sagen können (»Dein Vater hatte immer nur Augen für andere Frauen«).

Dieser schlimmen Gefühlssituation kann nur dadurch begegnet werden, dass wenigstens nachträglich das Scheitern der Ehe unter Anleitung eines neutralen Dritten (Berater) zwischen den sich getrennt habenden Eheleuten aufgearbeitet wird. Falls das abgelehnt wird, ist ersatzweise eine Aufarbeitung nur mit der verlassenen Ehefrau möglich. In jedem Fall aber kommt es darauf an, dass die Betroffene den Verlauf ihrer Ehe bis zum Zeitpunkt der Trennung verstehen und dass sie einen sinnhaften Zusammenhang mit ihrer eigenen Entwicklung und deren Notwendigkeiten sehen kann.

Auf solchen Wegen des nachträglichen Verstehens gelingt es oft, aus der zweiten Situation – die alleinerziehende Mutter lehnt ihre Situation ab – in die erste zu kommen – die alleinerziehende Mutter lässt sich auf ihre Situation ein. Ein nachträgliches Annehmen ist dann möglich. Und dann gelten die gleichen Chancen, als wenn sie sich von Anfang an positiv dazu gestellt hätte.

Der spätere Lebensweg sexuell misshandelter Mädchen

Das Problem der Abgrenzung

Frau K. kommt zur Beratung, weil sie völlig überarbeitet ist und ihr der Hausarzt vorgeschlagen hat, einmal grundsätzlicher an dieses Problem heranzugehen. Es stellt sich heraus, dass sie schon immer eine Neigung hatte, sich für alles und jedes verantwortlich zu fühlen, dass sie immer bereit war, jedermann Arbeit abzunehmen – bis sie sich eben verausgabt und die Grenze ihrer Belastbarkeit überschritten hatte.

In der Beratungsarbeit ergibt sich bald, dass Frau K. sich auch Menschen gegenüber nicht abgrenzen kann: Als ihre beste Freundin in eine Lebenskrise geriet und in eine depressive Stimmung kam, fühlte Frau K. so stark mit, dass auch sie in ein lang anhaltendes Stimmungstief fiel. Oder seit ihre Mutter ihr eines Tages Vorwürfe gemacht hatte, dass sie für ihre Familie zu selten koche, kocht sie nun täglich mittags und abends, auch am Wochenende für ihren fünfköpfigen Haushalt – die geliebten Picknicks fielen aus, weil sie als ordentliche Hausfrau doch kochen musste.

Als der Berater sie eines Tages beim Gespräch über solche Abgrenzungsschwierigkeiten fragt, ob sie in ihrem Leben denn schon einmal eine Grenzüberschreitung, einen Übergriff erlebt habe, fällt ihr nichts ein. Monate später erzählt sie in einem ganz anderen Zusammenhang, es sei ihr neulich wieder eingefallen, dass ihr Vater sie öfters belästigt habe. Sie erzählt dies eher beiläufig und will schon zum nächsten, ihr wichtiger erscheinenden Thema übergehen.

Doch der Berater will nun wissen, was sie unter »belästigt« verstehe und was unter »öfter«. Und nun stellt sich heraus, dass Frau K.

zwischen ihrem 6. und ihrem 12. Lebensjahr immer wieder, manchmal mehrmals in einer Woche, von ihrem Vater sexuell misshandelt worden war

Dieses kleine Beispiel soll nichts weiter illustrieren als die Erfahrung, dass etwa ein Drittel der Frauen, die in einer Beratungsstelle Rat oder Therapie suchen, als Kinder sexuelle Misshandlungen erlebt haben. Das Erstaunliche ist gar nicht die große Zahl dieser Personengruppe, sondern der Umstand, dass kaum eine dieser Frauen wegen der damals erlittenen sexuellen Misshandlung die Beratungsstelle aufsucht, sondern wegen aktueller Schwierigkeiten (z.B. Eheprobleme, Depressionen, Versagensgefühle). Wie im Beispiel von Frau K. kommt das Gespräch oft eher zufällig auf die Misshandlungserfahrung.

Die sexuelle Misshandlung geschieht wesentlich häufiger, als man früher angenommen hat. Die Täter sind in den seltensten Fällen Sonderlinge, die das Mädchen etwa aus dem Hinterhalt packen und dann unter Gewaltanwendung sexuell misshandeln. Wir müssen uns darüber im Klaren sein, dass die Täter in etwa 80 Prozent der Fälle Väter oder Stiefväter sind, Trainer, Nachbarn, Lehrer usw. Es geht durch alle Schichten. Die jüngsten Opfer sind Säuglinge, nach oben gibt es keine Altersbegrenzung.

Folgende Merkmale kennzeichnen die sexuellen Misshandlungen:

- Sexuelle Misshandlung liegt vor, wenn Erwachsene (meist Männer, z.T. aber auch Frauen) zu ihrer sexuellen Erregung bzw. Befriedigung körperliche Berührungen oder Handlungen an und mit Kindern ausführen oder verlangen. Es geht dabei um Anfassen, Streicheln, Küssen, gegenseitige Berührung der Geschlechtsorgane, Masturbieren mithilfe des Kindes bis zu sexuellem Verkehr anal, oral oder genital.
- Die Täter sind fast immer dem Opfer schon vorher bekannt, meist sogar vertraut. Es besteht vor der Misshandlung eine positive Gefühlsbindung vom Opfer zum Täter. Der Täter ist also nicht der Gorilla, der aus dem Gebüsch springt, sondern der adrette Herr von nebenan oder eben ein Mann in Vaterrolle.

- Der Täter gebraucht selten äußere Gewalt, sondern knüpft im Gegenteil gerade an die vorherige Vertrautheit an (»Ich tue das nur, weil ich dich liebe.« – »Wir haben uns doch gern, und wenn Menschen sich gern haben, dann streicheln sie sich zwischen den Beinen«).
- Die sexuelle Misshandlung ist selten ein einmaliges Geschehen. Es ist fast immer ein monate- oder jahrelanger Vorgang, der sich zu immer weitergehenden Übergriffen steigert.
- Zwischen Opfer und Täter entsteht eine »Geheimnisbindung«. Durch Bestechungen oder Drohungen wird das Opfer dazu verpflichtet, auf keinen Fall das Vorgefallene irgendjemand zu erzählen (»... dann komme ich ins Gefängnis«, »... dann habe ich dich nicht mehr lieb«).

Ein Teil der betroffenen Mädchen hatte vor Beginn der sexuellen Misshandlung ein ungestilltes Zärtlichkeits- und Zuwendungsbedürfnis, weil zum Beispiel der leibliche Vater gar nicht präsent war; weil Pflegeeltern kein inniges Verhältnis zum Kind gefunden hatten; weil das Kind zu Hause einfach nicht beachtet wurde. Deshalb erlebt das Kind die sexuelle Misshandlung zumindest zu Beginn oft auch als angenehm – der Lehrer, der Nachbar sind so schön zärtlich, man kann so schön mit ihnen schmusen, zu Hause bei Vater und Mutter geht das gar nicht. Erst wenn der Täter das Maß dessen überschreitet, was das Kind kennt – Küssen, Streicheln am Körper usw. –, empfindet es gleichzeitig auch zutiefst die Unrichtigkeit der Situation. Da aber keine Gewalt angewendet wird und oft angenehme Körpergefühle auftreten und da es doch der Vater usw. ist, der das macht und der doch nichts Schlimmes machen kann, gerät das Kind in eine gelähmte Situation, in der es kein Vor und kein Zurück gibt. Darüber hinaus quält sich das Opfer mit Schuld- und Schamgefühlen.

Der Angriff auf die Integrität des Kindes

Bei der inzestuösen sexuellen Misshandlung wird die Situation so arrangiert, dass sie jederzeit geleugnet werden kann. Der Vater ruft zum Beispiel der 10-jährigen Tochter etwas zu wie: »Hast du deine Hausaufgaben schon gemacht?« Sie weiß, was es bedeutet. Er geht in den Keller, er macht kein Licht. Die Tochter folgt. Sie weiß, was jetzt geschehen muss. Sie findet ihn im Dunkeln. Sie knöpft seine Hose auf und befriedigt den Vater oral. Es wird kein Wort gesprochen. Man sieht sich nicht. Sie weiß, es ist der Vater, aber sie würde es nie beweisen können, denn sie sieht und hört ihn ja gar nicht. Es ist der andere, für den sie sich hergeben muss. Der Vater wird zum anderen – später kann der andere zum Vater werden. Es ist ja gar nichts passiert. Niemand weiß davon. Wenn Vater und Tochter wieder oben in der Wohnung sind, wird in keiner Weise auf den Vorgang Bezug genommen. So wird fraglich, ob der Vorgang überhaupt Realität hatte.

Solche Arrangements führen beim Opfer zu einer elementaren Unsicherheit, ob denn tatsächlich »etwas« geschehen ist. Der Vater ist hinterher wieder der liebe und verständnisvolle Vater. Oder es kann dem Opfer fraglich werden, ob das Geschehen überhaupt irgendwie bemerkenswert war. Es vermutet, dass alle Väter so etwas mit ihren Kindern machen. Es entsteht eine Unklarheit darüber, was Wirklichkeit ist, ein Zweifel an der eigenen Erfahrung. Dieser wird noch dadurch genährt, dass das Kind ja zweifeln möchte (»Lieber Gott, mach, dass das alles gar nicht wahr ist«).

Die Lähmung steigert sich zur Verzweiflung, wenn das Kind erleben muss, dass die Mutter, wie es häufig der Fall ist, den Vorgang bemerkt, aber nicht eingreift. Das Kind kann natürlich die hilflose, abhängige und auch gelähmte Situation der Mutter nicht verstehen, die ihrerseits Angst vor dem Mann oder einfach Angst vor der Schande hat und die das alles gar nicht wahrhaben möchte. Das Kind erlebt nur: »Meine Mutter greift nicht ein, also ist es entweder gar nicht geschehen oder es ist ganz harmlos oder sie hat mich nicht lieb.«

So ist die sexuelle Misshandlung der Inbegriff des Angriffs auf die Integrität des Kindes, vergleichbar nur den Übergriffen, die KZ-Opfer und Folter-Opfer erleben müssen. Die sexuelle Misshandlung annulliert die Grenzen der Persönlichkeit des Kindes. Ein weitergehender Übergriff ist nicht denkbar, denn er ist so inszeniert, dass das Kind »freiwillig«, das heißt ohne durch Gewaltanwendung gezwungen zu werden, eine aktive Rolle übernimmt.

Als unmittelbare Folge entsteht bei den Opfern sexueller Misshandlung eine Haltung des Sich-zurück-Nehmens: möglichst keine Empfindung haben, sich unsichtbar machen, sich tot stellen, nicht auffallen. Ähnlich wie es Opfer von Folterungen oder KZ-Opfer erzählen, scheint das Kind die Misshandlung nur durchstehen zu können, indem es sich selbst innerlich aus der Situation herausnimmt. »Eigentlich habe ich gar nichts damit zu tun. Es betrifft mich nicht.« Oder: »Ich denke an etwas ganz anderes, dann geht es schnell vorbei.« Damit gerät das Kind aber in eine Entwicklung, die zu großen biografischen Problemen führen kann. Ein Ich, das sich aus dem eigenen Erleben, aus der eigenen Körperlichkeit und der eigenen gefühlsmäßigen Erfahrung herauszieht, kann sich im eigenen Erleben, in der eigenen Körperlichkeit und in der eigenen gefühlsmäßigen Erfahrung nicht mehr behaupten. So entsteht als Folge der Grenzüberschreitung von außen ein Abgrenzungsproblem von innen. Die einmal durchstoßene Integritätsgrenze kann nicht mehr verteidigt werden. Das hat die weitere Verstrickung in die sexuelle Misshandlung zur Folge; und von hier aus ergibt sich dann das Abgrenzungsproblem, das Frauen wie Frau K. oft ein Leben lang begleitet. Man kann nicht klar unterscheiden, was der eigene Wille und was der Wille des anderen ist. Man spürt nicht, ob ein Gefühl ein eigenes Gefühl ist oder ob es die Spiegelung eines Gefühls des anderen ist. So wird man manipulierbar.

Nun haben Kinder, besonders wenn sie noch nicht aufgeklärt sind, nicht die Worte, das in der Misshandlung Erlebte mitzuteilen. Da ja auch die Erwachsenen nicht davon reden (auch die Mutter, die es weiß, schweigt), scheint es dem Kind fraglich, ob es den Vorgang überhaupt gibt. Hinzu kommt, dass in vielen Inzest-Familien nach außen und nach innen krampfhaft das Bild von der heilen glücklichen Familie aufrechterhalten wird. Eventuelle Andeutungen der Tochter will die Mutter dann ganz einfach nicht hören. Oder sie verharmlost: »Der Papa wollte dir doch nur gute Nacht sagen.« Oder: »Was dein Papa tut, ist niemals böse.«

So kommt zum Verlust der Abgrenzungsmöglichkeit noch die Erfahrung hinzu, dass man über das Erlebte und den Verlust gar nicht sprechen kann. Und wovon man nicht sprechen kann, das gibt es ja auch gar nicht.

Gemeinsame Merkmale in der späteren Biografie

Die späteren Lebenswege der Betroffenen enthalten einige gemeinsame Merkmale, die ihren Biografien häufig eine ganz typische Wendung geben. Zunächst wird ins Erwachsenenleben die Überzeugung mitgenommen, dass man keinerlei Kontrolle hat über das, was einem geschieht. Dass man zweitens darüber nicht reden kann und dass man drittens auch gar nicht sicher sein kann, dass die Dinge so geschehen sind, wie man sie wahrgenommen hat; dass man viertens am besten zurechtkommt, wenn man sich innerlich aus allem heraushält bzw. äußerlich das tut, was erwartet wird, dass man fünftens keinen eigenen Willen hat, und wenn man ihn hat, dass er nichts gilt; dass man sechstens elementar allein ist, wenn man Opfer von Übergriffen wird, und dass siebtens die Integrität der eigenen Person vom Wohlwollen anderer abhängt.

Der gemeinsame Nenner ist das Abgrenzungsproblem. Im extremen Fall kann es zur Prostitution führen. Man bietet sich feil und erreicht so eine Minimalkontrolle über die Situation, in der der eigene Körper vom anderen benutzt wird. – Andere Opfer der sexuellen Misshandlung können später magersüchtig werden. Durch Erbrechen, Nicht-Essen, unter Umständen auch durch gezielte Beschädigung des eigenen Körpers soll dieser so weit reduziert werden, dass er für sexuelle Übergriffe nicht mehr infrage kommt. Wenn mein Körper weggehungert ist, kann mir nichts mehr passieren. Wenigstens im Essen habe ich Kontrolle über das, was in meinen Körper eindringt – und es soll nichts eindringen. Ich grenze den Körper ab, indem ich ihn auslösche.

Natürlich geht nicht jede Magersucht auf sexuelle Misshandlung zurück.

In den weniger auffälligen Fällen sind diese Frauenschicksale geprägt von dem skizzierten Abgrenzungsproblem, besonders Männern gegenüber. Körperliche Nähe kann bis zur Distanzlosigkeit mit jedem Beliebigen gesucht werden. Von anderen Frauen kann sie aber auch als Zumutung, Schmerz und Überforderung erlebt werden. Die Relativierung der eigenen Wahrnehmung geht den betroffenen Frauen in Fleisch und Blut über; sie sind jederzeit bereit, einzuräumen, dass sie sich in ihrer Wahrnehmung getäuscht haben. Tragischerweise können gerade diese Frauen später als Mütter jeden Hinweis darauf übersehen, dass ihrer Tochter genau das Gleiche geschieht.

Die durchgängige Abgrenzungsnot führt oft auch dazu, dass körperliche Berührungen sehr zwiespältig werden. Einerseits ist da der alte, unerfüllte Traum von Geborgenheit. Andererseits besteht einfach Angst vor erotischer Zuwendung oder es wird nichts dabei empfunden. Das Ich betrachtet, noch aus dem alten Trauma heraus, körperliche Begegnung einfach nicht mehr als zu sich gehörig.

Eine ins Selbstzerstörerische gehende Neigung zu Schuldgefühlen, eine Neigung, es allen recht machen zu wollen, eine jedes gesunde Maß überschreitende Opferbereitschaft kann bei Frauen mit sexueller Misshandlungserfahrung zu einer Kette von Ausnutzungen führen. Nicht nur auf sexueller Ebene, sondern in jeder Hinsicht besteht eine Unfähigkeit, berechtigte Bedürfnisse oder Forderungen des anderen von unberechtigten zu unterscheiden. In jeder neuen Begegnung lebt die alte Hoffnung auf Geborgenheit wieder auf, die

Hoffnung, sich nun endlich vertrauensvoll anlehnen zu können. Aus dieser Hoffnung heraus ist man erstaunlich naiv. Die nächste Enttäuschung kommt. So etwas wie ein Selbstwertgefühl entsteht erst gar nicht oder wird in den immer gleichen Ausnutzungserfahrungen endgültig ruiniert.

An dieser Stelle sei eine Zwischenbemerkung erlaubt, um Missverständnissen vorzubeugen: Die hier beschriebenen Spätfolgen des sexuellen Missbrauchs kommen auch als Konsequenz ganz anderer, vor allem weniger dramatischer Lebensereignisse oder -umstände vor. Man kann also beim Vorhandensein eines Abgrenzungsproblems nicht zwingend auf sexuellen Missbrauch als Verursachung schließen.

Schritte der Bewältigung

Diese Spätfolgen müssen aber auch nicht zwangsläufig nach sexueller Misshandlung auftreten, andererseits ist ihre Verkettung auch aufbrechbar: Sobald eine Reflexion darüber einsetzt, dass die eigenen Lebensprobleme mit der sexuellen Misshandlungserfahrung als Kind zusammenhängen, besteht die Möglichkeit, eine aktive Haltung gegenüber den verschiedensten Lebensproblemen einzunehmen. Eine solche Reflexion kann dadurch in Gang kommen, dass sich die Frau einer Selbsthilfegruppe mit ebenfalls Betroffenen anschließt. Auch ein individueller Beratungs- oder Therapievorgang wird diese Reflexion natürlich auf den Weg bringen. Die Therapieerfahrungen zeigen, dass der erste, aber auch schmerzliche Schritt dabei der ist, sich das große Ausmaß und die prägende Bedeutung des Erlebten vor Augen zu führen, es im Schutz einer Gemeinschaft auszusprechen oder sich dem in einer therapeutischen Begegnung zu stellen. Viele ehemalige Opfer sexueller Misshandlung haben nämlich den Vorgang nicht eigentlich vergessen, aber sie haben ausgeblendet, welche Bedeutung er für ihr Körpergefühl, ihre Beziehungsfähigkeit, ihre Willensbildung und ihr Lebensglück überhaupt hat. Selbst die erwachsenen Frauen leugnen oft anfangs die Tragweite des Geschehenen – so wie einst der Täter die Tragweite des Geschehens geleugnet hat.

Ein weiterer Schritt zur Bewältigung des Erlebten wird der übende Aufbau einer neuen Autonomie und Integrität sein. Das kann im Rahmen einer Biografieberatung versucht werden. Davor kann aber noch ein therapeutischer Schritt notwendig sein, den man als Sich-Lösen vom Trauma beschreiben könnte. Er sollte mit weiblichen Therapeutinnen und gegebenenfalls im Rahmen von Frauen-Therapiegruppen durchgeführt werden. Jede Ehe- und Lebensberatungsstelle, Erziehungs- oder Frauenberatungsstellen verfügen über Adressen, an die betroffene Frauen sich wenden können, wenn sie eine spezifische Therapie brauchen.*

Fragen zum Thema

Frage: Mit welchen biografischen Folgen muss man bei sexuell misshandelten Jungen rechnen?

Antwort: Etwa 10 Prozent der Männer sind in ihrer Kindheit sexuell missbraucht worden, meist durch Männer, zum geringen Teil auch durch Frauen. Die Eskalation der Misshandlungssituation ist hier ähnlich wie bei Mädchen. Der Täter kommt hier aber nicht so häufig aus dem unmittelbaren Verwandtenkreis, sondern baut in einer Vorstufe erst eine Vertrauensbeziehung zu dem Jungen auf, die er dann allmählich sexualisiert. Die typischen Täter sind hier Sporttrainer, Lehrer, Jugendgruppenleiter etc. Aus anfänglichem Balgen

* Zum vertiefenden Lesen: U. Enders (Hrsg.), *Zart war ich, bitter war's: Sexueller Missbrauch an Mädchen und Jungen* (darin sind u.a. viele Adressen aufgeführt, an die man sich als Betroffene wenden kann).

heraus streichelt der Täter das Opfer zum Beispiel über den Po, greift ihm zwischen die Beine; später bringt er Pornohefte mit. Das Opfer ist verwirrt, freut sich über die Zuwendung, versteht aber eigentlich anfangs nicht, was der Täter da tut. Das Opfer wehrt sich nicht. Es scheint ihm manchmal, als ob es nur um ein Spiel ginge zwischen ihm und dem Mann. Das Opfer kann die Vorgänge nicht einordnen. Im Laufe der Zeit kann sich der Übergriff dann steigern bis zur analen und oralen Vergewaltigung. Ekel, Angst und Schmerz sind die vorherrschenden Empfindungen. Der Po schmerzt, aber das kann ja ein richtiger Junge niemandem erzählen. Manche Opfer fürchten bei der oralen Vergewaltigung zu ersticken und versuchen deshalb möglichst schnell den Vorgang zu Ende zu bringen. Bei Jungen scheint sehr die Sorge im Vordergrund zu stehen, entdeckt zu werden und dann womöglich als schwul oder als Schwächling zu gelten – dies besonders dann, wenn die Übergriffe zum Teil von angenehmen Körperempfindungen begleitet sind.

Solche Erlebnisse können zu einer Überbetonung männlichen Verhaltens führen. Das Opfer fühlt sich als Schwächling und wird deshalb später mit allen Mitteln versuchen, die Rolle des Starken zu spielen. Die Reaktion auf die Misshandlung scheint hier weniger ein Rückzug in sich selbst zu sein wie bei Mädchen, sondern eine aggressive Überkompensation. So kann es zu Biografien kommen, die ins Kriminelle gehen, weil der Betreffende jeden tatsächlichen oder vermeintlichen Übergriff nur mit Gewalt beantworten kann. Wenigstens bei anderen will man der Überlegene sein. Damit beweist man sich, dass man kein Schwächling war, als man die sexuelle Misshandlung hingenommen hat.

Bei anderen schlägt die Aggressionsspannung zurück auf das Opfer selbst: Die Misshandlungserlebnisse können dann zum Ausgangspunkt werden für selbstschädigendes Verhalten bis hin zur Drogensucht.

Bei wieder anderen entwickelt sich eine Biografie des Weglaufens oder des Herumtreibens: Im Extremfall sind Beziehungen nur noch durch Prostitution möglich, schon der Jugendliche beginnt dann eine

Karriere als Strichjunge. In weniger dramatischen Abläufen findet sich eine Bindungsangst, die jedes aufkeimende Gefühl von Sympathie bei sich und bei anderen zerstören muss. Andere, für die die sexuelle Ausbeutung die erste körperliche Zuwendung überhaupt war, können selbst homosexuell werden. Diese homosexuellen Männer sind in Gefahr, selbst Täter zu werden.

Auf jeden Fall ist auch hier eine Therapie nötig. Es gibt inzwischen auch Selbsthilfegruppen für betroffene Jugendliche und Männer.*

* Entsprechende Adressen kann man dem genannten Buch von U. Enders (Hrsg.), *Zart war ich, bitter war's* entnehmen.

Ehe

Es handelt sich in der guten Ehe für mein Gefühl nicht darum, durch Niederreißung und Umstürzung aller Grenzen eine rasche Gemeinsamkeit zu schaffen ... vielmehr ist die gute Ehe die, in welcher jeder den anderen zum Wächter seiner Einsamkeit bestellt und ihm dieses größte Vertrauen beweist, das er zu verleihen hat ... das Bewusstsein vorausgesetzt, dass auch zwischen den nächsten Menschen unendliche Fernen bestehen bleiben, kann ihnen ein wundervolles Nebeneinanderwohnen erwachsen, wenn es ihnen gelingt, die Weite zwischen sich zu lieben, die ihnen die Möglichkeit gibt, einander immer in ganzer Gestalt und vor einem großen Himmel zu sehen.

R. M. Rilke

Vor der Ehe

Frühe Heirat

Claudia S. ist 20 Jahre alt. Sie studiert für das Lehramt Sport und Englisch. Zur finanziellen Sicherung ihres Studiums trägt sie einen Teil bei, indem sie in einer Altstadtkneipe kellnert. Der größte Teil ihrer monatlichen Aufwendungen wird von ihren Eltern erbracht. Um diese nicht zu stark zu belasten, blieb sie nach dem Abitur in der elterlichen Wohnung. So spart sie eine Miete.

Claudia mag zwar ihre Eltern sehr gern, fühlt sich aber doch zunehmend unwohl zu Hause und ein wenig kontrolliert von der Mutter. Lieber würde sie allein leben. Sie träumt von einem Appartement, in dem sie tun und lassen kann, was sie will, wo keiner sich Sorgen macht, wenn sie um Mitternacht noch nicht zu Hause ist; wo ihr keiner Vorschläge macht, was sie anziehen soll, und wo sie ihren Freund ungeniert mitbringen kann.

Ihre Eltern haben nichts gegen diesen Freund – er studiert Informatik und hat gute berufliche Chancen –, aber sie sind ein wenig in Sorge, was denn wohl die Nachbarn in der Siedlung sagen, wenn Claudia so oft Besuch bekommt. Claudia wird es zunehmend enger in der elterlichen Wohnung. Es ist auf die Dauer auch keine gute Sache, dass sie und ihr Freund das gleiche Bad benutzen müssen wie die Eltern, dass die Eltern erwarten, dass sie die Mahlzeiten mit ihnen einnimmt usw. So reift der Entschluss, auszuziehen.

Als Claudia durch eine Freundin eine kleine Einliegerwohnung vermittelt bekommt, beschließen sie und ihr Freund zusammenzuziehen. In letzter Minute müssen sie erfahren, dass sie die Wohnung nur bekommen können, wenn sie verheiratet sind. Wie nebenbei, ein bisschen verlegen, ein bisschen ironisch, beschließt man, diese Formalität hinter sich zu bringen. Claudia und ihr Freund heiraten.

Acht Jahre später: Claudia betreibt die Scheidung. Sie will jetzt raus aus der Ehe, wie sie damals aus dem elterlichen Milieu heraus wollte. Sie möchte jetzt endlich einmal ihr eigenes Leben leben, sie möchte endlich für sich sein, sich vor niemandem rechtfertigen müssen, und sie möchte auch nicht mehr die Vorzeige-Ehefrau sein für ihren Mann, der inzwischen Karriere in einem Computerkonzern gemacht hat.

Voraussetzungen für die Ehe

Welches sind die biografischen Voraussetzungen für ein Gelingen der Ehe? Und was sind ungünstige Voraussetzungen?

Von Notlagen oder ganz besonderen Umständen einmal abgesehen, sollte heute keiner mehr vom Elternhaus weg direkt in die Ehe gehen. Besonders Frauen sind immer noch in Gefahr, die Hülle des elterlichen Milieus, dem sie eigentlich entkommen wollten, einzutauschen gegen den goldenen Käfig einer zu früh geschlossenen Ehe.

Junge Menschen, besonders Frauen, sollten sich zunächst außerhalb des elterlichen Milieus selbst erlebt und erfahren haben. Sie sollten sich für einige Jahre selbst kennengelernt haben in den eigenen Grenzen und Stärken, den Schwächen und Fähigkeiten, ohne dass der Schutz des elterlichen Milieus die ersten Schritte ins Erwachsenenleben umfriedet. Sie sollten erfahren haben, inwieweit sie mit dem Allein-Sein zurechtkommen, sie sollten den Wechsel von Einsamkeit und partnerschaftlicher Geborgenheit erlebt haben und, vor allem, sie sollten zuerst eine Zeit lang experimentiert haben, bevor sie sich auf einen Lebenspartner festlegen. Experimentieren – das bedeutet auszuprobieren: Wie fühle ich mich als Einzelner, auf sich gestellter Mensch im Betrieb, in der Uni, im Restaurant, bei geschäftlichen Angelegenheiten? Mit welchen Menschen komme ich gut zurecht, mit welchen eigentlich nicht ? Welche Art von Wohnungseinrichtung passt eigentlich zu mir? ...

Es ist die Frage »Wer bin ich?«, die ja im vierten Jahrsiebt gar nicht endgültig beantwortet werden, im Alltag aber täglich konkrete Formen annehmen soll. Natürlich ändern sich die gefundenen Antworten in diesem Alter auch rasch wieder. Das ist sogar gut so, denn nur auf diese Weise wird die Frage »Wer bin ich?« in Bewegung gehalten. Eben diese so wesentliche Frage, mit der besonders ein junger Mensch jahrelang leben sollte, ist aber in Gefahr, vorschnell, einseitig und mit unziemlicher Endgültigkeit beantwortet zu werden, wenn man zu früh heiratet. Anstatt dass man sie als unabhängiger Mensch in Bewegung hält, begibt man sich in einer Zeit, die eigentlich den »Lehr- und Wanderjahren« vorbehalten sein sollte, in eine existenzielle Sesshaftigkeit und in gegenseitige Abhängigkeit. – So geschlossene Ehen zerbrechen mit großer Wahrscheinlichkeit an einem enormen, jahrelang aufgestauten Nach-Reifungsbedürfnis – besonders der Frauen.

Eine Frau sollte sich zuerst einmal aus einer ganz unabhängigen Position heraus selbst erlebt haben – im Beruf, in bestimmten Freizeitaktivitäten usw.; sie sollte der eigenen Mutter als Erwachsene, als autonome Person gegenübertreten können, bevor sie heiratet und Kinder bekommt.

Und sie sollte auch, ebenso wie der junge Mann, sich selbst mit verschiedenen Partnern erlebt haben, auch in sexueller Hinsicht. Man sollte schon ungefähr wissen, was man vom Zusammenleben erwarten darf und was nicht. Jeder Mensch, der heiratet, sollte erfahren haben, dass er auch ohne Ehe existieren kann, ganz auf sich gestellt.

So ergibt sich hieraus eine weitere Vorbedingung für eine gelingende Ehe: der freie Eheentschluss. Nur aus einer Position der biografischen Unabhängigkeit heraus, wie sie im vierten Jahrsiebt gelebt werden kann, sollte man in die Ehe eintreten. Der Eheentschluss ist unfrei, wenn man dadurch ein biografisches Problem zu lösen hofft, zum Beispiel die überlange Abhängigkeit von den Eltern. Selbst ein vielleicht noch nicht gewolltes Kind, das sich ankündigt, braucht den Eheentschluss nicht herbeizuzwingen. Wenn die Partner angesichts des Kindes zusammenleben wollen, so genügt das zunächst vollauf für das Sicherheitsbedürfnis der werdenden Mutter und des Kleinkindes. Gerade in einer solchen Situation käme es darauf an, die Ehefrage zurückzustellen und vielleicht ein paar Jahre später wieder aufzugreifen.

Wir dürfen damit rechnen, dass Kinder von der vorgeburtlichen Welt her ihre Eltern zusammenführen wollen. Das sollte man wach aufgreifen – und dann aber die so gestiftete Begegnung so frei wie möglich gestalten. Nach dem positiven Ergebnis des Schwangerschaftstests sofort zu heiraten, hat nichts mit freier Begegnungsgestaltung zu tun. Kinder wollen keine Ehen stiften, sondern stabile Begegnungen. Die Ehe, besonders auch die »Muss-Ehe« ist aber heute eine sehr instabile Form von Begegnung geworden.

Es sollte bei dem Entschluss zur Ehe also wirklich nur um den Partner gehen, um *diesen* Partner, und nicht um irgendwelche anderen Gesichtspunkte und Personen. Zurückstellung vom Wehrdienst, Erleichterung der Wohnungssuche, steuerliche Vorteile oder Trotz gegenüber einem früheren Partner – das alles sind keine legitimen Motive für eine Ehe.

Solche Gesichtspunkte legen es nahe, möglichst nicht den Ersten zu heiraten, zu dem man in Liebe entbrennt. Oder zumindest nicht sofort. Auch die Tatsache, dass sich zwei Menschen von Kindesbeinen an kennen und mögen, ist kein hinreichender Grund für eine Ehe. Hier wird das »schon immer« verwechselt mit dem »für immer«. Wenn man Kindheit oder Jugend in gemeinsamer Harmonie verbracht hat, dann ist das keine Garantie auf eine harmonische Zukunft. Gerade solche »Jugend-Ehen« sind sehr scheidungsgefährdet; in der Lebensmitte-Phase können sie regelrecht absterben an innerer Entleerung. Dass man einen Menschen liebt oder mit ihm schon lange vertraut ist, ist also noch kein Grund, ihn zu heiraten.

Es ist auch zu hoffen, dass man sich von dem Gedanken befreien kann, dass man meint, es gäbe nur *einen* richtigen Partner fürs Leben, nur den einen. Es ist nämlich eher wahrscheinlich, dass es mehrere Richtige gibt und vielleicht noch ein paar Richtigere. Aber die Richtigeren lernt man erst kennen, wenn man die Richtigen erst einmal liebevoll kennengelernt und liebevoll hat wieder ziehen lassen.

Es ist auch wenig empfehlenswert, mit einem Erziehungsimpuls in die Ehe zu gehen. Frau N. hat einen Mann kennen- und liebengelernt, der sehr liebevoll mit den beiden Kindern aus ihrer ersten Ehe umgeht. Außer wenn er trinkt. Fast in rhythmischen Abständen muss er alle paar Wochen einen Zug durch die Kneipen machen, betrinkt sich stark und anhaltend und kommt dann nach zwei Tagen völlig ausgelaugt, noch betrunken und gereizt nach Hause. – Wenn er nicht trinkt, ist er sehr fürsorglich und verantwortungsvoll, kümmert sich um alles, was im Haushalt ansteht, repariert den Roller des kleinen Sohnes, fährt die Tochter zum Reiten usw. – Er schlägt öfter vor, dass man doch heiraten solle. Nach zwei Jahren geht Frau N. darauf ein. Sie sagt sich, wenn er die Sicherheit der Ehe hat, dann kann er auf den Alkohol verzichten. »Durch meine Liebe wird er sich ändern«, sagt sie einmal zu einer Freundin.

Tatsächlich treten die alkoholischen Phasen nach der Eheschließung seltener auf. Als aber ein gemeinsames Kind geboren wird, geht Herr Z. am selben Abend in die Bierschwemme und lässt daraus schnell wieder eine Gewohnheit entstehen. – Ja, durch ihre Liebe konnte er sich ändern. Er hat die eine Abhängigkeit gegen die andere eingetauscht. Statt vom Alkohol abhängig zu sein, wurde er abhängig von ihrer Liebe und Fürsorge. Nun musste er diese Liebe und Fürsorge notgedrungen mit dem gemeinsamen Kind teilen, und sofort wechselt er zurück in die frühere Abhängigkeit.

Nun gibt es viele sehr starke, befriedigende und trotz Konflikten gut gelingende Ehen, die unter solch ungünstigen biografischen Bedingungen angetreten wurden, wie sie hier genannt wurden. Es sind dies Ehen, die von vornherein mit großer Bewusstheit und *in fragender Haltung* geführt werden. Das wiegt die ungünstigen Ausgangsbedingungen auf.

Denn dies ist die günstigste Bedingung für das Gelingen einer Ehe: dass man von vornherein die Frage bewegt: »Was ist eigentlich die Ehe?« und dass man diese Frage wachhält das ganze gemeinsame Leben lang. Kein Mensch kann wissen, was auf ihn zukommt, wenn er heiratet. Auch die mancherorts beliebten Ehe-Vorschulen können das nicht ändern. Man braucht auch keine Ehe-Vorschule, wenn man die Ehe selbst zeitlebens als einen Lernvorgang, eine ständige Herausforderung auffassen kann. Die ständig wache Frage nach dem Wesen der Ehe wird vielleicht keine endgültigen Antworten bringen, aber ständig neue Fragen. Und so möchte man jedem Frischvermählten eine fragende, verantwortlich experimentierende Haltung für seine Ehe wünschen.

Fragen zum Thema

Frage: Sind frühe Ehen immer zum Scheitern verurteilt?

Antwort: Nein. Aber man möchte jungen Erwachsenen Lebensumstände wünschen, die es ermöglichen, frühestens am Ende des vierten Jahrsiebts zu heiraten. Je länger die Autonomie der Partner vor der Ehe aufgebaut wurde, umso reifer kann die Partnerschaft werden. Es ist keine Gesetzmäßigkeit, aber eine Möglichkeit: dass in früh geschlossene Ehen ungelebte, unerfüllte Sehnsüchte aus der eigenen Kindheit eingebracht werden. Der Ehemann soll der bessere Vater sein; die Ehefrau soll mich wichtiger nehmen, als meine Mutter mich genommen hat.

Solche ungesunden Erwartungen sollten ins Bewusstsein gehoben werden, sonst werden sie der Durchführung einer reifen Ehe sehr hinderlich. Die gegenseitige innere Freiheit in der Ehe ist größer, wenn man solchen Erwartungen seiner selbst schon einmal in anderen Beziehungen begegnet ist.

Früh geschlossene Ehen sind nicht zum Scheitern verurteilt, sie haben aber eine besondere Aufgabe: sich mit dem Partner zusammen in die Position des Erwachsenen hineinzuentwickeln. Und sie haben eine besondere Gefahr: mit dem Partner zusammen in einer unerwachsenen Haltung zu verbleiben.

Ehe heute – ein Übungsfeld

Gemeinsame Fahrt aufs offene Meer

Wenn es gut geht, ist die Ehe eine das ganze Leben dauernde gemeinsame Reise.

Wenn früher jemand geheiratet hat, pflegte man zu sagen: »Er ist in den Hafen der Ehe eingelaufen.« Und dabei hatte man das Bild eines eher ziellos herumtreibenden Schiffes vor Augen, das nun im sicheren Hafen angekommen, zur Ruhe gekommen ist. Und es gehörte zu diesem Bild, die Ehe als eine nunmehr erreichte Lebensform zu betrachten, die eben nun zu verwirklichen sei. Man sah Ehe als einen Zustand, eine Einrichtung, die, einmal eingerichtet, eben so war, wie sie war.

Heute, da mehr als jede dritte Ehe wieder geschieden wird, sollten wir, anstatt den Mangel an Durchhaltevermögen zu beklagen, vielmehr überlegen, wie wir eine Ehe eigentlich noch führen können, damit sie in Einklang gebracht werden kann mit dem heute so starken Bedürfnis nach individueller Entwicklung.

Dazu greifen wir das Bild vom Hafen noch einmal auf. Zwei Menschen sind in einem Hafen zusammengekommen, haben zusammengefunden und beschließen nun, von hier aus, mit dem, was sie haben, und angesichts dessen, was sie beim anderen erleben, eine das ganze Leben lang dauernde gemeinsame Reise anzutreten. Es ist keine Urlaubsreise, sondern eine Suchreise. Sie kennen ihr Ziel nicht, wissen nicht, wo es liegt, und wissen nicht einmal, worin es besteht. Und sie sind noch nie auf einem Schiff hinausgefahren aufs Meer. Zwar haben die meisten sich schon in kleinen, überschaubaren Gewässern bewegt. Aber die Fahrt aufs offene Meer hinaus – da weiß keiner, was auf ihn zukommt. Und das Merkwürdige ist: Die vielen, die von hier aus schon hinausgefahren sind, sind jetzt irgendwo weit draußen auf dem Wasser, unterschiedlich nahe ihrem Ziel – manche haben Schiffbruch erlitten –, so ist keiner da, der den Reiselustigen sagen könnte, was sie erwartet. Zwar kann man die Reise abbrechen, einige brechen dann von einem anderen Hafen noch einmal auf. Aber zurück kommt keiner.

So haben wir in diesem Bild des Hafens einen ersten Hinweis darauf, was Ehe heute sein kann: eine gemeinsame Fahrt aufs offene Meer hinaus. Ehe ist möglich, wenn sie von beiden Partnern in dieser ständigen Bewegung gewollt wird: als eine ständige gemeinsame Entwicklung. Wenn nur einer der beiden oder auch beide die Ehe als sozusagen vertragliche Festschreibung eines glücklichen Verliebtheitszustandes betrachten, dann wird sie wahrscheinlich nur wenige Jahre dauern können. Oder es besteht Uneinigkeit über diesen Wegcharakter. Dann kommen zur Eheberatung einesteils Männer, die sich darüber beklagen, dass ihre Frauen sich verändert haben, und andernteils Frauen, die sich darüber beklagen, dass ihre Männer sich nicht verändert haben.

Ehe ist eine sehr zukünftige Lebensform, wenn sie als lebendiges Wesen verstanden wird, das sich immer wieder wandelt und weiterentwickelt. Es ist dann eine Lebensform, die sich an den beiden Partnern entwickelt, und zugleich eine Lebensform, an der sich die beiden Partner entwickeln. Ehe kann durchaus auf die Dauer tragen, wenn sie eine *Entwicklungsgemeinschaft* ist.

Reiseregeln

Für die gemeinsame Fahrt ins offene Meer, hinaus ins Unbekannte, möchte man ein paar Regeln oder Vorschläge mitgeben, damit die Reise ein erfüllter Weg wird:

1. Man darf das Schiff nicht überladen. Die Ehepartner sind nicht nur Ehepartner. Die Ehe kann nicht sämtliche Seiten eines Menschen

ansprechen oder gar erfüllen. Und der Ehepartner sollte nicht als Erfüllungsgehilfe gesehen werden für alle unsere Erwartungen, unsere unerfüllten Sehnsüchte und heimlichen Hoffnungen. Er ist auch nicht der automatische Tröster, wenn wir Pech hatten, und es besteht auch kein Anspruch darauf, dass er alles verzeiht, was unsere Schwäche ist. Kurz, der Ehepartner ist nicht die ideale Verlängerung meines Selbst. Sondern er ist ein anderer. Ich kann ihm (ihr) nicht alles sein, und er (sie) kann mir nicht alles sein.

Auf manche Bedürfnisbefriedigung, auf manche Hoffnungserfüllung muss ich entweder verzichten oder ich suche sie außerhalb der Ehe, wenn das mit dem Eheideal vereinbar ist. Zwischendrin nach draußen zu gehen, entkrampft die Ehe sehr – wenn es in gegenseitiger Absprache und Rücksicht geschieht. Egal, ob es um Hobbys geht, um berufliche oder außerberufliche Interessen: Man muss nicht alles mit dem Ehepartner zusammen machen.

2. Dies führt zur zweiten Reiseregel: Alles, was auf der großen Fahrt geschieht, muss von beiden in Freiheit vereinbart sein. Das gilt für die tägliche Festlegung der Reiseroute ebenso wie für die Ausstattung des gemeinsamen Schiffes. Sobald einer irgendeine Art von Zwang oder moralischem Druck ausübt (»Wenn du mich liebst, dann gehst du heute abend nicht zum Kegeln«) oder gar physischen Zwang, fährt das Schiff starr geradeaus und zerschellt irgendwann, weil es sich nicht flexibel auf Wind, Wetter und Klippen einstellen kann.

3. Um diese Grundregel der ständigen freien Vereinbarung leben zu können, bedarf es einer immer wieder erneuerten Wahrnehmung des Partners. Gehen wir doch davon aus, dass er heute nicht unbedingt so sein muss, wie er gestern war. Es steckt immer noch etwas anderes in ihm. Wenn ich im anderen nicht nur liebe, was er ist, sondern liebe, was in ihm steckt, dann wird er immer auf der Höhe seiner Möglichkeiten sein.

Dann ist er frei, frei davon, dass ich ihn kenne. Und nur dann ist ein freies Vereinbaren möglich.

4. Aus der Vergangenheit können keine Ansprüche für die Gegenwart oder die Zukunft abgeleitet werden, und ich habe keinen An-

spruch auf Dauerliebe. Man findet oft eine Haltung, die man vielleicht so beschreiben könnte: Mein Ehepartner muss mich lieben oder zumindest annehmen, auch wenn ich mich gehen lasse. Also kann ich mich ja gehen lassen. Gerade dieser Anspruch tötet das, was man beansprucht.

Aber auch ohne diese herausfordernde Haltung ist es oft so, dass die Liebe nach einigen Ehejahren nachlässt – der Alltag kann so zermürbend sein, die Enttäuschungen können so groß und die Gewohnheiten so mächtig sein – da hat es keinen Sinn, auf die früher empfangene Liebe zu pochen. Vielmehr müssen sich auch Ehepartner ändern dürfen, und auch die Art ihrer Beziehung muss sich ändern dürfen. Wenn nicht, kann der Entwicklungsdruck jedes Einzelnen die Ehe sprengen.

So geht es hier um *die* Eheübung überhaupt: dass jeder der beiden versuche, in sich das Urbild des anderen Partners aufleuchten zu lassen. Sein Urbild – das ist das, was in ihm steckt an fruchtbaren Möglichkeiten, an positiven Kräften, das ist das, was in Sternstunden aufleuchtet. Dass ich dieses Urbild von ihm (ihr) immer wieder vor meinem inneren Auge aufrufen kann, das erzeugt immer mehr Wärme und Liebe in mir. So wächst die Liebe, statt dass sie abnimmt. Und dieses Urbild vom Partner, das trägt das Eheschiff auch über Untiefen hinweg und durch Stürme hindurch.

5. Für die Suche nach diesem Urbild gibt es folgende Regel: Wir finden es eher, wenn wir nicht ständig räumlich und physisch zusammen sind. Die täglichen gemeinsamen Gewohnheiten können geradezu einen Schleier vor das Urbild des anderen legen. Es ist eine Gefahr für die Ehe, sich im Vollzug gemeinsamer Gewohnheiten zu erschöpfen, die sich vor Jahren gebildet haben, als wir noch auf einer anderen Wandlungsstufe, in einer anderen Lebensphase waren. Diese Gefahr kann deshalb so groß werden, weil anfangs die Bildung gemeinsamer Gewohnheiten etwas sehr Schönes ist: Es gibt Sicherheit, und ein Nestgefühl entsteht. Aber nach ein paar Jahren gemeinsamer Fahrt muss etwas anderes hinzukommen: dass man sich zwischenzeitlich auch einmal distanziert von den wohligen gemeinsamen Ge-

wohnheiten – zum Beispiel einmal wieder allein etwas unternimmt; oder das Eheleben nur mal für ein Wochenende in ein Hotel einer anderen Stadt verlegt; oder die Gewohnheiten etwas in Bewegung bringt, indem man mal Freunde für ein paar Tage einlädt – am besten Freunde mit Kindern, das bringt alles so schön durcheinander; oder einzelne Gewohnheiten durch gemeinsamen Beschluss ändert: ab heute übernehme ich das Sonntagsfrühstück; oder statt zum elften Mal in die Bretagne in Urlaub zu fahren, könnten wir ja mal nach Norwegen. Und was spricht dagegen, nach zehn Ehejahren nach neuen gemeinsamen Freunden zu suchen? All dies schafft ein wenig Distanz zum gemeinsamen Alltag und bringt viel frischen Wind für die Fortsetzung der gemeinsamen Fahrt.

Man muss sich auch nicht fürchten, wenn ein Ehepartner nach acht Ehejahren mit der Idee herausrückt, er würde gern einmal allein in Urlaub fahren. Jedes menschliche Zusammenleben auf engem Raum ruft *auch* Antipathiekräfte hervor. Diese sollen als vorübergehende Distanzierung gelebt werden, so wie die Sympathiekräfte als Nähe gelebt werden. Diese Antipathiekräfte entstehen, weil das Zusammenleben auf jeden Fall auch einengt. Die anfangs kuscheligen gemeinsamen Gewohnheiten können mit den Jahren als Fesseln erlebt werden. So sollen diese Antipathiekräfte aufgegriffen und angenommen werden und in vorübergehende räumliche Distanzierung umgesetzt werden – ein Wochenende, ein Urlaub vielleicht. Sie wachsen sich nicht zu bedrohlichem Unmut über das Zusammenleben oder über den Partner aus. Man braucht sie auch gar nicht persönlich zu nehmen, braucht die Antipathiekräfte des Partners nicht auf sich selbst zu beziehen. Erst wenn diese Antipathiekräfte jahrelang unterdrückt werden, kann die Atmosphäre sich vergiften und persönliche Antipathie entstehen.

Es ist nur scheinbar ein Paradox: Eine vorübergehende Distanzierung führt auf neuer Stufe zusammen. In bestimmten ernsten Ehekrisen kann man sogar ein zeitlich begrenztes getrenntes Wohnen empfehlen. Die Chance ist groß, dass die Partner gerade dadurch wieder Zugang zum Urbild des anderen finden.

6. Das Gegengewicht zur Distanzierung gehört natürlich auch dazu, und das ist dasjenige, was man landläufig ausschließlich unter Ehe versteht: Die Passagiere auf dem Eheschiff sollten ihre Gemeinsamkeiten und ihr Zusammensein genauso pflegen, wie sie ihre Verschiedenheiten und ihr zeitweiliges Für-sich-Sein pflegen sollen. Besonders wenn einer der Partner oder beide beruflich oder ehrenamtlich stark beansprucht sind, muss die Zweisamkeit bewusst gepflegt und manchmal auch organisiert werden. Ein Abend in der Woche muss der Ehe gehören – dem Austausch über gemeinsam und einzeln Erlebtes, dem Abstimmen anstehender Aktivitäten, dem Planen von längerfristigen Zielen. – Und natürlich ist der gemeinsame Urlaub ebenso wichtig wie der getrennt durchgeführte. Die Pflege gemeinsamer Interessen und Ziele schafft tragfähige Grundlagen.

7. Allenfalls auftretende Eheprobleme und -krisen sollten immer als *gemeinsame* betrachtet werden, nicht als Versagen eines Einzelnen. So kann ein Eheproblem in einen gemeinsamen Entwicklungsschritt verwandelt werden. Nicht »Du bist schuld«, sondern »Lass uns zusammen anpacken«. Der kooperative Geist führt die Eheleute gerade in der Krise wieder zueinander.

Zum Schluss mag man fragen: Was ist eigentlich das Ziel dieser gemeinsamen Fahrt ins Unbekannte? – Dazu sollen unter dem Stichwort »Der überindividuelle Aspekt der Ehe« einige in Betracht kommende Gesichtspunkte entfaltet werden.*

* Zum Weiterlesen: Sonderheft Nr. 1 der *Flensburger Hefte* über Partnerschaft und Ehe; W. Gädeke, *Ehe*.

Der überpersönliche Aspekt der Ehe

Das eigentliche Motiv

Ist es nicht erstaunlich, angesichts der hohen Zahl von Scheidungen, dass der Wille zur Ehe völlig ungebrochen ist? Rein statistisch gesehen haben wir im Verhältnis zur heiratsfähigen Bevölkerungszahl keine Abnahme der Eheschließungen, obwohl eine enorme Zunahme der Scheidungen zu verzeichnen ist (Tendenz steigend; Trennungen von Ehepartner ohne Scheidung sind gar nicht mitgerechnet). Natürlich wissen die jungen Erwachsenen, die heiraten, dass heutzutage jede dritte Ehe wieder geschieden wird, und dass die anderen nicht pausenlos glücklich sind, wissen sie auch. Trotzdem heiratet man unbeirrt.

Wenn wir dies nun einfach als Tatsache nehmen, können wir empfinden, dass sich darin eine Hoffnung ausdrückt. Offenbar kann der objektiv feststellbare, von jedem in der Nachbarschaft, im Freundes- und Verwandtenkreis zu beobachtende Sachverhalt der häufigen Scheidungen das Motiv, aus dem heraus man heiratet, nicht beeinflussen. Daraus können wir nun schließen, dass der Impuls zur Ehe nicht tangierbar ist durch die persönlich-privaten Motive, die zu einer Scheidung führen. Trennungsmotive sind psychologisch darstellbar, der Impuls zur Ehe aber scheint von einer anderen Ebene zu kommen, er hat den Charakter eines *Ideals*.

Das Wesentliche der Ehe muss in einem überpersönlichen Element zu suchen sein, das allen anderen Gemeinschaftsformen, die zwischen Mann und Frau möglich sind, nicht zuzukommen scheint.

Vergleichen wir, möglichst wertfrei, die Ehe mit der formell nicht besiegelten Partnerschaft. Da finden wir sofort einen entscheidenden Unterschied. Die Ehe steht unter einer Besiegelung, die nicht von den Beteiligten selbst kommt. Ihre Verbindlichkeit liegt nicht primär in dem gegenseitigen persönlichen Versprechen, einander verantwortungsvoll zu begleiten – das gibt es auch in längerfristigen Partnerschaften. Sie rührt vielmehr daher, dass sie vor und von einer Instanz besiegelt wird, die eine überpersönliche Ebene vertritt – vor dem Priester, der die Kirche vertritt; vor dem Standesbeamten, der den Staat vertritt; vor dem Stammesfürsten, der die Traditionen des Stammes vertritt. – Hört man genau auf die verschiedenen Traurituale und Verheiratungsformeln, wie sie traditionell von Behörden und Kirchen verwendet werden, so zeigt sich ganz deutlich, dass sich die Heiratswilligen innerhalb des Traurituals nicht *gegenseitig* die Verbindlichkeit der Ehe versprechen. Sie versprechen diese vielmehr einer überpersönlichen Instanz.

Damit ist im Verheiratungsvorgang das eigentliche Motiv zur Ehe angesprochen und bekräftigt. Letztlich heiratet man nicht, weil man damit für sich etwas will, sondern weil es ein Ideal männlich-weiblicher Gemeinsamkeit gibt, dessen Erfüllung anzustreben eine außerhalb der Beteiligten liegende Aufgabe ist. Natürlich kommen hier die persönlich-privaten Motive hinzu und stehen bewusstseinsmäßig auch meist im Vordergrund. Sie können aber nicht die ausschlaggebenden sein, denn es sind dieselben, die später in Trennungsmotive umschlagen können. Viele Menschen wollen auch heiraten, längst bevor sie einen konkreten Partner haben. Daraus wird deutlich, dass das Wesentliche ein überpersönliches Motiv sein muss. Dieses Überpersönliche macht die Ehe zum Gefäß zweier Biografien; Partnerschaft ist dagegen Teil zweier Biografien. Partnerschaft bleibt im Persönlichen; Ehe versucht, einen überpersönlichen Auftrag anzunehmen.

Natürlich gibt es auch Gemeinsamkeiten zwischen Partnerschaft und Ehe, allein schon deshalb, weil jede Ehe auch Partnerschaft ist. Und auch in der Partnerschaft gibt es einen überpersönlichen, den einzelnen Beteiligten überschreitenden Aspekt. Das ist die Liebe zum anderen, der ein anderer, eigener, er selbst ist. Eine im Persönlichen – man darf hier auch sagen: im Egoistischen – verbleibende Liebe wäre eine solche, in der man den anderen liebt, weil er mir (scheinbar) so ähnlich ist. Die Umgangssprache hat hierfür den Ausdruck »Beziehung« geprägt. Die Beziehung ist eine Sozialform zwischen Mann und Frau, in der jeder beim anderen den Gleichklang mit den eigenen Empfindungen und Ansichten sucht. Diese Form scheint nicht von Dauer sein zu können, wenn nicht dasjenige hinzukommt, was dann die verantwortungsvolle Partnerschaft ausmacht: die Liebe zur Entwicklung des anderen, zu seinem eigenen Weg.

In welche Richtung haben wir nun zu suchen, wenn wir fragen, worum es beim Eheideal inhaltlich eigentlich geht? Offensichtlich geht es nicht um den Einzelnen, es geht auch nicht um den Partner und auch nicht um die Festschreibung der Sympathie zwischen beiden. Man kann den Eindruck haben, dass durch das mittels eines Eheversprechens besiegelte Zusammenleben zwischen zwei Partnern ein Drittes entstehen oder geschaffen werden soll. Dieses Dritte muss offenbar übergeschlechtlich sein oder geschlechtslos. Die Ehe scheint das Paradox zu sein, dass aus der verlässlichen Verbindung einer Frau und eines Mannes etwas übergeschlechtliches Drittes entsteht. Das kann nur der dichte »Leib« aus gemeinsamen Gewohnheiten, gemeinsamen Erinnerungen, gemeinsamen Plänen und Zukunftsentwürfen, gemeinsamem Denken und gemeinsamen Alltagsrhythmen sein. Was zwischen uns entsteht, wenn wir liebend und verbindlich den Alltag gemeinsam bestreiten, muss so wichtig sein, dass es die Bedeutung der individuellen biografischen Entwicklung übersteigt. Denn diese wird durch die Ehe – und nur durch diese in den Dienst der Bildung eines solchen gemeinsamen »Lebensleibes« gestellt.

Während die Partnerschaft ein sehr legitimer Versuch ist, das Zusammenleben in die persönliche Entwicklung einzugliedern, geht es bei der Ehe um das Gegenteil: dass ich meine persönliche Entwicklung hineinstelle in die Bildung einer Leiblichkeit aus gemeinsamen Lebensvollzügen – aus Lebensvollzügen, die immer neue Transzendierungen dessen sind, was der Einzelne als Mann oder als Frau tun würde, wenn er/sie allein wäre. Alles was in der Ehe getan wird, wird im Bewusstsein der Ehe getan.

Ahnend empfinden wir die Zukünftigkeit dieser Aufgabe: Da wird eine Menschheit vorbereitet, die das Männliche und das Weibliche verbinden und den Gegensatz überwinden kann. Es ist, als ob wir eine Matrix zu schaffen hätten, an die eine spätere Menschheit anknüpfen kann, die nicht mehr in männlich und weiblich zerfällt. So ist Ehe ganz auf Zukunft angelegt.

Fragen zum Thema

Frage: Was kann man unter dem überpersönlichen Aspekt der Ehe über Trennung sagen?

Antwort: Der überpersönliche Auftrag der Ehe ist ein spiritueller Aspekt. Es geht dabei um die geistige Vorbereitung späterer Stufen und Formen der Menschheit. Dieser spirituelle Aspekt muss hinzugenommen werden, wenn man nach dem Wesen der Ehe fragt.

Andererseits leben in einer Ehe – und eben auch in einer Trennung – auch ganz unspirituelle Gesichtspunkte. Diese können nicht einfach unwichtig sein.

Wenn ein Ehemann seit zehn Jahren die persönliche berufliche Weiterentwicklung seiner Frau mit allen Mitteln hintertreibt, dann führt es zum Schlimmsten, wenn man hier jetzt den überpersönlichen Aspekt durchdrücken wollte: Ihr dürft – und könnt – euch nicht trennen, weil ihr eine Menschheitsaufgabe habt. Die Menschheitsaufgabe der Ehe wird nicht durch das reine Zusammenleben erfüllt.

Dass man aus dem überpersönlichen Aspekt nicht einfach ein Trennungsverbot herleiten kann, ergibt sich auch aus Folgendem:

Nehmen wir an, zwei Menschen heiraten mit 60 Jahren, führen eine gute Ehe und sterben mit 65. Trifft es jetzt die Sache, zu sagen: Der überpersönliche Auftrag wurde nur fünf Jahre lang erfüllt?

Zwei andere Menschen sind seit dreißig Jahren verheiratet; sie haben sich schon lange nichts mehr zu sagen; er hat eine Freundin; sie hasst ihn nur noch ... Trifft es die Sache, zu sagen: Der überpersönliche Auftrag wurde immerhin dreißig Jahre lang erfüllt?

Man spürt sofort: Es kommt wohl weniger auf die Dauer des ehelichen Zusammenlebens an als vielmehr auf die Qualität. Freiwilligkeit, Achtung vor der Autonomie des Ehepartners und die Bewusstheit der Eheführung sind grundlegender als das Abhaken von Kalenderjahren.

Einfach durchhalten, das reicht nicht mehr. Ehe muss heute gemeinsam gestaltet werden. Solange die Eheleute das tun, arbeiten sie an dem geschilderten überpersönlichen Auftrag. Wenn das Leben nur noch ein Erdulden ist oder ein Nebeneinanderher, dann ist Trennung das Ehrlichere. Man kann vermuten, dass die Rückgabe des Auftrags weniger schädlich ist als seine oberflächliche Erfüllung.

Frage: Haben Singles auch eine überpersönliche Aufgabe, ähnlich wie Eheleute?

Antwort: Singles, so können wir empfinden, haben eine ganz andere, eigentlich noch schwierigere, noch zukünftigere Aufgabe als Eheleute: Sie müssen aus dem individuellen Ich heraus, aus dem Individuum-Sein heraus, in das Feld des Sozialen kommen. Der Single lebt nur scheinbar für sich. Und er ist nur scheinbar »egoistisch«, auch wenn er ganz nach eigener Lust und Laune leben kann und auf einen Partner im Alltag keine Rücksicht zu nehmen braucht. Tatsächlich bereitet er etwas anderes vor als Eheleute: die Gemeinschaft der freien Iche.

Das Single-Dasein birgt natürlich die Gefahr, selbstbezogen zu werden. Eben deswegen scheint es berechtigt, die Aufgabe dieser Lebensform genau im Gegenteil zu sehen. Sie dürfte darin liegen, in erster Linie nicht aus dem Gefühl oder aus der Sympathie heraus zur Gemeinschaft mit anderen Menschen zu finden, sondern aus dem Ich, aus dem Eigensein, Für-sich-Sein und Anderssein. Der Single entwickelt relativ ungestört sein Ich; seine Individualität von da aus zur Gemeinschaft vorzustoßen, erfordert eine ganz andere Kraft und Bewusstheit als etwa bei Eheleuten, deren seelisch-geistige Verbundenheit sich aus dem täglichen gemeinsamen Alltag ergibt.

So hat jede Biografie, jede Lebenssituation immer auch ihren überindividuellen Sinn, steht immer auch in einem das einzelne Leben weit übergreifenden Gesamtzusammenhang.

Was müssen wir heute als Ehebruch verstehen?

Die Ehe verliert ihre Geschlossenheit

Es empfiehlt sich, das Thema Ehebruch mit einer gewissen Ruhe anzugehen. Nur wenige Themen können heute noch eine so heftige moralische Entrüstung hervorrufen. So kann aber klare Urteilskraft nicht zutage treten. Natürlich hat das Phänomen Ehebruch auch eine moralische Seite. Ehebruch *geschieht* aber, und zwar ständig, obwohl er nach unseren moralischen Grundsätzen gar nicht geschehen dürfte. Und er geschieht auch da, wo die moralische Entrüstung gleich zur Stelle ist.

Als die Ehebrecherin vor Christus geführt wird (Joh. 8, 1–11), schreibt er mit dem Finger in die Erde. Anstatt sich moralisch zu entrüsten oder sie zu bestrafen, stellt er die Angelegenheit in die Urteilskraft der Entrüster. »Wer von euch ohne Sünde ist, der werfe den ersten Stein auf sie.« Und dann schreibt er wieder mit dem Finger in die Erde. – Christus reagiert also auf zwei Ebenen. Ehebruch ist auch für ihn ganz klar etwas, das für das Wesen der Erde Konsequenzen hat. Die Tat ist der Erde eingeschrieben. Auf der menschlichen Ebene aber lässt er die Entrüster ins Leere laufen und weist ihnen den Weg zum Verzicht auf eine Verurteilung.

Das Wort Ehebruch besagt, dass da zuerst ein Ganzes, in sich Geschlossenes bestanden hat, das nun aufgebrochen, zerbrochen ist. Nehmen wir es zunächst so wörtlich, dann überrascht es eher, dass in der gängigen Anschauung nur ein ganz spezieller Fall des Aufbrechens der ehelichen Geschlossenheit gemeint ist: der intime Kontakt zu einer dritten Person. Es gilt als Ehebruch, wenn ein verheirateter Mann mit einer anderen Frau eine intime Begegnung hat. Und es gilt zum Beispiel auch als Ehebruch, wenn ein Mann um den reinen Sex ins Bordell geht, auch wenn er seine Frau liebt, ihr seelisch treu ist und fraglos immer mit ihr zusammenbleiben will.

Aber schon werden wir stutzig. Denn was ist mit dem anderen Fall: Ein Mann, ebenfalls seiner Frau treu, der selbstverständlich auch mit ihr zusammenbleiben will, vergewaltigt sie, tut ihr Gewalt an, um zu seiner sexuellen Befriedigung zu kommen. Dies gilt uns nicht als Ehebruch. Warum nicht? Und warum soll Ehebruch eigentlich gebunden sein an sexuelle Kontakte außerhalb der Ehe? Warum gilt es nicht als Ehebruch, wenn ein Mann seine Frau schlägt? Warum gilt es nicht als Ehebruch, wenn eine Frau ihren Mann verachtet und vor anderen verhöhnt? Warum gelten jahrelange Unterdrückung in der Ehe, jahrelange existenzielle Einschränkung und Bedrohung des Lebens einer Frau durch ihren Mann nicht als Ehebruch? Bleibt die Ehe also »gut«, bleibt sie heil, wenn ein Mann seine Frau schlägt oder vergewaltigt?

Und wo fängt der klassische Ehebruch an? Schon wenn man sich verliebt oder wenn man den ersten intimen Kontakt hat?

Um in der Biografiearbeit sinnvoll mit dem Ereignis des Ehebruchs umgehen zu können, brauchen wir einen grundsätzlichen Begriff davon. Dafür lehnen wir uns an das Wort selbst an: Ehebruch liegt demnach vor, *wenn die Ehe ihre Geschlossenheit verliert*. Diese Geschlossenheit besteht darin, dass zwei Menschen sich gegenseitig in ihrem Bewusstsein auf die Existenz und auf das Urbild des anderen beziehen, wie sie es einmal vor Gott und den Menschen bezeugt haben. Wo dieses Aufeinander-Bezogensein durchbrochen wird, da liegt Ehebruch vor; da, wo ich den Ehepartner aus meinem liebenden Bewusstsein verliere.

Die Geschlossenheit des Ringes bricht – das meint dann auch den Fall, dass der Mann eine Geliebte hat. Aber es meint auch den Fall, wo der Mann die Frau schlägt oder vergewaltigt – denn das kann nur geschehen, wenn er sie als Mensch mit einem eigenen Bewusstsein aus seinem Bewusstsein verloren hat.

Die Geschlossenheit des Ringes bricht – dies schließt auch ein, dass außerehelicher Sex institutionalisiert wird. Die sogenannte »offene Ehe« ist ein viereckiger Kreis. Sie ist ein systematischer Ehebruch, weil sie laufend die Geschlossenheit der Ehe aufbricht.

Die Geschlossenheit des Ringes bricht – das schließt auch den kleinen Seitensprung aus Rache ein. Wo man dem Partner mit einem Seitensprung eins auswischen will, da ist die Ehe schon zerbrochen – aus Verachtung.

So verstanden gibt es also auch den Ehebruch innerhalb der Ehe. Einige Beispiele wurden angeführt, wir können auch banalere Situationen anschauen: Ein Mann, seiner Frau stets treu, verliert sich immer mehr in seine Hobbys. Er verbringt Abende und Wochenenden auf dem Dachboden mit, sagen wir, immer neuen Computersystemen. Er hat für nichts anderes mehr Augen und Ohren; er bekommt nicht mehr mit, wie es seiner Frau geht, welche Gedanken, welche Sorgen sie bewegen. Er verliert sie aus seinem Bewusstsein.

Seine Frau, die zunächst immer wieder versucht hat, das Eheleben wiederherzustellen, verliert zunehmend ihren Mut. In dieser Situation verliebt sie sich in einen Kollegen und es kommt zu intimen Begegnungen. Wer hat nun die Ehe gebrochen?

Bei jenem Ehebruch, der Kreuzungspunkt von *drei* Biografien ist, wird der sexuelle Aspekt in der öffentlichen Diskussion zu stark, der Bewusstseinsaspekt zu wenig gewürdigt. Im Ehebruch geht es um Grundsätzlicheres als um einen sexuellen Seitensprung. Das scheint auch das Neue Testament so zu sehen: Hören wir genau, wie hier Ehebruch definiert wird. »Wer eine Frau begehrend ansieht, der hat mit ihr die Ehe gebrochen in seinem Herzen« (Matth. im 5. Kapitel).

Zunächst: Es heißt »eine« Frau, von einer *anderen* Frau steht da nichts. Ehebruch ist also mit jeder Frau möglich, sofern man sie begehrend ansieht, *auch mit der eigenen*. Dann: »begehrend anschauen« – das scheint auf den Bewusstseinsaspekt abzuheben. Man kann eine Frau nur begehrend anschauen, sie also sexuell besitzen wollen, wenn man sie als Objekt betrachtet. Solange man sie als Wesen mit eigenem Bewusstsein und eigenem Urbild sieht, kann man sie nicht besitzen, sondern nur in Freiheit mit ihr zusammenkommen wollen. Und schließlich: »in seinem Herzen« – in seinem auf den anderen bezogenen liebenden Bewusstsein bricht etwas.

So sehen wir, wie die gängige Definition Ehebruch – das heißt sexueller Kontakt außerhalb der Ehe – wesentlich zu kurz greift.

Fragen zum Thema

Frage: Welche Bedeutung hat der sexuell motivierte Seitensprung in Zusammenhang mit der Frage des Ehebruchs?

Antwort: Diese Frage erreicht vor allem dann eine gewisse Vielschichtigkeit, wenn der Seitensprung mit Wissen und Einverständnis des Ehepartners geschieht.

Vielleicht darf man es so sehen: Wenn der Ehepartner aus seiner Liebe heraus, aus Toleranz, aus Achtung vor der Freiheit des anderen diesem die Möglichkeit zu einem Seitensprung zugesteht, so mag der Ring der Ehe durch dieses Zugeständnis eine Art Erweiterung erfahren. Der tolerierende Partner sagt ja: Ich betrachte es als mit unserem ehelichen Leben vereinbar, ich betrachte es als mit meiner Liebe zu dir und mit deiner Liebe zu mir vereinbar, dass du dich körperlich mit einem anderen Menschen austauschst. Wenn die Voraussetzungen so sind, bricht der Ring der Ehe vielleicht nicht.

Aber wie weitgehend hat man sich hier in der Hand? Wo ist die Grenze? Weiß man genau, wann aus dem körperlichen Austausch eine neue Liebe zu erwachen anfängt, und kann man genau in diesem Moment aufhören?

Es dürfte auf jeden Fall hier alles auf das Bewusstsein der drei beteiligten Personen ankommen, Heimlichkeiten und Unehrlichkeiten zehren an der Substanz der Ehe. Jede Offenheit und jeder gemeinsame Bewusstseinsschritt hingegen stärken sie.

Und doch: Sind wir schon so weit, ausgerechnet auf dem Gebiet der Sexualität jederzeit ein hohes Bewusstseinsniveau aufrechtzuerhalten (vgl. S. 234)?

Der biografische Zusammenhang des Ehebruchs

Drei Biografien kreuzen sich

Herr und Frau D. sind seit acht Jahren verheiratet. Vor fünf Jahren kam das erste Kind, vor drei Monaten das zweite. Frau D. war nach dem ersten Kind, obwohl es ein Wunschkind gewesen war, etwas unglücklich über ihre Situation. Die Mutterschaft hatte sie aus einem großen Engagement in ihrer Arbeit herausgerissen. Sie war Produktdesignerin in einer Möbelfabrik gewesen und hatte noch ganz neue Ideen entwickelt, deren Erprobung sie aber nicht mehr hatte miterleben können.

Ihre Unzufriedenheit äußerte sich auch in Stimmungsschwankungen, die sie vorher gar nicht gekannt hatte. Sie konnte dann sehr zänkisch sein und ihrem Mann Vorwürfe machen, wenn er etwas später nach Hause kam als sonst (obwohl früher sie diejenige gewesen war, die ganz unregelmäßig nach Hause kam). Ihr Mann hatte sich zunächst in der Kinderpflege engagiert. Er konnte es ihr aber nicht recht machen, gleichzeitig klagte sie darüber, dass er ihr die ganze Bürde der Kinderpflege und Haushaltsführung aufhalse.

Daran war auch etwas Wahres. Bis zum ersten Kind hatte Herr D. »paritätisch« mit seiner Frau den Haushalt versorgt. Da sie dann aber dauernd zu Hause war, hatte er sich zunehmend daraus zurückgezogen, ohne dass ihm das zunächst bewusst geworden wäre.

Als das zweite Kind da war, hatte Herr D. Angst, noch mehr Vorwürfe zu bekommen. Seine Frau war nun auf lange Sicht zu Hause angebunden (eine Kinderfrau kam für sie beide noch nicht infrage). Herr D. hatte nach Büroschluss oft gar keine Lust mehr, nach Hause zu gehen – das Kindergeschrei und die Unzufriedenheit seiner Frau schreckten ihn ab –, gleichzeitig schämte er sich deswegen. Auch sexuell lief schon seit Beginn der zweiten Schwangerschaft nichts mehr, auch danach nicht. Beide waren auch gar nicht in der Stimmung dafür.

In dieser Situation hatte Herr D. mehrere Gespräche mit einer Kollegin, die gerade mitten in einer Trennung war. Sie verstanden sich gut. Eines Abends half er ihr, einen kleinen Schrank aus ihrer alten Wohnung in das neue Appartement zu holen. Sie schliefen miteinander.

Eine rauschartige Liebe flammte auf zwischen Herrn D. und seiner Kollegin. Auf einmal fühlte er sich verstanden und aufgehoben. Ein Heimatgefühl entstand, was er zu Hause schon lange vermisste.

In einer solchen Situation kreuzen sich drei Biografien. Sofern es nicht um einen einmaligen Seitensprung geht, sondern um ein festes Verhältnis, findet man oft, dass unmerklich eine leise Entfremdung zwischen den Ehepartnern vorausgegangen war. Viel später, als Herr D. sich für seine Ehe entschieden hatte und ein Neuanfang möglich wurde, konnte er seine damalige Situation überblicken: Wie Mehl erst unmerklich aus der Tüte rinnt, so hatten er und seine Frau einander immer ein bisschen mehr aus dem Bewusstsein verloren. Und dann kam eben der Moment, wo er offen war für einen anderen Menschen, den er bisher nur beiläufig wahrgenommen hatte.

Man kann in dieser Situation mit großer Plötzlichkeit und in aller Schärfe empfinden: Jetzt ist etwas zerbrochen. Die Ehe hat einen Riss.

Aber wichtiger und drängender erscheint es, das neue Verhältnis zu leben. Etwas ganz anderes ist da ins Leben getreten. Traumfetzen von einem freieren, mehr selbstbestimmten Leben treten wieder in die Erinnerung. Man möchte noch mal frei sein, noch mal anfangen können.

Gleichzeitig aber sind da das Schuldgefühl und die Zerrissenheit: Der ausbrechende Ehepartner spürt den Riss, den die Ehe jetzt bekommen hat, und fühlt auf der anderen Seite den Sog des Neuen und ganz anderen, im Moment vielleicht auch sexuell Attraktiveren. –

Und er weiß auch, dass die Ehe hinterher nie mehr so sein wird wie davor. Man spürt das oft schon in dem Moment, wo der Ehebruch anfängt.

Offenheit nach innen

Sehen wir von dem Ehemann ab, der sozusagen routinemäßig diverse Verhältnisse zu anderen Frauen unterhält, so ist die typische Situation im Ehebruch die der Zerrissenheit. Von diesem Bewusstseinsmoment aus entwickeln sich innerhalb weniger Tage, ja Stunden, die Heimlichkeiten, die Ängste, die Rauschhaftigkeit der bedrohten neuen Liebe, die existenzielle Erschütterung. Das ist die Situation desjenigen, der in den zwei Beziehungen steht.

Wie kann er sich verhalten? Entgegen der Neigung, das Verhältnis erst einmal heimlich zu pflegen, käme es für ihn auf die *Offenheit nach innen* an. In dem Moment, wo es gelingt, dem hintergangenen Ehepartner die schmerzliche Klarheit zu geben, wird er Erleichterung verspüren. Er wird sehen, dass das offene Gespräch mit dem Ehepartner ein hohes Maß an Bewusstheit in den ganzen Vorgang bringt. Solange die neue Beziehung in der Heimlichkeit gehalten wird, hat keiner der Beteiligten einen klaren Kopf. Das Bewusstsein ist dann ganz bei der Aufrechterhaltung der Heimlichkeit und kaum bei der Frage, um die es ja letztlich geht: Will ich jetzt meine Ehe aufs Spiel setzen? Diese entscheidende Frage wird in dem Moment frei, da man sich dem Ehepartner ausspricht. Und auch für diesen, der ja meist schon untergründig gespürt hat, dass etwas nicht stimmt, ist die Offenheit erleichternd.

Offenheit nach außen

Die Ehefrau oder der Ehemann, die hintergangen wurden, erleben eine existenzielle Verunsicherung, eine Entwertung ihrer Person, die sie oft lange nicht wahrhaben wollen. Sie stehen in der Zerrissenheit, tief innerlich zu fühlen, dass sie aus dem liebenden Bewusstsein des Ehepartners gefallen sind, und sich andererseits ständig selbst beruhigen zu wollen. So kann die Heimlichkeit des Ehebruchs oft unversehens noch durch den hintergangenen Ehepartner gedeckt werden. Auf diese Weise wird es immer schwerer, sich auszusprechen.

Für den hintergangenen Ehepartner kommt es deshalb auf die *Offenheit nach außen* an, das ist sein Beitrag. Offenheit nach außen meint natürlich nicht, dass überall herumerzählt werden soll: »Mein Mann hat eine Freundin«. Sondern gemeint ist, dass derjenige, der spürt, dass der Ring der Ehe vom anderen durchbrochen wurde – auch wenn er nur den Verdacht hegt –, mit einem guten Freund, einer Verwandten, vielleicht auch mit einem Seelsorger oder einem Berater über seine ahnenden Empfindungen spricht. Der andere würde vielleicht auf direktes Fragen den Sachverhalt leugnen, jedenfalls in der ersten Phase des Ehebruchs. Er möchte ja auch die neue Liebe bewahren. Außerdem schämt er sich. Aber neutrale Außenstehende, bei denen das Gespräch gut aufgehoben ist, können meist gut beurteilen, ob an dem Verdacht »was dran« ist oder nicht. Und sie können Rat geben, wie weiter vorzugehen ist. Oder sie können sich als Vermittler anbieten.

Auf diese Weise sollte sich der Hintergangene so früh wie möglich selbst Klarheit verschaffen, um dem Ehepartner sagen zu können, wie es um ihre Ehe steht. Dieser kritische Moment ist erfahrungsgemäß ebenso schmerzlich wie hilfreich – der Partner kann sich daraufhin meist zu einer ehrlichen Aussprache durchringen, wofür die bloße Frage nicht gereicht hätte.

Dagegen macht das Nachspionieren die Sache nur noch schlimmer. Dies würde die eine Heimlichkeit und Unehrlichkeit mit einer anderen Heimlichkeit und Unehrlichkeit beantworten. Das Ergebnis des Nachspionierens ist auch regelmäßig, dass der »fremdgehende« Partner sich geradezu abgestoßen fühlt und nachträglich noch eine Rechtfertigung für seinen Ausbruch erhält. Auch kurzatmige Versuche, den Partner durch moralische Vorhaltungen oder durch gezielt verstärkte sexuelle Aktivität wiederzugewinnen, erreichen eher das Gegenteil. Es hilft nur das offene Gespräch.

Der dritte Mensch, der Außenstehende, ist ebenfalls zerrissen: Er möchte die neue Liebe erhalten, möchte den anderen für sich gewinnen und macht das Heimlichkeitsspiel deshalb mit. Andererseits wünscht er sich, endlich offen mit dem neuen Partner auftreten zu können. Aber auch dieser Dritte sollte auf Klärung drängen. Er – oder sie – sollte vom Partner immer wieder verlangen, dass dieser seine eheliche Situation klärt – auch wenn er Angst davor hat. Denn die Klärung könnte ja zu der Erkenntnis führen, dass dem Partner seine Ehe wichtiger ist als die neue Verliebtheit. Trotzdem ist die Situation auch für den Dritten besser zu verkraften, wenn frühzeitig Klarheit darüber besteht. Es ist schlimm für den Geliebten oder die Geliebte, wenn sie sich monatelang Hoffnung machen, um schließlich dann doch zurückgewiesen zu werden. Auch dies wird dann als Entwertung der eigenen Person erlebt und kann zu langen Phasen der Verzweiflung oder auch zu massiven Hassgefühlen führen.

Nach allen Seiten also bedarf es der Offenheit. Man bringt sie meist zunächst nicht von allein auf. So bleibt nur, sich in der beschriebenen Weise gegenseitig zu helfen oder helfen zu lassen, um zur Offenheit zu gelangen. Dabei bedarf es nach *fast* allen Seiten der Offenheit; nur Kinder sind unbedingt herauszuhalten. Sie sollten so wenig wie möglich von der Krise mitbekommen. Wenn die Lage sich zuspitzt und eine dramatische Aussprache oder Auseinandersetzung ansteht, so kann es in *diesem* Fall richtig sein, die Kinder auch einmal für ein Wochenende zu Freunden oder Verwandten zu geben.

Ist ein Ehebruch heilbar? Die Ehe geht entweder daran zugrunde – besonders wenn die Phase der Heimlichkeit zu lange dauert und das Gespräch zwischen Eheleuten unmöglich wird – oder sie gewinnt durch die anstehenden Klärungen und erreicht durch die Neu-Begegnung der Ehepartner eine neue Bewusstseinsstufe. Eine Heilung im Sinne einer Wiederherstellung der »alten« Ehe – dass man das Eheleben da wieder aufgreift, wo man es hat fallen lassen – scheint es nicht zu geben. Es wäre auch gar nicht förderlich, gleich nach der ersten Aussprache den früheren Alltag wiederherstellen zu wollen, vielleicht bis in die früheren intimen Gewohnheiten hinein. Die Erschütterung kann ruhig noch etwas nachwirken, die Entfremdung, die vor und während dem Ehebruch bestanden hat, durchaus noch klarer werden. Eine gewisse Distanziertheit ist fürs Erste durchaus angemessen.

Dann wird es darum gehen, die Chance des Neuanfangs aufzugreifen: Was müssen wir anders machen in unserer Ehe? Wie kann wieder Vertrauen entstehen? Wie findet man wieder zur Zuversicht nach dieser Ernüchterung?

So wie kein Bruch spurlos verheilt, so wird auch die Ehe, wenn sie weiterhin eine Ehe sein soll, von nun an gekennzeichnet sein durch diese Bruch-Erfahrung. Die Partner werden sich vielleicht gefühlsmäßig lange nicht mehr so unmittelbar nahe sein können wie davor. Die Fremdheit und Eigenständigkeit bleiben von nun an klar im Blickfeld. Wenn es gelingt, aus dieser Position heraus gegenseitig Achtung zu entwickeln, so ist schon viel gewonnen. Die Liebe kommt dann neu und anders wieder.

Der Ring schließt sich wieder. Aber die Bruchstelle bleibt sichtbar, spürbar. Gerade dadurch aber entsteht ein neues Bewusstsein für das Zusammenleben. Und vielleicht war das dann der Sinn des Ehebruchs.

Fragen zum Thema

Frage: Wieso kommt es beim längerfristigen Ehebruch oft zu dem Gefühl, vom außerehelichen Partner besser verstanden zu werden?

Antwort: Die Ehe ist keine Veranstaltung zum Ausleben sämtlicher, oft ja widersprüchlicher Seiten eines Menschen. Der Ehepartner spricht bestimmte Seiten in mir an, andere nicht. Dies gilt oft umso mehr, je vollständiger man den Ehepartner zu kennen meint. Der außereheliche Partner wird genau deswegen interessant, weil er ganz andere Seiten in mir anspricht, die ich mit meinem Ehepartner nicht leben kann oder die ich jedenfalls meine, mit ihm nicht leben zu können. Vordergründig geht es dabei oft um sexuelle Unerfülltheit. Aber dahinter stehen doch meist grundsätzlichere Einseitigkeiten in der ehelichen Beziehung.

Eine Frau ist vielleicht durch ihre Kinder dazu gekommen, sich Gedanken über spirituelle Fragen zu machen: Woher kommt die Seele des Kindes? Wo kommen seine Eigenarten her, die es ja einfach mitgebracht hat? ... Wenn der Ehemann sich für solche Fragen grundsätzlich nicht interessieren möchte, sich vielleicht sogar lustig darüber macht, dann besteht die Gefahr, dass sich eine Entfremdung entwickelt. In diesem Moment lernt sie vielleicht einen Mann kennen, mit dem sie über spirituelle Fragen reden kann. Sie verliebt sich. Und weil sie verliebt ist, mag sie sich auch sexuell mehr engagieren, als sie es in der Ehe tut, wo vieles Routine geworden ist ...

Der außereheliche Partner versteht mich nicht unbedingt besser; aber er antwortet auf das, was ich in der Ehe nicht lebe.

Zu solchen Entwicklungen kann es besonders dann kommen, wenn das in der Ehe Ungelebte gar nicht mehr ins Bewusstsein kommt, wenn vielmehr nur ein dunkles Gefühl der Unerfülltheit, auch der Einsamkeit sich eingeschlichen hat. Wenn die Ehepartner es schaffen, im Gespräch zu bleiben, auch über das Ungelebte, und wenn kein Anspruch erhoben wird von der Art »Ich möchte dir für immer alles sein«, kann hier ein Freiheitsmoment entstehen, das nicht nur den Ehebruch überflüssig machen kann, sondern der Ehe und der Entwicklung der Ehepartner auch eine neue Dimension gibt.

Das Medium der Ehe ist das Gespräch. Wenn nur die gemeinsam gebildeten Gewohnheiten den Inhalt der Ehe bilden und das Gespräch nicht willentlich gepflegt würde, dann wäre sie mit dem Entwicklungsimpuls gar nicht vereinbar. In den Gewohnheiten des gemeinsamen Alltags lebt das Neue noch nicht. Gewohnheiten geben

Sicherheit, hindern uns aber auch daran, Möglichkeiten zu bemerken. Diesen ungelebten Möglichkeiten wird man im Gespräch frei gegenübertreten müssen, damit nicht dieser Sog zum Ehebruch hin entsteht.

Frage: Muss man die Ehe nicht als unauflöslich betrachten?

Antwort: Ja, die Ehe ist unauflöslich, und zwar im Himmel. Auf Erden ist sie schon auflöslich. Wenn keinerlei Anknüpfung mehr an eine gemeinsame Entwicklung gefunden werden kann, mag es nach Menschenmaß legitim sein, die Ehe auf Erden aufzulösen, wenn man gleichzeitig im Auge hat, dass die Ehe im Himmel, in der geistigen Welt, unauflöslich ist.

Es ist auch ganz eindeutig, dass durch eine Scheidung die überpersönliche Aufgabe der Ehe verletzt wird. Man kann sich vorstellen, dass seitens der geistigen Welt eine Art Hoffnung besteht, dass diese Ehe, vielleicht in anderer Form, weitergeführt, zu Ende geführt wird. Es ist natürlich nicht vorauszusehen, nach welchen Gesichtspunkten die Menschen in einem weiteren Leben eines Tages wiederum zusammengeführt werden. Aber vielleicht gibt es einmal wieder eine Chance, die Aufgabe der jetzt geschiedenen Ehe wieder aufzugreifen – so wie wir ja auch schon innerhalb eines Erdenlebens immer wieder neu die Chance bekommen, an bestimmte Aufgaben, zum Beispiel der Selbsterziehung, heranzugehen, auch wenn wir sie schon häufig nicht wahrgenommen haben.

Die Fortführung der Ehe auf eine andere Weise – womit der Aspekt der inneren Unauflösbarkeit bei äußerer Auflösung zutage tritt – legen oft die Kinder nahe: Denn sie sind nach der Scheidung immer noch die gemeinsamen Kinder – Eltern können sich als Eltern gar nicht trennen. Das Wohl der Kinder verlangt es, dass sie wenigstens in Bezug auf die Erziehung eine kooperative Gemeinsamkeit aufbauen. Wenn das gelingt, kann genau darin das Neue liegen. Kooperation bei gleichzeitiger gefühlsmäßiger Distanz und äußerer Trennung kann durchaus eine gute Grundlage für ein erweitertes Wahrnehmen des – ehemaligen – Partners sein. Dann können sich neue Begegnungsmöglichkeiten erschließen.

Schließlich sollten wir wiederum nicht so weit gehen, alles, was heute Ehe heißt, so zu betrachten, als ginge es immer darum, sich ihrer überpersönlichen Aufgabe zu stellen. Ehen werden häufig ausschließlich zu persönlichen, um nicht zu sagen egoistischen Zwecken geschlossen. Der überpersönliche Aspekt kommt dabei auch nach Abklingen der ersten Verliebtheit gar nicht zu Bewusstsein. Es ist sehr die Frage, inwieweit man solche Partnerschaften als Ehen überhaupt ernst nehmen kann – und inwieweit die geistige Welt solche Partnerschaften als Ehen wahrnimmt. Von daher kann man die Auswechselbarkeit mancher Ehen, zum Beispiel von Filmstars, mit einer gewissen Gelassenheit betrachten.

Individuum und Familie

Viele Geschicke weben neben dem meinen,
durcheinander spielt sie alle das Dasein,
und mein Teil ist mehr als dieses Lebens
schlanke Flamme oder schmale Leier.

H. v. Hofmannsthal

Familienvater: Das Spannungsfeld Familie – Beruf beim Mann

Die »gemeinsame« Schwangerschaft

Herr F. ist ein moderner Mann, und er und seine Frau haben sich vorgenommen, dass er ein ganz fortschrittlicher Vater werden soll. Als seine Frau schwanger wird, reduziert er alsbald seine Arbeit in der Produktionsabteilung einer großen Druckerei um die Hälfte. Das hatten er und seine Frau schon vor vielen Monaten so besprochen. Herr F. möchte gleich von Anfang an die Familie genauso im Bewusstsein haben wie seine Frau.

Er möchte Zeit haben und sich mit der Schwangerschaft ausführlich auseinandersetzen. So geht er auch in die Stadtbibliothek und holt sich populäre Literatur über Schwangerschaft und Geburt.

Andererseits fiel er nun in der Arbeit ein wenig auf, weil er immer unkonzentrierter wurde, und schon zwei Monate vor der Entbindung war er derartig aufgeregt, dass man ihm nur noch mit mildem Lächeln begegnete. Ein wohlwollender Vorgesetzter schlug ihm vor, doch vorübergehend wieder mehr zu arbeiten. Aber das wollte er nicht; seine Frau brauche ihn jetzt. Ihre Schwangerschaft, ihre Befindlichkeit waren nahezu das einzige Gesprächsthema zwischen den beiden, und auch mit Freunden und Kollegen konnte Herr F. kaum mehr über anderes reden. Er wusste inzwischen genauestens Bescheid, was es bedeutete, wenn seine Frau einmal über ein leichtes Ziehen im Rücken, über Schmerzen in der Brust usw. klagte. Und eine ganz neue Nähe schien verheißungsvoll heraufzuziehen, eine Nähe der intimen Kenntnis.

Den Geburtsvorbereitungskurs besuchten sie gemeinsam. Herr F. machte die gymnastischen Übungen mit, die Übungen für die

Bauchmuskulatur und die Übungen für das Becken, die Atemübungen, die Entspannungsübungen. Dann, als es so weit war, die letzten Minuten vor der Geburt, im Krankenhaus, informierte er die Hebamme, wie die beiden die Geburt wünschten, welche Atemübungen eingeübt wurden und welche Haltungen eingenommen werden sollten. Als die Geburt einsetzte, feuerte er seine Frau teils an, teils bot er ihr an, in seinen Atemrhythmus einzuschwingen, teils rief er ihr begeistert zu, was er nun alles gerade empfand. Er war nur leicht irritiert darüber, dass seine Frau die ganze Zeit die Augen geschlossen hielt und kaum antwortete, sondern nur still vor sich hin seufzte. Auch wählte sie befremdlicherweise einen anderen Atemrhythmus als den vereinbarten.

Seine Frau wiederum hatte, für sie ganz überraschend, das brennende Verlangen nach Stille, sie wollte nur Ruhe um sich haben. Von den gefürchteten und vielseitig vorher besprochenen Schmerzen war kaum etwas zu spüren oder es war auf einmal unwichtig geworden. Sie wollte sich nur ganz in Ruhe dem elementaren Vorgang der Weitergabe von Leben hingeben. Auch ging ihr einen Moment der Gedanke durch den Kopf, dass sie bei der Geburt des nächsten Kindes ganz allein sein wollte.

Als Herr F. registrierte, dass seine Frau sich in diesem extremen Augenblick des Gebärens ganz auf sich zurückzog, machte er innerhalb einer Minute eine Wandlung durch. Er verstummte, und glasklar stand es plötzlich vor seinen Augen: Er hatte nichts, einfach gar nichts mit dem elementaren Naturereignis zu tun, dessen Zeuge er eben war; und er würde niemals begreifen können, was es bedeutet, schwanger zu sein und gebären zu können.

An dieser Stelle wollen wir die Beispielerzählung unterbrechen, denn genau an dieser Stelle zeigt uns die Erzählung den entscheidenden Ansatzpunkt, von dem aus wir über die männliche Version des Problemfeldes Familie und Beruf nachdenken wollen.

Das einschneidende Mangelerlebnis

Der Ansatzpunkt für die Betrachtung des Frauenproblems Familie – Beruf dürfte in gesellschaftlichen Bedingungen liegen, in Rollenerwartungen, und die jeweils persönliche Lösung wird auf jeden Fall vom Mann viel Kompromissfähigkeit verlangen.

Ganz anders das Männerproblem Familie – Beruf: Ausgangspunkt hier scheint ein persönliches, ja intim empfundenes Mangelerlebnis des Mannes zu sein, und Ansätze zur Lösung können deshalb nur im Persönlichen liegen.

Das einschneidende Mangelerlebnis, um das es hier geht, liegt darin: Als Mann hat man biologisch mit dem Vorgang der Schwangerschaft und der Geburt, auch des Stillens, einfach überhaupt nichts zu tun. Angesichts einer schwangeren und gebärenden und auch stillenden Frau hat ein Mann das Negativ-Urerlebnis, dass er selbst nie wird Leben hervorbringen können. Er hat nichts zu tun mit der Weitergabe des Lebens. Selbst die Zeugung ist für den Mann kein lebenspendendes Erlebnis – was für eine Frau aber ganz im Vordergrund stehen kann –, sondern ein erotisches Erlebnis, das es für die Frau *auch* ist.

Dieses negative Urerlebnis, selbst nicht Leben weitergeben zu können, kann ebenso stark und sogar noch prägender sein als die Freude und Dankbarkeit angesichts des werdenden eigenen Kindes. Und aus diesem Negativ-Erlebnis heraus ist ein Mann stärker auf seine gesellschaftliche traditionelle Rolle festgelegt, als es heute bei der Frau der Fall ist: Wenn ich als Mann schon nicht Leben weitergeben kann und in die Lebensvorgänge nicht einbezogen bin, dann will ich doch aber in meinem Beruf etwas *»schaffen«*, etwas aufbauen, will entscheidend beteiligt sein an der Organisation meiner Arbeit, meiner Produktion, meines Betriebes. Ich muss mir das Feld meiner Selbstgewissheit *draußen*, außerhalb der Familie suchen, in der Arbeit, weil ich nach *drinnen* niemals die Selbstgewissheit erreichen kann wie eine Frau. Diese kann ihr prägendes Erlebnis der Selbstgewissheit außer im Beruf ganz wesentlich durch ihre biologischen Funktionen der Mutterschaft und deren Konsequenzen haben. Hier spürt sie sich, und wahrscheinlich viel elementarer, als sie sich jemals in ihrer Arbeit spüren kann.

Zwei Mütter

Es hat in der Folge der Achtundsechziger-Bewegung und ihres späteren Abdriftens in eine romantisierende Innerlichkeit rührende Beispiele von Vätern (und auch Müttern) gegeben, die diesen grundlegenden Unterschied nicht wahrhaben wollten. Mann (und Frau) meinten, ein Vater könne und solle sich genauso in die Mutterrolle einüben, wie eine Frau das kann. Das Ergebnis war dann, dass manche Babys damals zwei Mütter hatten, aber keinen Vater: eine richtige Mutter und eine Vizemutter. Die Vizemutter, das war der Vater, der zur Richtschnur seines Handelns das machte, was damals als Mutterrolle definiert war. Er lernte ein Baby zu wickeln; er konnte vorkostend einwandfrei feststellen, ob das Fläschchen die richtige Temperatur hatte; auch wusste er die einzelnen Blähungen des Säuglings ebenso scharfsinnig zu deuten wie seine Frau.

Dieser Ansatz übersah, dass ein Mann versuchen könnte, etwas anderes und Eigenes in die Familie einzubringen.

Gerade in der Frauenbewegung der Achtundsechziger-Zeit lebte die Forderung, Männer sollten versuchen, auch gute Mütter zu sein. Bei den Männern, die sich darauf einließen, kam es zu teilweise grotesken Selbstverleugnungen.

So wie aber Frauenemanzipation nicht darin bestehen kann, dass Frauen Männer nachahmen, so kann eine neue Väterlichkeit auch nicht darin bestehen, dass der Vater die Mutter nachmacht oder einem Ideal von Mütterlichkeit nacheifert.

Die positive Seite dieser damaligen Vorgänge war eine Öffnung der beteiligten Männer zur gefühlsmäßigen Seite des Lebens hin; eine gewisse weiche und zartere Weise hielt Einzug in das Männersein, und das kann man nur als Gewinn betrachten. Aber die den meisten Frauen von Natur gegebene, sich ganz aus der frühen Mutter-Kind-Einheit ergebende Innigkeit gegenüber dem Kind wirkte beim Vater irgendwie aufgesetzt und auch ein bisschen komisch.

Ein wenig ironisch könnte man sagen, die einzige Bevölkerungsgruppe, die das gleich durchschaute, waren die Kinder. Waren sie krank, müde oder einfach nicht gut drauf, riefen sie nach der Mutter. Denn das kleine Kind empfand zu Recht, dass der Vater nicht die gleiche elementare Nähe zu ihm haben kann wie die Mutter, auch wenn er die Mutterrolle zur Hälfte mit ihr teilt. Denn durch die Schwangerschaft besteht zwischen Mutter und Kind ein Zusammenklang der vitalsten Funktionen und ein seelisches Verbundensein, wie der Vater es in dieser Qualität nicht erreichen kann. Dafür fehlt ihm die biologische Grundlage. Er kann mit dem Kleinkind nicht so verwachsen sein wie die Mutter.

Die Aufgabe des Vaters

Was ist die Alternative?

Die Alternative ist sicher nicht das Beharren des Mannes auf seinen beruflichen Verpflichtungen und auf seinem Recht, als schlaffer Arbeitsheld abends zu Hause einzulaufen, der sich gerade noch vor den Fernseher oder Computer schleppen kann. Eine Alternative wird davon ausgehen müssen, dass das Negativ-Urerlebnis des Vaters, selbst nicht Lebensvorgänge hervorbringen zu können, nicht zu ändern ist. So wird es zunächst darum gehen, dass der Vater ein *anderes* Verhältnis zum Kleinkind findet oder aufbaut als die Mutter. Seine Verantwortung hat er vielleicht zunächst gar nicht direkt am Kind, sondern darin, um Mutter und Kind herum ein Klima der Sicherheit und Ausgeglichenheit zu schaffen. Und *seine* Selbstlosigkeit in dieser frühen Phase mag nicht so sehr darin bestehen, genauso wie die Mutter die Bedürfnisse des Kindes zu stillen, sondern dieses Sicherheitsklima auch dann zu schaffen, wenn Mutter und Kind anfangs vielleicht gar nicht so viel von ihm wissen wollen. Natürlich sollte auch der Vater Anteil nehmen am Kind, seine Lebensäußerungen und Entwicklungen miterleben. Aber es erscheint vergeblich, wenn er vor dem Kind eine zweite Mutter sein will.

Der Vater kann der Selbstgewissheit, die eine Frau in ihrer frühen Mutterrolle finden kann, nur die Selbstgewissheit zur Seite stellen, die er sich im Beruf oder in der Freizeit durch die Bewährung auf sachlichem Felde erarbeitet. Die Selbstgewissheit als Vater entsteht später. Im Verlauf der ersten Lebensjahre wird er nach und nach immer mehr Bedeutung für das Kind gewinnen.

Durch seine Sachkenntnisse und seine Außenorientierung wird er für das zum Beispiel fünfjährige Kind *der* Vermittler zur Außenwelt überhaupt. Darin liegt seine Chance: dem Kind die Welt zu zeigen, es in die Welt hineinzuführen. Das wird je nach Alter des Kindes und nach den vorhandenen Interessen des Vaters verschieden sein. Den Fünfjährigen nimmt er vielleicht mit in den Garten oder in den Wald. Er ist dort tätig und lässt das Kind mittun. Den Siebenjährigen wird er zu kleinen sportlichen Aktivitäten, Schwimmen, Wandern, Bootfahren mitnehmen. Der Neunjährige braucht die Unerschütterlichkeit und Gesprächsbereitschaft des Vaters. Der Elfjährige sucht in ihm den draußen Erfolgreichen, mit dem er sich identifizieren kann; und der Dreizehnjährige braucht den Diskussionspartner, der sein eigenes Leben lebt und dazu steht und trotzdem offen für das Gespräch mit dem anders denkenden jungen Menschen ist.

Auf diesem Felde sind dem Engagement des Vaters keine Grenzen gesetzt, und hier haben Väter enorme Möglichkeiten des familiären Engagements. Werden sie ergriffen, entsteht eine völlig andere Art von Nähe zu den Kindern, wie sie eine Mutter nicht ohne Weiteres erreicht. Eine Nähe durch das gemeinsame Tun, durch das gemeinsam angepackte Problem – kurz: eine sachorientierte Nähe. Es ist eine Art von Nähe, wie manche Frauen sie nur schwer verstehen. Sie neigen dann dazu, ihren Männern vorzuwerfen, dass diese sich ja gar nicht für die Kinder interessieren, nur weil sie nicht jene mütterliche Art des Interesses haben. Wenn dann hinzukommt, dass die Mutter durch Ungeschicklichkeit, Unverständnis oder auch aus einer latenten Konkurrenzhaltung heraus geradezu verhindert, dass der Vater *seine* Weise des Zuganges zu den Kindern entwickelt, dann hat man als Ergebnis den Vater, der abends so lange in der Arbeit bleibt, bis die Kinder im Bett sind, oder der sich gleich nach Feierabend vor das Fernsehgerät setzt, samstags möglichst schnell im Sportverein verschwindet und der am Sonntagnachmittag genervt neben seiner Familie im Wald hertrottet.

Kinder haben Anspruch auf die Vaterwelt und auf die Mutterwelt

Wir können es ja auch einmal so herum betrachten: Kinder haben Anspruch auf zwei Elternteile – sie haben Anspruch auf die Mutterwelt, und sie haben Anspruch auf die Vaterwelt. Sie haben einen Anspruch darauf, dass der Vater sie – natürlich in einer der jeweiligen Altersstufe gemäßen Weise – in seine Welt mit hineinnimmt, wie die Mutter sie von allein und wie selbstverständlich in ihre Welt hineinnimmt.

Kinder müssen erleben, dass der Vater im Prinzip für sie und auf seine Art genauso ansprechbar und verfügbar ist wie die Mutter (ob sich das genau in der gleichen Stundenzahl der Verfügbarkeit ausdrücken sollte, ist eine organisatorische Frage). Dass der Vater sich auf *seine* Weise ebenso verantwortlich fühlt wie die Mutter, das ist der Ausgangspunkt für sein Engagement in der Familie. Er darf die Erziehungsverantwortung nicht einfach an die Mutter abtreten. Das wäre Unterdrückung der Frau und Betrug am Kind.

Die Mutter erlebt sich aus ihren biologischen, lebenspendenden Funktionen heraus verantwortlich für das Kind. Der Vater, dem ja eben diese biologische Fundierung fehlt, wird sich in vergleichbarem Maß nur verantwortlich erleben, wenn er das aus Freiheit und in Freiwilligkeit tun kann. Ein Vater, der sich unablässig den Forderungen seiner Frau gegenüber sieht, sich doch familiär mehr zu engagieren, wird genau das Gegenteil tun: Er wird in den Sport oder Ähnliches fliehen.

So ist also die Frage, was heute ein Vater ist und was das für die biografische Entwicklung des Betreffenden bedeuten mag, nicht damit erledigt, dass man sich den Vater etwas mütterlicher, weicher und emotionaler wünscht. Darin liegt nicht die eigentliche Herausforderung. Sie ergibt sich vielmehr aus der Frage, wie man eigentlich als Mann ein engagierter und verantwortungsvoller Vater werden kann.

Das Kind braucht nicht zwei gleiche Elternteile – wozu auch? Oder wieso dann nur zwei und nicht etwa drei oder vier? Es braucht zu Anfang und viele Jahre noch die Mutter und die Mütterlichkeit und es braucht zunehmend den Vater, und es braucht beide je anders in der polaren Verschiedenartigkeit ihres Zuganges zur Welt.

Die Erfahrungen und Überlegungen, die in diesem Kapitel zusammengetragen sind, wollen Anregungen geben für Väter – und Mütter –, die ehelich oder eheähnlich zusammenleben. Für alleinerziehende Väter – und auch alleinerziehende Mütter – muss die Vaterrolle noch anders bedacht werden.

Eine zweite Frage ist es nun, und meines Erachtens ist sie sekundärer Natur, wie der Mann sich quantitativ in der Familie engagieren soll. Das liegt – außer an seinem freien Willen – in erster Linie an den gesellschaftlichen Möglichkeiten. Die Elternzeit, die sowohl Männer als auch Frauen im Beruf beanspruchen können, ist eine gute Entwicklung. Außerdem wären in diesem Zusammenhang wesentlich mehr Teilzeitarbeitsstellen für Frauen und Männer zu fordern. Es liegt aber auch an dem beruflichen Willen der Frau. Wenn sie arbeiten möchte, dann ist das ein wesentlicher Grund für den Mann, das Maß seines Engagements für die Familie zu erhöhen. Wo sich solches nicht realisieren lässt, bedarf es der Einstellung (und evtl. Schulung) von Kinderfrauen, die sich dann mit den Eltern das Engagement an den Kindern teilen. Noch zu Anfang des 20. Jahrhunderts war dies in bürgerlichen Kreisen durchaus üblich, und in nichtbürgerlichen Kreisen war es üblich, dass Nachbarinnen und in der Nähe wohnende Verwandte für die Kinder eine starke Verantwortung empfanden und lebten.

Wie man auch immer über diese Fragen denken mag, sie sind organisatorischer Art und relativ leicht zu lösen. Sie dürfen nicht ablenken von der wesentlicheren Frage, wie der Vater sich in die Familie einzubringen gedenkt: ob er dies in eigenständiger Weise tun kann oder als eine Art Kopie der Mutter.

Ehe und Familie

Das Kind wird zum Mittelpunkt des Zusammenlebens

Herr und Frau X. haben vor vier Jahren geheiratet. Sie sind beide berufstätig. In ihrer Freizeit unternehmen sie vieles zusammen. Sie haben zahlreiche gemeinsame Interessen wie Bergwandern und Tanzen. Jeden Abend erzählen sie sich gegenseitig von ihrer Arbeit. Sie gehen häufig aus oder verbringen den Abend jeder für sich, er hört Musik, sie liest viel.

Nun empfinden sie, dass da noch ein Kind »dazugehört«. Das Ehepaar ist sich einig in seinem Kinderwunsch. Frau X. wird kurz darauf schwanger. Sie erleben die Zeit der Schwangerschaft beide als eine sehr intensive und glückliche Zeit. Herr X. nimmt regen Anteil an den Lebensvorgängen im Körper seiner Frau und begleitet liebevoll ihre seelischen Veränderungen. Er lernt auf ihre labile Stimmung ebenso einzugehen, wie er sich auch an ihrem Leuchten und inneren Strahlen freuen kann. Sie fühlen sich durch das gemeinsame Erleben der Schwangerschaft noch mehr verbunden. Und da Herr X. auch bei der Geburt dabei ist, empfinden beide, dass sie das Kind wirklich als Paar zur Welt gebracht haben.

Als Frau X. mit dem Kind nach Hause kommt, steht der ganze Alltag erst einmal Kopf. Herr X. hat zwar alles bestens vorbereitet, aber es dauert, bis sich neue Gewohnheiten und Sicherheiten gebildet haben. Wie warm muss der Tee sein für das Baby? Was soll man mit dem wunden Po machen? Und warum schreit das Kind immer nach jedem Stillvorgang?

Herr und Frau X. denken und reden von nichts anderem mehr als ihrem Kind, seinen kleinen Eigenarten, seinen Blähungen, seinen Schlafgewohnheiten. Der Alltag ist ein vollständig anderer als zuvor.

Frau X. arbeitet nicht mehr. Abends ist sie jetzt zu erschöpft, um noch zu lesen. Die gemeinsamen Freizeittätigkeiten sind erst einmal ganz einfach vergessen. Das Kind ist zum Mittelpunkt des Zusammenlebens geworden.

Nach ein paar Monaten wird ihnen erstmals bewusst, dass da etwas entscheidend anders geworden ist. Herr X. denkt sich: Diese Frau, der jetzt das Kind und seine Blähungen wichtiger sind als alles andere, wichtiger auch als ich selbst, das ist nicht die Frau, die ich einmal geheiratet habe. Und Frau X. empfindet: Dieser Mann, der mich jetzt mit den täglichen Kinder- und Hausfrauenarbeiten allein lässt, mit den Wäsche- und Windelbergen, dem Kindergeschrei, den täglichen Essproblemen des Säuglings, das ist nicht der Mann, den ich geheiratet habe; ich habe ihn mir als Vater ganz anders vorgestellt. Und als das Kind größer wird, kommt es zum ersten Mal in ihrer Ehe zu erbitterten Streitigkeiten, weil sie sich in Erziehungsfragen nicht einig werden können.

Die Partner sind nicht nur Vater und Mutter

Die Familie ist nicht einfach eine Erweiterung der Ehe. Sie ist etwas qualitativ anderes. Ein Kind verändert die Beziehung zwischen den Eheleuten grundlegend. Es kommt nicht einfach hinzu. Das Kind bringt natürlich einerseits eine ungeheure, nie geahnte Bereicherung in das Leben der Eltern. Aber andererseits kann seine bloße Existenz auch eine Belastungsprobe für die Ehe sein. Da das Kind zum Zentrum des Zusammenlebens wird, besteht die Möglichkeit, dass die Eheleute – ohne es zunächst zu bemerken – innerlich auseinanderrücken oder auseinandergedrängt werden. Das Kind kann sich zwischen die Eltern schieben. Natürlich ist dadurch die Ehe nicht gleich bedroht, aber es bedarf doch einer ganz bewussten *Pflege der Ehe,* wenn ein Familienauftrag hinzugekommen ist.

Dem Gefühl einer gewissen Entfremdung zwischen den Eheleuten, die ein kleines Kind oder schon größere Kinder haben, begegnet man so, dass ganz bewusst und gezielt Zeiten festgelegt werden, in denen das Ehepaar *ohne Kind* zusammen ist und sich austauscht auch über Angelegenheiten und Erfahrungen, die mit dem Kind nichts zu tun haben. Es ist für die Weiterführung einer tragfähigen Ehe wesentlich, dass sich die Partner nicht nur als Vater und Mutter wahrnehmen. Sie müssen das Bewusstsein behalten, dass der andere auch unabhängig von dem Kind ein Wesen, eine Existenz und Erfahrungen hat. Besonders Männer, die berufstätig sind und deren Frau wegen der Kinder zu Hause bleibt, müssen sich darum bemühen, ihre Frau eben auch als ihre Frau zu sehen. Sie müssten ein Bewusstsein dafür entwickeln, wer ihre Frau ist, wenn man die Mutter- und Hausfrauenrolle »abziehen« würde. Die allgemeine Anschauung kommt dieser Unterscheidung nicht entgegen. Es besteht immer noch – oder wieder – die Neigung, das Wesen der Frau in der Mutterschaft aufgehen zu lassen.

Wenn ein Mann hier nicht unterscheidet (und eine Frau kann natürlich den gleichen Fehler machen), läuft er Gefahr, sich irgendwann nur noch als fünftes Rad am Wagen vorzukommen. Andere empfinden sich von ihrer Frau geradezu abgewiesen, seit das Kind da ist, und werden eifersüchtig. So kann das Kind die Ehe »stören«. Auf diese Weise entstehen Spannungen in der Familie, die vermeidbar wären, wenn die Eltern jetzt bewusst und willentlich das pflegen würden, was vor der Ankunft des Kindes von allein ging: die Ehe zu führen.

Gestaltungsmöglichkeiten

So kann man sich für das Ehepaar X., dessen Situation eingangs beschrieben wurde, zwei verschiedene Zukunftsmöglichkeiten vorstellen:

1. Herr X. denkt mit Wehmut an die Zeit vor der Geburt, als er und seine Frau sich so gut verstanden und sich so nah waren. Auch sei-

ne Frau bemüht sich, den alten Gleichklang wiederzufinden. Aber es kommen immer wieder Auseinandersetzungen wegen Erziehungsfragen dazwischen.

Als das Kind in den Kindergarten angemeldet werden soll und Frau X. es in den Waldorfkindergarten geben möchte, er aber nicht, zerbricht, so erlebt es hauptsächlich die Frau, eine letzte gemeinsame Basis. Natürlich versöhnen sie sich auch immer wieder. Aus einer solchen Versöhnung entsteht das zweite Kind.

Die Schwangerschaft, obwohl gesundheitlich alles zum Besten steht, verläuft ganz anders als die erste. Herr X. wendet sich schon von Anfang an von seiner Frau ab. Gerade hatte er Hoffnung geschöpft, dass sie jetzt, da das erste Kind älter war, vielleicht auch einmal wieder die alten gemeinsamen Interessen aufgreifen würden. Waren sie doch zum Beispiel seit Beginn der ersten Schwangerschaft nicht mehr zum Bergwandern gewesen. Jetzt wird ihm klar, dass diese Gemeinsamkeiten wieder in weite Ferne gerückt sind.

Herr X. geht allein bergwandern bzw. er schließt sich einer Betriebswandergruppe an und findet dort mit der Zeit viele freundschaftliche Kontakte. Dies führt aber dazu, dass er sich noch mehr von seiner Frau abwendet. – Frau X. fühlt sich mit den Kindern allein gelassen. Und so zieht eine gewisse Traurigkeit und Resignation in die Familie X. ein, die sie schließlich eines Tages einen Eheberater aufsuchen lässt.

2. Aber Familie X. könnte sich auch so entwickeln: Als die ersten Monate des neuen Alltags mit dem Kind durchgestanden sind, der erste Zauber, der den Stress ja meist überwiegt, etwas verflogen ist und Herr X. seine Aufmerksamkeit wieder mehr dem Beruf zuwendet, da schlägt Frau X. eines Tages vor, dass sie doch jeden Freitagabend als »ihren« Abend in der Woche betrachten könnten (sie sagt sogar »feiern«). Das Kind ist jetzt abgestillt, sodass man es schon mal einem Babysitter anvertrauen kann. Eine junge Nachbarin erklärt sich bereit, jeden Freitagabend auf das Kind aufzupassen, sodass das Ehepaar einmal in der Woche ausgehen oder Besuch haben kann, ohne sich um das Kind kümmern zu müssen.

Herr X. lässt sich auf das Experiment »Eheabend« ein, erst amüsiert, dann aber sehr erfreut über die so gewonnene neue Gemeinsamkeit. Mann und Frau beginnen wieder ganz normale Interessen füreinander und miteinander zu haben. Sie machen freitags einen Tanzkurs für Fortgeschrittene; manchmal gehen sie an ihrem Abend auch einfach nur in ein Café und tauschen sich aus. Herr X. freut sich besonders, dass er mit seiner Frau zusammen wieder in Konzerte gehen kann. Allein war es doch recht reizlos gewesen.

Als sich nach drei Jahren das zweite Kind anmeldet und Frau X. nicht mehr so viel ausgehen möchte, treffen sie eine neue Verabredung: Für absehbare Zeit, bis das zweite Kind wieder ein paar Monate alt ist, wollen sie freitags nur noch sporadisch zusammen ausgehen; dafür nehmen sie sich aber vor, sich jeden Abend, eine halbe Stunde vor dem Zubettgehen, noch einmal zusammenzusetzen und einander zu erzählen, was sie am Tage bewegt hat. Denn sie wissen schon aus Erfahrung, dass man von den Kindern innerlich so in Anspruch genommen ist, dass man ganz einfach vergisst, dem Ehepartner etwas von sich zu erzählen. Ja, man nimmt es selbst oft gar nicht mehr so wichtig.

Herr X., der nun bewusst für etwa eineinhalb Jahre auf regelmäßige Freizeitaktivitäten verzichtet, entwickelt bei diesen abendlichen Gesprächen die Gewohnheit, seiner Frau Fragen zu stellen, die sie angehen: Wie sie sich das nächste Wochenende vorstellt? Hätte sie Lust, Familie Y. einzuladen? Wieso hat sie so schlecht geschlafen letzte Nacht? Was ist ihr eigentlich so wichtig an der Waldorfpädagogik, dass sie das Kind unbedingt dahin in den Kindergarten geben möchte?

Somit hat Herr X. einen Weg gefunden, seine Frau immer wieder als eigenständigen Menschen zu sehen und eben nicht nur als Mutter seiner Kinder.

Als auch das zweite Kind größer ist, schlägt Frau X. ihrem Mann eine gemeinsame Kurzreise nach Amsterdam vor – ohne Kinder. Die Großeltern nehmen die Kinder über das Wochenende. Und so können Herr und Frau X. nach sechs Jahren zum ersten Mal wieder zu zweit in eine fremde Stadt reisen. Dieser Kurzurlaub gehört zu den schönsten Erinnerungen, wenn sie später einmal erzählen, wie sie es geschafft haben, eine lebendige Ehe innerhalb der Familie zu führen.

Die Frau im Spannungsfeld zwischen Beruf und Familie

Rückkehr in den Beruf

Frau R. hat zwei Kinder, acht und sechs Jahre alt. Sie hat vor acht Jahren ihren Beruf als Landschaftsgärtnerin aufgegeben, um sich ganz den Kindern widmen zu können. Acht Jahre lang hat sie sich an diesen Beschluss gehalten, so wie sie es sich damals vorgenommen hatte: »Frühestens wenn die Kinder in der Schule sind, werde ich wieder arbeiten.« Sie ist diesem Vorsatz treu geblieben, obwohl ihr schon kurz nach dem Abstillen ihres ersten Kindes Zweifel gekommen waren, wie lange das wohl ihr Lebensinhalt sein könnte: auf Spielplatzbänken zu sitzen und Kleinkindern zuzuschauen, wie sie spielen.

Um ihre Mutterschaft sehr bewusst zu gestalten, beschäftigte sie sich ausführlich mit Kinderernährung, mit Fragen der für Kinder geeigneten Stoffe und Kleidungsstücke, mit Fragen des altergemäßen Spielzeugs ... Hin und wieder fielen ihr die Fachzeitschriften in die Hände, die sie damals als Landschaftsgärtnerin abonniert hatte. Meist legte sie sie mit einem Seufzer wieder weg.

Schon länger erwähnte sie jetzt in Gesprächen mit Freunden und Verwandten, dass sie eigentlich gern wieder arbeiten würde. Ihre Mutter – und auch ihre Schwester, die gar keine Kinder hatte – reagierten darauf immer recht empört: »Deine Kinder brauchen dich doch noch. – Wer soll sich um die Kinder kümmern, wenn sie dann mal krank werden? – Verdient dein Mann denn nicht genug?« – Frau R. fühlte sich nach derartigen Unterhaltungen immer sehr schlecht. Sie kam sich vor wie eine Rabenmutter.

Gleichzeitig aber war gerade nach solchen ernüchternden Gesprächen ihr Bedürfnis nach beruflicher Tätigkeit noch größer. Sie versuchte dann, es zurückzudrängen. Ihre Neigung zu Schuldgefühlen war groß. Irgendwann fiel ihr aber auf, dass eigentlich nur Frauen so empört reagierten, wenn sie auf ihre Idee, wieder zu arbeiten, zu sprechen kam. Die Männer in ihrem Bekanntenkreis fragten interessiert nach, wollten Näheres wissen. Und vor allem ihr Mann ermunterte sie und forderte sie auf, sich konkret über ihre Wiedereinstiegsmöglichkeiten zu informieren

Vor Kurzem hatte Frau R. ihren ersten Arbeitstag. Die große Tochter und der Sohn bekamen pünktlich am Abend vorher Fieber und Halsschmerzen und mussten deshalb das Bett hüten. Halb schämte sich Frau R., halb war sie zu stolz – jedenfalls wollte sie nicht ihre Mutter anrufen und ihr das Kinderhüten antragen ...

Ihr Mann erzählte einige Tage später, dass ihm an diesem Morgen – zu seiner Beschämung erst an diesem Morgen – ein Licht aufgegangen sei. Ebenso wie seine Frau die Kinder betreut hatte, damit er sich beruflich entfalten konnte, wollte er die Arbeit seiner Frau unterstützen. Er rief an diesem Morgen in seiner Firma an und meldete einen Tag arbeitsfrei an wegen Betreuung seiner kranken Kinder.

Er organisierte dann seine Mittagspause so, dass er zu Hause sein konnte, wenn die Kinder von der Schule bzw. vom Kindergarten kamen. Auf diese Weise sparten sie sich nicht nur das Geld für die Kinderfrau, sondern er spürte, dass er sich nun ganz anders, noch einmal neu mit seinen Kindern verband.

Frau R. würde sicher noch einige Zeit brauchen, um die neue Mitverantwortung ihres Mannes nicht nur als Gefälligkeit zu sehen, sondern als Versuch seinerseits, ihre Freiheit ernst zu nehmen.

Die berufstätige Mutter – ein Problem der Männer

Wenn man versucht, aus der Perspektive der Entwicklungsberatung von Erwachsenen die Erfahrungen zum Thema Muttersein und Berufstätigsein *zusammenzuschauen*, so ergibt sich dies als gemeinsamer Nenner: Die Frage scheint in erster Linie ein *Problem der Männer*, der Ehemänner, zu sein. Der in unserer Gesellschaft offenbar kaum grundsätzlich zu lösende Widerspruch zwischen Mutterrolle und der Rolle als berufstätige Frau kann wenigstens im privaten Bezirk dann gelöst werden, wenn die jeweiligen Ehemänner oder Lebenspartner diese Lösung als *ihre* Aufgabe erkennen können.

Versuchen wir, diese Behauptung etwas näher zu beleuchten. Als Angelpunkt für das Spannungsfeld Vaterrolle – Berufsrolle beim Mann hatten wir das Erlebnis eines Urmangels festgestellt: Der Mann empfindet zutiefst, dass er Leben nicht geben kann; so muss er seine Selbstgewissheit außerhalb der Familie auf sachlichem Felde suchen (vgl. S. 309).

Angelpunkt für das entsprechende Problemfeld bei der Frau ist das Gegenteil: Es ist das Erlebnis, Leben geben zu können und dadurch vitale, das Leben pflegende und schützende Aufgaben zu haben. Dieses Urerlebnis scheint Ausgangspunkt des weiblichen Selbstverständnisses zu bleiben, auch wenn Frauen später wieder berufstätig sind. Die Belange der Kinder und Familie werden für eine Frau noch viele Jahre, oft ein ganzes Leben lang, Vorrang haben gegenüber den Belangen der eigenen Berufstätigkeit.

Nun stehen wir aber andererseits heute vor der Tatsache, dass die Bewusstseinsentwicklung der Frauen ein lebenslanges Aufgehen in der Mutterrolle oder auch in der Rolle der Familienmanagerin immer weniger zulässt. Es scheint heute nicht mehr für ein ganzes Leben sinnstiftend zu sein, dass die Frau das Wachstum ihrer Kinder und das Gedeihen ihrer Familie pflegt.

Die doppelte Belastung

Andere sinnstiftende Inhalte werden gesucht. Die Unausgefülltheit durch die Mutterrolle kann heute schon in einer Zeit beginnen, da sie, von den Entwicklungsbedürfnissen des Kindes aus gesehen, noch gebraucht würde. Also längst vor dem Jugendlichenalter ihrer Kinder suchen Frauen heute ihr Eigenes in außerfamiliären Aufgaben, im Beruf, im Erlernen neuer Fähigkeiten, im ehrenamtlichen Engagement. Wenn die Kinder »aus dem Gröbsten heraus« sind, scheint Mutterschaft viele Frauen nicht mehr vollkommen auszufüllen. Ein weiteres Feld der Bewährung wird gesucht.

Nun beobachten wir aber gleichzeitig, dass der Entwicklung hier jede Eindeutigkeit fehlt. Das ist an Folgendem zu erkennen: Ein Mann, der sich zusätzlich zum Beruf in der Familie engagiert, wird dies, wenn er es freiwillig tut, als Bereicherung empfinden. Eine Frau, die sich zusätzlich zu ihrer familiären Aufgabe eine berufliche Aufgabe stellt, wird dies zunächst einmal als doppelte Belastung empfinden. Denn keineswegs wird sie die Rolle wechseln, auch nicht stundenweise. Sondern zusätzlich zu der selbstgestellten Aufgabe, sich auf sachlichem Felde zu bewähren, wird sie weiterhin, oder auch jetzt erst recht, eine »gute« Hausfrau und Mutter sein wollen. Nun muss der Schwiegermutter, der Nachbarin oder auch dem eigenen schlechten Gewissen gezeigt werden, dass sie ihre mütterlich-hausfraulichen Aufgaben keineswegs zu vernachlässigen braucht, nur weil sie jetzt eben halbtags arbeiten geht.

Es entsteht eine Mehrbelastung, eine Doppelbelastung, die nur dann den weiteren Lebensgang befruchtet, wenn die Ehemänner oder Partner hier helfend eingreifen. Es ist vollständig eine Frage an den Mann, inwieweit er sich nun, angesichts einer berufstätigen Ehefrau, direkt und konkret für die Familie verantwortlich fühlen kann.

Die Frau wird erst dann von der Mutter- und Hausfrauenrolle abschalten, wenn sie erlebt, dass der Mann ihr Verantwortung abnimmt. (Im Einzelfall kann dies freilich auch durch die Eltern, eine Nachbarin etc. geschehen.)

Etwas zugespitzt lässt sich also sagen: Inwieweit sich eine berufstätige Mutter von den Konsequenzen ihrer biologisch begründeten Urerfahrungen lösen kann, das hängt von ihrem Mann ab. Und es hängt davon ab, ob die berufstätige Mutter es akzeptieren kann, dass der Mann seine Verantwortung natürlich anders verwirklichen wird als sie.

Auf der Grundlage, dass beide Ehepartner erkennen, dass es in dieser »Frauenfrage« um eine an den Mann gerichtete Frage geht, hat die Angelegenheit die besten Chancen, die Entwicklung der ganzen Familie zu befördern.

Für die Frau selbst wird es eine Horizonterweiterung bedeuten. Sie wird ihrer Sorge ledig, durch die Nur-Mutterschaft zunehmend in eine Isolation zu geraten. Ihre Kinder werden selbstbewusster und selbstständiger werden, weil sie sich mitverantwortlich fühlen können für den Familienalltag. Auch die Ehe kann Auftrieb erfahren, wenn die Frau wieder ins Berufsleben einsteigt.

Auf der anderen Seite gibt es die Situation, dass Ehemänner den beruflichen Wiedereinstieg ihrer Frauen direkt oder indirekt boykottieren. Hier dürfte es sich meist um ein schon vorher schwelendes Eheproblem handeln. Ein Grund kann zum Beispiel sein, dass der Mann seine Rolle als »Ernährer« entwertet sieht, die zur einzigen Grundlage seiner Autorität in der Familie geworden ist. Hier dürfte auf jeden Fall eine Eheberatung angezeigt sein.

So sind in dieser »Frauenfrage« ganz wesentlich die Männer angesprochen: Wie weit reichen ihre Fähigkeiten, die Ehefrau als Persönlichkeit ernst zu nehmen, die das Feld ihrer Eigenständigkeit letztlich nur selbst finden und bestimmen kann?

Harmonie und Fremdheit im familiären Zusammenleben

Erwartungen an die Familie

Ein Familiensonntag: Frau Müller hat am Samstag eingekauft, noch eben einen Kuchen gebacken, den Pullover zu Tante Friedas Geburtstag fertig gestrickt, dem Hund das Fell gebürstet, das Unkraut im Garten gezupft, vorgekocht, die Spülberge abgetragen, die Wäsche von der vergangenen Woche gebügelt und außerdem Kopfweh gehabt. Am Sonntag möchte sie ausspannen und im Kreis ihrer Familie einmal durchatmen, vielleicht etwas spazieren gehen mit Mann, Kindern und Hund.

Herr Müller hat am Samstag den Wagen gewaschen, die ältere Tochter zum Reiterhof gefahren und wieder abgeholt und ist zum Sport gegangen. Er möchte am Sonntag mit dem 12-jährigen Sohn zum Waldlauf und später mit allen zum Schwimmen.

Christine, die 16-jährige Tochter, hat am Samstag alle Arbeiten für die Schule erledigt und der Mutter beim Putzen geholfen, außerdem eine neue Hose umgenäht. Am Sonntag möchte sie möglichst lange ausschlafen und nachmittags mit ihrer Freundin ins Kino gehen.

Der 12-jährige Peter hat sich am Samstag neue Videospiele von seinem Freund ausgeliehen und will sie am Sonntag einmal durchprobieren.

Sonntag, sieben Uhr: Frau M. wacht mit dröhnenden Kopfschmerzen auf. Beim Einnehmen einer Tablette fällt ihr das Wasserglas aus der Hand, Herr M. wacht auf. Sie bittet ihren Mann, Frühstück zu machen, und legt sich wieder hin. Mürrisch macht sich Herr M. an die Arbeit.

Aus Peters Zimmer kommen seltsame Geräusche. Herr M. sieht

nach: Peter sitzt schon vor den Videospielen. Herr M. schimpft mit Peter und kommt dabei auf seine grundsätzliche Unzufriedenheit mit dessen Schulleistungen. Peter ist beleidigt und teilt mit, dass er am Frühstück nicht teilnimmt.

Christine wird von der Auseinandersetzung zwischen Vater und Bruder wach, hat Hunger, streicht sich gleich ein Brot und trinkt etwas. Dann legt sie sich wieder hin: Frühstücken wolle sie nicht. Herr M. wird ärgerlicher: Nun habe er ja bald umsonst das Frühstück zubereitet. Seine Frau kommt aus dem Schlafzimmer und fragt ihn gereizt, warum er solchen Krach mache. Herr M. wird endgültig wütend. Nicht er mache Krach, sondern die anderen, außerdem seien alle Egoisten, und weshalb er jetzt eigentlich Frühstück gemacht habe.

Frau M. trinkt apathisch eine Tasse Kaffee. Herr M. holt sich noch einmal die Zeitung vom Samstag hervor und verkriecht sich dahinter, während er frühstückt. Es ist Sonntag, acht Uhr ...

Das Harmonie-Ideal hemmt die Entwicklung

Unsere Erwartungen an die Familie sind vom Ideal der Harmonie geprägt. Dieses Harmonie-Ideal setzt so etwas wie die Nicht-Unterscheidung der Familienmitglieder voraus und definiert sich ungefähr so: Harmonie ist, wenn wir gefühlsmäßig zusammenklingen und sich unsere Bedürfnisse nahtlos verbinden lassen.

Ein solches Harmonie-Ideal trägt aber heute nicht mehr, weil die Voraussetzung nicht mehr stimmt: In der Familie kommen heute Menschen zusammen, die sich zutiefst unterscheiden. Obwohl sie »verwandt« sind, treffen hier stark ausgeprägte Individualitäten aufeinander. Die Tatsache, dass man leiblich verwandt ist bzw. dass man einmal in Liebe zueinandergefunden hat, ist keine Gewissheit gegen Verschiedenheit und Fremd-Sein. So gibt es zunehmend Familien, die angesichts der aus allen Ecken hervorbrechenden Unvereinbarkeiten geradezu mit Verzweiflung das alte Harmonie-Ideal *durchsetzen* wollen. Wir *müssen* uns doch gut verstehen und gern zusammen sein, weil wir eine Familie sind. So fängt das Harmonie-Ideal an, das Zusammenleben zu behindern und Entwicklung zu hemmen. Es entsteht ein zentrifugaler Druck nach außen, obwohl das Ideal den Zusammenhang nach innen beschwören will. Erst »fliehen« die Kinder, dann die Erwachsenen.

Unrealistische Erwartungen sind mit diesem Harmonie-Ideal verbunden. Die Familie soll Schutz und Zuflucht sein für außerhalb erlittene Kränkungen und Frustrationen. Sie soll Korrektur sein für alle Erfahrungen des Nicht-angenommen-Seins, die man schon seit der Kindheit hat hinnehmen müssen. So ein Familienvater mag sich sagen: »In meiner Familie habe ich ein Recht darauf, anerkannt und akzeptiert zu werden. Familie ist der Ort, wo es mir zusteht, dass alle meine in der Vergangenheit ungestillten wie auch meine aktuellen Bedürfnisse erfüllt werden. In der Familie darf ich ›ich‹ sein.«

Genau darin aber liegt das Problem. Eine Familie, in der jeder endlich und ständig »ich« sein kann, kann nicht harmonisch sein, denn es gehört zum Wesen des Ichs, dass es verschieden ist von allen anderen Ichen. Ansonsten müsste eine Familie, die harmonisch sein will, jede Individualisierung ihrer Mitglieder verhindern. Heute wird etwa ein Drittel aller Ehen in Deutschland wieder geschieden. Jedes zweite Kind ist bereits von Trennung oder Scheidung betroffen.

Wir befinden uns, was die Möglichkeiten des familiären Zusammenlebens betrifft, offenbar in einer Schwellensituation. Das alte Familien-Harmonie-Ideal, das in der Vergangenheit seine Gültigkeit gehabt haben mag, trägt nicht mehr, wird aber mancherorts unerbittlich weiter verfochten, vermutlich weil Alternativen nicht in Sicht sind. Die Menschen, schon die Kinder, durchlaufen heute eine auffallend rasche und starke Entwicklung ihrer Persönlichkeit; sie sind »kantiger« und ausgeprägter in ihrem Wesen als noch in der Nachkriegszeit. Die Akzeptanz-Erwartungen an die Familie sind dadurch enorm gestiegen, während die Möglichkeiten zur Akzeptanz enorm gesunken sind, eben weil die anderen auch ausgeprägtere Individualitäten sind als früher.

Es sind meistens zuerst die Frauen, die die Gefahr des entwicklungshemmenden Harmonie-Ideals bewusst erkennen. Die anderen Familienmitglieder spüren es nur und handeln oft unbewusst zentrifugal. So bewirkt das Ideal heute häufig das Gegenteil von dem, was es eigentlich will.

Verschiedenheit und Fremdheit zwischen den Familienmitgliedern sind groß geworden und machen Angst. Die Angst vor etwaigen Unüberbrückbarkeiten kann das familiäre Zusammenleben lähmen.

Das Kind ist mir als Fremder anvertraut

Schon Kind und Eltern bewegen sich seelisch in zwei völlig verschiedenen Welten. Jedes Alltagsereignis wird vom Kind ganz anders wahrgenommen als vom Erwachsenen. Kindliches Denken und erwachsenes Denken unterscheiden sich zum Beispiel wie das Weltbild der Aborigines – das sind die australischen Ureinwohner – von dem der modernen Japaner. Auf der anderen Seite sind schon fünfjährige Kinder heute ausgeprägte Individualitäten, haben einen starken Willen und kommen teilweise mit einer Kraft auf die Erde, die sich der heutige Erwachsene erst erringen muss. Wir haben hier keimhaft sehr eigene und ausgeprägte Schicksale vor uns, für die unser Familienleben nur eine Anfangsstation ist auf einem vermutlich dynamischen und kräftigen Lebensweg.

Natürlich ist für das Kind die gefühlsmäßige Geborgenheit in der Familie das Wichtigste. Aber – und das wird eben genauso selbstverständlich werden müssen: Die Familie muss das Kind, und dann besonders den Jugendlichen, von vornherein als *fremden Menschen* betrachten können, *als Gast*, der ihr einige Jahre anvertraut ist, den sie dann aber ebenso freudig, wie sie ihn aufgenommen hat, auch wieder ziehen lassen muss. Wenn der Jugendliche sich ablöst, ist die gleiche Freude angezeigt, wie wenn das Kind auf die Welt kommt. Ich muss als Vater die Haltung bekommen: Das von mir so geliebte Kind ist ein Fremder, selbst wenn es mir äußerlich und in seinen Eigenschaften auch noch so ähnlich ist. Es ist ein eigenes Ich, ein fremdes Ich. Es ist eben nicht meine Verlängerung. Und ich habe keinerlei Rechte, keinen irgendwie gearteten Anspruch auf dieses Kind, vor allem nicht darauf, dass es mit mir harmoniert. In keiner Lebensphase kann es solche Ansprüche geben. Mein Kind ist im Prinzip – und im Prinzip schon immer – ein freier und eigener Mensch.

Ich meine, mein Kind zu kennen. Tatsächlich? Was ich kenne, ist seine Vergangenheit, wie es aufgewachsen ist, welche Gewohnheiten und Eigenarten es ausgebildet hat. Seine Zukunft aber, seine Entwicklungsmöglichkeiten, eventuelle künftige Gewohnheiten und Eigenarten und schon gar seine künftigen Taten kenne ich jedoch keineswegs. Aber eben wegen dieser Zukunftsmöglichkeiten, ja *für diese*, kam das Kind auf die Welt und wählte mich als »Startbedingung«. Es kam nicht auf die Welt, um Vergangenheit anzuhäufen.

Im dritten Jahrsiebt versucht sich dieser Freiheitskern des Menschen mit großer Kraft durchzusetzen. Wenn ich jetzt als Vater oder Mutter festhalte, sei es mit moralischen Appellen, sei es mit Belohnungen, sei es mit Drohungen, sei es mit Dankbarkeitswünschen, sei es mit Verelendungsfantasien nach dem Motto: Wenn du deinen eigenen Weg gehst, wirst du untergehen – wenn ich also so oder irgendwie anders festhalte, dann wird sich mein Kind die Bestätigung dafür, dass es ein ganz anderes und eigenes Wesen ist, in einem extremen sozialen Zusammenhang suchen, vielleicht in einer Sekte oder in der Drogenszene.

Der Jugendliche hat völlig recht, wenn er irgendwann empfindet, dass seine Herkunftsfamilie nicht seine Heimat ist. Und dass sie nicht seine Zukunft ist. Sein immer auf Zukunft angelegtes Ich hat er nicht von den Eltern, sondern aus einer ganz anderen Sphäre.

Die bewusste Pflege der Andersartigkeit

Das ist das eine Fremdheitsthema, das die Familie heute zu bewältigen hat. Ein anderes Fremdheitsthema ist dies: Ehe und Familie sind nicht das Gleiche. Die Familie, besonders die Kinder, können so viel Aufmerksamkeit und Kraftaufwand verlangen, dass die Ehe dadurch vernachlässigt wird. In manchen Fällen kann es auf diesem Wege zu einer regelrechten Entfremdung zwischen den Ehepartnern kommen. Die Andersartigkeit von Ehe und Familie muss deshalb heute bewusst wahrgenommen und sie muss in dieser Andersartigkeit auch bewusst gepflegt werden.

Ein drittes Fremdheitsthema, mit dem sich die Familie heute auseinandersetzen muss, ergibt sich daraus, dass man sich gegenseitig so gut »kennt«. Es haben sich Gewohnheiten gebildet, Ansprüche, auch immer wiederkehrende Ärgernisse und Reibereien. Auch die Schwächen des *anderen* sind ja bestens bekannt.

So lebt man aus der Gewohnheit und aus der Vergangenheit. Der Reiz des Neuen ist weg. Eine Zeit lang ist das auch heimelig. Dadurch, dass man sich gegenseitig so gut »kennt«, hat man zunächst eine emotionale Geborgenheit und Sicherheit in der Familie. Im Laufe der Jahre aber kann sich dies verändern, und das Familienleben bekommt – zunächst für die groß werdenden Kinder, dann auch für die Erwachsenen – einen seltsam muffigen, veralteten, irgendwie unzukünftigen Geschmack. So kann unter der Decke der Vertrautheit schleichend ein Gefühl der Fremdheit entstehen.

Hier gilt es also, wach zu sein und damit zu rechnen, dass sich die an die Familie gerichteten Bedürfnisse der einzelnen Mitglieder – der Kinder ebenso wie der Erwachsenen – im Laufe der Jahre ändern. Im folgenden Kapitel wird beschrieben, wie man sich um eine moderne Art von »Familienharmonie« bemühen kann (vgl. auch S. 336 ff.: Die Patchwork-Familie).

Wie kann die Zukunft der Familie aussehen?

Eine neue Form der Harmonie

Die Familie wird wohl auch in Zukunft ein Ort der Geborgenheit und Sicherheit sein wollen. Aber Sicherheit und Geborgenheit – das zeichnet sich jetzt schon ab – werden nicht mehr daraus erwachsen, dass die Familienmitglieder abends, am Wochenende und im Urlaub ständig zusammen sind und die Freizeit gemeinsam verbringen. Der moderne Mensch, schon der Jugendliche, braucht einerseits einen kleinen Kreis vertrauter Menschen, von denen er sich angenommen weiß und die ihn ständig im Bewusstsein haben. Andererseits braucht er sie aber nicht nur, um mit ihnen zu sein, sondern auch, um sich zwischendurch von ihnen zurückziehen zu können.

Wir sind heute so stark ausgeprägte Individuen, dass das ständige Beisammen-Sein im Alltag schnell Antipathiekräfte weckt, auch da, wo man eigentlich liebt. Damit diese Antipathiekräfte nicht zerstörerisch werden und sich als ständige Spannung ausleben, muss man sich auch von den anderen Menschen, mit denen man gemeinsam lebt, distanzieren können. Der Jugendliche und der Erwachsene, die sich ohne Schuldgefühle immer wieder zurückziehen dürfen, werden nachher gern und vor allem freiwillig wieder mit den anderen zusammen sein. In solch einem Wechsel von Zusammen-Sein und Für-sich-Sein entsteht so etwas wie eine neue Form der Harmonie. Man ist dann nicht nur gefühlsmäßig und räumlich miteinander verbunden, sondern kann sich dann eingehüllt erleben in einer Sphäre des wechselseitigen Wahrgenommen-Seins und der wechselseitigen Toleranz. So entsteht eine sehr freilassende Form des Zusammenlebens. Sie wird immer wieder freiwillig gewollt und bleibt durch eine Art gegenseitiger Neugier lebendig: Was hat der andere heute Neues erlebt? Was bringt er Neues in die Familie herein? *Wie entwickelt sich der andere?*

Dies dürfte für die Familie in Zukunft die entscheidende Frage werden: Wie entwickelt sich der andere? Statt: Wie ist er heute wieder drauf? Oder auch statt: Ich kenne dich doch. – Denn wie kann eine Ehefrau und Mutter sich entwickeln, wenn ihre Familie meint, sie zu »kennen«? Wenn überhaupt, kann sie sich dann nur noch von ihnen weg entwickeln. – Übt man sich darin, den anderen nicht immer »kennen« zu wollen, sondern ihn ganz bewusst zwischendrin auch mal wie einen unbekannten Menschen zu betrachten, dann lässt man den anderen frei, sich *innerhalb* der Familie zu entwickeln. Wenn das gegenseitig gelingen könnte, dann könnte man sich gemeinsam entwickeln.

So etwa kann das neue Familienideal aussehen. Auf diese Weise weiß man sich mehr im Geiste als im Blute verbunden und lebt stärker aus gemeinsamen Idealen heraus als aus gemeinsamen Erinnerungen.

Dass man sich zwischendurch einmal zurückziehen darf, wird natürlich im Alltag oft schon praktiziert oder vielleicht auch sogar ins Egoistische überzogen: Mancher Ehemann geht abends lieber zum Sport, statt sich um die quengelnden Kinder zu kümmern. Das ist hier nicht gemeint. Gemeint ist vielmehr ein bewusstes Von-einander-Zurücktreten und Wieder-aufeinander-Zugehen. Das ist etwas anderes, als »sich dünne« machen, wenn's lästig wird.

So könnte man sich zum Beispiel in einer Familie darauf einigen, dass ein großer Teil des Sonntags für die Rückzugsbedürfnisse der einzelnen Familienmitglieder da ist. Damit wäre schon viel gewonnen. Freilich müsste man dann auch organisieren, dass man regelmäßig zu vereinbarten Zeiten als ganze Familie auch wieder zusammenkommt, um sich auszutauschen und einander zu erzählen.

Man könnte auch einmal darüber nachdenken, wie es wäre, wenn in den nächsten Sommerferien nicht alle vier Familienmitglieder, eingepfercht ins Familienauto, voll beladen, in sengender Hitze, unausgeschlafen und enttäuscht über miserable Hotels durch Spanien rasen, sondern wenn jeder in eine andere Richtung ginge, um Urlaub zu machen. Jeder könnte seine Wünsche und Vorstellungen äußern, und gemeinsam könnte man die Einzelvorhaben planen: Die elfjährige Tochter geht auf einen Reiterhof, weil sie Pferdenärrin ist; der achtjährige Sohn geht mit einem Schulkameraden in ein Feriencamp; die Mutter holt endlich die Florenz-Reise nach, die sie schon lange machen wollte, und der Vater geht zum Bergwandern. Nach drei Wochen kommen alle zusammen und haben sich viel zu erzählen. Jetzt teilen sie die Erlebnisse miteinander, und jeder hat Gelegenheit, *den anderen in seiner Andersheit wahrzunehmen.*

Zuneigung erwächst aus dem Freilassen

Damit ist noch eine andere Form des zeitweiligen gegenseitigen Rückzugs angesprochen, die man regelrecht einüben muss, weil sie »gegen den Strich geht«: Es belebt sehr das Zusammenleben, wenn sich die Erwachsenen ab und zu in die Vorstellung hineindenken, alle anderen Familienmitglieder gerade eben erst kennengelernt zu haben. Der 16-jährige Sohn als neue Bekanntschaft, beiläufig im Zugabteil kennengelernt; der Ehemann: ein kürzlich eingezogener Nachbar. Dann sollte man sich trauen, den anderen einmal ganz bewusst in seinem Anderssein, ja mit all seiner Fremdheit zur Kenntnis zu nehmen. Man kann ruhig bei Äußerlichkeiten anfangen und dann zu Wesentlicherem fortschreiten: Was für Hände hat mein Sohn eigentlich, welche Gesten macht er damit? Welche Farbe trägt er denn am häufigsten? Was isst er eigentlich immer ... ?

Es ist zum Beispiel auch eine amüsante Übung, am Samstag – das ist bekanntlich der anstrengendste Tag für eine Familie – die anderen daraufhin anzuschauen, worin sie sich genau heute von mir unterscheiden. Man wird dann meist bemerken, dass alle vier oder fünf Familienmitglieder auf völlig verschiedene Art entspannen wollen. Und die Entspannung kommt tatsächlich erst dann zustande, wenn sich alle das gegenseitig genehmigen.

Den anderen in seinem Anderssein wahrnehmen – das ist auch eine Übung zur Selbstlosigkeit. Denn wir möchten ja, dass der andere gleiche Interessen hat wie wir, die gleiche Meinung, die gleichen Empfindungen. Verzichtet man auf diese Art der Selbstbestätigung, empfindet man schnell eine ganz andere, tiefere Art von Annehmen und Angenommen-Sein. Die Zuneigung in der Familie ist dann nicht mehr daran gebunden, dass man sich ähnlich ist, sondern sie erwächst aus dem Freilassen.

Eine solche Familie würde ein Ziel, ein Ideal verfolgen, das Rudolf Steiner für große Gemeinschaften, für Gesellschaften formuliert hat, das wir hier aber sehr wohl auch auf die Kleinfamilie anwenden können: *dass Familie eine Gemeinschaft wird, die für sich gar nichts, für den Einzelnen alles will* (Rudolf Steiner, GA 31, 1966, S. 147).

Die so entstehende Familie versteht sich als Entwicklungsgemeinschaft und wird die Entwicklungsbedürfnisse aller Familienmitglieder im Auge haben. Denn auch Erwachsene können sich in der Familie entwickeln, nicht nur Kinder. Die natürliche Entwicklung der Kinder kann geradezu die – nur bewusst zu ergreifende – Entwicklung der Erwachsenen in Gang bringen.

So könnte Familie eine Entwicklungsgemeinschaft sein, weil Gemeinsamkeit und Individualisierung keine Gegensätze mehr sind.

Die Patchwork-Familie

Eine Neugründung nach altem Muster

Samstagabend bei Familie Berger-Sand. Antje versucht, ihre siebenjährige Tochter Sandra ins Bett zu bringen. Diese streitet sich aber gerade mit dem Sohn ihres Stiefvaters, Jochen, elf Jahre, wegen des Meerschweinchens. Sandra hat bisher immer das Meerschweinchen gefüttert. Seit ihre Mutter und sie jedoch mit Jürgen und seinen beiden Söhnen Jochen und Bert zusammenleben, muss sie diesen Posten mit Jochen teilen. Vor sechs Wochen haben Antje und Jürgen geheiratet. Seitdem macht es Sandra überhaupt keinen Spaß mehr, mit den anderen Kindern zusammenzuwohnen.

Antje ist traurig darüber. Sie hat noch nie mit einem Mann zusammengelebt, von Anfang an war sie alleinerziehende Mutter gewesen und war nun eigentlich überglücklich. Jürgen hatte sich vom ersten Kennenlernen an ganz intensiv um Sandra bemüht, ebenso wie um Antje selbst. Antje hatte das gut gefunden, und sie waren sich nahe gekommen. Antje hatte gewusst, dass Jürgen vor Kurzem geschieden wurde und seine beiden Söhne Jochen, elf Jahre, und Bert, zehn Jahre, zu sich genommen hatte. Deren Mutter Claudia war vor zwei Jahren mit einem englischen Soldaten »durchgebrannt«.

Antje wollte nun endlich auch eine Familie haben, eine ganz normale Familie. Jürgen hatte den Schmerz über die Trennung von Claudia noch nicht überwunden und war froh, so schnell wieder eine Familie gründen zu können. Besonders bei der Hochzeit vor sechs Wochen bemühten Antje und Jürgen sich sehr, den Kindern in gleicher Weise Vater und Mutter zu sein. Jürgen bat seine Jungen, Antje »Mama« zu nennen, Sandra sprach Jürgen von allein als »Vati« an.

Für Antje war eine jahrelange Hoffnung in Erfüllung gegangen – endlich eine richtige Familie. Für Jürgen stand ein Gefühl von Wieder-in-Ordnung im Vordergrund. Nach der Zerstörung seiner ersten Familie würde er nun in der neuen Familie an das Familiengefühl anknüpfen können, das er immer sehr gesucht und geschätzt hatte.

Wie wird es weitergehen, wie ist der Anspruch zu bewerten, dass Antje und Jürgen sich als »ganz normale« Familie betrachten oder zumindest das Ziel haben, eine ganz normale Familie zu werden?

Zwei Jahre später, ein Samstagabend. Sandra prügelt sich mit Jochen um das Zwergkaninchen. Bert hängt traurig am Telefon und wartet schon seit Stunden auf den Anruf seiner Mutter aus England, den sie für Samstagabend angekündigt hatte. Jürgen ist in den Sportverein gegangen – weniger wegen des Sports, sondern weil ihm der ständige Streit der Kinder auf die Nerven geht. Antje hat sich in ihr Zimmer zurückgezogen. Sie ist schwanger. Sie schreibt Briefe an frühere Freundinnen, die sie schon lange nicht mehr gesehen hat. Die Hausarbeit hat sie vollkommen vereinnahmt, ein Fünf-Personen-Haushalt fordert eben mehr als ein Zwei-Personen-Haushalt. Mit Jürgen kommt kaum noch ein Gespräch zustande. Jede Unterhaltung bei Tisch wird vom Dauerstreit der Kinder beherrscht, manchmal lassen sich die Erwachsenen mit hineinziehen, ergreifen Partei für »ihr« Kind. – Jeder ist auf seine Weise allein.

Die Frage nach den Familiengrenzen

Familie Berger-Sand hat versucht, eine ganz normale Familie zu sein, eine harmonische Familie. Sie übersah dabei zweierlei: Erstens ist auch die ganz normale Familie keineswegs ohne Weiteres etwas ganz Harmonisches. Zweitens sind die Berger-Sands keine normale Familie.

Sie sind eine »Patchwork-Familie«, ein aus Restfamilien zusammengesetztes, nicht einmal zusammengewachsenes soziales Gebilde. Familie Berger-Sand hat dies von vornherein vor sich selbst zu leugnen versucht. Unrichtige Bezeichnungen wurden eingeführt: der Stiefvater wurde »Vati« genannt, die Stiefmutter »Mama«. Die Stiefmutter hat versucht, zu ihren Stiefkindern das gleiche Verhältnis zu finden wie zu ihrem eigenen Kind, entsprechend der Stiefvater. All dies stellt ganz einfach die Leugnung einer Realität dar. Als sie das Experiment begannen, wusste keiner von ihnen, was eine Patchwork-Familie eigentlich ist; wie man sich da verhält; welche besonderen Anforderungen und Fragen man da ausgesetzt ist. Man greift deshalb einfach auf das zurück, was man über die normale Familie weiß oder vielleicht zu wissen meint. So aber kann die Patchwork-Familie nicht ihre eigene Realität finden. Es ist, als ob jeder vor einer gemeinsamen Wanderung schlecht sitzende Schuhe angezogen hätte, die Schuhe verwechselt hätte mit denen anderer Leute. Sehr weit wird man mit diesem unpassenden Schuhwerk nicht kommen, jedenfalls nicht gemeinsam.

Eine der besonderen Anforderungen, vor die sich eine Patchwork-Familie gestellt sieht, ist die Frage der Familiengrenzen. In einer normalen Familie ist das klar. Da herrscht etwa der gleiche Grad von Nähe unter den Familienmitgliedern, es kennen sich alle etwa gleich gut. Es besteht – natürlich unausgesprochene, selbstverständliche – Einigkeit darüber, dass Onkel Ernst und Tante Herta noch zum Familienkreis gehören, während Paul und seine Familie und die Großeltern zum weiteren Kreis gehören und so fort.

Ganz anders in einer Patchwork-Familie: Die einzelnen Mitglieder haben oft sehr unterschiedliche Vorstellungen darüber, wer zur Familie gehört und wer nicht. Für Bert zum Beispiel gehört seine meist in England lebende Mutter durchaus zur Familie. Er hat immer große Sehnsucht nach ihr und orientiert sich stark an ihr. Für Antje dagegen gehört Claudia natürlich absolut gar nicht zur Familie. Für Sandra auch nicht. Für Jürgen gehören Antjes Eltern nicht zum Familienkreis; er kann mit ihnen nicht warm werden. Für Sandra und für Bert, der Antjes Eltern sehr mag und der sie mit Sandra oft besucht, gehören sie doch zum engen Familienkreis. Für Jochen wieder nicht.

Für Jürgen wird seit einiger Zeit Antjes Kontakt zum Vater ihrer Tochter, Dieter, etwas bedrohlich: Warum trifft Antje sich immer wieder mit ihm? Hat sie noch was mit ihm? Warum zieht Antje sich immer mehr zurück? Ist es wegen ihm? – Für Antje bedeutet dagegen der sporadische Kontakt zu Dieter eine große Erleichterung, denn er ist bereit, mit ihr die Verantwortung für Sandra zu teilen. Antje fürchtet ein wenig, dass Sandra in der Familie zu kurz kommt. Sie bespricht das immer wieder mit Dieter ...

Die Außengrenzen können in der Patchwork-Familie sehr unklar werden oder von vornherein unklar sein. Das gilt besonders für die Abgrenzung vom externen Elternteil. Die Kinder haben ein Recht auf Kontakt zu ihm; sehen sie ihn nicht, idealisieren sie ihn; erlaubt man den Kontakt, so erleben sie dort oft eine andere Erziehung, die gar nicht zu dem passt, was die Patchwork-Familie aufbauen will.

Diese unklare Abgrenzung nach außen kann zentrifugale Kräfte freisetzen; eine Stimmung der Desorganisation kann auftreten.

Belastung durch die Vertrauensfrage

Eine weitere Herausforderung für die Patchwork-Familie liegt darin, dass keine gemeinsame Geschichte besteht. Die einzelnen Mitglieder haben sehr unterschiedliche Familienerfahrungen, die Kinder haben unterschiedliche Elternerfahrungen gemacht; die Eheleute haben unterschiedliche Eheerfahrungen gemacht. Auch die persönliche Geschichte ist sehr individuell. Bei Berger-Sands ist es so, dass Jürgen einen enormen Trennungsschmerz erleben musste, der ihn sehr geprägt hat. – Antje wiederum hatte wenig Erfahrung mit festen Beziehungen, dafür aber viel Erfahrung mit Hoffnungen und Sehnsüchten.

Auch bezüglich der Kinder besteht keine gemeinsame Basis: Antje kennt die Geschichte der beiden Jungen nicht. Jürgen kennt die Vorgeschichte von Sandra nicht. Beide haben die Entwicklung der Stiefkinder gar nicht mitbekommen. Außerdem haben beide ihre Kinder in der vorigen Situation in einem ganz anderen Stil erzogen.

Eine Erfahrung haben aber alle Mitglieder der Patchwork-Familie gemeinsam: Jeder hat den Verlust einer wichtigen Bezugsperson erlebt oder hat sich schon lange nach einer wichtigen Bezugsperson gesehnt. So ist das Zusammengehen der Mitglieder von vornherein belastet durch die Vertrauensfrage. Jeder stellt – natürlich unausgesprochen – jedem anderen die Frage: »Bist du mir nah, und kann ich dir vertrauen?«

Jürgen ging mit der Vertrauensfrage so um, dass er Antje ein wenig kontrollierte. Wenn sie telefonierte, versuchte er in ihrer Nähe zu sein. Ungern ließ er sie allein weggehen. So fühlte sie sich immer ein bisschen eingeengt.

Sein Sohn Bert vertraute Antje überhaupt nicht; Bert konnte nur seiner eigenen Mutter vertrauen (die ihn doch vor zwei Jahren hatte sitzen lassen).

Sandra ging mit der Vertrauensfrage so um, dass sie auf Jochen und Bert freundlich und auf Jürgen sehr vertrauensselig zuging. Sie hatte sich schon lange einen Vati gewünscht. Da war er nun. Nun würde er alles mit ihr machen, was ihre Freundinnen vom Vater erzählt hatten – ihr abends vorlesen; mit ihr Pferd spielen; ihr manchmal Süßigkeiten von der Arbeit mit nach Hause bringen; mit ihr herumalbern.

Jochen war sehr misstrauisch seinem Vater gegenüber. Denn für Jochen war es ausgemacht, dass sein Vater seine Mutter aus der Familie herausgetrieben hat.

Worin können wir nun die Bedeutung der Patchwork-Familie sehen, die es ja immer häufiger gibt, und wie kann sie diese Bedeutung auch ergreifen?

Eine in die Zukunft weisende Aufgabe

Auch für die Patchwork-Familie lässt sich der Gesichtspunkt anwenden, der für die Einzelperson gilt, wenn es um die Frage ihrer Entwicklung geht. Die Bedeutung der Patchwork-Familie ist in dem zu suchen, wo sie anstößt, wo etwas nicht leicht von der Hand geht. Auf diesem Wege können wir zu der Empfindung kommen, dass die Patchwork-Familie eine in die Zukunft weisende Aufgabe hat. Angesichts der ständig zerfallenden Normal-Familie, die durch Verwandtschaft und Blutsbindung gewachsen ist, müssen wir neue Formen des intimen Zusammenlebens finden. Es geht darum, eine intime soziale Form zu finden, in der die Mitglieder durch Wille und Bewusstheit aufeinander zugehen. Es geht um neue Formen geistig-seelischer Verbindung, nicht mehr um das verwandtschaftliche Verbundensein im Gefühl.

Eine neue Familienrealität gilt es zu entwickeln, ein neues Familienbild gilt es zu finden, das die Geborgenheitsfrage ganz anders aufgreift.

Auch Elternschaft muss in der Patchwork-Familie ganz anders ergriffen werden. Das Klischee von der »Stiefmutter« oder dem »Stiefvater« stammt aus einer Zeit, in der die verwandtschaftliche Normal-Familie das einzig Denkbare war. Wie findet man nun unabhängig von diesem Klischee ein Verhältnis zu den Kindern des Partners? Wie stellt sich dazu das Verhältnis, das man zum eigenen Kind hat? Und wie wiederum stellt sich das Verhältnis zum eventuellen gemeinsamen Kind? Wie integriert man das Kontaktbedürfnis der Stiefkinder zu ihrem leiblichen, extern lebenden Elternteil? Wie lässt man Ehe entstehen in einer Situation, da man sich von vornherein nur als Eltern, nur in der Elternrolle kennt?

Übungsfelder

Patchwork-Familien sollten sich nicht als Ersatz erleben für die Normal-Familie. Sie sind etwas Neues und ganz anderes. Darin liegt ihre Aufgabe, darin liegt ihre Chance.

Zunächst wird man mit einer sehr langen Gründungsphase rechnen müssen. Das neue Paar hat ja von vornherein keine Zeit für sich zu zweit. Aber auch wegen der zum Teil dramatischen Vorgeschichten – Trennungen, Verluste, entweder von Personen oder von gewohnten Umgebungen – wird es lange dauern, bis man sich wirklich aufeinander einlassen kann. Nach zwei Jahren ungefähr kann eine Patchwork-Familie zusammengefunden haben.

Man braucht viel Zeit, in die neue Rolle hineinzufinden. Plötzlich ist man nicht nur Vater zweier Söhne, sondern auch noch Patchwork-Vater eines Mädchens. Welchen Erwartungen seitens der Tochter, seitens der Ehefrau und seitens der eigenen Söhne ist man nun ausgesetzt?

Zeit wird auch deswegen gebraucht, weil die »alte« Beziehung oft noch lange nachwirkt, oft auch noch geklärt werden muss, bevor man sich wirklich auf die neue Beziehung einlassen kann.

Das weit gesteckte Übungsfeld der Patchwork-Familie ist markiert durch folgende übende Haltungen: Das oberste Gebot dürfte die Klarheit sein, Klarheit nach allen Seiten. Man sollte sehr offen und direkt mit allen Beteiligten sprechen. Vor allem wird man immer wieder über die unterschiedlichen Erwartungen sprechen müssen. Wer erwartet was von wem? Jede Art von aufkeimendem Misstrauen sollte angesprochen werden. Die Kinder sollten sehr partnerschaftlich in die Familienorganisation und in den Experimentier-Charakter der neuen Familie einbezogen werden. Anstatt den Kindern eine heile Normal-Familienwelt vorspielen zu wollen, kann man versuchen, sie zu interessieren für das Neuartige, Experimentelle der neuen Lebensform.

Zur Klarheit gehört auch, allen Beteiligten von vornherein deutlich zu machen, dass von jetzt an etwas versucht wird, was keine übliche

Familie ist. Der Stiefvater sollte eben nicht »Vati« genannt werden, jedenfalls nicht am Anfang, und die Stiefmutter ist eben nicht für alle Kinder die »Mama«.

Ein weiteres Übungsfeld ergibt sich aus der besonderen Situation des Ehepaares. Gerade weil enorme integrative Leistungen von ihnen verlangt werden, werden sie ihre Zweisamkeit sehr fördern und auch zeigen müssen. Die Paarbeziehung ist die Grundlage der Patchwork-Familie. Das sollte für alle immer wieder sichtbar sein.

Ein drittes Übungsfeld ist der Umgang mit den eigenen Ansprüchen bzw. mit dem Druck von außen: Es führt zu nichts, wenn man den Anspruch verfolgt, alle Kinder gleich lieb haben zu müssen. Die Erwachsenen haben objektiv eine unterschiedliche Nähe zu den eigenen Kindern und den Stiefkindern und dann auch noch zu den gemeinsamen Kindern. Warum sollte man das vertuschen? Die Qualität der Beziehung zu den verschiedenen Kindern ist unterschiedlich. Warum nicht? Antje sollte von Jürgen nicht verlangen, dass er der Vater ihrer Tochter ist, die sie in die Ehe mitgebracht hat. Er ist es auch nicht.

Ein viertes Übungsfeld liegt in der Tolerierung der Innengruppierungen: Es ist für den Gesamtzusammenhalt der Patchwork-Familie keinesfalls bedrohlich, wenn die Mutter mit ihrer eigenen Tochter auch einmal ohne die anderen »Dazugeheirateten« etwas unternimmt. Solche Ingroups stärken eher den Gesamtzusammenhalt, wenn sie so gelebt werden dürfen, dass sie den Beteiligten das Gefühl von Freiheit und Freiwilligkeit geben.

Natürlich wird man auch versuchen, neue Ingroups zu bilden. Aber dies müsste sehr freilassend geschehen.

Schließlich wird man natürlich gleichzeitig bewusst den Zusammenhalt der Patchwork-Familie stärken. Dazu kann unter anderem der »Familienrat« beitragen: Alle diskutierfähigen Mitglieder der Familie kommen einmal in der Woche zusammen und besprechen die Organisation des Familienlebens, verteilen untereinander anstehende Aufgaben, sprechen sich aus über Schwierigkeiten, die vielleicht aufgetaucht sind; machen gemeinsame Pläne, und zwar sowohl für gemeinsame Aktivitäten als auch für Einzelaktivitäten. Jedes Familienmitglied müsste mit der Zeit die Erfahrung machen, ebenso angenommen zu sein wie alle anderen. Man braucht den Mitgliedern nicht vorzumachen, dass man alle gleich liebt oder ihnen gleich nahe ist. Aber sie sollten sich alle gleich wahrgenommen und ernst genommen fühlen, sie sollten alle gleichberechtigt mitsprechen dürfen. Dann ist die Chance groß, dass das Experiment gelingt. Und dann hat man etwas beigetragen zu der Frage, wie in Zukunft intime soziale Formen aussehen können, die nicht aus Verwandtschaftsbeziehungen erwachsen sind.*

* Zum vertiefenden Weiterlesen: M Kiel-Hinrichsen, *Die Patchworkfamilie*, und V. Krähenbühl (Hrsg.), *Stieffamilien*.

Fragen über die Grenzen des menschlichen Lebens hinaus

Vor einem Sterbelager.
Vielleicht trifft man sich einmal unter
freundlicheren Verhältnissen wieder.
Ja, vielleicht hatten wir uns auch diesmal
schon wiedergetroffen, von früher her,
nur dass wir es nie wirklich wissen,
dass wir heimliche Zuwanderer sind.

Ch. Morgenstern

Gesichtspunkte zu Karma und Wiedergeburt

Motive zur Karmaforschung

Aus welchen Motiven möchte man sich mit dem Thema »Karma und Wiederverkörperung« beschäftigen? Da möchte zum Beispiel jemand im Sinne einer Erklärung ein Schicksalsereignis, eine Lebenssituation, eine Eigenschaft, eine Begegnung verstehen. Meist taucht dieser Wunsch angesichts schwieriger Begegnungen, schlimmer Schicksalsereignisse und problematischer Eigenschaften auf. Seltener besteht das Bedürfnis angesichts günstiger Schicksalstatsachen. In beiden Fällen wird aber stillschweigend etwas vorausgesetzt, was so nicht stimmt: Es wird nämlich wie selbstverständlich angenommen, dass sich die Umstände des diesmaligen Erdenlebens eines Menschen direkt ableiten lassen aus seinem vergangenen Erdenleben. Auch in indischen Philosophien lebt diese Auffassung noch. Denkt man diesen Gedanken aber zu Ende, erkennt man leicht, dass er ergänzungsbedürftig ist: Denn wenn jedes Leben eines Menschen aus seinem vorangegangenen Dasein erschöpfend erklärbar wäre, so wäre ja gar nicht verständlich, wie einmal Neues entstehen kann. Wenn alle Umstände, Entscheidungen und Abläufe meines jetzigen Lebens durch mein vorangegangenes vorherbestimmt wären, dann wäre jedes Leben die Fortschreibung des alten Lebensganges, und etwaige Einschläge, Wandlungen, Steigerungen zu Neuem hin wären gar nicht möglich. Eine solche Erklärung würde zu einer sehr einseitigen Handhabung des Karma-Gesichtspunktes führen.

Ein zweites Motiv für »Karmaforschung« entspringt einer gewissen Eitelkeit. Es würde mich ja doch brennend interessieren, wer ich im letzten Leben war! Wer weiß, vielleicht war ich ein Dichter – Hölderlin vielleicht? Nein, dessen Gedichte verstehe ich nicht so gut; eher Klopstock oder vielleicht Clemens von Brentano – oder war ich

Komponist? Und auch der Bescheidenere war nicht einfach Kutscher, sondern wenn schon, dann der Kutscher, der Goethe nach Weimar gebracht hat.

Rudolf Steiner, so wird erzählt, soll einmal einer Dame, die mit den ernsten Worten auf ihn zukam: »Herr Doktor, ich war Maria Magdalena«, beiläufig geantwortet haben: »Sie sind die vierundzwanzigste.«

Weder mit dem kausal-mechanischen Denken noch aus selbstbezogenen Motiven lässt sich in die karmischen Hintergründe unserer Biografie vordringen. Die geistigen Gesetze, um die es hier geht, sind geschützt vor dieser Art Zugriff. Sie sind nur zugänglich von dem einzig legitimen Motiv aus, das es für die Befassung mit Karmafragen geben kann: Wenn ein Mensch herausfinden möchte, was *jetzt* seine Aufgaben sind, wo er jetzt an sich zu arbeiten hat, dann kann er sich übend der Frage seiner vorangehenden Lebensgänge annähern. *Übend* – denn es wird im Normalfall Jahre und Jahrzehnte strengster Disziplin in den hier infrage kommenden geistigen Übungen kosten. Rudolf Steiner hat für den modernen Menschen solche Übungen angegeben.

Es hat seine Richtigkeit, dass wir nicht ohne Weiteres in vergangene Erdenleben zurückblicken können. Denn wir würden sofort unfrei, könnten wir die karmischen Hintergründe einer Situation erfassen. Die Aufgabe des modernen Menschen ist aber, sich nur auf sich selbst zu gründen, auf das eigene Ich, und von daher in Verantwortung und Freiheit zu handeln. Jede Individualisierung wäre unmöglich, wenn ich ständig vor Augen hätte, wer ich im letzten Leben war und wie ich gelebt und gedacht habe.

Der Zusammenhang aller Schicksale

So ist es also weise eingerichtet, dass uns der spontane Blick in diesen Bereich verschlossen ist. Andererseits kommen wir aber ohne den Karmagesichtspunkt nicht aus, wenn wir unsere Biografie verstehen wollen. Es kommt darauf an, dass wir den Karmagesichtspunkt im Bewusstein haben, dass wir uns im Klaren sind, dass unser diesmaliges Erdenschicksal in größere Zusammenhänge eingebettet ist und dass es ein Schritt ist in einer langen Entwicklungsreihe. Schicksale gehen voran, und Schicksale werden folgen. Erst der Zusammenhang all dieser Schicksale bin »ich«.

Gesichtspunkte, die sich in vergangenen Erdenleben gebildet haben, haben mich in die Lebenssituation, in der ich jetzt stehe, hineingeführt. Ich habe sie insofern selbst gewollt. Andererseits ist es notwendig, dass ich nicht mehr weiß, was ich damit gewollt habe. Denn indem dies aus meinen jetzigen Bewusstseinsmöglichkeiten herausgehalten wird – es ist währenddessen bei meinem Engel gut verwahrt –, kann ich in dieser Lebenssituation als freier Mensch handeln.

Die äußeren Ereignisse sind nie zwangsläufig durch das Karma bedingt. Karma führt mich in bestimmte Verhältnisse und Situationen, auch zu bestimmten Begegnungen, aber was ich daraus mache, darin bin ich frei. Es ist nicht »vorbestimmt«. – So sind die Gesichtspunkte von Freiheit einerseits und Karma andererseits keineswegs unvereinbar, sondern sie gehören direkt zusammen.

Wir können einigermaßen sicher sein, dass da Karma waltet, wo etwas auf uns zukommt, das unsere innerste Kraft herausfordert. Ereignisse und Begegnungen, die uns aufs Äußerste fordern, die uns Kräfte abverlangen, über die wir nur unzureichend verfügen – diese kann man als »karmisch bedingt« auffassen. Auch schwierige Eigenschaften, die wir an uns feststellen und mit denen wir zu ringen haben, Schwächen, die überwunden sein wollen, sind oft Aufträge, die wir aus vergangenen Erdenleben mitbringen.

Eine weitverbreitete Einseitigkeit in Zusammenhang mit unserem Thema besteht darin, dass man Karma nur zurückdenkt. Tatsächlich gibt es aber auch zukünftiges Karma. Eine Tat, ein Gedanke, jede Entscheidung, die ich als freier Mensch treffe, schaffen Folgen für die Zukunft. Wenn ich auch frei bin darin, wie ich eine Situation aufgreife, so bin ich doch unfrei gegenüber den Folgen meines Handelns. So hat meine Lebensführung zwei Seiten: Einmal enthält sie

Bestimmungen, die aus früheren Erdenleben stammen, zum anderen schafft sie Bestimmungen für weitere Erdenleben. Ich arbeite an meiner Zukunft durch die Art, wie ich jetzt an einen Menschen, an eine Situation herangehe, auf die ich aufgrund meines »Karmas« gestoßen bin. Es handelt sich darum, neues Schicksal zu schaffen unter dem Einfluss des alten.

Viele Schicksalsereignisse weisen in die Zukunft. Auch Schicksalsschläge darf man nicht von vornherein so verstehen wollen, als würden da sozusagen alte Rechnungen beglichen; das wäre sehr kurz gegriffen. Vielmehr wollen uns außergewöhnliche Ereignisse oft zeigen, in welche Richtungen wir uns weiterentwickeln müssen. In dem, was mir im Schicksal entgegentritt als Last, als Unglück, als Schwierigkeit, ist derjenige enthalten, der ich einst werden soll.

Die berechtigte Beschäftigung mit solchen Fragen führt zu einem umfassenden Empfinden der Verantwortung gegenüber sich selbst, gegenüber den Mitmenschen, gegenüber der Erde.*

* In diesem Sinne werden die folgenden Schriften zur vertiefenden Lektüre empfohlen: L. Chavannes u.a., *Blick aufs Karma;* R. Steiner, *Wiederverkörperung und Karma.*

Karma und Begegnung

Eine suchende und fragende Seelenhaltung

Es ist insofern delikat, Gesichtspunkte zum Thema Karma und Begegnung zu entwickeln, als der Normalsterbliche hier nicht aus eigener Wahrnehmung und bewusster eigener Erfahrung sprechen kann. Andere Kulturen und Epochen haben im Umgang mit diesem Aspekt eine selbstverständliche Sicherheit gehabt. In der westlichen Welt ist dieses Wissen lange Zeit fast verloren gewesen; nur ein schwacher Strom innerhalb der europäischen Geistesgeschichte hat diese Tradition aufrechterhalten, die erst in jüngerer Zeit durch Rudolf Steiner wieder belebt worden ist.

Wenn wir nicht einfach aus diesen Quellen sprechen, sondern von den Möglichkeiten des eigenen Erlebens ausgehen wollen, so kann es zunächst nur um ein ahnendes Suchen gehen. So wollen wir uns dieser Frage der karmischen Bedingtheit menschlicher Begegnungen durch eine erste Übung nähern, die auf eine von Rudolf Steiner gegebene »Karmaübung« zurückgeht: Man lasse einmal eine Zeit lang jeden Abend die zwischenmenschlichen Begegnungen vor dem inneren Auge vorbeiziehen, die man am Tag gehabt hat. Man ist zum Beispiel mit einem Taxifahrer, einer Bäckerin, zwei Kollegen, verschiedenen Kunden, natürlich mit den eigenen Familienmitgliedern und, sagen wir, mit dem Nachbarn zusammengekommen. Nun lebe man sich in einem zweiten Schritt während dieser Übung in die Vorstellung hinein, man habe die Begegnung mit eben diesen Menschen *gesucht*. Man soll sich nicht fragen, wieso man die Begegnung mit dem Taxifahrer gesucht haben sollte. Es kommt zunächst nur darauf an, sich denjenigen Menschen gegenüber, die man am Tage getroffen hat, in eine suchende und fragende Seelenhaltung hineinzufinden. Nach einiger Zeit wird man eine Differenzierung erleben: Einigen Menschen gegenüber wird man während dieser Übung ein Empfinden der Schicksalsnähe haben, ein Gefühl des Zusammengehörens, und anderen Menschen gegenüber wird sich dieses Empfinden der Verbundenheit gar nicht oder nur ansatzweise einstellen. So kommt man zu einem ersten eigenen Erleben der von den Eingeweihten immer schon mitgeteilten Tatsache, dass sich Menschen meistens gruppenweise inkarnieren. Einem Großteil unserer Zeitgenossen sind wir tatsächlich von vornherein dadurch verbunden, dass wir uns mit ihnen – aber in verschieden Zeiten und verschiedenen Kulturepochen – immer wieder zusammenfinden.

Verbundenheit in der ersten und in der zweiten Lebenshälfte

Wenn man diese erste, einfache Übung in der ersten Lebenshälfte durchführt, so wird sich das Empfinden schicksalhafter Zusammengehörigkeit bei fast allen Menschen einstellen, denen man im Lauf dieser Jahre begegnen mag. Führt man diese Übung aber in der zweiten Lebenshälfte durch, so bekommt es einen anderen Akzent: Das Verbundenheitsgefühl gegenüber Menschen, die wir erst in der zweiten Lebenshälfte kennengelernt haben, ist zumeist schwächer, es stellt sich auch seltener ein und es hat eine andere Färbung als in der ersten Lebenshälfte. Das Verbundenheitsgefühl in der ersten Lebenshälfte spiegelt die Art wider, wie man in dieser Lebenszeit auch tatsächlich aufeinander zugeht: mit Leichtigkeit. Es stellen sich sofort Sympathien (oder Antipathien) ein, man versteht sich mühelos von Anfang an, es ist, als könnte man anknüpfen an schon gehabte gemeinsame Erfahrungen. Es hat die Färbung des Wiedererkennens, der Verwandtschaft fast.

Anders in der zweiten Lebenshälfte: Sofern das Verbundenheitsgefühl sich bei dieser Übung jetzt überhaupt noch deutlich einstellt, hat es die Färbung der Aufforderung, der Frage, des Aufrufs. Man empfindet selbst einen Impuls, auf den betreffenden Menschen zuzugehen, ihn kennenlernen zu wollen, während sich das Gefühl der Verbundenheit einstellt.

So spiegelt sich in dieser anfänglichen Übung die Schicksalstatsache, dass wir in der ersten Lebenshälfte vorwiegend mit Menschen zusammentreffen, mit denen wir im letzten Lebensgang eng zusammen waren, und dass wir in der zweiten Lebenshälfte vorwiegend mit Menschen zusammenkommen, mit denen wir auch im nächsten Lebensgang verbunden sein werden, *wenn wir die Chance der Begegnung jetzt aufgreifen.*

Für das normale Alltagserleben stellt sich dieser Sachverhalt darin dar, dass sich uns in den jungen Jahren Freundschaften (und Feindschaften) wie von selbst ergeben, einfach ohne unser Dazutun. Wir verstehen uns gut miteinander, und dann, nach Jahren, spätestens aber im Zusammenhang mit der Lebensmittekrise (s. S. 194 ff.) oder im Zusammenhang mit dem zweiten Mondknoten (s. S. 157 ff.) gehen solche Freundschaften oft nach und nach auseinander oder erleiden eine Krise.

Dagegen ergeben sich neue Freundschaften ab der Lebensmitte vorwiegend durch Entschluss und bewusstes, gezieltes Aufeinanderzugehen, durch das *Interesse am anderen.* – In der ersten Lebenshälfte ist es die Sympathie, die uns zusammenführt, in der zweiten Lebenshälfte ist es das Interesse.

Wir dürfen damit rechnen, dass wir gerade in der Lebensmitte durch freie Wahl und herzliches Interesse auf Menschen zugehen, unter denen wir im nächsten Lebensgang unsere nächsten Verwandten, Eltern und Kinder, finden werden. Aber auch diejenigen Freundschaften, die sich mir im nächsten Lebensgang in der ersten Lebenshälfte ergeben werden, baue ich jetzt auf, indem ich auf Mitmenschen zugehe, denen ich mich keimhaft verbunden fühle.

Nun müssen wir, um diesen ganzen Fragenkreis lebendig zu halten, noch zwei Gesichtspunkte heranziehen.

Eine Begegnung mit einem anderen Menschen ist nicht deswegen »bedeutender«, weil sie karmisch ist. In dieser Hinsicht wird mit dem Karmagedanken leider oft sehr leichtfertig umgegangen, insofern man eine Begegnung entwertet, die angeblich nicht »karmisch« ist, während man angeblich »karmische« Begegnungen als die wichtigeren hinstellt. Das kann so weit gehen, dass jemand seine Ehe und Familie nur deswegen verlässt, weil er sich in einen Menschen verliebt hat, dem er karmisch näher zu sein meint als seinem Ehepartner. Solche Auswüchse beruhen auf einem Missverständnis: *Jede* Begegnung ist eine Aufgabe. Die sogenannte »karmische Begegnung« – nehmen wir einmal an, der Normalsterbliche könnte sie mit Sicherheit als solche erkennen – enthält die Aufgabe, in früheren Lebensgängen entstandene gegenseitige Unfreiheiten, gegenseitige Ungleichgewichtigkeiten und Ungerechtigkeiten, aber auch aus Liebe empfangene Erhöhungen gegenseitig auszugleichen. Das ist zunächst der Grund dafür, dass wir uns wiedertreffen. Diejenigen Begegnungen, die nicht als »karmisch bedingt« erkennbar sind, enthalten die mindestens ebenso wesentliche Aufgabe, Zukunft aufzubauen. In der Art, wie ich jetzt, besonders in meiner zweiten Lebenshälfte, auf einen Menschen zugehe, schaffe ich mit an der sozialen Zukunft, in die wir beide im nächsten Erdenleben eingefügt sein werden.

Es wäre also ein uns in der Entwicklung weit zurückwerfendes Missverständnis, wenn wir die nicht-karmischen Begegnungen gleichsam links liegen ließen und uns in Erwartung schwerer und tiefer Bedeutung nur dem Karmischen widmen wollten. Das hieße, die Zukunft vergessen.

Wandlung einer alten Begegnung in eine neue

In der Lebenswirklichkeit können wir allerdings die Unterscheidung zwischen karmischer Begegnung und nicht-karmischer Begegnung nicht so strikt durchführen und sollen es wahrscheinlich auch gar nicht. Denn es ist eben die einzigartige Chance meines freien Menschseins, dass ich aus der »alten« Begegnung eine »neue« machen kann. Dann arbeite ich plötzlich auch mit solchen Menschen an unserer gemeinsamen Zukunft, mit denen ich aus alten Zeiten schon eng verbunden bin. Es ist oft gerade die Lebensmitte, in der diese Chance gegeben ist. Hier kommen alte Freundschaften oft an einen toten Punkt. Man hat jetzt aufgelöst, was zu lösen war, die aus der Vergangenheit stammende karmische Verbundenheit ist zu Ende. Nun heißt das nicht, dass man den betreffenden Menschen fallen lassen soll oder auch nur darf. Vielmehr wird es jetzt um die Frage gehen, welche neuen Aspekte, welche neuen Verbundenheiten nun geschaffen werden können. Vielleicht könnte der Jugendfreund, mit dem ich seit Schultagen immer wieder zusammen bin und mit dem ich viel Schönes erlebt habe, nun der wohlwollende Begleiter meiner inneren Entwicklung und meiner Bemühung um Selbsterziehung werden? Dann würde in unsere bisher unbeschwerte, mehr im äußeren Tun und Erleben sich abspielende Freundschaft eine neue Qualität hineinkommen. So würden wir uns in die Zukunft hinein neu verbinden.

Auch Ehekrisen, die oft in der Lebensmitte aufbrechen, können unter diesem Aspekt der Verwandlung einer alten Begegnung in eine neue verstanden werden. Herr und Frau K. haben sich schon im Konfirmandenunterricht kennengelernt. Sie haben bereits als Jugendliche die Wochenenden gemeinsam verbracht, waren zusammen im Kirchenchor ihrer Gemeinde, und mühelos und wie selbstverständlich haben sie in jungen Erwachsenenjahren auch geheiratet. Es hatte sich alles so ergeben. Der Vater der damals jungen Frau schenkte ihr aus steuerlichen Gründen zu diesem Zeitpunkt ein Haus; der junge Mann hatte gerade eine Stelle im Ort gefunden. So »glitten« sie in die Ehe hinein. Sie mochten sich, hatten Kinder, nahmen teil am sozialen Leben ihrer Kleinstadt. Dann, ungefähr ab Anfang dreißig, machte sich zwischen beiden ein Gefühl der Langeweile breit. Man hatte gemeinsam alles erreicht, was sich erreichen ließ, man war wer am Ort, aber das gegenseitige Interesse hatte über die Jahre immer mehr abgenommen. Die anfangs selbstverständliche Sympathie war in bloße Gewohnheit übergegangen, und von Liebe konnte eigentlich nicht mehr die Rede sein. Beide vermissten schließlich das Gefühl einer gemeinsamen Zukunft. Das Zusammensein war entleert und neue Entwicklungen waren nicht erkennbar. Die wahrscheinlich karmische Verbundenheit dieser beiden Menschen hatte sich zur Lebensmitte hin offenbar gelöst.

Nun kann man sich in dieser Situation trennen oder sich einen anderen Partner suchen, oder man kann auch für einige Zeit innerlich und vielleicht auch äußerlich auf Distanz gehen und versuchen, neues Interesse für den anderen zu entwickeln. Was steckt eigentlich in ihm, was er bisher noch gar nicht ausgelebt hat? Welche Seiten hat er, in denen ich ihn nie bestätigt habe? Was würde er wohl tun, wie würde er leben, wenn er nicht mit mir zusammen wäre?

Durch solche, über Monate bewegten Fragen könnte sich der Impuls ergeben für ein neues Interesse und ein neues Zugehen auf den anderen. Dann kann die Ehe nach dieser Besinnungspause neu gegriffen und in die Zukunft hinein gestaltet werden.

Der andere Gesichtspunkt, den wir bei der Erörterung der Karmafrage im Zusammenhang mit menschlichen Begegnungen heranziehen sollten, ist dieser: Wir sollen uns darin üben, den Karmagedanken in der aktuellen Begegnung wieder zu vergessen!

Denn ein freies, unbefangenes, unvoreingenommenes Aufeinanderzugehen ist nicht möglich, wenn wir im anderen zum Beispiel unseren Großvater aus dem letzten Leben oder unsere Tante aus dem nächsten Leben sehen würden. Karma zieht sich im Moment der Begegnung zurück. Es führt uns nur zusammen. Wie wir dann aber die Begegnung aufgreifen und gestalten, darin sind wir als Menschen frei. Und nur weil wir hierin frei sind, kann altes Karma gelöst und neues geknüpft werden. So wäre es eine einengende Belastung, in der Situation der Begegnung eventuell karmische Verbindungen mit dem anderen vor Augen zu haben.

Es kommt alles auf das freie, unbefangene und herzliche Interesse am anderen an. Dieses kann uns führen, sowohl zur Lösung aller karmischen Unausgeglichenheiten wie zur gemeinsamen Gestaltung unserer sozialen Zukunft.*

* Zur Vertiefung kann folgende Literatur empfohlen werden: R. Steiner, *Wiederverkörperung und Karma;* R. Frieling, *Christentum und Wiederverkörperung;* E. Bock, *Wiederholte Erdenleben.*

Der Engel in der Biografie

Die Nähe zur geistigen Welt

Inwieweit darf man mit einem Hereinwirken des Engels in die eigene Biografie rechnen? Ein solches Hereinwirken wird sich sicherlich in den verschiedenen Lebensaltern verschieden gestalten, denn der Zusammenhang mit der geistigen Welt wandelt sich für den Menschen von Lebensalter zu Lebensalter. Die Art der Einfügung des Lebensganges und der Lebensführung in die Vorgänge und Vorhaben der geistigen Welt nimmt beim Erwachsenen ganz andere Formen an als beim Kind und wieder andere beim alten Menschen.

Die Nähe zur geistigen Welt, als deren mir zugeordneten Repräsentanten ich meinen Engel auffassen darf, hat im Kindesalter eine gewisse Selbstverständlichkeit – der Engel ist nah. Zur Lebensmitte hin macht sich dann zunehmend Distanz im Verhältnis zur geistigen Welt bemerkbar. Und nach der Lebensmitte kann, wenn ich das meine dazu leiste, der Engel als Bote der geistigen Welt mir wieder sehr nahe sein.

Auch die Qualität der Nähe ändert sich: Dem kleinen Kind ist der Engel in unmittelbar schützender Weise nah; daher der Name Schutzengel. Wir alle kennen Unfall- oder Krankheitsereignisse, in denen ein Kind »wie durch ein Wunder«, das heißt durch die Nähe des Himmels, gerettet wurde, wo nach menschlichem Ermessen keine Rettung mehr möglich schien. Wir können gar nicht so selten in der Zeitung von einem Kind lesen, das aus dem dritten, vierten, fünften Stock eines Hauses gefallen ist und nahezu unversehrt unten ankam. Wer hat solches schon von Erwachsenen gehört? Wie oft stürzt ein Kind, das Laufen lernt, um Haaresbreite an einer scharfen Tischkante vorbei. Wie oft springt ein Kind beim Klettern vom Baum und kommt mit dem Fuß eben genau neben der Glasscherbe auf!

Während die eigentliche Lebensführung des Kindes in diesem Alter noch den Eltern obliegt, sieht der Engel offensichtlich eine wesentliche Aufgabe darin, seine Unversehrtheit zu erhalten.

Zur Pubertät hin nimmt dieser Schutz dann merklich ab; größere Verletzungen aus Unachtsamkeit sind jetzt keine Seltenheit mehr. Wenn dann um diese Zeit die gewollte und bewusste Distanzierung von der Lebensführung der Eltern eintritt, erwächst dem Engel eine neue Aufgabe.

Der Auftrag des Engels

Er hat ja seinen Auftrag immer nach zwei Seiten: Einmal ist er der Vermittler zwischen der geistigen Welt und dem einzelnen Menschen. Er versucht demzufolge, in die konkrete einzelne Biografie einen Einschlag hineinzubringen, der sie in den Dienst übergeordneter Abläufe eingliedert. Der Engel tut dies nicht aus eigenem Impuls, sondern im Auftrag von höheren Wesenheiten, die über ihm stehen und die das einzelne Menschenschicksal nicht selbst im Auge haben. Das ist die eine Seite seiner Wirksamkeit. Die andere bezieht sich auf diesen einen und einzigartigen Menschen, dem er zugeordnet ist. Dieses konkrete Individuum hatte, bevor es auf die Erde kam, Impulse und Entschlüsse für sein künftiges Erdenleben gefasst. So ein vorgeburtlicher Entschluss würde nicht etwa lauten: »Ich will Bäcker in Hamburg werden«, sondern er mag etwa auf das Folgende zielen: »Ich will mir eine starke Willenskraft bilden.« Der Engel nun steht im Dienste solcher vorgeburtlichen Entschlüsse. In der Kindheit trägt er deshalb dazu bei, dass ich zum Beispiel die richtigen Eltern, dann die richtigen Lehrer finde, die bei mir Willensstärke hervorrufen.

Da aber – und das müssen wir immer mitdenken, wenn wir nach dem Engel in der Biografie fragen – auch noch ganz andere Faktoren den Lebensgang und die Lebensführung beeinflussen, kann es häufig geschehen, dass die tatsächliche Entwicklung von den ursprünglichen Idealen und ureigensten Absichten abweicht – dass sich der Mensch also sich selbst entfremdet. Das hat seine Ursachen darin, dass der Engel mit Beginn der Pubertät – und das kommt in der Lebensmitte auf einen Höhepunkt – eine ganz andere Schutzfunktion hat: Der ab der Pubertät zunehmend selbstständig handelnde Mensch *darf* gar nicht mehr so eng geführt und so unmittelbar beschützt werden, wie das dem kleinen Kind noch zukommt. Die Aufgabe des Engels beim Jugendlichen ist, ihn in Situationen zu führen, in denen er den Idealen begegnet, aus denen heraus er seinen Entschluss zur Erde leben kann und die ihm zur Kraftquelle werden können. Das ist schon insofern eine ganz andere Art des Schützens, als es jetzt nicht mehr *nur* vom Engel abhängt, ob solche Ideale von dem Betreffenden dann auch tatsächlich aufgegriffen werden oder ob sich ihm seine ursprünglichen Ziele verdunkeln.

Noch deutlicher erkennen wir diese Aufgabe des Engels dann beim Erwachsenen: Ihn führt er in Situationen, die ihm Möglichkeiten und Gelegenheiten bieten, freie Entscheidungen zu treffen, sei es im Sinne seiner vorgeburtlichen Entschlüsse oder nicht.

Wenn zwei Menschen sich begegnen, so ist es ihre Sache, was daraus wird. Dass sie überhaupt in diese Begegnungssituation gekommen sind und die Möglichkeit haben, aufeinander zuzugehen, das haben die Engel der beiden so herbeigeführt. Denn sie wissen, dass diese Begegnung die Möglichkeit zur Weiterentwicklung der Betreffenden beinhaltet.

Auch ein Unfall, eine lange schwere Krankheit, auch ein früher Tod können in dem treuen Sinne, wie der Engel die Geburtsimpulse wahrt, zu einer Biografie gehören. Der Engel wertet Versehrtheit und Unversehrtheit anders als der Mensch. Er kann sich zum Beispiel freuen, wenn eine Seele zum Himmel zurückkehrt. Schwere Schicksalsvorgänge sollte man also nicht so nehmen, als ob hier der Schutz des Engels irgendwie ausgesetzt habe. Vielmehr würde es in solchen Fällen darum gehen, die höhere Richtigkeit der Ereignisse zu erfassen.

So bin ich als Erwachsener also frei und geführt zugleich. Ich bin geführt darin, dass ich in bestimmte Entscheidungssituationen gerate, in denen ich mehrere Möglichkeiten des Handelns habe. Ich bin aber insofern frei darin, als es von mir selbst, meinen Fähigkeiten, meinen Schwächen, meinen »blinden Flecken«, meinen Wünschen und Zielen abhängt, was ich aus der Situation mache.

Mit 28 beginnt dann wieder etwas ganz anderes, das sich dann in der Lebensmitte steigert zu dem Empfinden, alleingelassen zu sein. Der Engel, der mir bisher Gelegenheiten und Möglichkeiten verschaffte und mich mit immer neuen Menschen zusammengeführt hat, sodass ich gleichsam wie von selbst Bekannte und Freunde hinzugewann, tut das nun zunehmend weniger aus sich heraus. Jetzt kommt vielmehr etwas ganz anderes hinzu: Der Engel kann in der beschriebenen Weise jetzt nur noch hereinwirken, *wenn ich das will.* Es liegt beim Menschen der Lebensmitte geradezu eine enorme Engelferne in dem Sinne vor, dass sich jetzt eben gar nichts mehr von allein ergibt. Die Auswirkungen sind bis ins Soziale hinein zu spüren. Man merkt plötzlich, dass man seit Jahren mit den gleichen Leuten befreundet ist, es ist niemand Neues hinzugekommen, und neue Freunde gewinnt man jetzt nur dadurch, dass man aktiv, aus eigenem Entschluss, auf jemand zugeht. – Ob der Engel jetzt noch weiter wirksam sein kann, das hängt ganz von der Haltung und der Kraft ab, die ich seinem Wirken entgegenbringe. Anders ausgedrückt: Eine Wiederzunahme der Nähe zur geistigen Welt hängt jetzt davon ab, ob ich mich darum bemühe.

Anschluss des Erwachsenen an den Engel

Welches sind nun die Gesichtspunkte, die wir heranziehen können, wenn es darum geht, als Erwachsener Anschluss an den Engel zu halten?

Der Engel »sieht« uns ja nicht, er hat für unsere äußere Gestalt und die physische Seite unseres Lebens kein Sinnesorgan. Vielmehr scheint es so zu sein, dass er meinen Lebensgang und meine Lebensführung »hören« kann. »Hören« meint dabei nicht den physikalischen Vorgang, der ja beim Engel ebenso wenig wie Sehen in Betracht kommen kann, sondern »Hören« meint hier das Wahrnehmen der geistigen Substanz. *Der Engel nimmt von meiner Biografie und Lebensführung dasjenige wahr, was geistige Substanz hat* – und was geistig keine Substanz hat, das nimmt er auch nicht direkt wahr. Er bekommt auch nicht einfach jedes Ereignis mit, das mir widerfährt, aber er »hört« den geistig bedeutsamen Gehalt des Ereignisses.

Wenn ich also, um ein banales Alltagsereignis zu wählen, beim Einkaufen im Supermarkt von der Kassiererin zu wenig Wechselgeld zurückbekomme, so ist das zunächst kein Vorgang, für den der Engel ein Wahrnehmungsorgan hätte. Auch wenn ich mich hier aufrege und die Kassiererin vielleicht beschimpfe, nimmt der Engel, außer möglicherweise einer gewissen leichten Verdunklung aus meiner Richtung, davon auch nichts wahr. Wenn ich aber meinen Ärger überwinde und die Kassiererin innerlich mit guten Wünschen bedenken kann, weil ich sehe, dass sie überfordert ist, dann entsteht hier für einen Moment eine geistige Substanz, die dem Engel hörbar wird.

Und das gilt natürlich auch für weitergehende Vorgänge. Je mehr sich mein Lebensgang entfaltet in Übereinstimmung mit meinem höheren Ich, mit meinen vorgeburtlichen Entschlüssen, je weniger ich mich ablenken lasse von meinem Weg, umso deutlicher stehe ich vor dem Engel da und umso offener bin ich für sein Hereinwirken.

Wo ich dagegen in der Selbstbezogenheit verharre – die Kassiererin hat es gewagt, *mir* falsch herauszugeben –, wo ich an alten Gewohnheiten festhalte, obwohl Neues aufgetreten ist, wo ich in gewohnten Denkmustern erstarre, wo es um mich auf Kosten anderer geht, da bin ich dem Engel sehr fern. Denn er kann nicht in das Element der Selbstbezogenheit eintauchen. Und je mehr ich mein Seelenleben, mein Denken, Wollen und Fühlen an die äußere Seite der Welt, an das Materielle binde, umso undeutlicher werde ich für meinen Engel und umso verlassener bin ich von der geistigen Welt.

Man kann sehr bewusst und konsequent daran arbeiten, dass der Engel auch im Erwachsenenalter und über die Lebensmitte hinaus wirksam bleibt. Es ist dazu keineswegs erforderlich, sich einer mystischen Verzückung hinzugeben. Vielmehr kann man damit beginnen, dass man das bisherige Leben einmal daraufhin anschaut, in welchen Schwellensituationen, Krisensituationen man schon gestanden hat, in welche Verstrickungen man schon hineingeraten ist, welches die Momente tiefster Dunkelheit und Ratlosigkeit waren und welches die erstaunlichen »Zufälle« waren. Diese darf man als Situationen anschauen, in denen der Engel nahe war. So kann man ein erstes Gefühl entwickeln für dieses: »Ich werde geführt, bin aber vollständig frei.« Man darf sich als Erwachsener den Engel nicht väterlich-führend, gütig an der Hand nehmend vorstellen. Vielmehr habe ich da den Engel, wo ich meine Ambivalenz, meine Fragen an das Schicksal erlebe. Der Engel ist herb. Er beantwortet meine Fragen nicht. Vielmehr ist er derjenige, der mich überhaupt zur Frage stellt. Antworten muss ich allein.

Sodann können wir versuchen, dem Engelwirken entgegenzukommen, indem wir es erwarten. Natürlich kann man es nicht herbeizwingen, so ist es nicht gemeint. Sondern wo ich mit dem Engel rechne, da erst kann er wirken. Wenn ich das für völlig natürlich erachte, dass auch der Engel ein wesentlicher Bestandteil meines Lebens ist, dann ist er es auch.

Schließlich komme ich da dem Engel näher, wo ich mich um Wesenszüge bemühe, die ihn kennzeichnen: Geduld, Verantwortung und Dankbarkeit gehören zu den Lebenskräften des Engels. Auf menschlicher Ebene sind dies kraftlose Begriffe, ausgetrocknete »Tugenden«, wenn sie von anonymen moralischen Instanzen hochgehalten werden. Und wo ich durch Beschluss geduldig sein kann, da erreiche ich den Engel noch nicht. Erst wenn ich mir jeden Einzelnen dieser Wesenszüge abringen muss, wenn also Geduld, Verantwortung und Dankbarkeit zu meinen persönlichen Errungenschaften werden, da hören wir voneinander.

Die eigene Lebensführung und der Engel

Betrachten wir nun noch die Beziehung zum Engel von einer anderen Seite her: Es ist nicht nur so, dass der Engel mit seinem Wirken ein wesentlicher Bedingungsfaktor meines Lebens ist, *vielmehr ist auch meine Lebensführung etwas, das sich auf meinen Engel auswirkt.* Sofort stehe ich vor der enormen Verantwortung, die ich für die geistige Welt habe. Mein Engel holt sich Kraft aus dem, was ich ihm an Gedanken und Gefühlen entgegenbringe. So schöpft er aus meiner Freude wie aus einem Brunnen. Und in dem Element der menschlichen Freude und Dankbarkeit kann er sich am besten bewegen, wenn er sich unter Menschen bewegt.

Wenn ich andererseits mein Denken, Fühlen und Wollen ganz an die materielle Seite der Welt gebunden habe und mit dem Geistigen nicht rechne oder es aktiv ablehne, da kann ich den Engel sogar schwächen, ich ziehe ihn womöglich tief in das Irdische hinein und schwäche ihn damit. Und es schadet ihm auch und schwächt ihn, wenn ich versuche, ihn zu zwingen. Magische Verrichtungen, Talismane, Substanzen, die mit der Haltung eingesetzt werden, damit Verfügung über den Engel und sein Wirken zu gewinnen, erschweren das Hereinwirken. Denn einer seiner Wesenszüge ist Freilassen. Er schafft Möglichkeiten, zwingt den Erwachsenen aber zu nichts. Wenn ich ihn zwingen möchte, erreiche ich nicht nur nichts, ich erschwere es ihm sogar, das Tor offen zu halten zur menschlichen Sphäre.

So ist die Bemühung, den Engel nicht zu entehren (Jorge Louis Borges), vielleicht überhaupt der letztentscheidende Gesichtspunkt für dieses Kapitel.

So bin auch ich dem Engel gegenüber frei. Ich kann ihn schwächen, ich kann ihn stärken. Es ist nicht so gemeint, dass ich »automatisch« das tun soll, was der Engel möglicherweise von mir erwartet (einmal vorausgesetzt, ich kann seine Erwartung überhaupt hören). Ich bin ein Mensch, mein Wesen ist zutiefst verbunden mit der physischen Welt, die der Engel ja nicht kennt. So ist es nicht erstaunlich, dass ich auch noch andere Gesichtspunkte haben kann außer denjenigen, die sich vom Engel her ergeben. Der Mensch ist zur Freiheit bestimmt. Dem Engel zu folgen hat nur da Sinn, wo ich aus Freiheit und eigenem Erkennen folge.*

Der Engel

O wüsstest du, wie sehr dein Antlitz sich
verändert, wenn du mitten in dem Blick,
dem stillen, reinen, der dich mir vereint,
dich innerlich verlierst und von mir kehrst!
Wie eine Landschaft, die noch eben hell,
bewölkt es sich und schließt mich von dir aus.
Dann warte ich. Dann warte schweigend ich
oft lange. Und wäre ich ein Mensch wie du,
mich tötete verschmähter Liebe Pein.
So aber gab unendliche Geduld
der Vater mir und unerschütterlich
erwarte ich dich, wann du immer kommst.
Und diesen sanften Vorwurf selber nimm
als Vorwurf nicht, als keusche Botschaft nur.

Christian Morgenstern

* Zum Weiterlesen: Hans-Werner Schroeder, *Mensch und Engel; Flensburger Hefte* Nr. 23, Engel.

Fragen zum Thema

Frage: Wirkt der Engel auch, wenn man nicht an ihn glaubt?

Antwort: Ja. Nur ist es ihm vielleicht ein bisschen erleichtert, seine Ziele in einen individuellen Schicksalsgang hineinzuarbeiten, wenn der Betreffende mit dem Wirken des Engels rechnet.

Man braucht hier die Rede vom Engel nicht so theologisch zu nehmen. Es ist etwas ganz Praktisches, Erlebbares gemeint mit dieser Rede vom Engel: Auch andere Kulturen kennen persönliche Schutz- oder Führungsgottheiten. Ältere Kulturen sprechen eher noch von der Schutzgottheit für einen Stamm oder ein Dorf, also für eine Gruppe von Menschen. Menschheitsgeschichtlich jünger ist die Erfahrung eines ganz persönlichen Führungswesens. Und es ist in unserem Zusammenhang nicht wesentlich, ob wir uns einen Engel so vorstellen, wie er in der christlichen Malerei dargestellt ist. Wesentlich ist eher, dass wir ein Organ für das Wirken solcher Wesenheiten entwickeln. Dazu mag unter anderem folgende Übung hilfreich sein:

Im Gespräch mit einem Menschen, dem man gegenüber sitzt, aber auch in einer Lebenssituation, der man sich gegenüber sieht, kann man sich in die Vorstellung einleben, dass man – während man ja seine Aufmerksamkeit nach vorne richtet – mit dem oberen Teil des Rückens »hört«. Der Raum zwischen den Schulterblättern kann als eine Art Hörorgan empfunden werden. In diese Vorstellung kann man sich hineinleben: Man kann sie einüben in stillen Momenten, bevor man es in der tatsächlichen Situation anzuwenden versucht. Im Lauf von Monaten kann sich so ein »drittes Ohr« ein wenig öffnen, mit dem man wie hörend Wesenhaftes zu gewahren meint, das in einer Begegnung, einer Situation leben mag.

So ist die Rede vom Engel keine Glaubensfrage, sondern eine Frage nach der Bereitschaft, sich übend für den Klang des Engels im Schicksalsgang zu schulen.

Die Begegnung mit dem Tod

Welche Hilfe braucht der Verstorbene?

Es ist ein Teil unserer Biografie, dass wir dem Sterben anderer Menschen begegnen.

Frau K. hat vor Kurzem ihren Mann durch einen Verkehrsunfall verloren. Der Schmerz war ihr in den Momenten am größten und kaum auszuhalten, wenn ihr vor Augen stand, dass er sein so tatkräftiges und immer bewegtes Leben doch eigentlich noch nicht hatte abschließen können. Und es wurde ihr zum Bedürfnis, wie stellvertretend für ihn und wenigstens nachträglich sein so abrupt beendetes Leben zu runden. So begann sie, Briefe zu verfassen an seine Freunde, an Geschäftspartner, an die Enkelkinder – kurz: an Menschen, von denen er vor seinem Tode gesprochen hatte und von denen sie wusste, dass er mit ihnen Pläne hatte. Er hatte sich oft beklagt, dass er vor lauter Arbeit nicht dazu kam, mit seinen Enkelkindern zu spielen. Also versuchte sie sich vorzustellen, wie und was er mit den Enkeln gespielt hätte, wenn er Zeit gehabt hätte. Dann verfasste sie eine Art Brief, erzählte, wie das hätte vor sich gehen können – und legte diesen Brief auf seinen Schreibtisch. Freunden, mit denen es vielleicht eine Missstimmung gegeben hatte, schrieb sie ein klärendes Wort, so wie er es wohl selbst getan hätte, wenn er noch dazu gekommen wäre. Dies war ganz eine Sache zwischen ihr und ihrem Mann; sie hatte natürlich nie vor, die Briefe auch abzuschicken.

Lassen wir es offen, ob der Verstorbene gerade diese Art von Hilfe braucht. Wir dürfen aber mit einiger Gewissheit annehmen, dass in dieser Geste der Witwe etwas Hilfreiches für beide lag. Für den Verstorbenen mag es hilfreich gewesen sein, dass seine Frau sich nicht gegen seinen Tod stellte, sondern dass sie im Gegenteil versuchte, ihm beim Abschließen seines Lebens zu helfen.

Frau K. selbst war sich hilfreich mit diesen »Briefen« in der Bewältigung des Verlustes. Denn sie hatte damit eine Möglichkeit gefunden, sich aktiv, in eigenem Tun, der Trauer zu stellen, anstatt wie gelähmt von der Trauer überwältigt zu werden. Frau K. hatte ihrer Trauer selbst eine Form gegeben. So brauchte sie mit dem Schicksal nicht zu hadern. Sie konnte tagsüber bald wieder ihren Aufgaben nachgehen und das innere Gespräch mit dem Toten in der beschriebenen Weise am Abend führen. Das gab ihr Halt.

Es wird also darauf ankommen, dass wir ein aktives Verhältnis zum Tod des vertrauten Menschen finden.

Die Trauer des Hinterbliebenen

Damit ist auch einem anderen Aspekt gegengesteuert, den Trauer oft hat. Es kann der Trauer über den Verlust eines nahestehenden Menschen etwas Egoistisches, Selbstbezogenes anhaften. Da kann unter Umständen im Vordergrund stehen, dass der Hinterbliebene *sich* betrauert darüber, dass er verlassen wurde. Das ist sicherlich ein sehr legitimer Schmerz, aber er schafft keine innere Verbindung zu dem Verstorbenen und hilft ihm auch nicht bei seiner neuen Aufgabe, sich von seinen Lebenszusammenhängen zu lösen.

Für den übenden Umgang mit diesem Aspekt der Trauer mag es sinnvoll sein, sich in die Frage einzuleben, welchen Verlust der Verstorbene dadurch hat, dass er gestorben ist. Möglicherweise kommt man zu einer ähnlichen Auffassung wie Frau K. in dem eingangs genannten Beispiel. Sie empfand, dass ihr Mann hauptsächlich die Unausführbarkeit seiner noch reichlich vorhandenen Pläne betrauern müsste.

Man kann aber auch zu dem Schluss kommen, dass der Verstorbene durchaus an einer Station seines Lebensganges gestorben ist, die als Endpunkt verstanden werden kann. Dann hätte sein Leben schon die Abrundung. Ein Leben kann seine Abrundung haben, ohne dass wir dies im alltäglichen Lebensvollzug direkt bemerken. Thornton Wilder schildert dafür Beispiele in der Erzählung *Die Brücke von San Luis Rey*.

Sicher ist jedenfalls, dass die Trauer den Toten nicht festhalten darf. Der Verstorbene hat nun die Aufgabe, »sich der Erde zu entwickeln«, was auch immer die Umstände seines Todes gewesen sein mögen. Die Selbst-Trauer, das Ringen mit dem Verstorbenen um die Berechtigung seines Todes wird ihn, so müssen wir annehmen, eher festhalten in seiner neuen Entwicklung. So wird es darauf ankommen, in einer geformten Weise und mit einer gewissen Offenheit für dasjenige, was möglicherweise von ihm noch zu uns hereinwirken möchte, und mit einer gewissen rhythmischen Gleichmäßigkeit sich mit ihm in Verbindung zu bringen – aber eben so freilassend wie möglich.

Selbst-Schmerz und Klage errichten hier eine Mauer – nach beiden Seiten. Wo wir angesichts des Todes eines geliebten Menschen Gedanken fassen und Taten aufbauen können, die uns über uns selbst hinausführen, da dürfen wir annehmen, dass wir an einer Brücke mitbauen. So vermag der Tod des nahen Menschen Keime zum Wachsen anzuregen, die vielleicht schon lange in uns gelegen haben. Beim Tod kleiner Kinder kann man zum Beispiel manchmal den Eindruck haben, dass hier ein Opferaspekt eine Rolle spielt. Als ob die junge Seelen auch deshalb wieder ginge, damit der Erwachsene seine eigene Entwicklung aufgreifen kann. – Auch zwischen Ehepartnern, von denen der eine früh verstirbt, mag es so etwas geben.

Der Tod des nahestehenden Menschen mag uns nicht nur die Nähe seines Engels ahnen lassen, auch der eigene Engel kann bei der Begleitung des Sterbenden für Momente in die Erlebbarkeit treten. So kann dieses Geschehen jenseits der Trauer zu einem merkwürdig ruhig ordnenden Erlebnis werden.

Die Beziehung zu einem Verstorbenen kann auch einmal den Aspekt deutlich machen, dass man sich von ihm abgrenzen muss. Manche Verstorbene, die aus eigener Fahrlässigkeit oder sogar durch eigene Hand gestorben sind, können »ziehen«. Ein solches »Ziehen« kann von einem nahestehenden Hinterbliebenen sehr deutlich empfunden werden. Der Verstorbene scheint nachträglich den Versuch zu machen – so kann man es erleben –, nun doch noch am Leben festzuhalten. Manche Menschen berichten, dass sie vor allem als Kinder so etwas erlebt haben.

In solchen Fällen würde es darauf ankommen, sich ganz bewusst und gezielt in kurzen inneren Gesprächen an den Verstorbenen zu wenden, vielleicht im Zusammenhang mit einem Gebet. Man kann dieser Seele auch eine Zeit lang abends für einige Minuten etwas Geeignetes vorlesen. Man kann sich auch eine Zeit lang meditativ mit den Fähigkeiten und Möglichkeiten des Verstorbenen beschäftigen. Wir dürfen annehmen, dass ihm dies eine Hilfe sein kann dafür, das soeben selbst beendete Leben doch loszulassen und sich auf den nächsten Erdengang vorzubereiten. Dann aber sollte der Verstorbene eines Tages innerlich verabschiedet werden.

Ein dritter Aspekt der Trauer, den wir noch nicht betrachtet haben, steht im Zusammenhang mit Selbstvorwürfen oder Schuldgefühlen des Hinterbliebenen. Der Tod eines nahestehenden Menschen stellt einem quälend vor Augen, was man an ihm versäumt hat. Dann hat die Trauer den Aspekt der Selbstanklage.

Hier mag es helfen, wenn man in berechtigter Weise versucht, sich darüber mit dem Verstorbenen zu verständigen. Zwar kann man die »Schulden« in der Wirklichkeit nicht mehr ausgleichen. Wohl aber kann man in stillen Momenten dem Verstorbenen ganz einfach sagen, innerlich sprechend, worum es geht, und dass man um Verzeihung bittet. – Auch dies würde zum gegenseitigen Freilassen beitragen.*

* Zum Weiterlesen kann man empfehlen: *Flensburger Hefte* Nr. 11, über Tod und Sterben; A. Boogert, *Der Weg der Seele nach dem Tod;* ders., *Wir und unsere Toten.*

Ein Abschied von der eigenen Biografie

Unheilbar krank

Kurz nach ihrem 55. Geburtstag erfährt Frau B. nach einer ärztlichen Untersuchung, dass sie unheilbar krank ist und vermutlich nur noch wenige Monate zu leben hat. – Später wunderte sie sich über ihre erste Reaktion. Nicht Schmerz oder Angst vor dem Bevorstehenden, auch nicht Verzweiflung war ihre erste Empfindung, sondern ein tieftrauriges Bedauern: Ich habe ja längst nicht das erreicht, was ich hätte erreichen können. Ich bin hinter meinen Möglichkeiten zurückgeblieben. Ich habe so vieles versäumt, bin an so vielem unaufmerksam vorbeigegangen. Und es stand ihr mit einem Mal vor Augen, was sie in ihrem Leben nicht getan und übergangen hatte, Kleinigkeiten ebenso wie wichtige Dinge.

Und sie hatte in diesen ersten Momenten ein Selbst-Empfinden von kaum zu ertragender Hässlichkeit, ja, von bedrohlicher Hässlichkeit. Als ob sie neben sich stünde und sich anschaute, ängstlich, wie man ein hässliches Tier anschaut, das man nicht einschätzen kann. Ein Schattenbild ihrer selbst war plötzlich herausgetreten und hatte sich in seiner ganzen negativen Größe gezeigt.

Dieses Schattenbild sollte sie nun nicht mehr verlassen; nur der Schrecken ließ nach.

Viele Monate später, nachdem Frau B. alle Stadien der Verzweiflung, der Auflehnung, der Hilflosigkeit und der Depression durchlitten hatte und sie schon recht pflegebedürftig im Krankenhaus lag, tauchte abends immer noch, wenn es still wurde auf der Station, das Schattenbild auf. Sie kannte es nun schon und erschrak nicht mehr. So hatte sie jede Nacht immer neue Ungerechtigkeiten vor Augen, die sie begangen, immer neue Versäumnisse, die ihr unterlaufen waren.

Da erkannte sie, dass dieses Schattenbild sie an einem ruhigen Abschied hindern wollte. Denn jedes Mal, wenn das Schattenbild da war, überkam sie gleichzeitig eine unruhige Angst, nicht die Kraft zu haben, sich dem Sterben zu stellen. So sann sie auf eine Gegenkraft und sagte sich: Da muss es in meinem Leben doch Dinge geben, von denen ich Abschied nehmen kann, Dinge, die ich abgeschlossen, zu Ende gebracht habe und die gut geworden sind. Da fiel ihr zuerst ein kleiner Tonkrug ein, den sie als neunjähriges Mädchen einmal plastiziert hatte. Sie hatte viel Liebe daran gegeben, bis er so aussah, wie sie ihn haben wollte. Dann ließ sie ihn brennen, bemalte ihn noch und schenkte ihn einer Patentante. Er war ihr wirklich gut gelungen. – Ja, davon würde sie Abschied nehmen können. Dann fiel ihr ihr erster Freund ein. Sie hatte vier Jahre mit ihm zusammengelebt und dann einen anderen Mann kennengelernt. Es war ihr damals wichtig gewesen, diese erste Beziehung nicht einfach abzubrechen, sondern wirklich abzuschließen. So pflegte sie noch viele Monate lang eine neutrale Beziehung zu ihrem früheren Freund, als sie schon längst mit dem neuen zusammenwohnte. Dabei war ihr wichtig gewesen, mit dem ersten Freund die gemeinsame Vergangenheit durchsprechen zu können, sich wenigstens nachträglich auszusprechen über die Missverständnisse, die sich in den vier Jahren angesammelt hatten. Ein freundschaftliches Interesse am jeweils anderen war entstanden, bis man sich immer mehr aus den Augen verlor, und Frau B. irgendwann das positive Gefühl hatte, nun diese Begegnung wirklich zu einem Ende geführt zu haben.

Wenn Frau B. solche Dinge durch den Kopf gingen, von denen sie wirklich Abschied nehmen konnte, Dinge, die sie geschaffen, die sie gemeistert hatte, wurde der Schatten kleiner und trat zurück in den Hintergrund.

So lernte Frau B., dass sie sich da auf ihr bevorstehendes Sterben einlassen konnte, wo etwas vollbracht war, eine Leistung, eine Tat, ein Werk. Da konnte sie das Leben loslassen. Angesichts der vielen Dinge aber, die keineswegs abgeschlossen waren, die sie im Gegenteil versäumt hatte, aufzugreifen oder zu einem Ende zu führen, musste sie mit der Todesangst kämpfen. Da klammerte sie sich an das Leben und fing immer wieder an, ihre gesundheitliche Situation unrealistisch einzuschätzen. Jedes Mal, wenn sie am Morgen die Schwester etwas aufgekratzt empfing mit einem triumphierenden »Ich glaube, ich werde bald wieder auf meinen Beinen gehen können«, wusste man, dass in der Nacht das Schattenbild sich wieder in den Vordergrund geschoben hatte. Wenn sie aber still und konzentriert dalag, dann sah man fast sinnlich, wie sie ein Meister ihrer Situation war, und man konnte sicher sein, dass sie in der Nacht wieder ihre »kleinen Abschiede« durchgegangen war.

Das »letzte Kennenlernen«

So kam es ihr eines Tages in den Sinn, wenigstens mit denjenigen Menschen die Begegnung abschließen zu wollen, die ihr noch erreichbar waren. Und diese Idee wuchs sich, im Gespräch mit einer Krankenschwester, zu einem richtigen Abschiedsplan aus. Sie wollte einige Freunde, die erwachsene Tochter, ehemalige Kollegen einladen – Menschen, mit denen sie am stärksten verbunden war zu der Zeit, als sie die Nachricht von ihrer Erkrankung erreicht, und mit denen sie sich seither gar nicht mehr auseinandergesetzt hatte. Sie wollte diese Menschen noch einmal sprechen, sie noch einmal innerlich spüren, sich für Versäumtes entschuldigen; ja, sie wollte jedem etwas schenken.

Die Krankenschwester wollte nun anhand des Adressbuches von Frau B. diese Menschen einladen. Sie empfand aber sogleich, dass es Frau B. hilfreich sein würde, wenn sie selbst so aktiv wie möglich den Vorgang mitgestaltete. Da Frau B. nicht mehr schreiben konnte, besorgte sie ihr ein kleines Diktiergerät. Nun konnte Frau B. die Einladungen persönlich verfassen, und sie lud diese Menschen, jeden für einen anderen Tag, »zu einem letzten Kennenlernen«, wie sie es formulierte, ein. Die Krankenschwester schrieb das dann von Hand ab und verschickte die Briefe.

Dann war es so weit. An einem Sonntag vormittag kam der Erste, ein langjähriger Nachbar von Frau B., der einmal in sie verliebt gewesen war und der inzwischen der Hunde-, Katzen-, Meerschweinchen- und Wellensittichdoktor der ganzen Siedlung geworden war. Er stand mit Tränen in den Augen im Zimmer, einen dicken Blumenstrauß in der Hand. Frau B. hatte sich ursprünglich ein paar Sätze zurechtgelegt, die sie ihm als Abschied sagen wollte, aber als er so im Zimmer stand, hatte sie nur das Bedürfnis, dass sie sich fest in die Arme nehmen sollten. Einen Moment lang zögerte sie, dann breitete sie ihre dünnen Arme aus.

Als er gegangen war, war sie unendlich erleichtert: Es war eine menschliche Wärme im Raum gewesen, in der alles zusammengefasst war, was die beiden gemeinsam erlebt hatten – und nicht erlebt hatten. Er ging aus dem Zimmer und sie sah ihm nach, und beide teilten das Empfinden: Es ist gut so, wie es mit uns gekommen ist. Es war an diesem Sonntag, als hätte sie ein Stück Freiheit gewonnen gegenüber ihrem Leben.

Anderntags erschien Dr. P., ein Rechtsanwalt; sie kannte ihn aus dem Bergwanderverein, sie hatten sich immer ein wenig gekabbelt, es hatte immer eine gewisse Rechthaberei zwischen ihnen geschwelt. Frau B. schaute ihn lange an, ohne ein Wort zu sagen; dann legte sie ihre Hand auf seinen Arm und nickte – gewichtig und widerstrebend anerkennend, wie er es immer getan hatte, wenn er einmal einsehen musste, dass nun wirklich sie recht gehabt hatte. Beide lachten. Aber sogleich erschrak Dr. P. – schließlich lacht man nicht in Gegenwart Sterbender, ging es ihm durch den Kopf. Er wollte etwas Entschuldigendes sagen. Da spürte er, worum es ging: in diesen letzten Momenten nicht noch mehr zu sagen; es war eigentlich früher viel zu viel gesagt worden. Nur in der Stille spürte man den anderen leuchten. So ging er nach einer halben Stunde wieder, dankbar und erfüllt, vorsichtig wie jemand, der eine gerade entzündete Kerze durch die Tür trägt.

Frau B. ihrerseits war voller Humor an diesem Tag.

Und so schaffte sie es, sich von jedem der geladenen Menschen in einer nur ihm angehörenden, schweigenden Geste zu verabschieden. Erst nach dem vierten fiel ihr ein, dass sie doch eigentlich jedem etwas hatte schenken wollen. Aber das war jetzt nicht mehr wichtig.

Eine Woche vor ihrem Tod verlor sie ganz das Interesse an den Fragen des Abschiednehmens, des Abschlusses von Begegnungen, und auch der Schatten konnte sie nicht mehr stören. Man spürte, sie hatte den Blick jetzt wo ganz anders hin gerichtet: auf den Empfang, mit dem sie in der anderen Welt rechnen durfte. Sie hatte das Bedürfnis, sich festlich anzuziehen zu Ehren der Hohen Wesen, die sie in Empfang nehmen und begleiten würden. Von diesem Tag an meinte man, Frau B.'s Engel im Zimmer zu spüren. Sie sprach nie darüber, ob sie ihn auch spürte oder sah. Aber in den wenigen einfachen, klaren und außerordentlich treffenden Worten, die sie nun sprach, meinte man, die Ruhe und Milde ihres Engels zu empfinden. Alles, was Frau B. im Laufe ihres Krankenhausaufenthaltes Mitpatienten, Schwestern, Ärzten, Verwandten und Freunden über ihr Leben erzählt hatte, alles, was ihr an Abgeschlossenem und Unabgeschlossenem durch den Kopf gegangen war, war wie verdichtet da, war fast sinnlich erlebbar im Raum um sie herum, und doch stand sie der Fülle gelassen gegenüber. Einmal sprach sie von einem Licht, das sie von fernher wärmte. Im Moment, als sie starb, ging eine ruhige und klare Bewegung durch den Raum, in der man die Hand des Engels meinte fühlen zu dürfen.

So lebte sie in den letzten Tagen ganz auf den Anfang zu.

Literaturhinweise

Bauer, Dietrich / Hoffmeister, Max / Görg, Hartmut, *Gespräche mit Ungeborenen. Kinder kündigen sich an.* Stuttgart ^{6}2006.

Bock, Emil, *Wiederholte Erdenleben.* Stuttgart 1996.

Boogert, Arie, *Der Weg der Seele nach dem Tod.* Stuttgart 2005.

ders., *Wir und unsere Toten.* Stuttgart 2005.

Brug, Jos van der / Locher, Kees, *Unternehmen Lebenslauf.* Stuttgart 2012.

Buber, Martin, *Ich und du.* Ditzingen 1995.

Burkhard, Gudrun, *Das Leben in die Hand nehmen. Arbeit an der eigenen Biografie.* Stuttgart ^{15}2012.

dies., *Die Freiheit im dritten Alter. Biografische Gesetzmäßigkeiten im Leben nach 63.* Stuttgart ^{2}2004.

dies., *Mann und Frau. Integrative Biografiearbeit.* Stuttgart ^{2}2004.

dies., *Schlüsselfragen zur Biografie.* Stuttgart ^{10}2013.

Caruso, Igor A., *Die Trennung der Liebenden.* Wien 2004.

Chavannes, Lili (u.a.), *Blick aufs Karma.* Stuttgart 2004.

Dellbrügger, Günther, *Ein Schlüssel zur inneren Biografie.* Stuttgart ^{2}2014.

Enders, Ursula (Hrsg.), *Zart war ich, bitter war's.* Köln 2008.

Fintelmann, Volker, *Alterssprechstunde. Ein Ratgeber zum Umgang mit dem Alter.* Stuttgart ^{3}2005.

Flensburger Hefte, Nr. 11: »Über Tod und Sterben«; Nr. 23: »Engel«; Nr. 29: »Freie Schule«; Nr. 31: »Biografiearbeit«; Sonderheft Nr. 1: »Partnerschaft und Ehe«; Sonderheft Nr. 10: Biografiearbeit II. Grundlagen – Praxis – Ausbildungen«.

Frankl, Victor E., *Der Mensch vor der Frage nach dem Sinn.* München 1985.

ders., *Der Wille zum Sinn.* Bern ^{6}2012.

Glöckler, Michaela, *Elternsprechstunde. Erziehung aus Verantwortung.* Stuttgart ^{8}2008.

dies., *Kindersprechstunde. Ein medizinisch-pädagogischer Ratgeber.* ^{20}2015.

dies. / Wais, Mathias, *Die Kraft der Krise. Männliche und weibliche Potenziale, sich neu zu (er-)finden.* Esslingen 2010.

Hartmann, O.J., *Der Mensch als Selbstgestalter seines Schicksals,* Stuttgart 1984 (vergriffen).

ders., *Geheimnisse der Menschenbegegnungen.* Stuttgart ^{8}1992 (vergriffen).

Hemleben, Johannes, *Jenseits. Ideen der Menschheit über das Leben nach dem Tode.* Stuttgart 2008.

Hoerner, Wilhelm, *Zeit und Rhythmus. Die Ordnungsgesetze der Erde und des Menschen.* Stuttgart [5]2006.

Kiel-Hinrichsen, Monika. *Die Patchworkfamilie. Vom Beziehungschaos zur intakten Lebensgemeinschaft.* Stuttgart [2]2014.

Koob, Olaf, *Die dunkle Nacht der Seele. Wege aus der Depression.* Stuttgart [3]2007.

Krähenbühl, Verena (Hrsg.), *Stieffamilien.* Freiburg [6]2007.

Lauenstein, Dieter, *Der Lebenslauf. Texte zur Biografik im Lichte der Bibel.* Stuttgart 2014.

Lievegoed, Bernard, *Der Mensch an der Schwelle.* Stuttgart 2012.

ders., *Lebenskrisen – Lebenschancen. Die Entwicklung des Menschen zwischen Kindheit und Alter.* München [11]2001.

Neider, Andreas, *Medienbalance. Erziehen im Gleichgewicht mit der Medienwelt.* Stuttgart 2008.

O'Neil, G. und G., *Der Lebenslauf.* Stuttgart [2]2014.

Patzlaff, Rainer, *Der gefrorene Blick. Physiologische Wirkungen des Fernsehens und die Entwicklung des Kindes.* Stuttgart [5]2009.

Roder, Florian, *Die Mondknoten im Lebenslauf.* Stuttgart 2012.

Weg, Jaap van de, *Geistes-Gegenwart. Das Einmaleins der inneren Balance.* Stuttgart 2007.

Schauder, H. und Lefebure, M., *Lebensberatung.* Dornach 1987.

Schneider, J.W., *Der Doppelgänger. Die Schattenseite unserer selbst.* Dornach 2000 (vergriffen).

Schroeder, Hans-Werner, *Mensch und Engel.* Stuttgart [6]2002.

Steiner, Rudolf, *Wie erlangt man Erkenntnisse der höheren Welten?* Dornach [24]1993.

ders., *Wiederverkörperung und Karma und ihre Bedeutung für die Kultur der Gegenwart.* Dornach 2008.

Stellamans-Wellens, Hedwig, *Narben auf der Seele. Traumatisierte Kinder und ihre Eltern.* Stuttgart 2002.

Treichler, M., *Biographie und Krankheit.* Stuttgart 1995.

ders., *Die Entwicklung der Seele im Lebenslauf.* Stuttgart 2012.

Waage, Peter N., *Ich – Eine Kulturgeschichte des Individuums.* Stuttgart 2014.

Wais, Mathias, *Als Marilyn Monroe in den Himmel kam: Diskurs über die moderne Biographie.* Frankfurt 2005.

ders., *Das Ich findet sich, wenn es loslässt. Über den roten Faden im Leben.* Esslingen 2010.

ders., *Der ganz alltägliche Missbrauch. Aus der Arbeit mit Opfern, Tätern und Eltern.* Stuttgart 2008.

ders., *Erzähl mir von der Zukunft, Opa.* Esslingen 2013.

ders., *Ich bin, was ich werden könnte.* Frankfurt [5]2011.

ders., *Sinn und Unsinn der Ehe heute. Biografie & Bewusstsein.* Esslingen [5]2013.

ders., *Trennung und Abschied.* Frankfurt [3]2014.

ders., *Individualität und Biographie: Innere Entwicklungsdynamik und Eigengesetzlichkeit in den Biographien von Camille Claudel, Alexej Jawlensky, Béla Bártok und August Macke.* Stuttgart 1994 (vergriffen).

ders. / Meier, Ulrich, *Projekt Mann. Was ist Männlichkeit – und wenn ja, warum nicht?* Stuttgart 2003.

Sachregister